Esther Burkert

Rechtsextremismus und Geschlecht

AF125424

Beiträge zur Geschlechterforschung

Band 4

Rechtsextremismus und Geschlecht

Politische Selbstverortung weiblicher Auszubildender

Esther Burkert

Centaurus Verlag & Media UG 2006

Zur Autorin:
Esther Burkert, geb. 1967, studierte Psychologie in Regensburg und promovierte als Stipendiatin der Hans-Böckler-Stiftung 2005 an der Universität Hildesheim. Sie war Mitarbeiterin unterschiedlicher Forschungsprojekte: Soziale Beziehungen in der Familie, geschlechtsspezifische Sozialisation und die Entwicklung rechtsextremer Orientierungen (Universität Hildesheim 1994-1996); Prävention und Schulentwicklung (1999, Universität Regensburg); Lernen im Netz (2000, Universität Hildesheim); Rechtsextremismus am Bau – Entwicklung von didaktischen Materialien (2001, IG BAU Frankfurt/M.). Seit 1982 ist sie in der Frauennotrufarbeit engagiert – seit 2004 arbeitet sie beim Frauennotruf Nürnberg an der Entwicklung eines Gruppenkonzeptes für schwer traumatisierte Frauen und Unterstützungsangeboten für kriegstraumatisierte ältere Frauen.

Die Deutsche Bibliothek – CIP-Einheitsaufnahme

Burkert, Esther:
Rechtsextremismus und Geschlecht : Politische Selbstverortung weiblicher Auszubildender/ Esther Burkert. –
Herbolzheim : Centaurus-Verl., 2006
(Beiträge zur Geschlechterforschung ; Bd. 4)
Zugl.: Hildesheim, Univ., Diss., 2005
ISBN 978-3-8255-0636-0   ISBN 978-3-86226-454-4 (eBook)
DOI 10.1007/978-3-86226-454-4

Erstgutachterin der Dissertation: Prof. Dr. Hede Helfrich-Hölter
Zweitgutachterinnen: Prof. Dr. Christel Hopf
                                  Prof. Dr. Helga Bilden

ISSN 1434-7415

Satz: Vorlage der Autorin
Umschlaggestaltung: Jasmin Morgenthaler
Umschlagabbildung unten rechts: Springerstiefel von NPD-Demonstranten.
© SV-Bilderdienst: Teutopress / Alle weiteren Abbildungen wurden zur Verfügung gestellt von photocase.com.

Danksagung

Danke an alle, die mich in so vielerlei Weise unterstützt haben,
– dass ich die Arbeit begonnen habe,
– dass ich bei der Arbeit geblieben bin,
– und dass ich auch einen Schluss gefunden habe,

und das alles meistens mit Freude.

Danke für inspirierende Gespräche und Texte, danke für interessante, bewegende, klärende und Neues eröffnende Gedanken!

Danke an die „alten" Wissenschaftlerinnen, die den aufregenden, belebenden, manchmal steinigen, bisweilen ermüdenden, auch dann und wann schwer zu findenden Weg vor mir gegangen sind – und von denen ich so viel gelernt habe und so viel Unterstützung und Wohlwollen bekommen habe! Bedanken muss ich mich auch, dass sie ausgehalten haben, dass ich manchmal nicht so recht begeistert war, dass sie, natürlich und gut so, nicht die perfekten Vorbilder aus meinen Träumen abgegeben haben.

Und danke an die „jungen" WissenschaftlerInnen, die mit mir gestöhnt und geächzt, gejammert und gekichert haben und ohne die ich ebenfalls nie zum Abschluss dieser Arbeit gekommen wäre!

Vielen Dank an die jungen Frauen, die uns in ihren Interviews von sich erzählt haben – ohne ihre Bereitschaft mitzumachen, gäbe es dieses Buch nicht.

Und danke für alles Praktische, das dafür gesorgt hat, dass aus all den Gedanken ein Buch geworden ist – das Korrekturlesen, das Begutachten, das am Druck Arbeiten und alles zum Kaffee zwischendurch Einladen.

Und danke an meine Tochter, an meinen Garten und alle Freundschaft, die mich gestärkt haben, mit über lange Zeit krankem Kniegelenk, Kinderbetreuungsmanagement, Berufsalltag und Hang zu anderen Freuden und Leiden am Denken und Schreiben zu bleiben!

Bei allen, die ich im Laufe dieses Projekts und dieser Promotion kennen und schätzen gelernt habe, möchte ich mich hier bedanken – dass mein herzlicher Dank bei ihnen ankommt, gerade jetzt, wo ich mich über das fertige Buch freue!

Bis jetzt habe ich niemanden beim Namen genannt, direkt nennen will ich zu guter Letzt doch die Hans-Böckler-Stiftung, die mich und meine Arbeit gefördert hat – und die sich als Stiftung wohl weniger durch meine Worte persönlich angesprochen fühlen kann: Vielen Dank!

Esther Burkert

Inhaltsverzeichnis

X

1 Einführung

Mittlerweile liegt eine Reihe von Publikationen zur Thematik „Frauen und Rechtsextremismus" vor, ich habe deshalb an meine Arbeit die Frage gerichtet, welche neuen Aspekte besonderes Augenmerk verdienen. Wichtig war für mich, die deutsche Debatte um Rechtsextremismus in einen weiteren Kontext zu stellen. Dies habe ich in zweifacher Hinsicht getan: Zum einen habe ich kritisch die Entstehung der Diskussion um Rechtsextremismus und der Debatte um Frauen und Rechtsextremismus in Deutschland nachgezeichnet. Die theoretische Auseinandersetzung um die Konstruktion von Geschlecht – gerade auch durch Forschung – diente mir als Hintergrundfolie meiner Überlegungen. Zum anderen habe ich aktuelle Theorien zu Rassismus aus den USA, Großbritannien und Frankreich aufgegriffen, um zu sehen, wieweit sie die deutsche Auseinandersetzung weiterführen könnten. Ein weiterer zentraler Punkt meiner Arbeit ist es, als Ergänzung zu den vorliegenden Arbeiten nicht nur kognitive „Einstellungen" zu MigrantInnen und zum Thema Rechtsextremismus zu erheben, sondern in meiner Auswertung besonders zu beachten, wie die Frauen in den Interviews beschreiben, dass sie sich gegenüber Migranten und Migrantinnen (und Rechtsextremen) verhalten, d. h. wie sie auf dem Hintergrund ihrer geäußerten Positionen Beziehungen und Begegnungen gestalten. Dieses konkrete Verhalten in Alltagssituationen ist in den bisher vorliegenden Untersuchungen nicht betrachtet worden.

Ausgangspunkt des *ersten Kapitels* ist die Feststellung, dass es sich bei dem Thema „Rechtsextremismus" bzw. „Frauen und Rechtsextremismus" um einen deutschen Sonderdiskurs handelt. Bis auf einige spezifische Forschungstraditionen, in erster Linie der Autoritarismusforschung, wird international nicht „right wing extremism" sondern „racism" von der Forschung thematisiert. Es schließt sich eine Begriffsklärung an, mit der nachgezeichnet wird, wie der „Rechtsextremismus"begriff, der in Deutschland seinen Ursprung in der Verwaltungspraxis des Verfassungsschutzes hat, in der Folge zu einem „soziologischen" Rechtsextremismusbegriff ausgeweitet wurde, der nicht mehr nur organisierte Rechtsextreme umfasst, sondern sich auch auf entsprechende Orientierungen bei nicht Organisierten bezieht. Weiter bleibt jedoch im Kern des Rechtsextremismusbegriffes eine enge Verknüpfung von Demokratie- bzw. Verfassungsfeindlichkeit, Gewaltakzeptanz und (rassistischer) Ungleichheitsideologie bestehen. Ganz anders in der angloamerikanischen und französischen Rassismusforschung, mit dem von der US-amerikanischen Bürgerrechtsbewegung auch in die Forschung eingeführten Begriff des strukturellen

Rassismus wird hier betont, dass gerade auch staatliche Strukturen in modernen westlichen Demokratien tendenziell von als „rassistisch" bezeichneter Ungleichheit geprägt sind. Individueller Rassismus wird als Sich Positionieren zu und Handeln innerhalb bereits bestehender, historisch entstandener, kulturell verankerter und ökonomisch, rechtlich und sozial weitergetragener diskrimierender Strukturen begriffen. Ziel der Arbeit ist nun nicht, zu klären, ob die Orientierungen der befragten Frauen besser mit dem Konzept „Rechtsextremismus" oder „Rassismus" beschrieben werden können, sondern es werden zum Abschluss des Kapitels die Implikationen der jeweiligen Begriffsbildung verdeutlicht. Rechtsextremismus tendiert dabei eher dazu, ein Phänomen am Rande der Gesellschaft zu beschreiben, eine Orientierung von (häufig jugendlichen) Randgruppen, die als Antwort auf deren soziale Problematiken gewertet wird. Gewaltbereitschaft und Demokratiefeindlichkeit gelten als wichtige Bestandteile von Rechtsextremismus. Rassismus wird dagegen eher als grundlegend verbreitetes Phänomen in modernen, auch demokratischen Gesellschaften begriffen. Gleichzeitig nimmt Rassismustheorie deutlicher die Prozesse der Konstruktion von Rasse bzw. Ethnizität in den Blick.

Im *zweiten Kapitel* sollen grundlegende Theoriestränge der Rechtsextremismusdiskussion in Deutschland, zunächst einmal unabhängig von der Frage des „Geschlechts", betrachtet werden. Nebeneinandergestellt wird der Ansatz von Heitmeyer (1987), der Rechtsextremismus als Ergebnis von Modernisierungsrisiken und Individualisierungsprozessen deutet, die Untersuchung von Willems (1993), der in seinem Jugendkulturansatz Profile rechtsextremer Gewalttäter erarbeitet und schließlich die Forschung von Hopf (1993a,b), die das Konzept der Autoritären Persönlichkeit der Arbeitsgruppe um Adorno (1973) mit neuen Ergebnissen der Bindungsforschung verknüpft. Es wird analysiert, auf welchen älteren sozialpsychologischen Theorien diese Ansätze gründen – wie der Frustrations- Aggressions Hypothese, Deprivations- und Anomietheorien und schließlich der Theorie der Autoritären Persönlichkeit. Die Frage schließt sich an, inwieweit sich Kritikpunkte an diesen klassischen Theorietraditionen produktiv auf die neuen Denkansätze übertragen lassen.

Die die deutsche Debatte bestimmenden Ansätze bedürfen einer Erweiterung der Perspektive, die im zweiten Teil des Kapitels vorgenommen wird. Hier werden neuere Ansätze aus der angloamerikanischen Rassismusforschung vorgestellt, die bisher in der deutschen Rechtsextremismusdiskussion noch wenig rezipiert worden sind. Zunächst geht es um eine Neufassung des Konzepts des „Vorurteils", weg vom negativ bewertenden kognitiven Fehlurteil im traditionellen Allportschen Sinne (1954) hin zu einem modernen Konzept, das Vorurteilsbildung als Eigenschaftszuschreibung rein aufgrund von Gruppenzugehörigkeit begreift. Anschließend werden neuere empirische Ergebnisse zur Veränderung von „rassischen" Vorurteilen / racial prejudice als Antwort auf die Bürgerrechtsbewegung dargestellt, die mit den Begriffen „moderner", „symbolischer" oder „aversiver" Rassimus (Dovidio & Gaertner 1986) gefasst werden und gerade in höheren sozialen Schichten mit besserer formaler Bildung verbreitet sind. Zentral für diese Ansätze sind ältere Konzepte: Myrdal (1944) formuliert als „american dilemma", wie Diskriminierung bei bestehender Gleichheitsideologie weiter aufrechterhalten werden kann. Ryan (1971) und Lerner (1980) analysieren das Prinzip des „blaming the victim", mit dem Diskriminierte für die erlebte Diskriminierung verantwortlich gemacht werden.

Auf Forschungstraditionen, die nicht auf das Individuum fokussieren, sondern die Bedeutung der Gruppe, bzw. der Gesellschaft bei der Entstehung von „racial prejudice" herausstellen, wird verwiesen – vor allem auf neuere Entwicklungen in der Diskursanalyse und der Theorie der sozialen Repräsentation. „Racial prejudice" wird hier nicht mehr so sehr als individuelle Einstellung begriffen, sondern als Bestandteil von Kommunikation, die der Konstruktion der eigenen Gruppenzugehörigkeit dient. Es schließt sich eine Darstellung des Konzepts der Weißheit von Ruth Frankenberg an, die versucht hat für Frauen zu erfassen, wie Privilegierung im Rahmen von strukturellem Rassismus individuelles Bewusstsein und Handeln prägt, zumeist aber ohne dass dies bewusst wahrgenommen wird. Aus Ruth Frankenbergs Analysen wird entwickelt, wie Wege aussehen könnten, sich der eigenen Verortung in rassistischen Strukturen bewusst zu werden und dadurch in Sprechen und Handeln diesen Strukturen entgegenzuwirken. Mit diesem Ansatz hat sich die Frage weit von der ursprünglichen Fragestellung wegbewegt. Ausgehend von „wie erwerben Frauen rechtsextreme Orientierungen?" entwickelt sich die Frage „wie können Frauen dazu kommen, sich mit verbreiteten negativen sozialen Bildern von MigrantInnen und diskriminierenden Strukturen aktiv und kritisch auseinanderzusetzen?". Am Ende dieses Kapitels stehen die wenigen Ansätze, die versucht haben, Rassismustheorie für die deutschen Verhältnisse fruchtbar zu machen, v. a. Terkessidis (1998), der als bestimmende Themen im deutschen Anti-Migrationsdiskurs Staatsbürgerschaft, Diskriminierung auf dem Arbeitsmarkt und kulturelle Ausgrenzung herausstellt.

Daran schließt sich das *dritte Kapitel* an, in dem zunächst die Entwicklung der „Frauen- und Rechtsextremismusdebatte" in Deutschland nachgezeichnet wird. Ausgangspunkt war die Kritik an einer idealisierenden Differenzperspektive in der Frauenforschung. Nachgewiesen werden sollte nun, inwiefern eben auch Frauen an Gewalt und rassistische Ausgrenzung beteiligt sind. Aus den USA kommend sind auch in Deutschland zwei Debatten aufgegriffen worden – die Auseinandersetzung um Dekonstruktion von Geschlecht und die um Rassismus in der Frauenbewegung. Die zwei wichtigsten theoretischen Ansätze zu „Frauen und Rechtsextremismus" werden näher dargestellt und diskutiert: Erstens Sillers (1994) Weiterentwicklung von Heitmeyers Modernisierungsverliereransatz, die rechtsextreme Orientierungen im Zusammenhang mit dem subjektiven Umgang mit problematischen Lebenssituationen deutet – und zweitens Rommelspachers Dominanzkulturansatz (1995b), nach dem rechtsextreme Orientierungen immanenter Bestandteil einer vorherrschenden Dominanzkultur sind. Die Ansätze sind in einigen Punkten diametral entgegengesetzt. Während Siller die Debatte um Dekonstruktion von Geschlecht für ihre Theorie aufgreift, dagegen am Rechtsextremismusbegriff der deutschen Debatte festhält, nimmt Rommelspacher eine Reihe von kritischen Rassismuskonzepten aus den USA für ihren Theorieentwurf auf, sieht Geschlecht aber traditionell unreflektiert dichotom und nimmt eine Reihe von pauschalisierenden Weiblichkeitszuschreibungen vor.

Daran schließt sich eine Darstellung bisheriger Ergebnisse von empirischen Studien zum Thema Frauen und Rechtsextremismus an. Ein durchgängiges Ergebnis ist, dass es tatsächlich nicht, wie zunächst vermutet, das traditionelle Frauenbild der extremen Rechten ist, das rechtsextreme Politik für Frauen attraktiv machen kann, sondern vielmehr die Themen Migration und Innere Sicherheit. Repräsentativumfragen und umfangreiche quantitative Erhebungen weisen des weiteren darauf hin, dass der bestehende Rechtsextremismusbegriff in seiner Kopplung von Demokratiefeindlichkeit, Gewaltbereitschaft und (rassistischer) Ungleichheitsideologie tatsächlich nur die Orientierung eines sehr kleinen Teils der weiblichen Bevölkerung beschreibt, und eher auf Männer, v. a. auf männliche Jugendliche der Unterschicht und unteren Mittelschicht zugeschnitten ist. Betrachtet man dagegen die Dimension „Ungleichheitsideologie", vor allem in Bezug auf in Detuschland lebende MigrantInnen, so wird diese von einer Mehrheit der Deutschen vertreten – unabhängig vom Geschlecht.

Im *vierten Kapitel* wird aus dem vorangegangen Theorieteil die Fragestellung entwickelt. Zum einen sollen anhand des empirischen Materials in der Literatur verbreitete Zusammenhangthesen zwischen „frauenspezifischen" Lebenslagen und „frauenspezifischen" rechtsextremen Orientierungen überprüft werden – von der Projektion von Männergewalt auf den nichtdeutschen Mann über erhöhte Kriminalitätsangst und der Bevorzugung indirekter Gewaltformen hin zur vermuteten geringeren Rolle ökonomischer Argumente bei Frauen. Es wird in Frage gestellt, ob Orientierungen tatsächlich direkte Übersetzungen von individuellen – und zwar

4

geschlechtsspezifischen – Erfahrungen in politische Orientierungen sind, oder ob nicht auch der umgekehrte Weg denkbar ist, dass nämlich verbreitete soziale Repräsentationen in die eigene Lebenswelt übertragen werden und dort durch konkret bildhafte Erzählungen bestätigt werden. Anschließend soll anhand von Einzelfallanalysen geprüft werden, in welcher Form Geschlecht einen Einfluss auf die eigene Verortung im Migrationsdiskurs nehmen kann. Dabei soll in der Fragestellung nicht mehr auf geschlechtsspezifische Eigenschaften oder Orientierungen fokussiert werden, sondern gefragt werden, wie Geschlecht über Handlungsräume, Normen und Institutionen wirkt. Eine letzte Fragestellung bezieht sich schließlich darauf, anhand von Einzelfallanalysen genauer nachzuvollziehen, wie sich Orientierungen entwickeln, die im Widerspruch zu verbreiteten sozialen Negativbildern diskriminierter Bevölkerungsgruppen stehen.

Das *fünfte Kapitel* gibt einen Überblick über das methodische Vorgehen der Studie. Zunächst wird die Phase der Datenerhebung geschildert, die Entwicklung des Untersuchungsdesigns, die Konstruktion der Interviewleitfäden und das Vorgehen in den intensiven qualitativen Einzelinterviews. Es schließt sich eine Darstellung der Verfahren der Auswertung an, zunächst wurden die Interviews innerhalb der Projektgruppe diskutiert und konsensuell codiert mit dem Ziel einer Querschnittanalyse. In einer zweiten Phase wurden Einzelfallanalysen erstellt, die im Rahmen eines Arbeitszusammenhangs diskutiert wurden. Abschließend folgen einige methodenkritische Überlegungen zur Anlage und Durchführung der Studie vor dem Hintergrund der Leitfrage, wieweit auch Forschung zur Konstruktion von Geschlecht und Ethnie beitragen kann.

Im Ergebnisteil, dem *sechsten Kapitel*, wird zunächst ein Überblick über die in der Studie vertretenen politischen Orientierungen gegeben, Schwerpunkte sind dabei das generelle Desinteresse an Politik und die Häufigkeit von rechtsextremer Ideologie nahestehenden Äußerungen. Auf die Frage nach den „geschlechtsspezifischen" Orientierungen lässt sich als Antwort geben, dass die befragten Frauen überwiegend verbreitete soziale Repräsentationen vertreten haben, wobei die unterstellte ökonomische Benachteiligung von Deutschen und Kriminalität von MigrantInnen die Hauptargumentationslinien bildeten, Themen also, bei denen das Geschlecht der Befragten zunächst nicht im Vordergrund steht. Festgestellt wird, dass Thesen häufig mit Beispielen aus dem eigenen sozialen Nahbereich illustriert werden, es fällt dabei aber die Gleichförmigkeit der Argumentation und die Ähnlichkeit der erzählten Episoden auf. Nur in einigen Einzelfällen ist eigene Erfahrung, wie z. B. Belästigtwerden auf der Straße, Anlass für eigene Reflexion, dagegen dienen in vielen Fällen Berichte von Erfahrung der Illustration und Bestätigung ohnehin verbreiteter Thesen – was in den Medien gesehen wird, wird in die eigene Lebenswelt übersetzt und dort bestätigt. Detailliert werden Argumentationsstrukturen nachgezeichnet, die Büchner (1994) mit Strategie der „verfolgenden Opfer" bezeichnet hat und die in der US-amerikanischen Debatte als „blaming the victim" und „moderner Rassismus" bekannt geworden ist: Die Frauen stellen sich selbst als Angehörige der Gruppe der Deutschen als sozial benachteiligt dar und fordern deshalb, Nichtdeutschen vermeintliche Rechte und Privilegien abzuerkennen.

Es folgt eine Darstellung der Ergebnisse der Einzelfallanalysen, wobei festzuhalten ist, dass diskriminierende Positionen von einer Mehrheit der befragten Frauen vertreten werden. Hauptprinzipien der Argumentation werden herausgearbeitet, wie die dichotome Grenzziehung zwischen „uns" und den anderen – meist entlang der Grenze der Staatsbürgerschaft, aber auch das Prinzip Leistung kann zur Einteilung in akzeptable und nichtakzeptable Gruppen verwandt werden. Es gibt jedoch auch eine Gruppe von Frauen, die kritisch zu vorherrschenden negativen sozialen Repräsentationen Stellung bezieht. Dies sind auch die Frauen, die mit MigrantInnen durch Freundschaften verbunden sind.

Während schon im ersten Teil das Fazit gezogen werden konnte, dass geschlechtsspezifische Lebenssituationen nicht direkt in geschlechtsspezifische Orientierungen übersetzt werden, kann dennoch davon ausgegangen werden, dass Geschlecht im Verhältnis zu rechtsextremer Orientierung eine Rolle spielt. Hier ist nach den Handlungsräumen und Handlungsoptionen der jungen Frauen zu fragen, die von denen der Männer der Vorstudie zu unterscheiden sind. Anhand der Interviews wird für die befragten Frauen herausgearbeitet, ob sie weniger Freizeit haben, kaum mehr Zeit in Gleichaltrigencliquen verbringen, und inwieweit es ihr erstes Ziel ist, den Freund für eine Freizeitgestaltung in der Paarbeziehung zu gewinnen. Sie bewegen sich weniger im öffentlichen Raum, müssen sich in Bezug auf freie Bewegung und erst recht auf gewaltsames Auftreten mit Normen und Konventionen auseinandersetzen. Wenn nun davon auszugehen ist, dass es sich bei rechtsextremen Gewalttaten überwiegend um Gemeinschaftstaten von Cliquen handelt, so verwundert die geringe Beteiligung von Frauen wenig, da in dieser Altersstufe der Clique im Leben der Frauen kaum eine Bedeutung zukommt.

Analysiert wird, wo und wie sich die befragten Frauen im Alltag diskriminierend gegen MigrantInnen verhalten, aus den Interviews lassen sich unterschiedlichste Formen lesen, von Mobbing über direkte Beschimpfungen hin zu Schlägereien. Eine Institution, die von „gender" geprägt ist, und die politische Orientierungen, u. a. das Verhältnis zu Nation, unmittelbar prägen kann, ist die Bundeswehr.

Dies spiegelt sich in den Erzählungen mehrerer Frauen wider, deren Partner Zeitsoldat ist.

Im *siebten Kapitel* folgen abschließende theoretische Überlegungen zum Stellenwert von Geschlecht und Ethnie. Der Blick wird auf soziale Konstruktionsprozesse gelenkt, an denen auch Forschung beteiligt ist. Als Erweiterung des traditionellen Konzepts „geschlechtsspezifischer" Einstellungen und Eigenschaften wird vorgeschlagen, den Blick verstärkt auf Institutionen und Handlungsräume zu richten, die sowohl von „gender" als auch von ethnischen Zuschreibungen geprägt sind.

2.1 Rechtsextremismus – ein deutscher Sonder-diskurs oder ein deutsches Sonderphänomen?

2.1.1 Zur Geschichte des Begriffs „Rechtsextremismus"

Wenn in Deutschland ein Brandanschlag auf eine Asylbewerberunterkunft verübt wird oder Migranten und Migrantinnen angegriffen werden, dann wird dies in Wissenschaft und Medien überwiegend als Taten von Rechtsextremen thematisiert. Im angloamerikanischen Sprachraum würde demgegenüber vom wissenschaftlichen mainstream der Begriff „racism" zur Beschreibung und Erklärung verwendet werden. In den angloamerikanischen Sozialwissenschaften gebräuchliche Begriffe wie „racism", „racial prejudice" oder die französische Entsprechung „racisme" kommen in der deutschen Literatur kaum vor. Der Begriff „Rassismus" wird nur von einer Minderheit von Wissenschaftlern und Wissenschaftlerinnen verwendet (u.a. Kalpaka & Räthzel 1991, 1994; Jäger 1992; Osterkamp 1996, neuerdings verstärkt: Mecheril & Teo 1998, Terkessidis 1998).[1]

Dagegen wird die Auseinandersetzung in Deutschland vom Begriff „Rechtsextremismus" dominiert. In den USA ist es eine spezifische Forschungstradition, die sich „right wing extremism" oder auch „right wing authoritarism" zum Thema gemacht hat. Wie im Begriff „right wing authoritarism" bereits anklingt, handelt es sich dabei meist um Ansätze, die in der Tradition der Autoritarismusforschung, der „studies in prejudice" von Adorno, Bettelheim, Frenkel-Brunswick, Guterman, Janovitz, Levinson & Sanford (1953) stehen. Leitfrage dieses klassischen Projektes in den 30er und 40er Jahren war, wie der Aufstieg des Faschismus in Europa und speziell des Nationalsozialismus in Deutschland möglich war. Gefragt wurde nach „autoritären" Persönlichkeitsstrukturen, die das einzelne Individuum bereit dafür machten, rechter Propaganda zuzustimmen, und inwieweit deshalb auch demokratische Gesellschaften wie die USA oder die Nachkriegsbundesrepublik von antidemokratischen Strömungen von rechts gefährdet sein könnten. Seit nunmehr über

---

[1] Auf den Begründungszusammenhang, warum „Rassismus" im deutschen Sprachgebrauch in der Regel anders verwendet wird als der englische Begriff „racism", wird in Kapitel 2.1.3 näher eingegangen. Die unterschiedlichen Wortbedeutungen und Theorietraditionen, die sich jeweils mit „racism" und „Rassismus" verbinden, haben zur Folge, dass die Begriffe nicht eins zu eins übersetzbar sind. Aus diesem Grund setze ich in meiner Arbeit auch den unübersetzten Begriff „racism" ein, wo ein eindeutiger Bezug zur angloamerikanischen Theorietradition besteht. Ähnliche Übertragungs-schwierigkeiten bestehen bei den Begriffen „race" und „gender" (vgl. Kap. 3.1.2).

8

50 Jahren wird diese Forschungstradition weitergeführt (vgl. den Überblicksband zur aktuellen Autoritarismusforschung von Rippl, Seipel & Kindervater 2000).[2] Während es der Arbeitsgruppe um Adorno in „Studies in Prejudice" (1953) um die Ursachen des Antisemitismus und der Erfolge des Faschismus in Europa ging, wurde ihr Konzept in der Folge häufig abgewandelt. Vor allem auf dem Hintergrund der Totalitarismustheorie wurde verstärkt gefragt, ob es nicht auch den linken „Autoritären" (vgl. z. B. Rokeach 1960) gebe.[3] Für eine stärker makrosoziologisch orientierte Forschungstradition zu „right wing extremism" steht Lipset (1964), der sich mit den Organisationen der weißen, fundamentalistischen extremen Rechten der USA befasst hat. Er deutet „right wing extremism" als Statuspolitik derjenigen, die Statusverlust durch sozialen Wandel fürchten und deshalb diesen Wandel zurückdrehen wollen, letztlich also als ein „Ventil für den Druck, den die moderne industrielle Ordnung auf den Mittelstand ausübt" (Lipset 1964, S.139).

Die Geschichte des Begriffs „Rechtsextremismus" in Deutschland hängt dagegen eng mit Verfassungsgeschichte und Politik der Nachkriegsbundesrepublik zusammen. 1952 wurde die Sozialistische Reichs Partei SRP verboten und im Urteil des Bundesverfassungsgerichts ausformuliert, was unter Gegnerschaft zur freiheitlich demokratischen Grundordnung von rechts zu verstehen sei: Die Ablehnung des demokratischen Verfassungsstaates unter Berufung auf die naturgegebene Ungleichheit der Menschen (Backes & Jesse 1993, S.28). Dem folgte eine Beobachtung „rechtsradikaler" – ebenso wie nach dem KPD-Verbot „links-radikaler" – Parteien und Organisationen durch den Verfassungsschutz. In den 70er Jahren ist der Begriff des „Radikalismus" durch „Extremismus" zunehmend ersetzt worden[4], „Radikalismus" wurde in seiner Bedeutung als „einem Übel an die Wurzel gehen/ grundsätzlich neu beginnen" als zu positiv konnotiert betrachtet. Eine andere Unterscheidung, die jedoch eher selten vorgenommen wird, ist die zwischen „Rechtsradikalismus", der gerade noch grenzwertig mit demokratischen Werten zu vereinbaren ist, und „Rechtsextremismus", der außerhalb des und in Gegnerschaft zum

---

2   Im Fokus der Autoritarismusforschung stand die Weiterentwicklung und Validierung der F-Skala, mit der autoritäre Dispositionen gemessen werden, zusätzlich wurde die Frage nach ihrer Kulturspezifität (Lederer und Kindervater 1995, Meloen & Farnen 2000) gestellt, Neuerdings werden auch die qualitativen Traditionen der Autoritarismusforschung wieder aufgegriffen (vgl. Hopf 2000). Gleichzeitig werden die auf dem Hintergrund der Psychoanalyse entstandenen sozialisationstheoretischen Annahmen der Theorie angezweifelt (Altemeyer 1988; Oesterreich 1993, 1996) bzw. erweitert (Hopf 2000).

3   Mit „right wing extremismus" wird immer implizit auf die Existenz eines „left wing extremism" verwiesen und die Bedrohung der Demokratie von ihren Rändern her dargestellt.

4   Hier spielt auch die Änderung der Wortwahl in den Verfassungsschutzberichten ab 1973 von „Ra-dikalismus" zu „Extremismus" eine Rolle (vgl. Stöss 1999).

9

bestehenden politischen System steht (vgl. Stöss 1999, S.18ff). In seinem Ursprung ist „Rechtsextremismus" damit ein Begriff, der seine Definition zuerst in der Praxis des Verfassungsschutzes erfahren hat (ebd.), und der zunächst in den Politikwissenschaften in der Diskussion um Parteien und Organisationen des rechten Spektrums gebräuchlich war. Ende der 80er Jahre lässt sich eine verstärkte Übertragung des Rechtsextremismusbegriffs in die Sozialwissenschaften feststellen – und damit eine Ausdehnung und Veränderung des Begriffes vom „politikwissenschaftlich-organisationsbezogenen" zum „soziologisch-psychologischen" (Frindte 1998, S.171).

Hintergrund hierfür war, dass seit Ende der 80er Jahre Parteien und Organisationen der extremen Rechten in Deutschland verstärkt Zulauf und Öffentlichkeit genießen. Die Parteien Republikaner und DVU haben Wahlerfolge erzielt, die es möglich machten, dass sie in einige Regionalparlamente einziehen konnten (DVU-Erfolg bei den Bremer Bürgerschaftswahlen 1987, Wahlerfolg der Republikaner bei den Berliner Senatswahlen 1989). 1989 kam die Partei der Republikaner in das Europaparlament. Gleichzeitig wurden von Mitgliedern rechtsextremer Organisationen oder dem extremen rechten Spektrum nahestehenden Personen Gewaltanschläge verübt. Der erste tödliche Anschlag auf in Deutschland lebende Migranten und Migrantinnen wurde am 17.12.1988 im bayerischen Schwandorf verübt.[5] Anschläge und Gewaltkriminalität mit rechtsextremem Hintergrund, die Wahlerfolge der Parteien der Neuen Rechten und der Zulauf zu rechtsextremen Organisationen waren in der Folge die Themen, zu deren Ursachenklärung die Sozialwissenschaften einen Beitrag leisten wollten. Rechtsextremismus wurde zum vieldiskutierten gesellschaftlichen und sozialen Problem, die Forschung boomte, mehrere 100 Veröffentlichungen diskutieren mittlerweile Ursachen und Erscheinungsformen des Rechtsextremismus in Deutschland (einige zusammenfassende Sammelbände: Benz 1989, Merten & Otto 1993, Kowalsky & Schroeder 1994, Falter, Jaschke & Winkler 1996).

---

5   Ausschreitungen und andere gewalttätige Übergriffe gegen MigrantInnen und Flüchtlinge werden z. T. mit dem Osten Deutschlands in Verbindung gebracht und als Folge der deutschen Einheit bzw. DDR-spezifischer Sozialisation interpretiert (Maaz 1992; als Studien zum Thema Rechtsextremismus in den neuen Bundesländern liegen vor z. B. Hennig 1991; Lillig 1994; Sturzbecher 1997; Rausch 1999; Friedrich & Rothe 2002). Tatsächlich sind die pogromähnlichen Überfälle auf Flüchtlinge in Hoyerswerda (18.-23.9.1991) und Rostock (22.-28.8.1992) deutlich in Erinnerung geblieben. Die darauf folgenden tödlichen Brandanschläge wurden dagegen im Westen Deutschlands verübt – in Mölln am 23.11.1992 und in Solingen am 29.5.1993.

2.1.2 Die Rechtsextremismusdefinition von Heitmeyer (1987)

Die Diskussion über Rechtsextremismus in Deutschland hat vor allem Heitmeyer (1987) nachhaltig geprägt, der mit seinen Mitarbeiterinnen und Mitarbeitern die erste umfangreiche Studie zum Thema durchgeführt hat. Auch die spätere Auseinandersetzung um „Frauen und Rechtsextremismus" (vgl. Kap. 3) ist in erster Linie von seinen Begriffen, Thesen und Schwerpunktsetzungen geprägt. Heitmeyer fordert eine Ausweitung des Rechtsextremismusbegriffes zu einem „soziologischen Rechtsextremismus" und setzt diesen dem „politisch-verfassungsrechtlichen" Begriffsverständnis entgegen, das bisher die Debatte „dominiert" habe, aber „erhebliche analytische Schwächen" in sich berge (Heitmeyer 1988, S. 15). Der Sinn einer soziologischen Begriffserweiterung wird vor allem in der sich eröffnenden Möglichkeit gesehen, Rechtsextremismus schon im Vorfeld präventiv begegnen zu können (Bommes & Scherr 1992). Gleichzeitig verbindet sich damit das Ziel, besser klären zu können, inwieweit es sich bei Rechtsextremismus wirklich „um ein Phänomen am Rande der Gesellschaft" handele. Heitmeyer will der Frage nachgehen, ob nicht „rechtsextreme Orientierungsmuster eine sehr viel größere Akzeptanz" in der Bevölkerung finden‘ (vgl. Heitmeyer 1988, S.24), obgleich offen rechtsextreme politische Gruppierungen von einer überwiegenden Mehrheit abgelehnt werden.

„Rechtsextremismus" bestimmt Heitmeyer nun durch das Vorliegen zweier Definitionskriterien: „Von rechtsextremistischen Orientierungsmustern kann man also vorrangig dann sprechen, (...) wenn die strukturell gewaltorientierte Ideologie der Ungleichheit verbunden wird zumindest mit der Akzeptanz von Gewalt als Handlungsform" (Heitmeyer 1988, S.16). Die Begriffsdefinition von Heitmeyer wird in der Folge von den meisten Autorinnen und Autoren übernommen, wenn auch der jeweiligen Fragestellung angepasst und ausdifferenziert. Auf der einen Seite ist die Definition streng, indem sie eine Verbindung von Ungleichheitsideologie und Gewaltakzeptanz fordert, um von Rechtsextremismus sprechen zu können. Ungleichheitsideologie und Gewaltakzeptanz ihrerseits sind jedoch sehr weit gefasst, durch eine Aufzählung jeweils sehr unterschiedlicher Bestandteile. So fasst Heitmeyer unter „Ideologie der Ungleichheit" so differentes wie z. B. „Soziobiologie", „natio-

---

6   Dabei geht Heitmeyer (1988, S.26) von der Annahme aus, dass es rechtsextremen Parteien und Organisationen gelingt, dass ihre Themen wie „Ausländerfeindlichkeit" „in weiten Kreisen der Bevölkerung übernommen werden" und „in die gesellschaftliche Normalität integriert werden". Dies ist ein einseitiges Wirkungsmodell, dem kann entgegnet werden, dass es ebenso möglich ist, dass rechtsextreme Parteien bereits bestehende Diskurse in der Bevölkerung aufgreifen, damit wohl verstärken, aber diese nicht ursprünglich erfinden.

nalistische Selbstübersteigerung" und „eugenisches Denken" (ebd.). „Gewaltakzeptanz" kann sich seiner Definition entsprechend unter anderem in „Überhöhung von Irrationalismus", in „Ablehnung demokratischer Regelungsformen", aber auch in der Akzeptanz von Gewalt in Alltagskonflikten äußern (ebd.).

Eine Reihe von Autorinnen und Autoren kritisiert nun an der Heitmeyerschen Definition hauptsächlich ihre begriffliche Unschärfe, die zwingende Kopplung von Ungleichheitsideologie mit Gewaltbereitschaft und die vorgenommene Verbindung kognitiver Einstellungen mit gewalthaltigen Handlungsformen (vgl. Stöss 1994, S.28f, Siller 1997, S.19): Die Forschung, die Jugendcliquen und Gewalt in Schulen zum Thema gemacht hat, zieht als Fazit, dass sich Gewaltbereitschaft und Rechtsextremismus zwar teilweise überschneiden, aber als unterschiedliche Formen abweichenden Verhaltens gefasst werden müssen (vgl. Krafeld 1992, S.500, Melzer & Schubarth 1993, S.58). So kommt beispielsweise die Untersuchung fremdenfeindlicher Gewalttäter von Eckert, Willems und Würtz zum Schluss, dass nur bei einer kleinen Minderheit, die die Forschungsgruppe „Rechtsextreme" nennt, tatsächlich ein rechtsextremes Weltbild vorliegt. Bei zwei der anderen Gruppen, die sie findet, den „Mitläufern" und den „Schlägern", stehe Gewalthandeln im Vordergrund (1996, S.161). Zu einem ähnlichen Ergebnis kommt der DJI Jugendsurvey von 1992: Hoffmann-Lange stellt fest (1996, S.125), dass Nationalismus und Ausländerfeindlichkeit weder mit politischer Gewaltbereitschaft noch mit Gewaltbilligung korrelieren. Wenn Nationalismus, Ausländerfeindlichkeit, Gewaltbereitschaft und Verharmlosung des Nationalsozialismus als Rechtsextremismussyndrom zusammengenommen werden, dann sinkt in der Studie der Anteilswert der so als rechtsextrem bestimmten Jugendlichen auf 1,2 Prozent bzw. 3 Prozent. Dagegen sind insgesamt 68 Prozent der Jugendlichen im Westen und 79,6 Prozent im Osten als stark bis mittel ausländerfeindlich einzuordnen. Es wird deutlich, dass die definitorische Kopplung von Ungleichheitsideologie und Gewalt im Endergebnis eine hohe Ausländerfeindlichkeit verschwinden lässt. Hoffmann-Lange schlägt als Konsequenz vor, von „verschiedenen Facetten ‚rechter' Einstellung" zu sprechen, „die sich nicht zu einem einheitlichen Einstellungssyndrom zusammenfügen" (ebd., S.126).

Auf die Konsequenzen der Betonung von Gewalthandeln in der Heitmeyerschen Rechtsextremismus Definition für die Frauenforschung macht Siller aufmerksam. Gewalttätige, straffällig gewordene Männer rückten als „Rechtsextreme" ins Zentrum des Interesses, die „breitere Grundstruktur des Rechtsextremismus", die auch bei Frauen anzutreffen sein könnte, gerate aus dem Blickfeld, Fragen nach der Beteiligung von Frauen würden in der Konsequenz kaum gestellt (Siller 1997, S.23). Siller meint, „dass auch die von den Autoren unter den Terminus Rechtsextremis-

mus gefassten ‚Einstellungen und Werthaltungen' des Nationalismus, Sozialdarwi-
nismus und Rassismus Gewalt implizieren" (ebd., S.18). Sie schlägt deshalb vor,
auch nicht öffentlich gewalttätig auftretende Formen von Diskriminierung als
Spielarten des Rechtsextremismus mit zu berücksichtigen. Davon erhofft sie sich,
dass auch Gewalt von Frauen stärker in die Rechtsextremismusforschung miteinbezogen werden könnte.

Andere Kritiker am Heitmeyerschen Rechtsextremismusbegriff weisen darauf
hin, dass das Verhältnis von rechtsextremer Einstellung und rechtsextremem Handeln grundsätzlich schwer fassbar ist (Stöss 1994, Falter u. a. 1996). Falter u. a.
(1996, S.13) gehen davon aus, dass rechtsextreme Einstellungsmuster relativ stabil
in der Bevölkerung verteilt sind, die Äußerungsformen auf der politischen Verhaltensebene jedoch starken Schwankungen unterworfen sind. Sie betonen, dass sowohl rechtsextreme Einstellungen vorhanden sein können, die nicht in Handlungen
umgesetzt werden, wie auch rechtsextreme Handlungen auftreten können, die nicht
mit den entsprechenden Einstellungen einhergehen.

Hinzu kommt, dass von der Rechtsextremismusforschung im Anschluss an
Heitmeyer bestimmte Gewalthandlungen, in denen sich Ungleichheitsideologie
ausdrückt, herausgegriffen werden, Handlungen von Alltagsrassismus, Diskriminierung und Ausgrenzung, die eine bestimmte sicht- und strafbare Gewaltschwelle
nicht überschreiten, dagegen nicht betrachtet werden. Eine solche Begriffsbildung
hat aber zur Folge, dass die Frage nach der Beteiligung von Frauen erst zum Problem wird. Denn häufig ist die Rede von einer „Diskrepanz zwischen Einstellungs-
und Verhaltensebene bei Frauen" (Ottens 1997, S.191). Damit ist gemeint, dass
Frauen die gleichen rassistisch diskrimierenden Einstellungen wie Männer vertreten, aber zumeist weder an Gewalttaten beteiligt noch in rechtsextremen Organisationen aktiv sind. Es wird gefragt, warum Frauen ihre Einstellungen nicht umsetzen
– als Handlungsformen, die mit diskriminierenden Einstellungen in Verbindung
stehen, sind nach dieser Definition jedoch nur Gewalt und politische Organisation
vorgesehen. Trennt man dagegen zwischen öffentlichem rechtsextremen Auftreten
und rassistischer Ungleichheitsideologie, die sich auch anders äußern kann als in
Gewalthandeln und der Nähe zu rechtsextremen Organisationen, so verschwindet
die „Diskrepanz" bei Frauen.

Tatsächlich fordern einige Autorinnen, auch andere Verhaltensweisen in die
Analyse von Rechtsextremismus mit einzubeziehen. Hier war der Aufsatz zum
„weiblichen Politikverständnis" von Meyer (1992) einflussreich. Meyer kritisiert,
dass ein organisationsbezogener Politikbegriff politisches Handeln von Frauen
nicht genug in den Blick bekomme. In der Folge werden verstärkt in der Rechtsextremismusdebatte alltägliche diskriminierende Verhaltensweisen von Frauen disku-

tiert. Beispiele sind der Einsatz deutscher Mütter dafür, dass ihre Kinder nicht mit „ausländischen" Kindern zur Schule gehen müssen (vgl. Holzkamp & Rommelspacher 1991, Ottens 1997, S.193), oder die Ablehnung einer Ehe der Tochter mit einem „Türken" oder „Afrikaner" (vgl. Möller 1991). Der Fokus auf diese so betitelten „geschlechtsspezifischen Äußerungsformen" dient tatsächlich dazu, auch Alltagsverhalten in den Blick zu bekommen, und nicht nur die strafbaren Handlungen isoliert zu betrachten. Gleichzeitig besteht aber die Gefahr, dass so unhinterfragt alltägliche Diskriminierungen ausschließlich Frauen zugeschrieben werden, öffentlichkeitswirksames Verhalten dagegen nur Männern, und damit Geschlechterstereotype in der Forschung weiter festgeschrieben werden.

So warnt auch Bitzan (2000, S.56) vor einer „Sackgasse", in die die „Konzentration auf die „sogenannten frauentypischen Verhaltensformen" führen könne. In der Konsequenz ist zu fordern, dass öffentlich politisches Handeln, einschließlich offenes Gewalthandeln, wie auch ausgrenzendes Alltagsverhalten, jeweils bei beiden Geschlechtern thematisiert wird, und nicht im Vorneherein als rein „männlich" oder „weiblich" stereotypisiert wird. Tatsächlich haben bisher in Deutschland nur wenige empirisch alltägliches diskriminierendes Verhalten unterhalb der Grenze von Strafbarkeit untersucht, allerdings unabhängig von Geschlecht. Bei Wagner und Zick (1998) zeigte sich in 8 von insgesamt 13 Experimenten, dass Menschen, die als „Ausländer" betrachtet werden, in verschiedenen Lebensbereichen im Vergleich zu Deutschen eine schlechtere Behandlung erfahren (ebd., S.151). Es ging in den Experimenten um alltägliche Dinge wie die Anfrage nach einer Mitfahrgelegenheit, die Bitte um Wegauskunft oder Kleingeld zum Telefonieren oder um Besichtigungsangebote durch Vermieter. Terkessidis' Studie (2004) erfasst Diskriminierungserfahrungen aus der Perspektive von MigrantInnen – hier stößt er auf eine Reihe von Situationen, gerade in relevanten Bereichen wie Schule oder Arbeitsmarkt (S.149ff).

Schließlich ist an eine Definition des Rechtsextremismus in Deutschland immer auch die Frage zu stellen, ob und wie sie Zusammenhänge zum historischen Nationalsozialismus in den Blick bekommt. Während die überwiegende Zahl der vorliegenden Definitionen hier keine expliziten Aussagen macht, erarbeiten Hopf, Rieker, Sanden-Marcus und Schmidt (1995) aus ihrem Interviewmaterial neben den Dimensionen „Ungleichheit" und „Gewaltakzeptanz" die Dimension „Akzeptanz und Verharmlosung des NS".

In allen vorliegenden Definitionsansätzen findet ein Punkt wenig Berücksichtigung: Mit „Rechtsextremismus" sind nicht nur kognitive Einstellungen und bestimmte individuelle Handlungsformen zu fassen, sondern es werden auch Beziehungen einer dominierenden Bevölkerungsmehrheit zu konkreten „Anderen" beschrieben. Abstrahiert wird von „Ungleichheitsideologie" gesprochen, wo aber die Grenzen zwischen „Gleichen" und „Ungleichen" verlaufen, d. h. gegen welche Gruppen sich rechtsextreme Einstellungen und Gewalthandlungen tatsächlich wenden, wird nicht reflektiert. Um „Ungleichheitsideologie" zu bestimmen, fragen die meisten empirischen Studien vor allem nach dem Verhältnis zu „Ausländern" (vgl. z. B. Birsl 1994, Utzmann-Krombholz 1994), womit im alltäglichen Sprachgebrauch vorrangig diskriminierte Gruppen wie Arbeitsmigranten und Arbeitsmigrantinnen und Asylsuchende gemeint sind. Wahl (1993, S.24) weist auf eine Kontinuität von Diskriminierung hin, Opfer rechtsextremer Gewalt seien in erster Linie diejenigen Gruppen, die schon im Nationalsozialismus verfolgt worden seien. Das Verhältnis zu Menschen mit Behinderungen, Obdachlosen, Homosexuellen und anderen sozial benachteiligten Gruppen wird aber selten erhoben, die Fragestellung auf Diskriminierung aufgrund von Nationalität bzw. Herkunft beschränkt. Den Standpunkt gegenüber unterschiedlichen gesellschaftlichen „Ungleichheiten" zu prüfen, wäre insofern interessant, als die Theorie der Autoritären Persönlichkeit (Adorno u. a. 1953, S.611) davon ausgeht, dass negative Projektionen auf verschiedenste diskriminierte Gruppen übertragen werden, sie spricht hier von einem „Syndrom". Ein Begriff wie „Ethnozentrismus"[7] legt dagegen nahe, dass es sich um Konflikte zwischen unterschiedlichen Ethnien handelt, die Ethnien müssen nicht unbedingt einen unterschiedlichen sozialen Status haben. Auch die Begriffe „Fremdenfeindlichkeit" oder „Fremdenangst" stellen Fremdheit in den Vordergrund, Fremdheit kann jedoch ebenfalls reziprok empfunden werden und bezieht sich nicht zwingend auf einen Gegensatz zwischen Privilegierten und Diskriminierten.

Wenn „Ideologie der Ungleichheit" nicht auf Ungleichheit zwischen Deutschen und den so benannten „Ausländern" begrenzt wird, sondern überhaupt das Verhältnis zu weniger privilegierten Ungleichen gemeint ist, folgt daraus, dass Jugendliche nichtdeutscher Herkunft bzw. ohne deutschen Pass ebenfalls „rechtsextrem" sein können. Diese werden jedoch überwiegend implizit oder explizit (eine Ausnahme bildet hier Möller 2000) von der Befragung ausgeschlossen. Beispielsweise die Verwendung von Items wie „Ich stimme der Aussage ‚Ausländer raus' zu" oder auch Fragen nach dem eigenen deutschen Nationalbewusstsein deuten darauf hin, dass ausschließlich Jugendliche mit deutschem Pass befragt worden sind. In eini-

---

7 Der Begriff „Ethnozentrismus" geht auf Sumner zurück, der folgende Definition vorschlägt: „Ethno-centrism is the technical name for this view of things in which one's own group is the center of everything, and all others are scaled and rated with reference to it" (Sumner 1906, S.13). Diese Definition fokussiert rein auf die Existenz unterschiedlicher Gruppen. Hierarchische Unterschiede zwischen diesen Gruppen, wie z. B. staatsbürgerliche Privilegien nur einer Gruppe, spielen hier keine Rolle. Ethnozentristisch ist die Haltung jeder der beiden Gruppen zu der jeweils anderen.

gen Studien wird explizit darauf hingewiesen, dass ausländische Jugendliche nicht miteinbezogen worden sind, weil „die Thematik dies erfordere", wie z. B. Heitmeyer, Buhse, Liebe-Freund, Möller, Müller, Ritz, Siller und Vossen (1992, S.116) schreiben. So nehmen Heitmeyer u. a. eine deutliche Abgrenzung zwischen Deutschen und Nichtdeutschen vor, in einer ersten Studie werden Jugendliche rein deutscher Herkunft zu Rechtsextremismus befragt, eine weitere Studie (Heitmeyer, Müller & Schröder 1997) folgt, in der nun die Orientierungen von Jugendlichen interessieren, deren Eltern oder Großeltern aus der Türkei stammen. Der Begriff des „Rechtsextremismus" kommt in der Fragestellung dieser zweiten Untersuchung nicht vor, sondern problematisiert wird in Bezug auf die „türkischen" Jugendlichen „Verlockender Fundamentalismus", so auch der Titel der Studie.[8]

Abschließend könnte auch an dieser Stelle wie in mehreren Überblicksartikeln (vgl. z. B. Winkler 1996, S.25) eine Klage über die Unübersichtlichkeit des Forschungsfeldes „Rechtsextremismus" stehen, die auch in der Unterschiedlichkeit der Definitionen zum Tragen kommt. Theoretische Bezüge fehlen häufig. Wieweit tagespolitische Debatten die Begriffsbildung mit beeinflussen, wird zumeist nicht reflektiert. Dennoch sind einige weiterführende Ansätze zu nennen. Hopf u. a. (1995) und Rieker (1997) haben den Versuch unternommen, die Empirie, d.h. Aussagen aus von ihnen geführten Interviews mit jungen Männern zur Hilfe zu nehmen, um ihren Rechtsextremismusbegriff zu explizieren. Auch die Verknüpfung aktueller Rechtsextremismusforschung mit anderen Theorietraditionen kann zu vielversprechenden Ergebnissen führen, so nimmt Heitmeyer (1987) Bezug auf das Theorem der „Risikogesellschaft" von Beck (1986), und Hopf u. a.(1995) versuchen eine Aktualisierung der Theorie der autoritären Persönlichkeit von Adorno u. a. (1953). Gleichzeitig sind einige theoretische Prämissen zu reflektieren: Ist es sinnvoll, an einem Gewaltbegriff als Konstituendum des Rechtsextremismus festzuhalten, der eine Reihe von Diskriminierungen und Ausgrenzungen als „nicht gewalttätig genug" keine Aufmerksamkeit schenkt – und so Rechtsextremismus in erster Linie bei männlichen Jugendlichen mit geringer Bildung betrachtet? Bezieht sich „Ungleichheits-

---

8 Durch dieses Design sind im Ergebnis eine Reihe von Unterschieden zwischen „deutschen" und „türkischen" Jugendlichen schon vorweggenommen. Gewalttätigkeit, die innerhalb der beiden Gruppen vorkommt, wird in unterschiedliche Kontexte gestellt. In der Ursachenanalyse von Fundamentalismus und Rechtsextremismus wird ebenfalls unterschiedlich herangegangen: Für die „deutschen" Jugendlichen werden Modernisierungsrisiken, Angst vor Arbeitslosigkeit und Statusverlust zur Begründung von deviantem Verhalten herangezogen, für die „türkischen" Jugendlichen mangelnde Integration. Die Arbeitslosigkeit ist bei den Jugendlichen mit Migrationshintergrund um vieles höher, dies wird von den Autoren jedoch nicht problematisiert.

ideologie" nur auf die Ungleichheit zwischen Deutschen und Migranten und Migrantinnen, oder sind damit auch diskriminierende Einstellungen beispielsweise gegen Behinderte oder Obdachlose mit eingeschlossen? Können als Konsequenz „rechtsextreme Einstellungen" auch bei Migranten und Migrantinnen zu finden sein? Schließlich ist zu fragen, wieweit Rechtsextremismus nicht einfach nur kognitive Einstellungen und Handlungsdispositionen einzelner Individuen bezeichnet, sondern wieweit damit konkrete Beziehungen zwischen unterschiedlich privilegierten und diskriminierten Gruppen der Gesellschaft beschrieben werden? Diese Fragen führen weiter von einem isolierten Blick auf die Deutschen und ihre Einstellungen und Befindlichkeiten gegenüber einem Einstellungsobjekt „Ausländer" hin zur Betrachtung des Verhältnisses zwischen den hier lebenden Menschen mit und ohne Migrationshintergrund und insgesamt zwischen unterschiedlich privilegierten und benachteiligten Gruppen der Gesellschaft.

2.1.3 Zum Verhältnis von Rechtsextremismus und Rassismus – Unterschiedliche Konzeptionen

Die Schwierigkeiten bei der Bestimmung des Begriffes „Rechtsextremismus" aus der Literatur setzen sich fort, wenn man nach seinem Verhältnis zum Begriff „Rassismus" fragt. Einige Autoren und Autorinnen, wie z. B. Holzkamp & Rommelspacher 1991, verwenden „Rechtsextremismus" und „Rassismus" als Begriffspaar, ohne die Begriffe deutlich definitorisch voneinander abzugrenzen. Andere wiederum zählen „Rassismus" als Teilkomponente oder möglichen Bestandteil von „Rechtsextremismus" auf (z. B. Heitmeyer 1988, S.16, Rieker 1997, S.69). Häufig wird abgelehnt, den Begriff „Rassismus" überhaupt im Zusammenhang mit „Rechtsextremismus" zu verwenden. Bielefeld (1993, S.22) spricht von einem „Nachkriegstabu": In Deutschland werde der Begriff „Rassismus" in der Regel dem Neunzehnten Jahrhundert und der NS-Ideologie vorbehalten und sei zur Beschreibung anderer Phänomene verpönt. Eine Hauptursache dieses „Tabus" bestehe in der Befürchtung, dass mit der Verwendung des Begriffs Rassismus auch die längst überholte Trennung in biologische Rassen weiter vollzogen werde (vgl. kritisch hierzu Singer 1997, S.53) und biologische Unterscheidungen, die jeglicher faktischen Basis entbehren, weiter als Begründung für Ungleichbehandlung und

---

9 Auch Rassismus ist wie Rechtsextremismus ein geschichtlich relativ neuer Begriff, er geht auf Hirschfeld zurück, der 1933/1934 eine Abhandlung mit „Rassismus" betitelte, in der er die Trennung nach biologischen hierarchisch geordneten „Rassen" durch die Wissenschaft verurteilte (vgl. Miles 1991, S.58f).

Unterdrückung herangezogen werden. Gleichzeitig wird darauf hingewiesen, dass biologische Argumentationen heute kaum noch eine Rolle spielen (vgl. z. B. Wahl 1993): Wo nicht mehr von „Rassen" gesprochen werde, könne man auch nicht von „Rassismus" reden.

In der internationalen Debatte ist dagegen die Bedeutung von „Rassismus" mittlerweile weiter gefasst. Es wird ebenfalls konstatiert, dass der Begriff der biologischen Rasse und damit verbundene Vorstellungen von der Ungleichwertigkeit der Rassen tatsächlich seit dem Ende der Herrschaft des Nationalsozialismus diskreditiert seien.[10] Ungleichheit bestehe jedoch weiter, werde nur mittlerweile nicht mehr mit biologischen „rassischen" Unterschieden legitimiert, sondern mit der Unvereinbarkeit unterschiedlicher „Kulturen" (vgl. Balibar & Wallerstein 1990, Guillaumin 1995, Malik 1996). Bestimmungspunkt dieses neuen „kulturalistischen" Rassismus (Essed 1992) oder Neorassismus (Balibar 1989) sei gerade, dass kulturelle Unterschiede naturalisiert werden, d.h. als unveränderlich und damit quasibiologisch gefasst werden. Guillaumin (1995) weist zusätzlich darauf hin, dass die Idee der „Rasse" zunächst Konzept und Thema von Sozialwissenschaften war.[11]

Empirisch hat sich Rieker (1997, S.69ff) damit befasst, abzuklären, welche Anteile in den Argumentationen, die sich gegen MigrantInnen richten, jeweils klassisch biologistische und welche kulturalistische Argumentationslinien einnehmen. Er kommt für seine Stichprobe junger männlicher deutscher Auszubildender zu dem Ergebnis, dass tatsächlich „Kultur" weitaus häufiger als Begründung für Abwertung und Diskriminierung herangezogen wird als „biologische Unterschiede".

Neben der Gefahr, mit dem Begriff „Rassismus" falsche Vorstellungen von einer Ungleichheit biologischer Rassen hervorzurufen, gibt es weitere Einwände gegen die leichtfertige Subsumierung jeglicher diskriminierender Einstellung unter „Rassismus": So warnt Kossek (1999, S.18), dass mit der Überdehnung des Begriffes die Gefahr einer Verharmlosung des Nationalsozialismus verbunden sei. Relevante Unterschiede zwischen diskriminierenden Einstellungen könnten nicht angemessen analysiert werden. Hinzu kommt als deutsches Spezifikum im Vergleich zum angloamerikanischen Sprachraum, dass es hier keine positive Besetzung des Begriffes „Rasse" gibt. Während im Zuge der US-Bürger-rechtsbewegung schwar-

---

10   So haben beispielsweise zahlreiche WissenschaftlerInnen an Erklärungen der UNESCO mitgewirkt, deren Ziel es war, dem wissenschaftlichen biologisch begründeten Rassismus den Boden zu entziehen (vgl. Miles 1991, S.63f).

11   Guillaumin (1995) zitiert eine Reihe bekannter Rassetheoretiker des 19. und 20.Jahrhunderts von Gobineau über Vacher de Lapuge bis zu Chamberlain und Rosenberg. Sie bemerkt, dass sie alle keineswegs Naturwissenschaftler waren, hier also ein Thema von Sozial- und Politikwissenschaften unter Zuhilfenahme von (Pseudo-) Biologie verhandelt wurde.

ze US-Amerikaner affirmativ den Begriff „race" zur Selbstbezeichnung verwendet haben, existiert „Rasse" im Deutschen nur in der rassistischen Tradition der biologischen Unterscheidung unterschiedlicher Menschen„rassen" und in der NS-Sprachregelung von der „arischen Herrenrasse".

Hinzu kommt als deutsches Spezifikum, dass in der Bundesrepublik bis heute Migranten und Migrantinnen kaum an der Institution Universität Fuß fassen konnten, die Rechtsextremismus- und Vorurteilsforschung aber auch die Forschung zu Migration fast immer von WissenschaftlerInnen deutscher Herkunft geprägt wurde. Im angloamerikanischen Sprachraum ist Beteiligung von „Betroffenen" an der Rassismusforschung weitaus höher, damit kann die geringere Scheu zusammenhängen, den Begriff „Rassismus" zu verwenden, der in der Sprache politischer Auseinandersetzungen gebräuchlich ist (vgl. z. B. Moraga & Anzaldúa 1983, hooks 1992, 1996, Jones 1997).

Eine weitere Schwierigkeit liegt darin, dass der Begriff Rassismus die Gefahr der Moralisierung in sich birgt. Als „rassistisch" werden jeweils nur die anderen bezeichnet, der implizierte Vorwurf stellt jegliche „rassistische" Äußerung oder „rassistisches" Verhalten außerhalb der Grenzen des Akzeptierbaren, Auseinandersetzungen sind auf dieser Basis nicht mehr möglich (vgl. Burkert 2001). Miles (1991, S.90f) geht noch weiter mit seiner Feststellung, dass nach dem Holocaust die Bezeichnung einer Person als rassistisch, diese „außerhalb der Grenzen der Zivilisation stelle". Frankenberg (1993, 1996) schlägt deshalb vor, für den Begriff „Rassismus" „whiteness" einzusetzen. Der oftmals unbewusste Umgang mit eigenen Privilegien und der Diskriminierung „Anderer" könnte so besser diskutiert werden, ohne Abwehr und Empörung hervorzurufen. Für den deutschen Sprachraum ist bisher kein äquivalenter Begriff entwickelt worden.

Unterschiedliche Ursachen, allen voran die deutsche nationalsozialistische Vergangenheit, haben also dazu beigetragen, dass „Rassismus" in der deutschen Diskussion nur einen geringen Stellenwert besitzt. Problematische Konsequenz ist, wie Butterwegge (1996, S.12) feststellt, dass der Anschluss an die internationale Kommunikation zum Thema schwer fällt. Für meine Arbeit habe ich mich entschieden, zunächst Prämissen und Konsequenzen der unterschiedlichen Verwendung von „Rassismus" und „Rechtsextremismus" herauszuarbeiten, um dann zu fragen, welche Anregungen aus der internationalen Rassismusdiskussion für die Auseinandersetzung in Deutschland übernommen werden könnten.

2.1.4 Eine Arbeitsdefinition von Rassismus

Im Vordergrund unterschiedlichster Rassismusdefinitionen steht nicht das potentiell rassistische Individuum und seine Einstellungen, sondern Geschichte, Institutionen und Kultur einer rassistisch geprägten Gesellschaft. So hat Jones (1997,
S.414) eine Reihe von Definitionen miteinander verglichen und als Hauptunterschied zwischen Ansätzen der klassischen Vorurteilsforschung und der Rassismusforschung die jeweils zentrale Ebene der Analyse hervorgehoben. Während die
erstere von den Vorurteilen des Individuums ausgeht, teilweise auch Intergruppen-
phänomene in den Blick nimmt, betont die Rassismusanalyse primär die Faktoren,
die auf der Makroebene der Gesellschaft wirken. Näher betrachtet wird, welchen
Beitrag Geschichte, Kultur und gesellschaftliche Institutionen dazu leisten, dass
bestimmte Bevölkerungsgruppen wie die Schwarzen in den USA oder Arbeitsmigranten und -migrantinnen in der Bundesrepublik vergleichsweise schlechtere
Lebensbedingungen vorfinden. Die Diskriminierung wird zwar von den Akteurinnen und Akteuren jeweils neu geschaffen und reproduziert, die Intentionen der Beteiligten spielen dabei eine untergeordnete Rolle (vgl. Carmichael und Hamilton
1967, S.5), oder wie Zick (1997, S.41) es ausdrückt: „(...) der rein individuelle Beitrag zum kollektiven Phänomen Rassismus ist begrenzt".

Ein grundlegender Begriff ist daher der des strukturellen oder auch institutionel-
len Rassismus, den Carmichael und Hamilton 1967 in ihrer Schrift „Black Power:
The politics of liberation in America" eingeführt haben. Im Zentrum ihrer Rassismusanalyse stehen die politischen Akte in Institutionen, durch die eine rassische
Gruppe auf eine untergeordnete Position in der Gesellschaft verwiesen wird (vgl.
Carmichael and Hamilton 1967, S.3). Mit ihrer Definition wollen sie darauf hinweisen, dass sich Rassismus nicht auf individuelle Gewalt- und Diskriminierungsakte beschränkt[12] (ebd., S.5), sondern es vor allem auch die Konsequenzen von
institutionellem Handeln sind, die zu einer Benachteiligung von Schwarzen führen.

Diese institutionalisierte Politik des Unterschiedemachens, die Rassismus aus-
macht, halten zahlreiche RassismustheoretikerInnen nur deshalb für möglich, weil
sie auf staatlicher Macht basiert. Die Beziehungen zu den „Anderen" sind immer
sofort auch staatlich vermittelte Beziehungen, es ist der Staat, der unterschiedlichen

---

12 Dass Carmichael und Hamilton die Bedeutung individueller Diskriminierungsakte gering einschätzen, wird an ihrem folgenden Beispiel deutlich: „'Respectable' individuals can absolve themselves
from individual blame: they would never plant a bomb in a church; they would never stone a black
family. But they continue to support political officials and institutions that would and do perpetuate
institutionally racist policies. The acts of overt, individual racism may not typify the society, but
institutional racism does." (Carmichael & Hamilton 1967, S.5)

20

Gruppen unterschiedliche Rechte und Privilegien zuweist und Institutionen aufrechterhält, die am Ausschluss bzw. der Benachteiligung diskriminierter Bevölkerungsgruppen arbeiten. Terkessidis (1998, S.41) spricht davon, dass die Kriterien der Zugehörigkeit zur Gruppe der Deutschen eben „nicht nur durch sozialen Konsens untermauert" sei, sondern auch durch „institutionelle Gewalt". So stellt Balibar (1992, S.23) die These auf, dass erst der Nationalstaat die nationalen Minderheiten „hervorbringe", erst wenn die Minderheiten staatlich „kodifiziert" und „kontrolliert" würden, gebe es sie „wirklich". Bauman (1992, S.33) sieht das Hauptanliegen moderner Nationalstaaten darin, nationale – ethnische, religiöse, sprachliche und kulturelle – Homogenität herzustellen. Dabei werden zugleich die „Fremden" als „fremd" ausgeschlossen, als einzige Möglichkeit der Partizipation werde ihnen „Integration" angeboten, womit eine individuelle Anpassung an Werte und Normen der dominanten Gruppe gemeint ist und ein gleichzeitiges Fallenlassen eigener Bezüge (ebd., S.40).

Charakteristikum von Rassismusanalysen ist, dass sie Formen und Erscheinungsbilder des Rassismus in Beziehung zur Entwicklung westlicher Kultur und Gesellschaft setzen. Rassismus wird als historisches Phänomen betrachtet, das in engem Zusammenhang mit der Geschichte der von Europa ausgehenden Kolonialisierung der Welt und der auch heute weiterbestehenden postkolonialen Ungleichheiten steht. So bezeichnen Hess & Linder (1997, S.25) zusammenfassend Rassismus als „kulturelle Tradition Europas" und führen seine Entwicklung auf die westliche Eroberung der Welt und die Entstehung der kapitalistischen Produktionsweise zurück.

Erkenntnisleitend kann die Unterscheidung sein, die Müller (1992) zwischen drei unterschiedlichen Phasen des Rassismus getroffen hat. Die erste Phase, die seit dem Beginn von Kolonisation und Mission vom Sechzehnten Jahrhundert bis ins Neunzehnte Jahrhundert andauerte, sieht er als von „universalistischem" Rassismus geprägt. Vorherrschend waren Denkmodelle, die eine einzige universale Entwicklung des Menschen vertraten – sei es aus christlicher Sicht vom Heiden hin zum Christen oder aus der damaligen wissenschaftlichen Sicht vom unzivilisierten Wilden hin zum aufgeklärten Europäer. Unbestreitbar war für die Europäer ihrer Zeit, selbst an der Spitze der menschlichen Entwicklung zu stehen, die als „andere" betrachtete Bevölkerung der anderen Kontinente wurde in erster Linie als zu missionierende bzw. zu erziehende „Kinder" angesehen. Im Laufe des Neunzehnten Jahrhunderts entwickelte sich eine neue Form rassistischen Denkens, die Müller als „superioren" Rassismus bezeichnet, und die ihre extremste Ausformung, aber auch ihren Endpunkt im deutschen Nationalsozialismus fand. Europäer und Nordamerikaner waren nun mehr und mehr mit dem Widerstand indigener Völker und mit

Sklavenaufständen konfrontiert, im Inneren der Nationen waren es die Juden, die ihre Emanzipation forderten und durchsetzten. Der Blick auf die „anderen" wurde mehr und mehr von einem Blick aus der Ferne zu einem Blick aus der Nähe, die „anderen" wurden zunehmend als immer bedrohlicher wahrgenommen. Konzeptionen von rassischer „Reinheit", die es gegen Degeneration durch Vermischung mit fremden minderwertigen Rassen zu wahren gelte, kamen auf, die Idee der Eugenik wurde geboren. In der Wissenschaft wurden zum einen von einem typologischen Rassismus Theorien von unterschiedlichen Ursprüngen der einzelnen Menschenrassen vertreten. Zum anderen kam sozialdarwinistisches Denken auf, das die Überlegenheit der eigenen weißen Rasse als Erfolg eines natürlichen Kampfes ums Überleben begründen und gleichzeitig festigen wollte. Mit dem Sieg über den Nationalsozialismus war dieser „superiore" Rassismus im Grunde delegitimiert. An seine Stelle trat ein „differentialistischer" Rassismus, der nicht mehr so sehr die Überlegenheit der Europäer und weißen US-Amerikaner betont, sondern ein Bedrohungsszenario entworfen wird, in dem es nunmehr der Westen sein soll, der von den „anderen" überschwemmt wird. Es ist die Zeit der politischen Entkolonialisierung, der Bürgerrechtsbewegung der Schwarzen in den USA und neuer Migrationsströme von Süd nach Nord. Im „differentialistischen" Rassismus ist nicht mehr die Rede von der Reinheit biologischer Menschenrassen, sondern von der Unvereinbarkeit unterschiedlicher Kulturen, die quasibiologisch als unveränderlich konzipiert werden. Traditionellere Formen von Rassismus werden zurückgewiesen, im Gegenteil, die Anerkennung des „anderen" in seiner differenten Eigenheit wird gefordert. Dabei bleibt jedoch die Definitionsmacht weiter aufseiten der Nationen des Nordens. Die „anderen" werden auf ihr „Anderssein" beschränkt und festgelegt, und gleichzeitig weiter auf untergeordnete Positionen verwiesen, ohne dass dies aber explizit formuliert wird.

Miles fasst zusammen, dass sowohl die Zielgruppen des Rassismus sich änderten, als auch seine Zuschreibungen und Begründungen (1989, S.54). Gleich bleibe jedoch seine Funktion, fortbestehende soziale Ungleichheit zu legitimieren, gerade heute, wo vordergründig der Anspruch auf die Gleichheit aller erhoben werde. Hierzu werden ungleiche angeborene (oder zumindest als unveränderlich konzipierte) Eigenschaften unterschiedlichen Personengruppen zugeschrieben und deren gesellschaftliche Ungleichheit aus diesen Eigenschaften abgeleitet (ebd., S.12). Die Überzeugung von gleichen Chancen und Gerechtigkeit für alle könne so aufrechterhalten werden.

Übereinstimmend wird Rassismus als ein zentrales Charakteristikum moderner westlicher Gesellschaften beschrieben, wurzelnd in einer jahrhundertelangen Geschichte von Kolonialismus und Diskriminierung nationaler Minderheiten, aufrechterhalten durch ausschließende und benachteiligende Praxen gesellschaftlicher Institutionen und gestützt von staatlicher Macht. Terkessidis (1998, S.27) verwehrt sich aus dieser Perspektive gegen Positionen, die Rassismus „pathologisieren", indem sie ihn als „Rebellion, Leiden, Krankheit oder zumindest als etwas Nicht-Funktionierendes" interpretieren. Geschichte werde so zu einer „Aufeinanderfolge von Ausnahmen" erklärt, es gehe aber gerade darum, Rassismus als alltägliche Normalität zu begreifen.

2.1.5 Prämissen und Konsequenzen unterschiedlicher Begriffsbildung: Rassismus oder Rechtsextremismus?

Zwischen Rechtsextremismusforschung und Rassismustheorie gibt es bisher wenig Vermittlung, obgleich Überschneidungen in der Thematik groß sind. Die Annäherung an den Gegenstandsbereich findet aus sehr unterschiedlichen Blickwinkeln statt, die Differenzen in der jeweiligen Perspektive haben jedoch eine Reihe von Konsequenzen: Unterschiede finden sich in der Frage, in welchem Verhältnis Rechtsextremismus und Rassismus zum bestehenden demokratischen Staat stehen. Des weiteren steht zur Debatte, ob es sich jeweils um ein Phänomen am Rande oder in der Mitte der Gesellschaft handelt. Daran ist die Frage nach der Genese von Rechtsextremismus und Rassismus geknüpft: Sind sie eher als Reaktion auf soziale Verunsicherung bestimmter Bevölkerungsgruppen zu betrachten oder als grundlegendes Charakteristikum einer Mehrheitsgesellschaft, in der Privilegien und Rechte unterschiedlich verteilt sind? Entstehen Vorurteile einzelner Rechtsextremer aus der Verarbeitung anomischer Situationen, d. h. als Konsequenz des Zerfalls traditioneller Bindungen? Oder wird in verbreiteten rassistischen Bildern das aktuelle Verhältnis zwischen Einheimischen und MigrantInnen widergespiegelt und gleichzeitig legitimiert? Und schließlich – wie wird die Rolle der Wissenschaft reflektiert: Kann sie soweit wie möglich Neutralität und Objektivität wahren und außerhalb stehen – oder wird sie als mitbeteiligt an der Produktion rassistischer Diskurse gesehen?

Der Unterschied der beiden Perspektiven „Rechtsextremismus" und „Rassismus" wird besonders deutlich, wenn nach der Rolle des Staates und dem Verhältnis der Individuen zum Staat gefragt wird. Rechtsextremismus wird grundsätzlich als Demokratiefeindlichkeit definiert. Falter u. a. (1996, S.9) fassen als gemeinsames Ziel unterschiedlichster Studien über Rechtsextremismus zusammen, „die Bevölkerung und die politisch verantwortlichen Stellen über demokratiefeindliche Bestrebungen von rechtsaußen aufzuklären". Häufig finden sich in Rechtsextremismusdefinitionen Demokratiefeindlichkeit und Ungleichheitsideologie nebeneinander als Definitionskriterien, oft sind sie jedoch hierarchisch geordnet, wie z. B. bei Siller (1997, S.21), für die rechtsextremistische Ideologien „eine antidemokratische Gesellschafts- und Kulturkritik, eine Ablehnung demokratischer Staatsformen und gewalthaltige Versuche ihrer Umstrukturierung nach diesen Gesichtspunkten(...)" beinhalten. Die große Rolle, die die Asyldiskussion für Rechtsextreme spielt, führt sie darauf zurück, dass diese „soziale Brennpunkte" „instrumentalisieren". Dadurch wird sekundär und beliebig, dass sich sowohl rechtsextreme Gewalt als auch Propaganda in erster Linie gegen Migranten und Migrantinnen richten, besonders gegen Asylsuchende. Primär ist in dieser Definition die Staatsfeindlichkeit der Rechtsextremen.

Ein Resultat dieser Sicht ist, dass es widersinnig scheint, staatliche Strukturen und staatliches Handeln in westlichen Demokratien, beispielsweise eine bestimmte Gesetzgebung oder Verwaltungspraxis, als „rechtsextrem" zu bezeichnen. In dieser Vorstellung ist es höchstens möglich, dass einzelne „Rechtsextreme" in staatliche Institutionen eindringen und diese durchsetzen – ein Thema, das beispielsweise im Bezug auf „Rechtsextreme in der Bundeswehr" (Gerlach 1998, Knorr 1998) oder den Einzug „rechtsextremer" Parteien in einzelne Parlamente diskutiert wird. Die Analyse von Rassismus nimmt dagegen den Zusammenhang zwischen dem Wirken staatlicher Institutionen und dem Verhalten Einzelner in den Blick. Zentral ist die Vorstellung, dass eine moderne westliche Demokratie durchaus von rassistischen Strukturen geprägt sein kann, viele Rassismustheoretiker und -theoretikerinnen gehen so weit, dass sie Rassismus als ein Konstituendum von Nationalstaaten betrachten aufgrund deren Praxis von Ein- und Ausschluss und unterschiedlicher Zuweisung von Rechten und Privilegien (vgl. Balibar 1989, Singer 1997, Terkessidis 1998).

Einen Grund dafür, dass in der deutschen Debatte der Blick vor allem auf „Demokratiefeindlichkeit" gerichtet ist, oder wie Birsl (1994a, S.24) feststellt, „die Begriffe ,Rechtsextremismus', ,Rechtsradikalismus' und auch ,Neonazismus' eher eine ideengeschichtliche Hervorhebung antidemokratischer Aspekte implizieren", sehe ich darin, dass sich in der deutschen Geschichte die rassistische Vernichtungspolitik des NS durchgesetzt hat, nachdem demokratische Strukturen beseitigt worden sind. Ungleichheitsideologie und Demokratiefeindlichkeit werden als zusammenhängend betrachtet. Für den historischen Nationalsozialismus trifft dies zu, die Verbindung ist jedoch nicht zwingend.

In den angloamerikanischen Ländern waren antidemokratische Bewegungen niemals ähnlich stark und erfolgreich. Hier haben die von rassistischer Diskriminierung betroffenen Bevölkerungsgruppen, v. a. die Afroamerikaner und Afroamerikanerinnen, innerhalb der bestehenden Demokratie Rechte eingefordert[13] und dabei analysiert, wieweit auch traditionell demokratische Strukturen zu einer Ungleichbehandlung beitragen können. Dadurch bestand eher ein Bewusstsein dafür, dass Rassismus und Demokratie sich nicht ausschließen müssen. Gleichzeitig war es aufgrund der sich an die Proteste anschließenden Politik der „affirmative action" möglich, dass Schwarze gesellschaftliche Positionen einnahmen, v. a. auch in der Wissenschaft, die es ermöglichten, sich am Diskurs über racism zu beteiligen. Am Diskurs über Rechtsextremismus beteiligen sich fast ausschließlich Forscher und Forscherinnen ohne Migrationshintergrund[14], die Perspektive diskriminierter Bevölkerungsgruppen kommt selten zur Sprache. Auch dies trägt dazu bei, dass als Hauptproblem vor allem die Gefährdung der deutschen Demokratie gesehen wird, die gleichzeitig selbst einen Teil der Bevölkerung von demokratischen Rechten ausschließt. Dazu kommt, dass kaum Forschungen zu strukturellem Rassismus oder zu Diskriminierungen im Alltag vorliegen (Gomolla & Radtke 2002).

2.1.5.2 Randphänomen oder vorherrschender Diskurs?

Indem Rassismustheoretikerinnen und -theoretiker die rassistisch diskriminierenden Strukturen der Gesellschaft in den Mittelpunkt ihrer Analyse rücken, gehen sie davon aus, dass auch jedes Individuum – bewusst oder auch unbewusst – in diese

---

13 Ein weiterer Unterschied zwischen den angloamerikanischen Ländern und Frankreich auf der einen Seite und Deutschland auf der anderen Seite ist, dass sowohl die ‚people of colour' in den USA als auch die Einwanderer und Einwandererinnen aus den ehemaligen Kolonien in Großbritannien und Frankreich – zumindest in einer ersten Phase – die Staatsbürgerschaft der betreffenden Länder besaßen. Deutsche Politik war, staatsbürgerliche Teilhabe für die Migrantinnen und Migranten in Deutschland durch die Saisonalisierung von Arbeitskraft zu verhindern – vgl. das Konzept der „Gastarbeit" (Terkessidis 2000).

14 Auch diese Studie stellt hier keine Ausnahme dar.

Strukturen involviert ist und seinen Teil zu deren Aufrechterhaltung beiträgt. So spricht Jones (1997, S.435) davon, dass gerade die subtile Manifestation von „race"[15] in einer Gesellschaft, in der das Unterscheidungskriterium „race" weiter eine große Bedeutung besitze, „uns alle, jedes Individuum, anfällig für Rassismus" mache. Aufgrund der Übermacht der diskriminierenden Strukturen sei es nicht die Frage, ob ein Individuum „mehr oder weniger" rassistisch sei. Terkessidis (1998, S.80) betont in Anlehnung an Fanon, dass es keinen Sinn mache, zu diskutieren, ob ein Individuum, eine Bevölkerungsgruppe, oder eine Region rassistischer sei als eine andere, sondern es sei nach der ganzen Gesellschaft zu fragen: „Ein für allemal stellen wir folgendes Prinzip auf: eine Gesellschaft ist entweder rassistisch oder nicht." (Fanon 1952, S.63f). So wird differentialistischen Fragestellungen im Feld der Rassismusanalyse insgesamt kaum ein Augenmerk geschenkt.

In der Rechtsextremismusforschung ist das Bild weniger einheitlich. Zwar wurde bereits früh festgestellt, dass es sich bei Rechtsextremismus eben nicht um ein Randphänomen handelt, sondern um eine „normale Pathologie westlicher Industriegesellschaften" (Scheuch und Klingemann 1967, S.18), rechtsextreme Einstellungen würden eben nicht nur von randständigen gewalttätigen Jugendlichen vertreten, sondern streuten breit in der Gesellschaft (vgl. z. B. Klönne 1994, Möller 2000). Auf der anderen Seite hat sich die Rechtsextremismusforschung mit wenigen Ausnahmen (Skrzydlo, Thiele & Wohllaib 1992, Büchner 1994, Berker & Demirovic 1997) empirisch vor allem mit Jugendlichen beschäftigt, besonders mit Jugendlichen niedriger sozialer Schichten und mit geringerem Bildungsgrad (Heitmeyer 1987, Leiprecht 1992, Birsl 1994a, Hopf u. a. 1995, Möller 2000), gewalttätigen Jugendlichen und Mitgliedern rechtsextremer Cliquen (Willems 1993, Köttig 2000) und Jugendlichen aus Ostdeutschland (Rausch 1999). Während die Theorie also Rechtsextremismus eher in der Mitte der Gesellschaft ansiedelt, wird in der Empirie der Rechtsextremismusforschung der Blick auf die Ränder gelenkt. Eng verbunden mit der Frage, wie zentral in einer Gesellschaft Rechtsextremismus bzw. Rassismus anzusiedeln sind, ist auch die Diskussion, ob es sich mit Rechtsextremismus um eine Reaktion auf eine anomische Situation einzelner Gruppen handelt (vgl. Kap. 2.2.1) oder ob im Rassismus Migrationsgeschichte und das gegenwärtige Verhältnis der Mehrheitsgesellschaft zu Migranten und Migrantinnen in Deutschland widergespiegelt wird (vgl. Kap. 2.3.6) – und für racism typische Einstellungen deshalb weit verbreitet sind.

---

15 Ich habe mich dafür entschieden, den Begriff „race" unübersetzt auf englisch stehen zu lassen, da die deutsche Übersetzung „Rasse" anders konnotiert ist (vgl. Kap. 2.1.3).

Von der Sichtweise, ob die Phänomene als in der „Mitte der Gesellschaft" und in ihren Strukturen verwurzelt angesehen werden, oder eher als Randphänomene betrachtet werden, hängt auch die Vorstellung der jeweiligen Gegenpole von Rechtsextremismus und Rassismus ab. Beide Theorielinien haben sich einer Gegenkonzeption eher wenig gewidmet. Rieker fasst zusammen, dass in den meisten Entwürfen von „Distanz" zu Rechtsextremismus oder in der Tradition der Autoritarismusforschung (vgl. Kap. 2.2.3) von niedrigen Werten auf der F-Skala die Rede sei, dass auf der genauen Bestimmung dieser Positionen jedoch kein Fokus liege (1997, S.108 ff). Adorno (1973, S.166) betont die Diversität der Einstellungen gegenüber Juden bei der Gruppe der „Unvoreingenommenen": Einige versuchten die Züge von Juden zu erklären, andere stritten die Existenz solcher Züge ab, wieder andere zeigten sich voll emphatischer Bewunderung. Während sich die meisten Untersuchungen vorrangig mit der Entstehung rechtsextremer Orientierungen beschäftigen, (Birsl 1994, Siller 1997, Rausch 1999) interessiert sich Möller in einer neuen Längsschnittuntersuchung sowohl für den Aufbau als auch für die Distanzierung von rechtsextremen Orientierungen. Rieker (1997, S.100f) versucht empirisch aus der Befragung junger Arbeiter und Auszubildender Bestimmungspunkte einer „pluralistischen"[16] Orientierung zu gewinnen und findet Ausländerfreundlichkeit bei gleichzeitiger Integration negativer Erfahrungen und zusätzlich positivem Umgang mit anderen Außenseitern.

Wenn man dagegen davon ausgeht, dass die Institutionen der Gesellschaft von rassistischer Ungleichheit geprägt sind, dann bedeutet eine Nicht-Übernahme rassistischer Begründungslinien gleichzeitig einen Bruch mit einer Reihe von Vorstellungen der Mehrheitsgesellschaft (Jones 1997, S.373)[17]. Hess und Linder (1997) begreifen antirassistische Identität als eine in sich widersprüchliche Identität, die auf der einen Seite die eigene Zugehörigkeit zur dominanten deutschen Mehrheitsgesellschaft nicht leugne, auf der anderen Seite aber nach Überwindung der damit verbundenen Privilegien strebe.

---

16 Er grenzt seinen Pluralismusbegriff scharf von einem „Ethnopluralismus" der Neuen Rechten ab, in dem die Unterschiedlichkeit verschiedener Kulturen betont wird, um sie als miteinander unvereinbar festzuschreiben (vgl. Rieker 1996, S.109).

17 Jones (1997, S.373) merkt weiter an, dass Opposition zu Rassismus in einem gewissen Grad auch immer Opposition zur bestehenden Gesellschaft als Ganze darstellt: „Attempts to dismantle or to blunt rassism and ist effects are in some respects anticultural and antisocietal".

Die Rassismusforschung hat sich schwerpunktmäßig mit der Rolle der Wissenschaften bei der Entstehung und Aufrechterhaltung rassistischen Denkens auseinandergesetzt. Die maßgebliche Rolle der Wissenschaft ist nachgewiesen für die Rassenkunde des 19. Jahrhunderts, die eugenische Bewegung, aber auch für die Intelligenzforschung von ihren Anfängen an (vgl. Gould 1988). Diskutiert wird auch die Bedeutung der Wissenschaften für die rassistische Vernichtungspraxis des historischen Nationalsozialismus (für die Psychologie: vgl. Benetka 1997).

Nach dem zweiten Weltkrieg hat sich eine Reihe von Wissenschaftlern zum Ziel gesetzt, die Unhaltbarkeit eines biologischen Rassismus nachzuweisen (vgl. Miles 1991, S.58ff). Gleichzeitig warnt Terkessidis (1998, S.83) vor zu wenig Skepsis: „Der gleichen Wissenschaft, die früher die Eigenschaften von ‚Rassen' erforscht, traut man heute zu, dass sie weiß, was in Bezug auf andere ein richtiges oder falsches Urteil ist. Was aber legitimiert diesen naiven Glauben an den wissenschaftlichen Fortschritt?". Zu fragen sei, wieweit auch nach 1945 die Wissenschaften an der Legitimation von Ungleichheit beteiligt sind. Insbesondere sieht er eine Nähe zwischen wissenschaftlicher Theorie und alltäglichem Denken gerade hinsichtlich des Gegenstandsbereiches Rassismus (ebd., S.110).

In der Rechtsextremismusforschung wird das Thema „eigene Nähe zum Forschungsgegenstand" weniger thematisiert, wenn, dann wird eher die eigene Distanz und Befremdung diskutiert, insbesondere von Forscherinnen, die zu „Frauen und Rechtsextremismus" arbeiten. So spricht Bitzan (2000, S.13) in ihrer Auseinandersetzung mit rechter Propaganda von der Gefahr „ungewünschter Internalisierungen" und „Verunsicherungen" und der darausfolgenden Notwendigkeit eines „Austausches mit nicht involvierten Personen". Büchner (1995, S.186f), die Funktionärinnen der Republikaner interviewt hat, berichtet von einer „problematischen Identifikation" mit ihren Interviewpartnerinnen, die sie unbewusst dazu geführt hat, besonders misstrauisch zu sein und sich in der Rolle einer „Anklägerin" oder „Spionin" zu fühlen.

2.1.6 Schlussfolgerndes Summary

Wenn Rechtsextremismus in den Blick genommen wird, wird tendenziell eher nach einer individuellen Einstellung gefragt, die sich als Reaktion auf eine „anomische" verunsichernde Situation vorrangig bei Randgruppen der Gesellschaft bildet. Rassismusanalysen konzentrieren sich dagegen mehr auf die Struktur von Institutionen und die verbreitete Legitimation sozialer Ungleichheit, die ihre Wurzeln in der Geschichte der von Europa ausgehenden Kolonialisierung hat. Weiter fortbestehende Diskriminierungen, die insbesondere die konkrete Situation von MigrantInnen in Deutschland betreffen, werden von rassistischer Ideologie legitimiert, dieses Denken wird als konform mit der Mehrheitsgesellschaft gedeutet.

Wenn Rassismus nicht als Randphänomen und als Antwort auf Krisensituationen betrachtet wird, sondern als mit den Institutionen der Gesellschaft verwoben und durch gesellschaftlichen Konsens getragen und legitimiert, dann verändert sich auch die Fragestellung nach den Motiven der von Rassismus geprägten Individuen. Während die Rechtsextremismusforschung differenziell danach fragt, welche Motive Einzelne haben, sich rechtsextremer Ideologie zuzuwenden, interessiert sich Rassismustheorie für die Frage, wie auf einem rassistisch geprägten Hintergrund Einzelne nicht-rassistische bzw. antirassistische Identitäten entwickeln.

Nun ist ein möglicher Standpunkt, dass mit den Begriffen Rechtsextremismus und Rassismus und den unterschiedlichen damit verknüpften Forschungstraditionen einfach unterschiedliche Phänomene und verschiedene Erklärungsebenen angesprochen werden, dass es somit sinnvoll sein kann, beide Begriffe nebeneinander stehen zu lassen und zu suchen, wo sich beide begrifflich-theoretischen Herangehensweisen ergänzen könnten. Auffällig bleibt jedoch, dass sich die deutsche Forschungstradition stark auf Rechtsextremismus konzentriert, und auch da von Rechtsextremismus spricht, wo Rassismusanalysen angebrachter sein könnten. Gleichzeitig wird die internationale Rassismusforschung vergleichsweise wenig rezipiert. Ein Anschluss an die internationale Diskussion aufgrund der anderen begrifflichen und theoretischen Herangehensweise gestaltet sich schwierig (hierzu auch: Falter u. a. 1996, S.19). Anschläge auf Flüchtlingsheime oder Morde an MigrantInnen werden in der Regel als rechtsextreme Taten bezeichnet, damit rückt Staats- und Demokratiefeindlichkeit der Täter in den Vordergrund, der Zusammenhang zu Rassismus, zur sozialen und politischen Situation von MigrantInnen in Deutschland wird zweitrangig. Ein weiterer Effekt ist, dass deutsche Jugendliche als potentiell rechtsextreme Jugendliche mit ihren Bedürfnissen in den Mittelpunkt des Interesses rücken.[18] Beklagt wird zudem die Unschärfe des Begriffes „Rechtsextremismus". In empirischen Untersuchungen, so z. B. Birsl (1994a, S.46), zeigt sich, dass bei den befragten Jugendlichen „allenfalls Zustimmungs-momente zu rechtsextremen Ideologemen" zu finden sind, bzw. „es sich nicht um geschlossene

---

18 So werden z. B. Programme, die fördern, dass deutsche Jugendliche, insbesondere ostdeutsche Jugendliche, Ausbildungsplätze erhalten, als Maßnahmen gegen Rassismus und Fremdenfeindlichkeit konzipiert, so z. B. das aus EU-Mitteln finanzierte XENOS-Programm.

rechtsextreme Weltbilder handelt", sondern dass „gleichsam rechtsextremistische Orientierungsfetzen z. T. unvermittelt nebeneinander stehen". Warum einen Begriff als Überschrift über einen Forschungsbereich verwenden, mit dem man immer wieder feststellen muss, dass er die zu beschreibenden Phänomene nur am Rande trifft und zu Verschwommenheit der Analyse beiträgt?

Eine Antwort könnte die bereits angesprochene Tabuisierung des Begriffes „Rassismus" in Deutschland sein, da mit ihm ein Zusammenhang zwischen heutigen Ideologien und historischem NS ausgedrückt werden könnte. Gleichzeitig bleibt das Problem der moralischen Wertung bestehen, die mit dem Wort „rassistisch" verbunden ist. Neben „Rechtsextremismus" gibt es in diesem Feld eine Reihe anderer Begriffsbildungen, die entweder spezifisch deutsch sind oder besonders häufig in der deutschen Auseinandersetzung verwendet werden: Ausländerfeindlichkeit, Fremdenfeindlichkeit, Fremdenangst und Xenophobie. Singer (1997, S.51f) meint kritisch zu diesen Begriffen, dass sie dazu verleiteten, „entweder anthropologisch und ethologisch verallgemeinernd oder psychologisch individualisierend" gesellschaftliche Strukturen außer acht zu lassen. Daneben wird häufig gegen die Ungenauigkeit dieser Begriffe argumentiert, die Haltungen richten sich gerade nicht gegen alle „Ausländer" ohne deutsche Staatsangehörigkeit, oder alle „Fremden", sondern gegen spezifische Gruppen, die meist von Diskriminierung betroffen sind (vgl. Räthzel 1997, Cinar 1999). Meine These ist nun, dass Rechtsextremismus sicher in der populär-journalistischen Auseinandersetzung, nicht selten aber auch in wissenschaftlichen Publikationen an die Stelle tritt, die der inzwischen zu häufig widerlegte und deshalb nicht mehr zu gebrauchende Begriff „Ausländerfeindlichkeit" eingenommen hat. Dass dabei Staats- und Demokratiefeindlichkeit und individuelles Gewalthandeln in den Mittelpunkt der Problemanalyse rückt, dagegen staatliche und soziale Ausgrenzungsstrukturen vernachlässigt werden, ist ein Effekt dieser Begriffsbildung.

Gleichzeitig wird der Begriff „Rechtsextremismus" zur Bezeichnung einer politischen Szene verwendet. Hier macht es durchaus Sinn, von rechtsextremen Jugendcliquen und von rechtsextremen Parteien zu sprechen – und nach dem Verhältnis junger Frauen zu dieser in ihrem Umkreis sehr präsenten Szene fragen. Ebenfalls Thema dieser Arbeit sind die Wirkungen struktureller Ungleichheit auf die Gesellschaft, zum einen auf tatsächliche Lebensbedingungen, zum anderen auf das politische Denken, Handeln und Sprechen. Daraus ergeben sich in der Empirie zwei Stränge der Fragestellung: Zum einen – wie nehmen die befragten jungen Frauen Stellung zum Einfluss explizit „Rechtsextremer", als Beziehungspartner, in

Clique, im Bekanntenkreis und im öffentlichen Raum? Zum anderen – wie positionieren sie sich selbst im Feld ungleicher Strukturen zwischen „uns" und den „anderen"?

2.2 Neue Rechtsextremismusforschung in Deutschland: Theoretische Ansätze der 90er Jahre und ihre Wurzeln – ein Überblick

2.2.1 Individualisierung und Instrumentalisierung (Heitmeyer 1987, Heitmeyer u. a. 1992)

Nicht nur mit der Begriffsdefinition des soziologischen Rechtsextremismus, in der Ungleichheitsideologie auf der Einstellungsebene und Gewalthandeln miteinander verknüpft sind, sondern auch mit seinem Theorieansatz hat Heitmeyer die Diskussion um Rechtsextremismus in Deutschland entscheidend beeinflusst. Er hat zusammen mit seiner Arbeitsgruppe eine umfangreiche Längsschnittstudie (1987) mit insgesamt 1257 männlichen Jugendlichen unternommen. Heitmeyer wendet sein Interesse vor allem den Jugendlichen zu, die nicht explizit Mitglieder rechtsextremer Organisationen sind oder bereits gewalttätige Übergriffe gegen Migranten und Obdachlose begangen haben, sondern konzentriert sich auf das „Vorfeld" des organisierten bzw. straffälligen Rechtsextremismus.

Ausgangspunkt von Heitmeyer ist die Gesellschaftsanalyse von Beck, der in „Risikogesellschaft" (1986) die These aufstellt, dass gesellschaftliche Modernisierung ein doppeltes Gesicht hat, zum einen entstehen neue Chancen und Freiheiten durch Individualisierung, auf der anderen Seite kann eben jene Individualisierung den Verlust von traditionellen Bezügen und sozialen Netzen bedeuten und das Risiko von Orientierungslosigkeit in sich bergen. Heitmeyer analysiert, dass nicht mehr nur einzelne Gruppen von Ausgrenzung betroffen sind, sondern beschreibt in Anlehnung an Beck (1986, S.57, zitiert nach Heitmeyer u. a. 1992, S.101) das „Kollektivschicksal der Vereinzelung", in dem sich insgesamt traditionelle soziale Bezüge wie Familien und Milieus auflösten, gesellschaftliche Teilnahme über Institutionen wie Parteien und Gewerkschaften abnehme und schließlich immer weniger Verständigung über gemeinsame Wert- und Normvorstellungen möglich sei (Heitmeyer 1993, S.4). Als Folge davon komme es zu einer brüchigen und prekären Identitätsbildung von Jugendlichen. Damit verbunden seien Ohnmachtsgefühle, Vereinzelung und Handlungsunsicherheit, die ihrerseits wieder zur Konsequenz hätten, dass Jugendliche sich dem Rechtsextremismus als einer vermeintlich Sicherheit gebenden Orientierung zuwenden. Heitmeyer selbst beschreibt den Prozess, wie Modernisierung auf gesellschaftlicher Ebene in individuelle Zuwendung zum Rechtsextremismus münden kann, indem er folgende „Anschlussstellen für die rechtsextremistischen Positionen" nennt:

> *„-die Umformung erfahrener Handlungsunsicherheit in Gewissheitssuche (...)*
> *-die Umformung von Ohnmachtserfahrungen in Gewaltakzeptanz (...)*
> *-die Umformung von Vereinzelungserfahrungen in die Suche nach leistungsunabhän-*
> *gigen Zugehörigkeitsmöglichkeiten (...)" (Heitmeyer 1993, S.5)*

Auseinandersetzungen entzünden sich in der Folge vor allem an der Frage, wie „Individualisierungsrisiken" empirisch gefasst werden können. Grundsätzlich gibt es zwei unterschiedliche Möglichkeiten der Auslegung, zum einen im Sinne von ökonomischer Desintegration in erster Linie durch Arbeitslosigkeit, zum anderen aber weitergehend als umfassende soziale Desintegration, die sich als Mangel an Einbindung und Sinnhaftigkeit zeigt, und die auch ins Berufsleben integrierte Jugendliche treffen kann. Heitmeyer benennt die beiden möglichen „Konstellationen":

> *„a) Die „klassische" Konstellation bezieht sich auf soziale Ausgrenzung von Jugend-*
> *lichen, die sich im Ergebnis subjektiver Verarbeitung häufig in Minderwertigkeitsge-*
> *fühlen niederschlägt, weil die gesellschaftliche Integration fehlgeschlagen ist (...).*
> *b) Die zweite Konstellation bezieht sich auf die (scheinbar) gesellschaftlich integrier-*
> *ten Jugendlichen. Diese Integration schlägt sich im Bewußtsein, es ‚geschafft' zu ha-*
> *ben, häufig in Zügen von Überlegenheitsgefühlen nieder, denn zu den Charakteristika*
> *der Individualisierungsschübe gehört es, dass man gezwungen ist, sich ständig abzu-*
> *grenzen (...)." (Heitmeyer u. a. 1992, S.100)*

Die empirischen Ergebnisse der Forschungsgruppe um Heitmeyer selbst (ebd., S.590f) deuten darauf hin, dass die zweite Gruppe, die der „oberflächlich Integrierten" besonders häufig rechtsextreme Orientierungen vertritt, Arbeitslosigkeit allein dagegen kein Faktor zu sein scheint, der mit Rechtsextremismus einhergeht. Als Konsequenz fordert Heitmeyer, die Aufmerksamkeit vor allem auf diejenigen zu richten, bei denen „scheinbar soziale Integration und Überlegenheits bzw. Selbst-überschätzungsempfinden bei gleichzeitiger Vereinzelung zusammenfallen" (Heitmeyer u. a. 1992, S.189). So erweitert Heitmeyer seine ursprüngliche „Individualisierungsthese" – Individualisierungsrisiken begünstigen die Entwicklung rechtsextremer Orientierungen – zur „Instrumentalisierungsthese": Nach dieser These treten an die Stelle traditioneller Kollektive wie Familie oder soziale Milieus individualisierte Konkurrenzbeziehungen, die eine Gesellschaft ordnen und integrieren, in der sich „dauerhaft" niemand „zu Hause fühlt" (ebd., S.100). Daran knüpft Heitmeyer eine scharfe Kritik der Institutionen einer „hochindustrialisierten Gesellschaft", an Wirtschaft, Gewerkschaften, Parteien und Kirchen, in denen eine „instrumentalistische Sichtweise von Menschen" vorherrsche (Heitmeyer 1993, S.7). Gerade diejenigen Individuen, die ihrer sozialen Bezüge beraubt seien, tendierten nun dazu, sich eine in den Institutionen der Gesellschaft verankerte Sichtweise zu Eigen zu machen, die andere Menschen nur noch unter Kosten-Nutzen Kalkül zu betrachten verstehe. Damit verschiebt sich die Problemwahrnehmung vom problematischen Individuum zur Kritik an modernen Institutionen und von äußerlich feststellbaren und empirisch quantitativ erhebbaren Sozialfaktoren wie Arbeitslosigkeit, Abbruch einer Ausbildung oder ökonomische Benachteiligung hin zur subjektiven Einschätzung der eigenen Situation.

Die rechtsextremen Orientierungen entstehen nach Heitmeyer „in der Mitte der Gesellschaft". Gerade dort herrsche ein instrumentelles Verhältnis zu anderen Menschen vor, das von stark „individualisierten" Individuen eher übernommen werde. Wenn die subjektive Empfindung der eigenen Arbeit als sinnhaft wegbreche und traditionelle Bezüge sich auflösten, bleibe nur noch nackter Instrumentalisimus übrig. Anhand von Fallstudien zeigt Heitmeyer auf, dass oberflächliche Integration im Sinne von Besitz eines Arbeitsplatzes nicht automatisch mit der Ablehnung rechtsextremer Inhalte verbunden ist, es kommt dagegen auf eine Identifikation mit den Inhalten der Arbeit an. Gleichzeitig führe eine befriedigende emotionale Einbindung in ein soziales Umfeld häufig zur Abnahme rechtsextremer Orientierungen (Heitmeyer u. a. 1992, S.317).

In der Rezeption von Heitmeyer wird Individualisierungsrisiko jedoch vorrangig in Arbeitslosigkeit übersetzt, eine Hauptlinie der Kritik befasst sich damit, nachzuweisen, dass arbeitslose Jugendliche nicht verstärkt rechtsextreme Orientierungen vertreten (z. B. Held, Horn, Leiprecht & Marvakis 1991, Willems 1993, Rommelspacher 1994), eine Feststellung, die auch Heitmeyer selbst als Ergebnis seiner empirischen Studien trifft. Held u. a. verwenden den Begriff „Wohlstandschauvinismus", mit dem sie verdeutlichen wollen, dass rechtsextreme Jugendliche vor allem unter denjenigen zu finden sind, die in ökonomisch gesicherten Verhältnissen leben und ins Arbeitsleben integriert sind, diese seien eher „überidentifiziert mit den ‚deutschen' Wirtschaftsinteressen (Held u.a. 1991, S.108ff). Hier zeigt sich jedoch ein Unterschied zur Auffassung Heitmeyers, der nicht in der empirischen Beschreibung der Gruppe der Rechtsextremen liegt. Heitmeyer und Held u.a. sind sich einig, dass Rechtsextreme vorrangig unter den Inhabern von Arbeits- und Ausbildungsplätzen zu finden sind, werten diese Tatsache jedoch unterschiedlich und schreiben unterschiedlichen Akteuren und Akteurinnen Schuld und Verantwortung zu: Heitmeyer macht für Rechtsextremismus eine Gesellschaft verantwortlich, die Integration nur über Leistung, Konkurrenz und Instrumentalisierung anderen Menschen zu bieten hat, Rechtsextreme sind für ihn in erster Linie Opfer gesellschaftlicher Verhältnisse, die zu starker Anpassung an verbreitete gesellschaftliche Werthaltungen gezwungen waren. Held u.a. (1991) und in noch deutlicherem Maße Rommelspacher (1993,1994,1995a) rücken dagegen in den Mittelpunkt, dass es sich bei Rechtsextremen um relativ Privilegierte handelt, die ihre Privilegien wie ökonomische Absicherung oder Staatsbürgerrechte, gegen stärker Benachteiligte legitimieren und verteidigen. Als Konsequenz wählen sie für diese Gruppe einen abwertenden Ausdruck wie „Wohlstandschauvinisten", der Rechtsextreme in erster Linie als verantwortliche Täter bezeichnet.

Gerade in seiner Sichtweise von Rechtsextremen als Opfer umfassender gesellschaftlicher Veränderungsprozesse schließt Heitmeyer, ohne explizit darauf Bezug zu nehmen, mit seiner theoretischen Konzeption an einflussreiche Theorietraditionen der Vorurteilsforschung im 20. Jahrhundert an, zum einen an Anomietheorien, zum anderen an Theorien der relativen Deprivation. Werden Individualisierungsrisiken als soziale Desintegration gedeutet, wird zunehmende Anomie der gesamten Gesellschaft zum Schlüsselproblem. Handelt es sich dagegen primär um ökonomische Desintegration durch fehlenden Zugang zum Arbeitsmarkt, kann das Theorem der „relativen Deprivation" herangezogen werden.

Ansätze, die die Zuwendung zu rechtsextremen bzw. faschistischen Parteien auf dem Hintergrund von Anomie, dem Auseinanderbrechen traditioneller sozialer Bezüge erklären, gehen auf Parsons (1942) zurück, der findet, dass sich Individuen, die durch den sozialen Wandel in der Industriegesellschaft strukturell entwurzelt sind, in besonderem Maße dem Nationalsozialismus in Deutschland zugewendet haben. Hofstadter (1964) und Lipset (1964) führen diesen Ansatz unter der Überschrift „Statuspolitik" fort: Personen, die ihren Status in Gefahr sehen, neigten dazu, rechtsextreme Bewegungen zu unterstützen, die Gefahr einer Wendung der Gesellschaft nach rechts sei um so größer, je mehr Personen einen Status einnehmen, der niedriger ist als der gewünschte oder gewohnte.

Verbreiteter sind jedoch Ansätze, die Rechtsextremismus als ein deviantes Verhalten beschreiben, das seine Ursachen in ökonomischer Deprivation hat. Deutlicher als Heitmeyer betont in der neuen bundesdeutschen Debatte z. B. Klönne (1989) ökonomische Deprivation als Hauptursache für Rechtsextremismus. Er prägt dafür eingehende Begriffe, die auch in der weiteren Diskussion immer wieder aufgegriffen werden, er spricht von „Existenznöten und materiellen Bedrängnissen", die zu einem „Aufstand der Modernisierungsopfer" führten (Klönne 1989, S. 545). Ähnlich wird häufig gerade auch in Bezug auf die spezifische Situation in der ehemaligen DDR argumentiert, vgl. hierzu z. B. Hennig 1991, Heinemann &

Schubarth 1992, Sturzbecher & Dietrich 1993, Rausch 1999, Sturzbecher 2001. Deprivationsansätze schließen in ihren Grundannahmen an die klassische Frustrations-Aggressions Hypothese Dollard (1964) an, die von Berkowitz (1962) zur Sündenbockthese weiterentwickelt und abgewandelt wurde. Ausgangspunkt ist die Vorstellung, dass Ursache von Aggression eine vorangehende Frustration ist. Aggressionen könnten meist jedoch nicht an der Stelle ausgelebt werden, an der sie entstehen, da dem meist Machtverhältnisse entgegenstehen. So würden sie auf Schwächere, bzw. schwächere Gruppen der Gesellschaft übertragen, auf „Sündenböcke" verschoben, weil sie dort ungestraft ausgelebt werden könnten. Mit ihrer Beschreibung der sozialen Genese von Aggression haben Miller und Dollard eine kritische Position zur Theorie von Freud (1921) entwickelt, der mit der Konzeption eines Todestriebes die Natürlichkeit von Aggression postuliert. In der Folge ist die Frustrations-Aggressions Hypothese heftiger Kritik unterzogen worden. Vor allem erwies sie sich als zu unspezifisch, nicht jede Frustration führe zu Aggression und nicht jeder Aggressionsakt könne einem vorhergehenden Frustrationserlebnis zugeordnet werden (Selg 1988, S.2). Gleichzeitig bleibe offen, welche Frustration in welche Form von Aggression umgewandelt wird.

Wie in der Bundesrepublik der 80er und 90er Jahre in Bezug auf das Thema „Rechtsextremismus" konnte auch in früheren Studien nicht stringent nachgewiesen werden, dass tatsächliche wirtschaftliche Frustration, wie z. B. durch Arbeitslosigkeit und ökonomische Benachteiligung, zu einer Zuwendung zu rechtsextremen, faschistischen bzw. rassistischen Ideologien führt. Als Konsequenz wurde die Theorie der „Relativen Deprivation" entwickelt. Auch hier verschiebt sich der Fokus von tatsächlicher ökonomischer Deprivation hin zu subjektiven Einschätzungen: „Relative" Deprivation kann heißen, einen niedrigeren Status einzunehmen im Vergleich zur subjektiv erwünschten sozialen Position oder in der subjektiven Wahrnehmung bedroht zu sein vom Verlust ökonomischer Privilegien. Bereits hier stellt sich das methodische Problem, wie die subjektive Einschätzung relativer Deprivation erhoben werden kann und wieweit Argumente eigener Deprivation und Benachteiligung nicht konfundiert sein können mit der Messung von Vorurteilen gegenüber benachteiligten Gruppen.

Ein Experiment wird häufig zitiert, in dem tatsächlich Deprivation hergestellt worden ist und nicht nur in Selbsteinschätzungen erhoben worden ist: Einer Gruppe junger Männer wurde ein versprochener Ausgang in die Stadt verwehrt, sie mussten an schwierigen, nicht lösbaren Aufgaben arbeiten. Als sie danach Japaner und Mexikaner auf Einstellungsskalen bewerten sollten, fielen ihre Urteile negativer aus als die einer Vergleichsgruppe (Miller & Bugelski 1948). Bei Versuchen, diese Ergebnisse zu replizieren, ergaben sich jedoch vielerlei Schwierigkeiten, so dass heute davon ausgegangen werden muss, dass neben Deprivation zahlreiche andere Faktoren bei der Vorurteilsbildung miteinander interagieren (Schäfer & Six 1978, S.180).

Häufiger arbeiten Untersuchungen jedoch mit dem Werkzeug Fragebogen: Festgestellt wird zusammenfallende Zustimmung fest zu Items, die ausdrücken, dass die Befragten sich persönlich depriviert fühlen, und zu (je nach Konzeption) rassistischen Urteilen bzw. rechtsextremen Orientierungen (Hennig 1994). Auf eine Kausalität im Sinne von „relative Deprivation verursacht Vorurteil" kann aus solchen Daten nicht geschlossen werden. Es ist ebenso denkbar, dass es Teil einer modernen Vorurteilsstruktur ist, sich als benachteiligt gegenüber MigrantInnen darzustellen, die zu viele „Privilegien" genießen, obgleich eher das Gegenteil der Fall ist – Hinweise darauf finden sich z. B. bei Büchner (1994) oder Rieker (1997, S.64f). Gerade für neuere Formen von Vorurteilen wie den „modernen" oder den „symbolischen" racism (vgl. Kap. 2.3.3) in den USA scheint es charakteristisch, dass Ressentiments häufig mit dem Gefühl einhergehen, die Bürgerrechtsbewegung sei zu weit gegangen, so dass man nun selbst als Weiße(r) gegenüber Schwarzen benachteiligt sei. Zusätzlich wird vorgebracht, dass Deprivationstheorien die Tendenz haben, sich auf den Rechtsextremismus bestimmter benachteiligten Gruppen der Gesellschaft zu konzentrieren, z. B. von Jugendlichen, Ostdeutschen oder Arbeitslosen. Sie laufen Gefahr durch das Argument „eigene Deprivation erzeugt Gewalt", Rechtsextreme als Opfer darzustellen und dabei die tatsächlichen Opfer rechtsextremer Gewalt aus den Augen zu verlieren (vgl. Held u. a. 1991, Rommelspacher 1994).

Zu den Kritikpunkten an klassischen Theorietraditionen, die sich auf Heitmeyers Ansatz übertragen lassen, ist hinzuzufügen, dass nach wie vor umstritten ist, wie die Folgen von Individualisierung empirisch fassbar gemacht werden können, ob eher im Sinne von ökonomischer Deprivation oder von psychischer Entwurzelung. In der Empirie lässt sich psychische und soziale Desintegration häufig nicht trennscharf von ökonomischer Deprivation unterscheiden, da gesellschaftliche Integration überwiegend über den Arbeitsmarkt stattfindet und Armut häufig mit der Abnahme gesellschaftlicher Partizipationsmöglichkeiten einhergeht. Insgesamt wird angemerkt, dass „Individualisierung" in ihren Konsequenzen zu unkonkret gefasst wird und differentiell keinen Erklärungswert besitze, da im Grunde alle Jugendlichen heute von Individualisierung betroffen seien. Individualisierungstheorien müssten aus diesem Grund mit zahlreichen Zusatzannahmen arbeiten, hinter denen das ursprüngliche Theorem der Individualisierung verschwimme (Tonn 1992, S.292). Prognosen, welche gesellschaftlichen Gruppen sich aufgrund eines hohen Individualisierungsrisikos besonders rechtsextrem zeigen, hier wäre z. B. an Arbeitslose oder an Frauen zu denken, lassen sich nicht bestätigen, wie Winkler anmerkt: „In den am meisten entwickelten Gesellschaften müssten auch die geschlossensten Überzeugungssysteme und die größten Rechtsextremismuspotentiale sowie die mitglieder- und wählerstärksten rechtsextremen Bewegungen anzutreffen sein. Was die Entwicklung in Deutschland angeht, so müssten heute erheblich höhere Rechtsextremismuspotentiale beobachtet werden als früher. (...) junge Frauen müssten wegen der ausgeprägteren anomischen Tendenzen stärker zum Rechtsextremismus neigen als junge Männer" (1996, S.40). Auch kann der direkte Zusammenhang zwischen Individualisierung und der Herausbildung rechtsextremer Ideologie nicht belegt werden, ebenso sind ganz andere Folgen von Desintegration denkbar, wie Drogenkonsum, Kriminalität oder die Zuwendung zu Sekten. „Die Menschen reagieren auf konflikthafte, widersprüchliche oder anomische Strukturen und Situationen nicht uniform, sondern unterschiedlich, je nach konkret verfügbaren Handlungsmöglichkeiten, Kompetenzen und Gelegenheitsstrukturen", merken Willems, Würtz & Eckert (1993, S.104) kritisch an und verweisen damit auch auf den Einfluss situationaler Faktoren, denen im persönlichkeitszentrierten Ansatz von Heitmeyer wenig Gewicht zukommt. Eckert, Willems und Würtz fassen die Kritik an der Unspezifität und mangelnden empirischen Bestätigung der Individualisierungsthese deshalb folgendermaßen zusammen: „So gut mit dem Individualisierungstheorem die abnehmende Bindungskraft von Kirchen, Gewerkschaften und Parteien erfasst wurde, so wenig erklärungskräftig blieb es in der Anwendung auf rechtsextreme Orientierungen und Handlungen"(1996, S.155). Schließlich wird gegen Heitmeyer der Vorwurf erhoben, mit seinem Ansatz traditionelle Gesellschaften als „heile Welt" zu idealisieren (Leiprecht 1992b, S.200ff). Dass Familien oder traditionelle Milieus per se Geborgenheit vermitteln, ist in Frage zu stellen. Dem widerspricht z. B. die Theorie der Autoritären Persönlichkeit (Adorno u. a. 1953), die autoritäre Aggression gegen Schwächere gerade auf die Struktur der bürgerlichen Familie zurückführt, auch tritt Gewalt sehr häufig im sozialen Nahraum Familie auf, wie die Forschung in den letzten Jahren nachgewiesen hat (vgl. Godenzi 1993, Hampton 1993).

Zusammenfassend lässt sich feststellen, dass als Reaktion auf Heitmeyer das Interesse der Rechtsextremismusforschung auf Jugendliche gelenkt wird. Es wird nahe gelegt, Rechtsextremismus als Jugendproblem zu betrachten und als Antwort auf spezifische Konflikte in der Adoleszenz zu sehen, wie z. B. Berufsfindung und Identitätsentwicklung. Ausgangspunkt der Analyse ist die Feststellung einer wachsenden Bedrohung durch Rechtsextremismus, nur so macht es Sinn, Rechtsextremismus mit zunehmender Modernisierung und Individualisierung in Verbindung zu bringen. Schließlich wird der Blick auf die sozialen Probleme derjenigen gerichtet, die rechtsextreme Ideologien vertreten, und Rechtsextremismus wird als Verschiebung und Projektion von Konflikten gedeutet, die an anderer Stelle entstehen. Historische Kontinuitäten spielen in dieser Sichtweise keine Rolle, ebenso wie die reelle Situation von Migranten und Migrantinnen in der Bundesrepublik und das konkrete Verhältnis zwischen längeransässiger und eingewanderter Bevölkerung. Die Ungleichheitsideologie, wie sie Heitmeyer betrachtet, wird nicht in Zusammenhang mit tatsächlich bestehender rechtlicher und sozialer Ungleichheit von MigrantInnen gesehen, sondern ist Spiegel innerer Befindlichkeit und Projektionsfläche für an anderer Stelle zu kurz gekommene Bedürfnisse.

2.2.2 Der Jugendkulturansatz (Willems 1993, Willems, Würtz & Eckert 1993)

Auch Willems (1993) hat sich in seinem Ansatz mit dem Rechtsextremismus von Jugendlichen auseinandergesetzt. Ihn interessieren vor allem die Motivationen straffällig gewordener Gewalttäter. Anhand der Analyse von 1398 polizeilichen Ermittlungsakten (Willems u. a. 1993) bestimmt er vier unterschiedliche Tätertypologien. Er stellt fest, dass nur bei einer Minderheit tatsächlich ein geschlossenes rechtes Weltbild anzutreffen ist, und weniger als ein Viertel tatsächlich rechtsextremen Organisationen nahe standen (ebd., S.32). Diese Tätergruppe, die er als „politisch motivierte rechtsextreme Täter" bezeichnet, ist mit geschätzten 10-15 Prozent die kleinste. (ebd., S.100ff). Er unterscheidet weitere drei Gruppen, für die er einen Anteil von jeweils 30 Prozent ermittelt: zum einen den „kriminellen Jugendlichen" oder „Schlägertyp", der tatsächlich dem Bild des sozial benachteiligten Außenseiters entspricht, zum zweiten die Gruppe der „Mitläufer", im Grunde integrierte Jugendliche mit Arbeitsplatz und intaktem Elternhaus. Eine letzte Gruppe sind schließlich die „Ausländerfeinde oder Ethnozentristen", die zwar keine festen rechtsextremen politischen Vorstellungen vertreten und auch keine Verbindung zu rechtsextremen Parteien oder Organisationen haben, aber bei denen dennoch Hass auf Nichtdeutsche Hauptmotiv ist. Diese Jugendlichen sind nicht direkt ökonomisch oder sozial depriviert, haben aber häufig einen niedrigen Schulabschluss.

Willems widerspricht mit seinen Daten zwei Grundannahmen der Debatte: Er übersetzt ebenfalls „Deprivation" in ökonomische Deprivation und in Arbeitslosigkeit und kommt zu dem Schluss, dass es nicht immer Deprivation und soziale Benachteiligung sind, die zu Gewalttaten mit rechtsextremem Hintergrund führen: „nur für einen kleinen Teil" seien „eigene Desintegrationserfahrungen festzustellen (also etwa Schulabbruch, schulische Schwierigkeiten, Arbeitslosigkeit, defizitäre Familienstrukturen, Beziehungslosigkeit)" (Willems u. a. 1993, S.104). Gleichzeitig lässt sich nur bei einer Minderheit der Täter eine direkte Verbindung zum organisierten Rechtsextremismus feststellen.

Dagegen stellt Willems heraus, dass es sich bei über 90 Prozent der von ihm analysierten Fälle um Gruppendelikte handelt (1992, S.99), die Tatverdächtigen bezeichneten sich fast ausnahmslos selbst als Mitglieder von jugendlichen Cliquen bzw. Subkulturen wie Skinheads, Hooligans, Freizeit- oder Musikcliquen oder auch rechtsextremen Cliquen. In diesen Cliquen spielen Männlichkeitsriten, exzessiver Alkoholgenuss eingeschlossen, eine entscheidenden Rolle. Willems verweist auf den Gelegenheitscharakter von Gewalttaten. Er zeichnet nach, wie Übergriffe halb spontan in der Freizeit innerhalb der Männerclique geplant und durchgeführt werden. Gerade die Struktur der Cliquen und die Gemeinschaftlichkeit der Tat sind Ursache dafür, dass junge Männer mit sehr unterschiedlichem sozialen und politischen Hintergrund zu Tätern werden. Bei Willems zeigt sich auch, dass Frauen bei rechtsextremer Gewaltkriminalität so gut wie nicht beteiligt sind, in Willems Sample waren über 95 Prozent der Personen, gegen die ermittelt wurde, männlich (ebd.). Dies führt er eben auf den engen Zusammenhang zwischen männlicher Freizeitkultur und gewalttätigen Übergriffen zurück.

Neben der männerdominierten Subkultur und ihren gewaltverherrlichenden Riten sieht Willems jedoch noch einen weiteren auslösenden Faktor für die gewalttätigen Übergriffe in den 90er Jahren. Er benennt den Konflikt um Asyl- und Einwanderungspolitik, spricht von „unkontrollierbaren Einwanderungsströmen" mit „angsterzeugender Potenz" und dadurch ausgelöste Konkurrenzängste bei dem deutschen Bevölkerungsanteil (ebd., S.98f) und von Konflikten um die Unterbringung von Asylbewerbern in den Kommunen. Hier definiert Willems Einwanderung als tatsächlich reell bedrohliches Problem.

Inzwischen ist die Frage zu stellen, ob das Argument einer Auslösung von Gewalttaten durch die Asyldebatte und die konzentrierte Unterbringung von Asylbewerbern in Lagern weiter haltbar ist. Die Asyldebatte spielt kaum mehr eine Rolle, außerdem ist deutlich geworden, dass sich rechtsextreme Gewalttaten neben MigrantInnen auch gegen Obdachlose richten (vgl. Specht-Kittler 1994), ohne dass dies im Zusammenhang mit einer öffentlichen Debatte wie der um das Asylrecht steht, im Gegenteil: In der Debatte um Migration steht mittlerweile die Nützlichkeit und dringende arbeitsmarkt- und bevölkerungspolitische Notwendigkeit von Zuwanderung im Vordergrund.

Zwei wichtige neue Anknüpfungspunkte bringt Willems in die Debatte ein: Rechtsextreme Gewalttaten sind als Gruppendelikte in einem „ausdifferenzierten System jugendlicher Gruppen und Subkulturen" zu betrachten, bei denen „jugendtypische Männlichkeitsrituale" eine nicht unerhebliche Rolle spielen (ebd., S.106).

Konsequenterweise fordert er eine Wendung von einer nur täterorientierten Gewaltforschung hin zur Analyse der Prozesse, Situationen und Interaktionen, die zu Gewalthandeln führen. Er weist darauf hin, dass es bei der Entstehung von Gewalt häufig darauf ankommt, ob die Gewalt ohne hohes Risiko einsetzbar ist (ebd., S.107).

2.2.3 Autoritäre Persönlichkeit heute (Hopf u. a. 1995, Hopf & Hopf 1997)

Unterschiedliche Studien streichen die familiäre Sozialisation als entscheidenden Einflussfaktor für die Entstehung rechtsextremer Orientierungen heraus, auch wenn der Fokus dieser Studien zunächst ein anderer war, so z. B. Birsl (1994a, S.320), Siller (1997, S.252) und Möller (2000, S.15). Birsl (1994a, S.320) stellt als Fazit ihrer Studie die Forderung auf „Kindheitsphase und frühe Phase der Adoleszenz stärker mit zu berücksichtigen". Wahl und Tramitz (2000) wollen in das Zentrum der Forschung zum jugendlichen Rechtsextremismus die emotionale Entwicklung von Kindern und Jugendlichen rücken und fordern „interdisziplinäre Längsschnittstudien", in denen „die Entwicklung von früher Kindheit an kontinuierlich verfolgt wird" (ebd, S.13). Eben hier bei der familiären Sozialisation und insbesondere bei der emotionalen Entwicklung innerhalb der Familie setzt Hopf (1993a, 1993b) mit ihrer Arbeitsgruppe (Hopf u. a. 1995, Rieker 1997) an, indem sie sich zur Aufgabe macht, den Ansatz der autoritären Persönlichkeit (Adorno u. a. 1969) für die aktuelle Rechtsextremismusforschung fruchtbar zu machen.

Die Theorie der autoritären Persönlichkeit will individuelle Einstellungen und Gesellschaft, Charakterstruktur und soziale Struktur miteinander verknüpfen. Schlüssel ist die Sozialisation in der bürgerlichen Kleinfamilie, die mit ihrem Prinzip der väterlichen Autorität strukturähnlich zur Gesellschaft ist, in die sie hineinsozialisiert. Bestimmend in der Kindheit der „autoritären Persönlichkeit" ist eine Vaterfigur, die hart straft und unbedingten Gehorsam fordert. Diese väterliche Autorität ruft im Kind Aggressionen hervor, die aber nicht gegen den Vater gerichtet werden können, da dieser in der bürgerlichen Kleinfamilie eine uneingeschränkte Machtposition inne hat. Hier werden nun die Mechanismen der Idealisierung und Projektion wirksam: Der Vater wird „idealisiert", d. h. so uneingeschränkt positiv gesehen, wie es seinen Forderungen entspricht. Aggressionen, Wut und Straflust richten sich dagegen in der Folge gegen Schwächere, wo sie ungestraft ausgelebt werden dürfen – im Gesellschaftlichen gegen Minderheiten wie beispielsweise Juden. Adorno (1973, S.45ff) nennt „Antisemitismus, Ethnozentrismus, Konventionalismus, Autoritarismus und Law- and Order-Denken" als Merkmale der autoritären Persönlichkeit.

Die Arbeitsgruppe um Adorno hat in ihrem breit angelegten Projekt mit unterschiedlichen Methoden gearbeitet, in der Folge konzentrierte sich die Forschung jedoch auf die quantitative Tradition, v. a. die Kritik und Weiterentwicklung der F-Skala zur Messung autoritärer Dispositionen (vgl. den Überblicksband von Rippl, Kindervater & Seipel 2000). In letzter Zeit sind v. a. die sozialisationstheoretischen Annahmen der Theorie ins Kreuzfeuer der Kritik geraten. Altemeyer (1988) und Oesterreich (1993) bezweifeln die Relevanz des Einflusses frühkindlicher Sozialisation in der Familie und stellen dagegen situationale Faktoren wie Überforderung und Unsicherheit (Oesterreich 1993, S.216ff) in den Mittelpunkt ihrer Analyse. Dem hält Hopf die Notwendigkeit entgegen, sich wieder stärker auf die qualitativen Traditionen der Forschung zur autoritären Persönlichkeit zu beziehen, insbesondere auf die Arbeiten von Frenkel-Brunswik (1969, 1996). Den Kritikern, die keinen Zusammenhang zwischen Kindheit und autoritärer Persönlichkeit gefunden haben, erwidert sie, durch rein quantitatives Arbeiten ein wesentliches Charakteristikum der autoritären Persönlichkeit außer Acht gelassen zu haben, nämlich die Idealisierung von Elternfiguren. Gerade Personen, die zur Idealisierung neigen, werden in Fragebogen Items ankreuzen, die eine glückliche Kindheit beschreiben. Die Frage der Elternidealisierung weist auf ein weiterreichendes methodisches Problem: Wie kann festgestellt werden, ob hinter der Beschreibung einer glücklichen Kindheit und liebender Eltern tatsächliche Erfahrungen stehen oder ob die positiven Schilderungen Ergebnis ängstlicher Unterdrückung von Kritik an autoritär strafenden Eltern sind? Frenkel-Brunswik (1969, S.342, übersetzt von E. B.) weist darauf hin, dass idealisierte Elternbilder „charakteristischerweise in generalisierten, undifferenzierten und konventionellen Begriffen" entworfen werden, und dabei in erster Linie Äußerlichkeiten wie „physisches Erscheinungsbild oder Benehmen" der Eltern in den Vordergrund gestellt werden, während „eher tiefe Aspekte der Persönlichkeit" der Eltern von Idealisierern übergangen werden. Gleichzeitig würden Aussagen mit einer „anfänglichen Feststellung großer Wertschätzung der Eltern" eingeleitet, der im Einzelnen jedoch in der Folge widersprochen werde, ohne dass dies den Befragten bewusst sei (ebd., S.342). Die Konzentration auf äußerliche Eigenschaften in der Elternbeschreibung oder der Widerspruch zwischen anfänglichem Werturteil und späteren Aussagen sind Aspekte, die in feinen Analysen qualitativer Interviews herausgearbeitet werden müssen und sich kaum per Fragebogen erheben lassen.

Als Ergebnis ihrer Studien mit jugendlichen Auszubildenden, teilweise aus der rechtsextremen Szene (vgl. Hopf u.a. 1995, Hopf & Hopf 1997), stellt Hopf

(2000a, S.42) nun die These auf, dass die Elternidealisierung nur eine von mehreren möglichen Formen des Umgangs mit negativen Kindheitserfahrungen ist, die mit autoritären bzw. ethnozentristischen Einstellungen in Verbindung steht. Sie nimmt Bezug auf die Bindungstheorie (Bowlby 1983, 1984, 1986), die sie neu in die Autoritarismusforschung einführt, während sich Adorno u.a. in ihren Deutungen v. a. auf die Psychoanalyse gestützt haben. Auch die Bindungstheorie baut auf psychoanalytischen Grundgedanken auf, versucht aber den Umgang mit frühkindlichen Emotionen in der Bindung zu den Eltern empirisch zu erfassen, zum einen durch exakte Verhaltensbeobachtungen (Ainsworth, Belhar, Waters & Wall 1978), zum anderen retrospektiv im Erwachsenenalter mit Hilfe eines standardisierten Interviews, des Adult Attachment Interviews (Main & Solomon 1986). Angenommen wird, dass ein Kind schon früh innerhalb des ersten Lebensjahres ein inneres Bild, ein „inner working model", von sich in Beziehung zu seinen Bezugspersonen entwickelt. Je nachdem, ob diese unterstützend, abweisend oder unberechenbar auf die Bedürfnisse des Kindes reagieren, bildet sich eine unterschiedliche Gefühlsorganisation beim Kind heraus: Bindungsrelevante Gefühle können entweder offen und klar geäußert werden („sicheres" Muster), oder sie werden weggeschoben („unsicher-vermeidendes" Muster) oder sie kommen widersprüchlich zum Ausdruck („unsicher-ambivalentes" Muster). Entsprechende Muster des Umgangs mit Gefühlen lassen sich auch bei Erwachsenen feststellen, gerade wenn sie über ihre Kindheit sprechen (Main & Goldwyn 1994).

Idealisierung der Eltern im Kindheitsinterview von Erwachsenen ist nur eine von mehreren Arten, negative Beziehungserfahrungen aus der Kindheit wegzuschieben (Hopf 2000a, S.42). Neben der Idealisierung werden in der Bindungsforschung zwei weitere Muster eines vermeidenden Umgangs mit negativen Erinnerungen beschrieben, das „derogative", d. h. kühl-verachtende Muster, und das Muster „restricted in feeling", eingeschränkt im Gefühl. Und tatsächlich stellt Hopf in ihren Studien fest, dass die Gruppe, die am häufigsten rechtsextreme Orientierungen vertritt, weniger Idealisierer im Sinne der Autoritären Persönlichkeit sind, sondern sich eher mit der Kategorie „restricted in feeling" beschreiben lassen. Negative Erfahrungen mit den Eltern werden durchaus berichtet, ihnen wird jedoch keinerlei Relevanz für die eigene Entwicklung zuerkannt. Auch findet sie Jugendliche, die kühl verachtend über ihre Eltern sprechen – und einzelne, die sich wütend-verstrickt äußern (Hopf u. a. 1995, S.119ff, Hopf & Hopf 1997, S.59f), die alle ebenfalls rechtsextremen Orientierungen nahe stehen. Hopf fasst als Ergebnis ihrer Studien zusammen, dass Kern der Entwicklung zur „autoritären Persönlichkeit" nicht so sehr die Elternidealisierung ist, sondern viel grundsätzlicher ein Fehlen positiver Bindungserfahrungen, ohne dass dieses Fehlen von den Befragten als

Verlust gewertet wird (Hopf 2000a, S.42). Damit geht einher, dass Hopf und ihre Arbeitsgruppe bei den von ihnen befragten Jugendlichen einige Unterschiede zum klassischen Autoritären festmachen, wie ihn Adorno u. a. noch in den 50er Jahren beschrieben haben. Nach unten wird nach dem Prinzip des „Radfahrers" weiter getreten, ohnehin diskriminierte Gruppen werden abgewertet und ziehen autoritäre Aggresssion auf sich. Dagegen ist nicht durchgehend eine Idealisierung von Autoritäten und vor allem eine eher schwache Identifikation mit dem „deutschen Volk" festzustellen (vgl. Rieker 1997, S.75f). Während in den Untersuchungen von Adorno u.a. die Figur des strafenden autoritären Vaters im Zentrum des Interesses steht, konzentrieren sich Hopf u. a. (1995) auf die Frage nach der Bindung zur Mutter in den ersten Lebensjahren, die in der Kleinfamilie traditionellerweise die Hauptbezugsperson von Kleinkindern darstellt (Hopf 2000a, S.37) und so eine entscheidende Rolle für die emotionalen Bedürfnisse des Kindes spielt.

Die exakten Beschreibungen der einzelnen Muster, die die Bindungstheorie auf breiter empirischer Basis vornimmt, ermöglicht einen schärferen Blick auf grundsätzliche Prozesse, wie mit negativen Gefühlen und eigenen emotional bedeutenden Erfahrungen unter dem Druck von Autoritäten – zunächst elterlicher Autorität in der Kleinfamilie und später gesellschaftlichem Anpassungsdruck – umgegangen wird. Zum einen wird deutlicher, was unter Idealisierung verstanden werden kann – auch wenn Idealisierung heute weniger häufig zu sein scheint als vor einem halben Jahrhundert: Ein direkter Zugang zu Erinnerungen und Erfahrungen fehlt, an ihre Stelle treten Klischees einer heilen Familienwelt, „wie sie sein soll". Die Person fühlt und sagt, was man sagen soll, innere Widersprüche kommen nicht an die Oberfläche. Parallel dazu kann der Umgang mit Themen in der Welt des Politischen gedeutet werden: Eine Anpassung an vorherrschende Meinungen wird vollzogen, eigene Wahrnehmungen und Deutungen werden diesen unterworfen.

Zum anderen verrät die Bindungstheorie mehr über den Umgang mit Schwäche – zuallererst in der frühkindlichen Entwicklung mit den eigenen Emotionen als schwächeres Kind. Alle vermeidenden Muster, von denen Hopf gefunden hat, dass sie mit Ethnozentrismus in Zusammenhang stehen, verneinen die Relevanz der Bedürfnisse eines Kindes nach Nähe und Trost, sei es nun kalt-zynisch (derogatives Muster), vordergründig sachlich eigene Unabhängigkeit betonend (Muster „eingeschränkt im Gefühl") oder indem anstelle von Erfahrungen künstliche Realität entworfen wird (idealisierendes Muster). Ebensowenig wie für sich selbst in der Rolle des Kindes gegen die Übermacht der Eltern Position bezogen wird, wird von der autoritären Persönlichkeit auf gesellschaftlicher Ebene für diskriminierte Minderheiten eingetreten. Im Gegenteil, deren Diskriminierung wird entweder gerechtfertigt oder geleugnet.

Zwei weitere Charakteristika der autoritären Persönlichkeit, die mangelnde Internalisierung allgemeinverbindlicher Normen (Adorno u. a. 1969, S.234) und die instrumentell-materialistische Orientierung am eigenen Vorteil (Hopf 2000a, S.48), führt Hopf anhand ihres empirischen Materials weiter aus. Sie lehnt sich an die Untersuchungen von Hoffman & Salzstein (1967) an, die eine Verbindung zwischen emotionalem Klima in der Familie und moralischer Entwicklung gefunden haben. So stellt Hopf fest, dass eine Erziehung, die Normen erklärt und diese nicht mit Gewalt durchsetzen will, zum stabileren Aufbau einer inneren Gewissensinstanz führt – dies fällt in Hopfs Studien zumeist mit dem Vorliegen einer sicheren Bindungsrepräsentation und einer nicht-ethnozentrischen Orientierung zusammen (Hopf 2000a, S.37ff, Rieker 1997, S.134f).

So interessant diese Ergebnisse im einzelnen sind, es ist gleichzeitig auf ihre Reichweite zu achten. Zu betonen ist, dass die Theorie der autoritären Persönlichkeit differentiell erklären will, warum bestimmte Individuen im Gegensatz zu anderen eher bereit sind, faschistischer Ideologie zuzustimmen. Sie nimmt aber dabei nicht für sich in Anspruch, die Entstehung dieser Ideologie und ihre Inhalte zu klären, ebenso wie die Frage unbehandelt bleibt, wie das Individuum gerade zu dieser Ideologie kommt. Hopf (2000a, S.34) betont, dass es der Theorie der autoritären Persönlichkeit nicht darauf ankommt, eine deterministische Beziehung zwischen innerfamilialen Beziehungserfahrungen und späteren sozialen und politischen Erfahrungen anzunehmen, im Gegenteil, es bleibt Spielraum für vielfältige Entwicklungspfade. So zeigt gerade das Konzept eines „Inneren Arbeitsmodells", wie es die Bindungstheorie postuliert, dass auch spätere Erfahrungen den Blick auf die Beziehung zu den Eltern und das eigene Selbstbild – und damit verbunden auch ethnozentrische Einstellungen – verändern können: Nicht die Kindheitserfahrungen an sich sind zentral, sondern die Form ihrer inneren Repräsentation, die wandelbar ist.

Dass gesellschaftliche Einflüsse entscheidend dafür sind, wieweit rassistische Orientierungen vorherrschen, haben schon früh zwei klassische Studien gezeigt, die sich kritisch auf die „autoritäre Persönlichkeit" beziehen. Minard (1952) hat in seiner Untersuchung mit weißen und schwarzen Bergarbeitern gezeigt, dass die weißen Bergarbeiter „über Tage" sich stark rassistisch äußern und keinen Kontakt mit den schwarzen Bergarbeitern haben. „Unter Tage", in der Arbeitswelt dagegen, herrscht ein kollegiales Verhältnis zwischen weißen und schwarzen Bergarbeitern, dies führt er auf die Gültigkeit unterschiedlicher sozialer Normen in den verschiedenen Lebensbereichen Arbeit und Freizeit zurück, die Persönlichkeitsstruktur der Arbeiter spielt dabei eine untergeordnete Rolle. Pettigrew (1958) hat vergleichende Studien über Autoritarismus in den USA und in Südafrika angestellt, und dabei gefunden, dass autoritäre Charakterstrukturen gemessen an den Werten der F-Skala in Südafrika keineswegs verbreitet sind als in den USA, offener Rassismus aber die südafrikanische Gesellschaft in einem weitaus höherem Maß bestimmt. Auch hier prägen mit dem System der Apartheid gesellschaftliche Verhältnisse rassistische Einstellungen und diskriminierendes Verhalten mehr als Persönlichkeitsstrukturen.

Schließlich bleibt bei den bisher vorliegenden Studien zu Zusammenhängen zwischen Kindheitserfahrungen und späteren Charaktereigenschaften ein methodisches Problem bestehen. Fragestellungen dieser Art würden im Grunde längsschnittliche Untersuchungen erfordern, darauf weisen auch Hopf & Hopf (1997, S.31) hin. Forschungspraktisch liegt fast immer nahe, aus den subjektiven Interview berichteten von Erwachsenen auf die tatsächlichen Sozialisationsbedingungen zu schließen. Wenn nun ähnliche Muster im Sprechen über die eigene vergangene Kindheit und das aktuelle Verhältnis zu Autoritäten und Minderheiten festgestellt werden, heißt dies noch nicht, den Nachweis geführt zu haben, dass die Kindheit tatsächlich direkten Einfluss auf Autoritarismus im Erwachsenenalter hat.

2.2.4 Fazit und Kritik

Alle hier dargestellten Ansätze beschäftigen sich mit der Frage, welche Faktoren eine Rolle spielen, dass bestimmte Jugendliche sich rechtsextremen Orientierungen zuwenden und andere Jugendliche diesen ablehnend gegenüber stehen, es handelt sich um differentielle Ansätze. Heitmeyer und Hopf rücken dabei das Vorfeld des Rechtsextremismus bzw. in der Tradition der Autoritären Persönlichkeit (vgl. bereits Adorno 1973, S.1) das für rechtsextreme Propaganda empfängliche Individuum in den Mittelpunkt ihres Interesses, Willems geht es dagegen um gerichtlich verurteilte Straftäter. Bei der Frage nach den Ursachen von Rechtsextremismus wird der Blick auf Persönlichkeitsfaktoren gerichtet, Rechtsextremismus erscheint als Symptom für Konflikte, die anderswo entstehen, seien es Modernisierungskonflikte der Gesellschaft, sei es die autoritär lieblose Struktur der bürgerlichen Kleifamilie oder Gruppenkonflikte männlicher junger Erwachsener. Jones (1997, S.149) betont, dass die Tendenz einer eher pragmatisch orientierten Forschung in den USA weg von Persönlichkeitsfaktoren als Ursache von Vorurteilen geht, da diese als schwer veränderlich gelten. Und tatsächlich ist Individualisierung, einschließlich der Instrumentalisierung von Menschen in der modernen Industriegesellschaft, ebenso wie die Struktur der bürgerlichen Kleinfamilie mit der emotionalen Sozialisation, die dort stattfindet, kaum durch kurzfristige Informations- oder Aufklärungsprogramme rasch zu ändern. Auch Gleichstellungsmaßnahmen, die den Hebel an der diskriminierenden Struktur von Organisationen ansetzen, würden hier zu kurz greifen.

Willems bezieht in seiner Theorie situationale Faktoren mit ein, in dem er den Gelegenheitscharakter und die Struktur der Gleichaltrigengruppe als ursächlich für rechtsextreme Gewalttaten ansieht. Auf der anderen Seite stellt er jedoch die politische Kultur der Bundesrepublik problematisch verkürzt dar, wenn für ihn als zentraler auslösender Faktor die Unterbringung von Asylbewerbern Konflikte hervorruft.

So bedürfen all diese Ansätze eine Ergänzung, am deutlichsten macht dies Hopf (2000a, S.34), die auf die Relevanz politischer und ökonomischer Strukturen und Entwicklungen hinweist: Die Analysen sind um eine Analyse der politischen Kultur zu erweitern, die Bedeutung von racism geprägter Strukturen und Ideologeme muss für die bundesrepublikanische Gesellschaft in den Blick genommen werden. So weist bereits Parsons (1942) darauf hin, dass anomische Personen kaum mobilisiert werden können, wenn dem die politische Kultur und Legitimität des Systems entgegenstehe.

Was bedeuten nun die einzelnen Theorieansätze für die Frage nach Zusammenhängen zwischen Rechtsextremismus und Geschlecht? Für den Ansatz von Heitmeyer ist dies schwer zu beantworten: Wenn Individualisierung v. a. ökonomisch gefasst wird, als Arbeitslosigkeit oder ökonomisch prekäre Situation, dann wären Frauen mehr betroffen, also auch ansprechbarer für rechtsextreme Ideologie. Die Deutung von Individualisierung als subjektive Entwurzelung und Gefühl von relativer Deprivation ist jedoch in Hinblick auf Geschlechtsunterschiede schwer zu fassen. Für die Forschung zur autoritären Persönlichkeit – ebenso wie für die Bindungsforschung – hat sich die Frage nach Geschlecht empirisch als zweitrangig herausgestellt, stimmig dazu finden auch Hopf & Hopf (1997, S.63f) in der Zusammenschau von Bindungsrepräsentation und politischer Orientierung kaum relevante Geschlechtsunterschiede. Die autoritäre Persönlichkeit, gleich ob weiblich oder männlich, verschiebt Aggressionen auf diskriminierte Minderheiten. Ganz anders ist das Bild bei Willems, der auf rechtsextreme Gewalttaten blickt, und damit gleichzeitig auf Freizeitgestaltung und den Zusammenschluss in Cliquen bei Jugendlichen. Er findet unter den Gewalttätern über 95 % Männer. Damit aus rechtsextremen Orientierungen, die wohl bei beiden Geschlechtern vorhanden sind, Gewalttaten werden, ist eine bestimmte Möglichkeits- und Gelegenheitsstruktur erforderlich. Gewalttaten werden begangen, weil sie in der Gruppe mit wenig Risiko und hohem „Freizeitwert" möglich sind – und sie werden häufig auch begangen, ohne dass eine besondere Nähe zu rechtsextremer Ideologie vorhanden ist.

2.3 Anregungen aus Vorurteilsforschung und Rassismustheorie

Unabhängig von den Kontroversen um die Begrifflichkeiten auf dem Forschungsfeld (vgl. Kap. 2.1) kann es sinnvoll sein, theoretische Überlegungen und empirische Ergebnisse der Rassismusforschung aus dem angloamerikanischen Sprachraum in den Blick zu nehmen und nach ihrer Übertragbarkeit auf deutsche Verhältnisse zu fragen (vgl. Winkler 1996, S.19). Wichtige Fragen für die Untersuchung
sind hier die Analyseebene – ob vom Individuum, der Gruppe oder der Gesellschaft auszugehen ist, neue Äußerungsformen von Rassismus, die Entwicklung
antirassistischer Identitäten und die Rolle der sozialen Situation „Dialog" für die
Konstruktion von Ethnizität.

2.3.1 Analyseebenen: Individuum – Gruppenbeziehungen – Gesellschaft

Auf die zentrale Frage nach der Ursache rechtsextremer Orientierungen, rassistischer Diskriminierungen oder ethnozentrischer Vorurteile werden viele Antworten
gegeben. Duckitt (1992, S.2f, übersetzt von E. B.) zählt nur einige der in der Literatur diskutierten Ursachen auf: „(...) innerpsychische Konflikte der Persönlichkeit,
psychische Störungen und Fehlanpassung, chronische Frustrationen, Nichtwissen,
niedrige Intelligenz, Denkstile, soziales Lernen und kulturelle Einflüsse, Anpassung an soziale Normen und Traditionen, Kontakterfahrungen mit Mitgliedern der
outgroup, Interessenkonflikte zwischen sozialen Gruppen, die Rechtfertigung von
Ausbeutung, die Notwendigkeit von Sündenböcken, ökonomische Unsicherheit,
Angst vor Fremden, Abneigung gegen Unterschiedlichkeit, Religiosität, Ängstlich-
keit, Aggression, Sexualität und Schuld." Einigkeit besteht zwar darüber, dass eine
Betrachtung der Phänomene auf mehreren Ebenen notwendig ist und dass immer
nur von einem „Ursachenbündel" (Ottomeyer 1998, S.12) die Rede sein kann.

    Differenzen ergeben sich jedoch bereits an dem Punkt, welche Ebenen am Be-
ginn der Analyse zu stehen haben und welche Ebene zentral ist[19] – und wie die un-

---

19   Je nach Ursachenanalyse unterscheiden sich auch die geforderten Gegenmaßnahmen, gerade in
    diesem politisch kontroversen Feld. Wenn die Ursachen in Deprivation und Frustration der
    „einheimischen" Bevölkerung gesehen werden, werden von der Forschung aus den Analysen
    Forderungen nach besserer Sozial- und Arbeitsmarktpolitik für diese Gruppe geschlussfolgert –

terschiedlichen Ebenen am Ende zur Erklärung des gesamten Phänomens wieder zusammengefügt werden können. So stehen häufig Ursachen in einer Aufzählung nebeneinander, die auf ganz unterschiedlichen Ebenen angesiedelt sind. Die Leistung, diese Ursachen in Beziehung zueinander zu setzen, wird nicht mehr vollbracht.

Für die Geschichte der Psychologie, die sich mit Vorurteilen befasst, gilt überwiegend, dass das Individuum mit seinen Einstellungen Ausgangspunkt der Analysen ist, wobei die Einstellungen überwiegend kognitiv gefasst werden (vgl. Terkessidis 1998, S.17ff). Häufig anzutreffen ist eine Vorstellung vom Individuum, das in erster Linie rationale Urteile fällt und rein auf diesen individuell gefällten Urteilen basierend handelt (vgl. Myers 1996, S.125f), soziale Einflüsse werden als sekundär gefasst. Für westliche Versuchspersonen hat Heider (1958) eine Form des Urteilens gefunden, die er „generellen Attributionsfehler" nennt: Einflüsse der Person werden stets überschätzt, Einflüsse der Situation dagegen unterschätzt. Auch Forscher und Forscherinnen denken nicht grundsätzlich anders als andere „westliche Versuchspersonen". So wurde in auch der Psychologie häufig davon ausgegangen, dass Verhalten von individuellen Einstellungen geprägt oder zumindest mehr oder weniger maßgeblich beeinflusst wird. Eine weitere oft anzutreffende Prämisse ist, dass Einstellungsäußerungen tatsächlich individuelle innere Einstellungen widerspiegeln und weniger von der sozialen Kommunikationssituation, in der sie formuliert werden, abhängen. Diese Grundsätze sind in der Folge in Frage gestellt worden. Für einen Überblick ist es dennoch sinnvoll, vom klassischen Einstellungskonzept auszugehen, da es das historisch früheste ist, lange Zeit prägend war und auch neue Konzeptionen sich in der Regel auf die Einstellungsforschung kritisch beziehen.

2.3.1.1 Das Einstellungskonzept – Voraussetzungen und Grenzen

In der ersten Hälfte des 20.Jahrhunderts sind gerade auf dem Gebiet der Einstellungskonzeption und -messung beträchtliche Anstrengungen unternommen worden von Bogardus (1925) bis zu Adorno u. a. (1953). Im Klassiker der Vorurteilsforschung „The nature of prejudice" von Allport (1954) werden mehrere Charakteris-

---

überwiegend also Politik zugunsten deutscher männlicher Jugendlicher. Wird dagegen Rechtsextremismus aus weit verbreiteten Normen und Werten der Mehrheitsgesellschaft hergeleitet, lautet die politische Konsequenz der Forschenden „Demokratisierung", einschließlich der Verbesserung der rechtlichen Stellung von Migrantinnen und Migranten.

tika des Vorurteils bestimmt, die in der Folge immer wieder aufgegriffen werden: Vorurteile werteten erstens ihr Einstellungsobjekt negativ, sie seien zweitens empirisch falsch und drittens stereotyp, d. h. unflexibel, undifferenziert und durch neue Information nur schwer veränderbar. Im Alltagsverständnis wird Vorurteil auch heute noch in etwa so definiert, neuere Überlegungen haben jedoch dazu geführt, dass keines dieser Definitionskriterien mehr als tatsächlich notwendig für das Vorliegen eines Vorurteils gilt.

Darauf dass Vorurteile nicht unbedingt eine negative Wertung beinhalten müssen, macht insbesondere Eagly (1994, S.2) am Beispiel Vorurteile gegen Frauen deutlich. In allen Befragungen werden Frauen sogar positivere Eigenschaften als Männern zugeschrieben, z. B. Wärme, Hilfsbereitschaft und Freundlichkeit. Gleichzeitig ist unumstritten, dass gesellschaftlich Vorurteile und Diskriminierungen gegen Frauen existieren. Die Diskriminierung resultiert aber nicht aus der Negativität der Zuschreibungen, sondern aus der Überzeugung, dass bestimmte einheitliche – ob positive, negative oder neutral bewertete – Züge die Mitglieder einer Gruppe hinreichend beschreiben und gleichzeitig für eine bestimmte Nische in der Gesellschaft bestimmen.

In Befragungen zum Thema Rechtsextremismus werden häufig nur negative Vorurteile gegenüber „Ausländern" erfragt, wie beispielsweise die Unterstellung höherer Kriminalität, Faulheit und Unordentlichkeit oder auch Frauenfeindlichkeit. Folgt man jedoch der Argumentation, dass sich heute mehr und mehr ein differentialistischer Rassismus (vgl. Kap. 2.1.4) durchsetzt, der die Unterschiedlichkeit von Kulturen betont und von deren Gleichwertigkeit, aber auch Unvereinbarkeit spricht. Positive Stereotype sind vor allem für die westlichen Bilder vom Orient untersucht worden (vgl. Daniel 1960, Rattansi & Westwood 1994, Cinar 1999), zu nennen sind besondere Sinnlichkeit, Lebensfreude, Leidenschaftlichkeit und geheimnisvolle Poesie. Zu fragen ist, wieweit diese jahrhundertealten Bilder weiterbestehen und heute das Bild vom „Türken", „Araber" oder auch vom „Islam" mit beeinflussen.

Auch die empirische Falschheit der Aussagen, die getroffen werden, wird heute nicht mehr als Charakteristikum des Vorurteils gewertet. Zum einen entgeht man damit dem erkenntnistheoretischen Problem, dass mit dieser Definition der Wissenschaftler bzw. die Wissenschaftlerin über eindeutige Kriterien verfügen muss, welche Aussagen beispielsweise über Asylbewerber oder über Türken richtig oder falsch sind (vgl. kritisch hierzu Wetherell & Potter 1992, S.67ff). Zum anderen ist darauf hingewiesen worden, dass in Vorurteilen tatsächlich häufig Realität gespiegelt werde, dass es sich bei einem System von Vorurteilen um eine praktisch adäquate Ideologie handele, die tatsächlich Sinndeutung und Handlungsorientierung für diejenigen liefere, die sie vertreten (vgl. z. B. Miles 1989, Hess & Linder 1997). Terkessidis (1998, S.117) beruft sich auf Raab und Lipset (1959), die in ihrer Schrift „The prejudiced society" darstellen, dass es gar nicht nötig sei, einen weißen Heranwachsenden in den Südstaaten im Laufe seiner Sozialisation explizit zu belehren, dass Schwarze ärmlicher gekleidet oder schlechter gebildet und damit insgesamt „inferior" seien. Der Heranwachsende nehme schließlich Schwarze nur in untergeordneter Position wahr. Wenn ein junger Weißer nun aus diesen Erfahrungen schließe, dass Schwarze einfach so seien, wie er sie vor seinen Augen sehe, anstatt nach den Verhältnissen zu fragen, die ursächlich sind für die untergeordnete Position von Schwarzen, dann liege das vor, was landläufig „Vorurteil" genannt wird. Eine explizite Instruktion durch Erziehung sei in diesem Fall nicht nötig.

Nicht zu übersehen ist schließlich, dass dominante Deutungen, wie sie unter anderem auch in Wissenschaft und Politik vertreten werden, tatsächlich an der Schaffung einer Realität mitwirken, in der sie auch zum Tragen kommen. Werden z. B. bestimmten gesellschaftlichen Gruppen bestimmte Nischen zugewiesen, wie Frauen pflegende Berufe oder Schwarzen die Bereiche Sport oder Musik, so stellt sich für einen empirischen Tatsachenblick, der nicht nach Gewordenheit und Bedingtheit dessen fragt, was er so offensichtlich sieht, schnell der unerschütterliche und empirisch schließlich „nachprüfbare" Eindruck des „So-Seins" ein – Frauen seien eben bessere Menschen und Schwarze sportlicher und musikalischer.

Weder Falschheit noch negative Wertung eines Einstellungsgegenstands bestimmen demnach Vorurteile. Statt durch diese inhaltlichen Kriterien wird das Vorurteil nun als eine bestimmte Form der Attribution von Eigenschaften definiert, der Prozess des Urteilens rückt also ins Zentrum der Analyse. Im Vorurteil wird die Frage nach übergreifenden Eigenschaften der Mitglieder einer Gruppe gestellt, die Gruppenzugehörigkeit scheint das Verhalten der Mitglieder vollständig zu determinieren und zu erklären. Weder soziale Umstände noch Individualität – wichtige Gesichtspunkte bei der Erklärung des eigenen Handelns und des Handelns der Mitglieder der Eigengruppe – werden als relevant in Erwägung gezogen. Das Vorurteil gibt vor, vollständig zu verstehen: Eine Person verhält sich in einer bestimmten Weise, weil sie beispielsweise „Türke" ist, an diesem Punkt endet die Reflexion, individuelle Motivationen oder das soziale Umfeld werden nicht betrachtet. Beim Vorurteil handelt es sich damit um eine bestimmte Form der Eigenschaftsattribution rein aufgrund von Gruppenzugehörigkeit. In welchem Maß diese Zuschreibung nun tatsächlich zutrifft oder nicht zutrifft, ist sekundär für das Vorliegen eines Vorurteils.

Mit einer letzten Vorstellung der klassischen Vorurteilsforschung, nach der Vorurteile unflexibel seien, wie es auch die Bezeichnung „Stereotyp" nahelegt, hat die moderne Vorurteilsforschung ebenfalls gebrochen. Potter und Wetherell (1995, S.195f) heben als besonderes Kennzeichen der vorurteilshaften Argumente, die sie in ihrer Untersuchung von weißen Neuseeländern bezüglich der ursprünglichen Bevölkerung des Landes gehört haben, deren Flexibilität hervor. Sie fassen aus dem Interviewmaterial ein Repertoire von zehn Grundsätzen zusammen, derer sich die Interviewten in ihrer Argumentation bedienen. Diese Grundsätze scheinen auf dem ersten Blick unwiderlegbar und dem „gesunden Menschenverstand" zu entsprechen.[20] Auf den zweiten Blick stellen Potter und Wetherell jedoch eine Spannung zwischen den Argumentationen fest, die es möglich macht, fast jede Behauptung mit diesem recht eingeschränkten Repertoire zu untermauern (ebd., S.196). Grundsätze wie Pragmatismus, Kosten-Nutzen-Optimierung, Gerechtigkeit oder die Ablehnung jeder Einschränkung persönlicher Freiheit werden jeweils einzeln als Begründungen eines Argumentes herangezogen. Die Widersprüche, die sich aus der gleichzeitigen Anwendung dieser Maximen ergeben würden, tauchen nicht auf, denn die Grundsätze werden pragmatisch zur Stützung der eigenen Argumentation nach Belieben ausgewählt, nicht aber in ihrer Spannung moralisch gegeneinander abgewogen.

In der Einstellungsforschung steht in der Regel der kognitive Aspekt von Einstellungen im Vordergrund. Terkessidis (1998, S.20) weist darauf hin, dass der konative Aspekt von Einstellung bisher in der klassischen Einstellungsforschung wenig Beachtung gefunden hat. Gleichzeitig ist die Frage nach dem tatsächlichen Verhältnis von Einstellungen und Verhalten fast genauso alt wie die Einstellungsforschung selbst. Zwar wird als eine Funktion von Einstellung herausgestrichen, dass sie Orientierung in Entscheidungssituationen vermitteln und handlungsleitend sein können, dies ist jedoch nur eine Funktion von vielen. Katz (1967) definiert

---

20 Zum Überblick die Liste der 10 Argumente, die Potter und Wetherell aus ihrem Material „kondensiert" haben (1995, S.195f):

„1. Alle verfügbaren Mittel sollten effektiv und nach einer strengen Kosten-Nutzen-Rechnung ausgegeben werden.

2. Es soll kein Zwang auf irgendwen ausgeübt werden.

3. Alle Menschen sollen gleich behandelt werden.

4. Man kann die Uhren nicht rückwärts ticken lassen.

5. Die heutigen Generationen dürfen für Fehler früherer Generationen nicht zur Verantwortung gezogen werden.

6. Ungerechtigkeiten sind zu bekämpfen.

7. Jeder Mensch kann erfolgreich sein, wenn er sich nur genügend anstrengt.

8. Die Meinung der Minderheit darf nicht schwerer wiegen als die der Mehrheit.

9. Wir leben nun mal im 20.Jahrhundert.

10. Was wir tun, muß praktisch sinnvoll sein. "

daneben als Funktionen von Einstellung Anpassung an gesellschaftliche Normen, Ökonomiefunktion, Ich-Verteidigung und Selbstverwirklichung. Das bedeutet, dass es auch darauf ankommt, eine Person zu sein, die diese oder jene Meinung hat, bzw. einer Gruppe anzugehören, die so oder so denkt. Ob Einstellungen dann handlungsrelevant werden, hängt von einer Reihe von zusätzlichen Faktoren ab.

La Piere (1934) hat bereits in den dreißiger Jahren des letzten Jahrhunderts gezeigt, dass das tatsächliche Verhalten von Hoteliers nicht mit ihren geäußerten Verhaltensabsichten gegenüber einem chinesischen Ehepaar übereinstimmten. Auf einer Reise durch die USA war La Piere zusammen mit dem Ehepaar von fast allen Hotels aufgenommen worden, auf schriftliche Anfrage kurze Zeit später antworteten jedoch dieselben Hotels, keine Gäste chinesischer Abstammung zu beherbergen. Als Interpretation dieses Ergebnisses wird diskutiert, wieweit situationale Faktoren mit eine Rolle spielten – das chinesische Ehepaar trat vornehm gekleidet in Begleitung eines Weißen auf, was wohl die positive Aufnahme begünstigt hat.

Und tatsächlich müssen eine Reihe von zusätzlichen Faktoren eingeführt werden, beschäftigt man sich mit der Vorhersage von Verhalten aus Einstellungen (vgl. das klassische Modell von Ajzen und Fishbein 1977): Situationale Faktoren, ebenso wie die wahrgenommene Gültigkeit von Normen und die Wahrscheinlichkeit von Sanktionen, die das Verhalten nach sich ziehen könnte, müssen neben der Einstellung ebenso berücksichtigt werden. Deutlich zeigt dies bereits die Studie von Minard (1952), in der er beschrieben hat, wie sich weiße Bergleute unter Tage kameradschaftlich und freundschaftlich gegenüber ihren schwarzen Kollegen verhalten haben, in ihrer Freizeit jedoch jeden Kontakt mit Schwarzen strikt abgelehnt haben. Minard macht dafür das unterschiedliche situationale Umfeld verantwortlich.

In eine ähnliche Richtung gehen die Überlegungen von Pettigrew (1958), der festgestellt hat, dass sich weiße US-Amerikaner kaum von weißen Südafrikanern in Bezug auf die F-Werte der Autoritarismus-Skala unterscheiden, diese Werte stehen in der Regel mit Vorurteilen gegen Juden oder Schwarze in Verbindung. Gleichzeitig ging Pettigrew aber davon aus, dass sich die Südafrikaner in ihrem Alltag in einer von Apartheid geprägten Gesellschaft stärker diskriminierend gegenüber Schwarzen verhielten. Duckitt (1992, S.4) unternimmt hier einen Vermittlungsversuch, er geht von der Annahme aus, dass psychologische Faktoren in der Vorurteilsforschung dann besonders wichtig sind, wenn soziale Faktoren kaum eine Rolle spielen, d. h. die gesamte Gesellschaft eher demokratisch und tolerant ist. Dagegen verlören die psychologischen Gründe für Vorurteile an Bedeutung, wenn Diskriminierung in einer Gesellschaft verbreitet sei und Vorurteile sich zu sozialen

Normen entwickelten, die durch starken Konformitätsdruck aufrechterhalten würden.

Schließlich ist noch ein weiteres Phänomen zu berücksichtigen, das die Einstellungsforschung intensiv beschäftigt hat, dass nämlich nicht nur Einstellungen ursächlich für Verhalten sein können, sondern in umgekehrter Weise durch Verhalten Einstellungen geprägt werden (Festinger 1957). Wenn soziale Situation und gültige Norm ein ganz bestimmtes Verhalten hervorrufen, so wird häufig die eigene Einstellung im Nachhinein mit dem Verhalten in Einklang gebracht. Osterkamp (1996) hat dies in Bezug auf Einstellungen gegenüber Flüchtlingen in Deutschland gezeigt. Sie hat in ihrer Studie asylpolitisch Engagierte begleitet, die Tätigkeiten in Flüchtlingsheimen übernommen haben. Nunmehr in ihrer Funktion zu Vertreterinnen und Vertretern des Staates geworden, sahen diese sich gezwungen, Verwaltungshandeln auch gegen die Interessen der Flüchtlinge, d. h. aber entgegen ihrer eigenen ursprünglichen Einstellung durchzuführen. Bei vielen änderten sich die Einstellungen. Die Einstellungen gegenüber den Flüchtlingen wurden negativer, die Logik staatlichen Handelns wurde mehr und mehr akzeptiert und in die eigene Einstellung übernommen. Gerade in vorstrukturierten Handlungsfeldern und bei der Anwendung institutionalisierter Regeln kann es zu diskriminierendem Verhalten kommen, das in keiner Weise den ursprünglichen Intentionen der Handelnden entspricht, am Ende aber von den Individuen als einstellungskonform gedeutet wird, indem Veränderungen der Einstellung vollzogen werden (Gomolla & Radtke 2002).

2.3.1.2 Intergruppenansätze

Zwischen individuenzentrierten Konzepten und Analysen, die die Bedeutung der gesamtgesellschaftlichen Ebene hervorheben, stehen Gruppenansätze wie die Theorie der sozialen Identität (Tajfel 1969, 1978, Tajfel & Forgas 2000). Grundlage dieser Theoriestränge sind die Experimente, die Sherif (1967) in einem Jungenfreizeitcamp durchgeführt hat. Er konnte zeigen, dass zwei durch Zufallsprinzip eingeteilte Jungengruppen, zwischen denen Konkurrenzsituationen geschaffen wurden, tatsächlich begannen, sich mit der eigenen Gruppe zu identifizieren und die Mitglieder der anderen Gruppe abzulehnen. In diesem Feldexperiment konnte so quasi experimentell eine Art von Ethnozentrismus (vgl. Sumner 1906) – d. h. Aufwertung der Eigengruppe und Abwertung der Fremdgruppe – hergestellt werden. Wurden in einer Folgephase die Gesamtgruppe vor Aufgaben gestellt, die nur gemeinsam bewältigt werden konnten, bauten sich in der Kooperation auch die Vorurteile gegen die Mitglieder der anderen Gruppe wieder ab. In der Folge wurden die Bedingungen weiter untersucht, die zur Bildung von sich gegenseitig abwertenden Gruppen führen. Ein extremes Ergebnis zeigen dabei die Experimente von Taijfel (1969), in denen es bereits genügte, als einzige Information über andere Menschen zu wissen, ob sie denselben oder einen anderen Maler bevorzugten, dass Versuchspersonen die ihnen somit „ähnlicheren" Personen positiver einschätzen als die „unähnlicheren".

Der Vorschlag von Sherif zur Überwindung von Ethnozentrismus, die Schaffung gemeinsame Kooperation erfordernder Lernsituationen, ist ein Grundkonzept interkultureller und antirassistischer Pädagogik geworden. Und Konkurrenz zwischen Gruppen um knappe Ressourcen wie Arbeitsplätze oder Wohnungen, wird nicht nur von Wissenschaftlern und Wissenschaftlerinnen, sondern auch weitverbreitet im allgemeinen Diskurs als Grund für Ausländerfeindlichkeit benannt. Eine wichtige Errungenschaft der Intergruppenansätze ist, herausgestellt zu haben, dass es wesentlich für das Verständnis von Vorurteilen ist, dass sie nicht einfach von einzelnen Individuen gehegt werden, sondern dass sie immer innerhalb einer Gruppe bezüglich einer anderen Gruppe common sense sind.

Es gibt jedoch mehrere Kritikpunkte, die vor allem an dem Konzept von Sherif zur Genese von Vorurteilen aus einer Situation von Gruppenkonkurrenz ansetzen. Erstens wird auf die Kulturspezifik der Feldexperimente von Sherif hingewiesen. Sherifs Studienteilnehmer waren aus der westlichen Kultur stammenden Jungen – eine Gruppe, von der zu erwarten sei, dass Konkurrenz ein zentrales Merkmal der sich entwickelnden Beziehungen sein würde. Zweitens wird gefragt, ob die Form der Gruppenbildung, wie sie Sherif experimentell vorgenommen hat, aussagekräftig für die tatsächliche Entstehung sozialer Gruppen ist. In der sozialen Realität entwickelten sich Intergruppendifferenzierungen auf die unterschiedlichsten Weisen, Wettbewerb zwischen Gruppen sei dabei nur eine sehr spezifische, die nicht einfach verallgemeinert werden könne (vgl. Wetherell & Potter 1992, S.47). Terkessidis (1998, S.41) weist schließlich auf die Bedeutung der „konkreten historischen Genese von Gruppen, Individuen und psychischen Mechanismen" hin, wenn man die Existenz und die Inhalte von Stereotypen verstehen will.

Neuere Publikationen zeigen weitere Punkte auf, an denen Intergruppenansätze zu kurz greifen, in erster Linie sehen sie die Hierarchie zwischen Gruppen nicht berücksichtigt, die ihrer Ansicht nach am Anfang von Rassismus steht. Intergruppenansätze gehen von einer Konkurrenz zwischen häufig gleich starken Gruppen aus, die Aufwertung der Eigengruppe und die Abwertung der Fremdgruppe ist reziprok. So weist Singer (1997, S.45) darauf hin, dass zwischen Einheimischen und „Fremden" eine asymmetrische Beziehungsstruktur wesentlich ist. Die Einheimischen legen fest, wer „fremd" ist, bestimmen also die Gruppengrenzen und entwerfen monologisch Bilder von dem „Fremden". Terkessidis (1998, S.41) fügt hinzu, dass es der dominantern Gruppe möglich ist, ihre Kategorisierung durchzusetzen, so könne die Gruppe der „Deutschen" nicht nur durch sozialen Konsens untermauern, wer „deutsch" sei und wer nicht, sondern auch durch institutionelle Gewalt. An die „Fremden", die „Ausländer" wird das Gebot, sich an die Gruppe der Einheimischen zu „assimilieren" herangetragen, Assimilation meine immer Anpassung an die dominierende Gruppe (ebd., S.43). Im umgekehrten Sinn als Assimilation der Einheimischen macht der Begriff keinen Sinn. Yildiz (1997) und Terkessidis (1998) stellen für das Verhältnis zwischen „Deutschen" und „Ausländern" fest, dass um entscheidende Ressourcen gerade keine Konkurrenz besteht, so ist beispielsweise der Zugang zum Arbeitsmarkt für unterschiedliche Gruppen von Nichtdeutschen unterschiedlich beschränkt. Legitimiert werden müsste der Ausschluss von „Ausländern" aus der Konkurrenz, statt dass, wie es Intergruppentheorien vorsehen, die Gruppe der „Deutschen" sich in einer bestehenden Konkurrenz aufwerten müsste.

Elias und Scotson (1993) beschreiben in ihrer Feldstudie „Etablierte und Außenseiter" eine hierarchische asymetrische Situation zwischen zwei Gruppen. Einer Gruppe gelingt es, einen geringen sozialen Vorteil, die längere Ansässigkeit an einem Ort, gegen die neuer Zugezogenen auszuspielen. „Etablierte" und „Außenseiter" unterscheiden sich in dieser natürlichen „minimal group situation" durch keine anderen Sozialfaktoren als die Zeit, die sie bereits an einem Ort leben. Dennoch haben sich eine Reihe von Vorurteilen aufseiten der Alteingesessenen gebildet, die in ihren Inhalten und ihrer Struktur den Vorurteilen gegen diskriminierte Gruppen der Gesellschaft ähneln. Im Gegensatz zu dem Feldexperiment von Sherif, bei dem sich zwei gleichstarke Jungengruppen gegenüberstanden, geht es in der von Elias und Scotson beschriebenen Gemeinde nicht um gleichberechtigte Konkurrenz zweier Gruppen, sondern um die Sicherung von Privilegien der einen Gruppe. Ein Extrem ist sicherlich die historische Situation, in der sich das Verhältnis zwischen der westlichen christlichen Welt und den von ihr Kolonialisierten herausgebildet hat. Hier standen sich in keinem Fall gleich starke Gruppen gegenüber, sondern das Verhältnis war und bleibt bis heute geprägt durch extreme Hierarchie.

2.3.1.3 Soziale Repräsentationen

Eine vollkommene Verschiebung des Fokus der Analyse unternehmen neuere Theorien wie die Theorie der sozialen Repräsentation (Moscovici 1984, Billig 1991)

56

oder die Diskursanalyse (van Dijk 1987, Jäger 1999). Ihre Überlegungen beziehen sich nicht mehr so sehr auf Modelle individuellen Wahrnehmens und Urteilens oder auf Intergruppenprozesse, sondern sie versuchen Kultur und Gesellschaft als Ganzes in den Blick zu bekommen. Ausgangspunkt ist dabei die schlicht scheinende Feststellung, dass es sich bei Einstellungen um Äußerungen von Sprechern handelt, die sowohl „Inhalt als auch Kontext" (Billig 1991, S.20) haben. Dieser soziale Kontext, in denen Vorurteile geäußert werden, wird als Schlüssel zu ihrem Verständnis betrachtet. So stellt van Dijck (1987, S.31, übersetzt von E. B.) die These auf, dass „in erster Linie durch Gespräch (und die Medien) und weniger durch Wahrnehmung und Interaktion (...) soziale Kognition im allgemeinen und ethnische Einstellungen im besonderen erworben, geteilt, gültig gemacht, normalisiert und kommuniziert werden". Es ist also die kommunikative Situation, „der nicht enden wollende Dialog zwischen Individuen" (Moscovici 1984), der die Einstellung sowohl hervorbringt als auch formt – und die es zu untersuchen gilt. „Talk", das Gespräch, ist nun nicht mehr ein Epiphänomen, in dem vorher gewonnene, unabhängige Wahrnehmungen mitgeteilt werden, sondern der Ort, an dem in einem sozialen Prozess gesellschaftlich verbindliche Weltanschauungen konstruiert werden (Potter & Wetherell 1995, S.179). Soziale Repräsentationen sind mehr als „sozial erwünschte" Äußerungen. Ohne die soziale Situation, in der sie hervorgebracht werden, sind sie nicht vorstellbar.

Soziale Erwünschtheit bzw. Versuchsleitereffekte sind in der Psychologie schon lange bekannt (Campbell 1957, Rosenthal 1976). Personen stellen in Interviews und experimentellen Situationen Vermutungen über die Wünsche und Ziele der Wissenschaftler und Wissenschaftlerinnen an, und passen ihre Aussagen bzw. ihr Verhalten diesen Vermutungen an. So helfen sie mit, die erwarteten Ergebnisse auch tatsächlich zu reproduzieren. Die Deutung von Aussagen als „soziale Repräsentationen" geht weiter, es ist nicht nur die konkrete kommunikative Untersuchungssituation, in der die Befragten ihre „normalerweise" vorhandenen individuellen Einstellungen verschweigen, bzw. „schönreden", sondern die geäußerten Aussagen sind weitergehend von Anfang an „sozial". Schon vor der Äußerung von Meinungen muss der Erwerb von Einstellungen als sozialer Prozess gesehen werden. Eine individuelle Repräsentation, die dem Sozialen vorgeschaltet ist und unabhängig von konkreten Situationen ihrer kommunikativen Vermittlung existiert, und folglich nachträglich in der Kommunikation „verfälscht" werden kann, ist nach dieser Sichtweise als Illusion zu betrachten.

Mit dem Konzept „soziale Repräsentation" kann erklärt werden, wie Menschen als Teilnehmende ständigen kommunikativen Austausches Vorurteile gegen Gruppen haben können, von denen ihnen niemals ein Mitglied persönlich begegnet ist

(Terkessidis 1998, S.51). Erstaunlich ist als Ergebnis vieler Studien die Gleichförmigkeit und Redundanz der Aussagen, selbst in den Formulierungen (vgl. Terkessidis 1998, S.241). Individuelle Erfahrung ist demnach nicht notwendig, um (vor-) zu urteilen. Gleichzeitig sind Vorurteile jedoch nicht vollkommen erfahrungsunabhängig und Fiktion jenseits jeder Realität. Sie sind nicht beliebig, sondern sie strukturieren das Verhältnis der eigenen Gruppe zu den „anderen", und zwar als Verhältnis der Überlegenheit (Terkessidis 1998, S.241) und stiften in der ständigen Abgrenzung Gruppenidentität (Singer 1997). Individuelles Wahrnehmen und Urteilen spielt in dieser Form der Analyse kaum mehr eine Rolle. Hier setzt die Kritik mit der Frage nach Perspektiven an, wenn das Individuum nur noch „als in den Diskurs verstrickt" (Möller 2000, S.139) und als Knotenpunkt überindividueller Diskurse gesehen wird (Rieker 1997, S.90f).

2.3.2 Moderner, Aversiver und Symbolischer „racism"

In den 70er Jahren hat die Meinungsforschung in den USA festgestellt, dass durch die bis dahin gebräuchliche Rassismus-Skalen mit Rassismus in Verbindung stehende Verhaltensweisen wie z. B. die Ablehnung eines schwarzen Kandidaten oder Widerstand gegen Koedukation von Schwarzen und Weißen nicht mehr vorausgesagt werden konnten. Die Meinungsumfragen zeigten einen stetigen Rückgang der Zustimmung zu den Items, die sich offen für die Diskriminierung von Schwarzen aussprachen, in der Wahrnehmung der Schwarzen nahm Diskriminierung jedoch kaum ab (Jones 1997, S.123f).

Dies führte zu der Überlegung, ob es nicht neue Formen von Rassismus gebe, die mit den herkömmlichen Methoden und Fragen nicht ausreichend zu erfassen waren. Theoretischer Ausgangspunkt war, dass die schwarze Bürgerrechtsbewegung in der Tat eine Reihe von Veränderungen in der US-amerikanischen Gesellschaft durchgesetzt hat: Die rechtliche und soziale Situation der schwarzen Bevölkerung wurde verbessert, gleichzeitig wurde Rassentrennung und traditionellem Rassismus die Legitimation entzogen. Der wissenschaftliche Rassismus des 19. und angehenden 20. Jahrhunderts, der von einer biologisch bedingten Ungleichwertigkeit der Rassen ausging, war durch die Politik des Nationalsozialismus in Deutschland ohnehin diskreditiert, Anstrengungen der Unesco zur wissenschaftlichen Widerlegung des Rassismus schlossen sich an (vgl. Miles 1991, S.63f). Diese neue Situation, so die These, verlangt nun auch eine Anpassung der Einstellungen. Rassismus „nach der Bürgerrechtsbewegung" kann weniger offen und deutlich geäußert werden. Er dient nicht mehr der Legitimation einer rechtlich verankerten und sichtbaren Rassentrennung, sondern zielt auf die weiter fortbestehenden subtileren, aber ebenfalls wirksamen Formen von Diskriminierung. Schließlich bezieht er die Bürgerrechtsbewegung und ihre Politik in seine Argumentation mit ein und reagiert auf die Ächtung von Rassismus, indem er jeglichen Rassismusvorwurf von sich weist.

Mehrere Konzepte sind nun entworfen worden, um diese neue Haltung zu fassen. Die Grundgedanken der Konzepte „symbolischer" (Kinder & Sears 1981) und „moderner" (McConahay 1986) „racism" ähneln sich. Sie beschreiben ein Set von kognitiven Einstellungen, das traditionelle Auffassungen von der Minderwertigkeit Schwarzer nicht offen anspricht, sich aber dennoch gegen eine Gleichberechtigung von Schwarzen wendet. Wesentliche Kernpunkte dieser neuen rassistischen Argumentation sind, dass Schwarze zu sehr nach vorne drängen, nicht mehr diskriminiert würden, sondern im Gegenteil begünstigt würden. Klagen von Schwarzen über Diskriminierung seien heute eine unfaire Taktik, die am Ende dazu führe, dass Weiße benachteiligt würden. Fester Bestandteil des Konzepts ist die Überzeugung, dass Rassismus abzulehnen sei, aber ohnehin der Vergangenheit angehöre. Eigene eventuell negative Einschätzungen von Schwarzen seien dagegen kein Rassismus, sondern empirische Fakten, die der Realität entsprächen – und damit keine Vorurteile. „Moderne" Rassisten wollen also in keiner Weise selbst als rassistisch betrachtet werden und vermeiden, in Umfragen Items zuzustimmen, bei denen offensichtlich ist, dass sie rassistische Einstellungen verraten. McConahay (1986) betrachtet dies als einen bewussten, kognitiv gesteuerten Prozess. Das Konzept „moderner" Rassismus ist dabei detailliert ausgearbeitet. Als Forschungsinstrument hat McConahay eine „moderne Rassismus Skala" ausgearbeitet, die weit verbreitet ist und die tatsächlich diskriminierendes Verhalten besser vorhersagt als traditionelle Rassismusmessungen (ebd.).

Während sich „moderner" und „symbolischer" Rassismus mehr auf politische Orientierungen beziehen, vor allem auf die Haltung zu Gleichstellungspolitik, zielt das Konzept „aversiver Rassismus" auf Verhalten und emotionale Reaktionen Weißer gegenüber Schwarzen in konkreten sozialen Situationen. Statt Feindlichkeit und Hass, die „old-fashioned" RassistInnen Schwarzen entgegenbringen, bedeutet „aversiver" Rassismus „Unbehagen, Unsicherheit, Peinlichkeit, Ekel und manchmal Angst in der Gegenwart von Schwarzen oder auch beim Thema Rassismus" (Jones 1997, S.128, übersetzt von E. B.) zu fühlen. An die Stelle von destruktivem Verhalten tritt in erster Linie Vermeidung (Dovidio & Gaertner 1986, S.63). Mit modernem und symbolischen Rassismus werden eher die Haltungen Konservativer beschrieben, dagegen kennzeichnet aversiver Rassismus gerade Liberale. Experimente zeigen ein stärkeres Vermeidungsverhalten und auch deutlicher diskriminirendes Verhalten, wenn die Norm weniger salient war, bei liberaler eingestellten Personen.[21]

Diskutiert werden die Ursachen dieser neuen Formen von „racism". Sears (1988) und McConahay (1986) gehen von einem Ambivalenzkonflikt aus. Die „symbolischen" oder „modernen" weißen Rassisten hätten auf der einen Seite demokratische Werte wie Chancengleichheit und Gerechtigkeit verinnerlicht, auf der anderen Seite bleiben die Einflüsse einer frühkindlichen Sozialisation bestehen, in der traditionellerweise negative Einstellungen gegenüber Schwarzen vermittelt werden. Diese ambivalente Haltung hat bereits Myrdal (1944) als „American Dilemma" beschrieben, das die US-amerikanische Gesellschaft präge.

Die schwarze Bürgerrechtsbewegung hat die Existenz dieses „Dilemmas" stark bezweifelt. So schreibt beispielsweise Silberman (1964, S.9f), dass der Konflikt für Weiße eher darin bestehe, dass durch politische Forderungen von Schwarzen ihre Privilegien bestritten werden könnten, deshalb sei es so wichtig, zu betonen, dass Gerechtigkeit und gleiche Chancen bereits hergestellt seien und Gleichstellungspolitik „affirmative action" deshalb heute unnötig sei. Auch Potter und Wetherell (1995, S.195) stellen für die von ihnen über ihr Verhältnis zu den Ureinwohnern befragten weißen Neuseeländer fest, dass sie einerseits ein gutes nicht-rassistisches Selbstbild vor liberal gesinnten Sozialwissenschaftlern präsentieren wollten, auf der anderen Seite aber gegen sozialen Wandel eingestellt sind, der ihre Privilegien gefährden könnte. Sie sehen in vielen Äußerungen eher „lip-service", eine äußerliche Anpassung an eine Norm des „Nicht-Rassistisch-Sein-Dürfens", als Ausdruck eines tatsächlichen Gewissenskonflikts.

Kritisiert wird die Idee des „amerikanischen Dilemmas" auch in ihrer Annahme, dass die tief verwurzelten rassistischen Einstellungen von Weißen in erster Linie Ergebnis von frühkindlicher Sozialisation sind. Terkessidis (1998, S.117) weist darauf hin, dass Kinder nicht explizit gelehrt werden müssten, dass bestimmte benachteiligte Gruppen beispielsweise ärmer, dreckiger, ungebildeter etc. seien. Das Problem ist, dass es immer nur möglich ist, den Diskriminierten als bereits Diskri-

---

21 Ein Schlüssel zur Entwicklung der Theorie des aversiven Rassismus ist ein Experiment, in dem Anrufer, deren Sprechweise deutlich zeigt, dass sie afroamerikanischer Herkunft sind, um Hilfe wegen einer Autopanne bitten. Liberale waren im Vergleich zu Konservativen zwar eher bereit zur Hilfeleistung, wenn es zum Gespräch kam, legten aber auch signifikant häufiger nach ein paar Worten des schwarzen Anrufers den Telefonhörer auf (Gaertner & Dovidio 2000). Interessant sind hier die Experimente von Devine (1989), in denen nichtnegative Einschätzungen von Schwarzen durch liberale Weiße erst nach einer bestimmten Verzögerung vorgenommen werden können. Sie deutet die Ergebnisse in die Richtung, dass zunächst vorhandene negative Stereotype ausgeblendet werden müssen.

mierte in einer Situation sozialer Ungleichheit zu begegnen. Der rassistische Blick sieht immer wieder die gegebenen, d. h. gesellschaftlich hergestellten „Tatsachen" und attribuiert die Folgen von Diskrimierung auf ein „Sosein", also unabänderliche Personeneigenschaften der Diskriminierten. Zur frühkindlichen Sozialisation, in der zweifelsohne rassistische Traditionen weitergetragen werden können, kommt also das tägliche Erleben und Wahr-Nehmen von Unterschieden in weiter fortbestehenden Ungleichheitsstrukturen.

Unabhängig von den Ursachen neuer Formen von Rassismus bleibt festzuhalten, dass die Aussagen tatsächlich in der Regel dilemmatisch formuliert sind (vgl. Wellmann 1977, S.33, Billig 1988, S.109, Terkessidis 1998, S.51). Den Befragten ist es von entscheidender Wichtigkeit, nicht als Rassist wahrgenommen werden. Umstritten bleibt, ob es sich dabei tatsächlich um einen inneren Ambivalenzkonflikt handelt, oder ob die Präsentation eines positiven Selbstbildes als vorurteilsfreier Mensch im Vordergrund steht, wie es beispielsweise Wetherell und Potter (1992, S.195) vermuten. Angenommen wird, dass die neuen Formen von Rassismus stärker in den höheren sozialen Schichten und bei Menschen mit besserer formaler Bildung verbreitet ist, die ein nicht-rassistisches Bild von sich entwerfen und vermitteln wollen.

Für Europa existiert eine vergleichende Umfrage, die mit den Konzepten „old fashioned" und als Gegensatz „moderner" Rassismus gearbeitet hat. (Pettigrew & Meertens 1995). Dabei sind die Werte in der deutschen Bevölkerung für „old fashioned" Rassismus im Vergleich besonders hoch, deswegen lassen sich aber nicht niedrigere Werte für modernen Rassismus feststellen. Wenn davon ausgegangen wird, dass moderner Rassismus eine Antwort auf die Erfolge politischer Bewegungen gegen Rassismus ist, so wird dieses Ergebnis erklärbar. In Deutschland sind politische Organisationen von MigrantInnen im europäischen Vergleich besonders schwach, dies liegt vor allem an der deutschen „Nicht-Einwanderungs-Land" Politik (vgl. Yildiz 1997, Cinar 1999, Terkessidis 2000), die es der eingewanderten Bevölkerung erschwert, Staatsbürger und Staatsbürgerinnen zu werden und die damit verbundenen Rechte in Anspruch zu nehmen. Folgen für die Einstellungen der alteingesessenen deutschen Bevölkerung kann haben, wenn es keine starke Bewegung von Migranten und Migrantinnen gibt, die offenen Rassismus angreift, diskreditiert und delegitimiert.

Die Unterscheidung von modernem und traditionellem „racism" ist in Deutschland in der Regel nicht verbreitet. Die Items, mit denen Rechtsextremismus gemessen wird, sind fast ausschließlich solche, die sich auf „old fashioned" Formen von „racism" beziehen, wie z. B. bei Utzmann-Krombholz (1994, S.12) „Ausländer nehmen uns Wohnung und Arbeitsplätze weg" oder „Angst, dass noch mehr Ausländer zu uns kommen". Aber welcher Universitätsprofessor und welche Rechtsextremismusforscherin ist schon bereit, einem solchen item „voll und ganz zuzustimmen"? Es wird nicht reflektiert, dass es auch noch andere Formen von diskriminierenden Einstellungen geben könnte, die gerade bei gebildeteren, sozial privilegierteren Bevölkerungsschichten vorkommen. Fast alle deutschen Studien zeigen, dass „Rechtsextremismus", wie er definiert wird, mit niedriger Schicht und niedrigem Bildungsgrad zusammenhängt (Hoffmann-Lange 1996, Münchmeier 2000, Überblick bei W. Hopf 1991, 1994)[22]. Zu fragen ist, ob dieses Ergebnis nicht auch auf die Art der Erhebung von „Rechtsextremismus" und die damit verbundene Konzentration auf eine Form von „traditional racism" zurückzuführen ist. Möller (2000, S.21f) stellt ebenfalls diese Frage und fordert auf, die Faktoren „soziale Erwünschtheit" und einen „in den Mittelschichten sozialisierten Habitus der Zurückhaltung und Vorsicht" mitzubetrachten, weitere theoretische Entwürfe wie der des aversive oder des modern racism, die sich gerade auf die in der Mittelschicht vertretenen Einstellungen beziehen, existieren in Deutschland nicht.

2.3.3 Gegenentwürfe zu Rassismus

Da Rassismus als verankert in gesellschaftlichen Strukturen begriffen wird, interessiert den überwiegenden Teil der Rassismustheoretiker weniger das rassistische Individuum als Ausgangspunkt für eine Überwindung von Rassismus. Gefordert wird in erster Linie eine Änderung gesellschaftlicher Strukturen, so z. B. von Miles (1989, S.361): Es wird „weniger darauf ankommen, die rassistisch Handelnden von ihrem Unrecht zu überzeugen, sondern stattdessen die spezifischen Verhältnisse zu ändern, in denen sich dieses Unrecht konstituiert". Jones (1997, S.373) weist darauf hin, dass ein Handeln gegen rassistische Strukturen sich in gewisser Hinsicht immer auch gegen die bestehende Kultur und Gesellschaft und ihre Privilegien wenden müsse.

Dennoch ist punktuell empirisch untersucht worden, wie individuelle Persönlichkeitsentwicklung bei denjenigen aussehen könnte, die sich aktiv mit rassistischen Strukturen auseinandersetzen– allerdings nur bei ganz spezifischen Bevölkerungsgruppen, zum einen bei politisch aktiven Intellektuellen (Hess & Linder 1997,

---

22 Ausnahme könnte hier die ältere Generation Deutscher sein, Untersuchungen des Wahlverhaltens deuten darauf hin, dass bei den Generationen, die noch in der Zeit des Nationalsozialismus aufgewachsen sind, Republikaner und DVU eher von den besser ausgebildeten gewählt werden (Hofmann-Göttig 1989).

teilweise auch Frankenberg 1993), zum anderen bei Frauen, die mit nicht-weißen Partnern zusammenleben (Frankenberg 1993).

Frankenberg verwendet in ihrer Studie „White women – Race matters" den Begriff „Weißheit", um die moralisierenden Implikationen des Begriffs „Rassismus" zu vermeiden, aber gleichzeitig darauf hinzuweisen, dass Hautfarbe einen entscheidenden Einfluss auf die soziale Verortung der Einzelnen hat, auch wenn dies den Akteurinnen oft weder deutlich ist, noch von ihnen bewusst gewollt wird. Sie drückt die Wirkung von „whitenesss" durch die Metapher Glastür aus: Privilegierung aufgrund von „race" funktioniere ähnlich wie eine Glastür, die sich für Privilegierte öffnet und anderen verschließt. Diese Glastür ist ohne eine Auseinandersetzung mit Rassismus für die Privilegierten kaum sichtbar (Frankenberg 1996).

Anhand ihrer Interviews mit Frauen beschreibt sie drei unterschiedliche Phasen, in denen Bewusstwerdung von Privilegierung stattfinden kann – vom essentialistischen Rassismus über die Leugnung der Bedeutung von Hautfarbe und Macht schließlich hin zur Bewusstwerdung von „race" (Frankenberg 1993, S.188). Der erste Schritt weg von einem essentialistischen Rassismus, der Nichtweiße abwerte, sei Leugnung. Der Wunsch, ein Selbst ohne Verstrickung in Rassismus zu präsentieren, führe dazu, die Auseinandersetzung mit Schuld und Privilegien zu meiden und sich auf die Position zurückzuziehen, dass alle Menschen gleich seien, unabhängig von ihrer Hautfarbe. Damit werde aber auch der Auseinandersetzung mit den realen Konsequenzen von Diskriminierung aus dem Weg gegangen. Diese Position beziehe ihre Überzeugungskraft aus dem Glauben an eine menschliche Gemeinschaft, unabhängig von Hautfarbe und Herkunft, im Grunde also aus humanistischen Werten. Problematisch werde ein solches Denken aber dadurch, dass es das angestrebte Ziel – Gleichheit der Rechte – als bereits tatsächlich verwirklichten Istzustand beschreibe, das tatsächlich existierende Machtungleichgewicht jedoch nicht betrachte und damit auch nicht auf seine Veränderung hinwirken könne. Es gelte einen Blick auf die eigene Privilegierung zu werfen und zu begreifen, dass „race" auch heute noch eine entscheidende und diskriminierende Rolle spiele.

Antirassismus komme einer Änderung der Weltsicht und gleichzeitig der eigenen Identität gleich. Der rassistische Blick sei in erster Linie auf den „Anderen" gerichtet – Räthzel (1997) meint hierzu, dass der „Fremde" im Rassismus gerade nicht fremd sei, sondern geradezu überdeterminiert in den ihm zugeschriebenen Eigenschaften, da die eigene Identität in Abgrenzung zu dem „Fremden" bestimmt werde. Gleichzeitig ginge es darum, so Frankenberg (1993, S. 228) Kultur, insbesondere die „eigene" nicht mehr als statisch und gegeben, als benennbar und bestimmbar, sondern als ständigen Prozess des Aushandelns täglicher Praxen und

Weltsichten zu betrachten. In Frankenbergs Studie sind es vor allem Frauen, die Partner oder Kinder anderer „race" haben, die diesen Bewusstwerdungsprozess forcieren, wobei die Partnerwahl ihrerseits bereits Reflexion und Infragestellung verbreiteter Werte erfordert. Auch ein gemeinsames Aufwachsen in der Kindheit kann dazu führen, verbreitete Denkweisen über „race" zu hinterfragen und auch die eigene Identität als Weiße neu zu reflektieren (ebd. S.240).

In der deutschen Studie von Hess und Linder (1997) sind es die biografischen Reflexionen von in der Flüchtlingsarbeit Aktiven, deren Suche nach „antirassistischen Identitäten in Bewegung" – so der Titel der Studie – Autor und Autorin interessieren. Sie haben bei ihrer Befragung drei Gruppen unterschieden, „HumanistInnen" mit christlichem weltanschaulichen Hintergrund, „Autonome", deren Handeln von einer radikal linken Gesellschaftskritik bestimmt wird und „FeministInnen". Auch Hess und Linder finden häufig zunächst eine Leugnung von Privilegien bei ihren Interviewpartnern und -partnerinnen. In der weiteren Auseinandersetzung werde jedoch häufig bewusst, dass die letztliche Überwindung von Privilegien nur über die Anerkennung der eigenen „Zugehörigkeit zu Geschichte, Gegenwart und subjektiver Verwobenheit im Nationalen" möglich sei. Das Ziel, Differenzen und Dominanzen zu überwinden, und Menschen nicht mehr einfach als Zugehörige von Ethnien und Kulturen und Nationen zu konstruieren, sei nur zu erreichen, wenn die bestehenden Differenzen erst einmal wahrgenommen werden.

Hess und Linder schreiben von der paradoxen Situation, Unterschiede anzuerkennen, sich selbst also zunächst als privilegiert zu betrachten, wo es doch eigentlich gerade um die Überwindung dieser Privilegien gehe. Sie stellen dies in Zusammenhang mit postmodernen Identitäten, denen es gelingen könne, dieses „Spannungsfeld widersprüchlicher Identität" auszuhalten und in ihm zu agieren (ebd., S.84). Häufig werde erlebt, dass die Unterschiede zwischen den Lebensrealitäten der MigrantInnen und der Deutschen einem näheren Zusammenkommen v. a. auf privater Ebene im Wege stehen und dass nur eine distanzierte Arbeitsbeziehung möglich ist. Vermisst werden Modelle von Kreolisierung und Hybridisierung (vgl. Joseph 2000, Coombes & Brah 2000) unter umgekehrten Vorzeichen – anstelle einer einseitigen Anpassung von MigrantInnen an deutsche Identität. Positive Vorbilder von Entwicklung und gegenseitiger Bereicherung in der Begegnung fehlten, da es sich im Grunde bei den „antirassistischen Identitäten" um utopische Identitätskonzepte handele.

2.3.4 Zur Übertragbarkeit der Ansätze auf deutsche Verhältnisse

Im mainstream der deutschen Rechtsextremismusforschung findet kaum eine Rezeption der Forschungstraditionen aus dem angloamerikanischen Raum statt, dies beginnt bei der belasteten Beziehung zu Konzepten wie „race" und „racism" (vgl. Kap. 2.1.1). In der Forschung in Deutschland herrscht die Tendenz vor, den Blick auf die jeweilig „Anderen" zu richten, sei es der explizit rechtsextreme jugendliche Unterschichtsangehörige, dessen Rassismus offenkundig zu sein scheint, oder aber auch die migrierte Bevölkerung. Forschung über „Gastarbeiter" hat in Deutschland eine lange Tradition (für einen Überblick: Treibel 1988), und inzwischen steht „Interkulturalität" auf der Themenliste. Häufig liegt der Interessenschwerpunkt dabei jedoch nicht auf den Beziehungen zwischen Kulturen und noch weniger kommt es zu einem kritischen Betrachten der eigenen Kultur, sondern es geht in erster Linie um ein Begreifenwollen des Anderen, bei dem das Eigene außen vor gelassen wird. Vernachlässigt wird häufig auch aus wissenschaftlicher Perspektive, dass nicht nur man selbst als beobachtendes Subjekt die „Anderen" beobachtet, sondern auch der Blick diskriminierter Gruppen auch auf die dominante Gruppe gerichtet ist (hooks 1994, S.12). Eine Übersetzung der Theorie der „Weißheit" oder des „Weißseins" auf deutsche Verhältnisse in eine Theorie eines „Privilegiertsein als Deutsche" hat bisher nicht stattgefunden.

Die Frage nach Themen im Diskurs heißt mehr als abzufragen, wie häufig bestimmte Einstellungen bei einzelnen Personen vertreten sind. Wissenschaft ist eben nicht als Ort außerhalb des Diskurses zu begreifen, sondern gerade als Produzentin und Mitproduzentin diskursiver Muster. Zunehmend interessiert aus dieser Perspektive also das Tun der Wissenschaft – ein Beispiel zur Verdeutlichung: Utzmann-Krombholz (1994) unternimmt eine Repräsentativbefragung von deutschen Jugendlichen – das Fazit ihrer Untersuchung ist: „Die Mehrheit der Jugendlichen ist zwar nicht manifest ausländerfeindlich, ihre Einstellungen zu Ausländern sind jedoch von starken Assimilationsforderungen geprägt. So haben 81 Prozent der Jugendlichen ‚nichts gegen Ausländer, die hier arbeiten und Steuern zahlen' und mehr als zwei Drittel haben ‚mit Ausländern überwiegend gute Erfahrungen gemacht'. Ebenfalls zwei Drittel allerdings plädieren dafür, dass sich die Ausländer mehr anpassen müssen, wenn sie hier leben wollen" (S.29).

Ein Ergebnis der Untersuchung ist tatsächlich, dass bestimmte Items bei einer großen Mehrheit der Befragten Zustimmung finden, dies kann aber auch so gelesen werden, dass es sich um weit verbreitete soziale Repräsentationen handelt, um Elemente eines vorherrschenden Diskurses. Die Untersuchung kann jedoch noch weiter darüber hinausgehend interpretiert werden: nicht nur das Ankreuzverhalten der Jugendlichen macht aus, wie in Deutschland über „Ausländer" gedacht wird, sondern die Wissenschaftlerinnen, die die Untersuchung konzipiert haben, nehmen eine entscheidende Rolle ein, indem sie die Gruppe der Befragten ausgewählt, sich für bestimmte Fragestellungen entschieden haben und Items konstruiert haben. Sie geben damit vor, was Thema ist und was nicht – und gleichzeitig auch, wer sich in einer Diskussion überhaupt zu äußern hat und von einer Fragestellung betroffen ist. Die Jugendlichen können sich nur noch im zuvor vorgegebenen Antwortrahmen bewegen. Terkessidis (1998, S.20) gibt hier noch einmal zu bedenken, auch die Verweigerungsraten von Untersuchungen mit in die Interpretation miteinzubeziehen. Bestimmte Antworten sind in diesem Rahmen nicht möglich, wie z. B. die Auffassung, dass Integration auch in einem gegenseitigen Anpassungsprozess bestehen könnte, oder eine Infragestellung der Verknüpfung von Immigration und Nützlichkeit. Ganz außerhalb der Diskussion steht, wieweit es überhaupt angemessen ist, von einer Gruppe von „Ausländern" zu sprechen, denen bestimmte Eigenschaften zugeschrieben und Rechte zugewiesen oder verwehrt werden sollen.

2.3.4.1 Elemente des Migrationsdiskurses in Deutschland

Über weite Phasen deutscher Geschichte hat Einwanderung eine wichtige Rolle gespielt, ohne dass dies entsprechend wahrgenommen worden ist. Dies steht damit im Zusammenhang, dass beginnend im Deutschen Reich des 19. Jahrhundert politisches Ziel die Saisonalisierung von Arbeitskräften war (vgl. Yildiz 1997, S.103). Der Gedanke, langfristige Einwanderung verhindern zu wollen, stand auch hinter der organisierten Anwerbung von Gastarbeitern zwischen 1955 und 1973 und bildet auch heute den Hintergrund für arbeitsrechtliche Regelungen, die in Bezug auf Arbeitskräfte aus Osteuropa getroffen worden sind, oder auch für die Konzeption einer „Green Card", die ebenfalls nur Aufenthalt auf Zeit zulassen will. Terkessidis (1998, S.176ff) strukturiert drei Bereiche, die er für zentral hält zur Bestimmung der Situation von MigrantInnen in Deutschland, und die sich gleichzeitig auch im Migrationsdiskurs widerspiegeln, nämlich Rechtsungleichheit, Benachteiligung auf dem Arbeitsmarkt und Ausschluss aus der Kultur.

Die Rechte deutscher StaatsbürgerInnen in Deutschland unterscheiden sich stark von denen Nichtdeutscher, wobei die zugewiesenen Rechte wiederum nach Gruppen differenziert werden (vgl. Räthzel 1997). Nun analysiert Yildiz (1997, S.107), dass das deutsche Staatsbürgerrecht bis heute auf einer völkisch-ethnischen Ideologie aufbaue, so dass „nationale Gemeinschaftsgefühle, Kultur oder Abstammung" als „ethnisch begriffene Charakteristika" zur Begründung von Ungleichbehandlung herangezogen würden. Diese Politik unterschiedlicher Rechte werde zum einen auf staatlicher Ebene praktiziert, auf der anderen Seite seien die so vollzogenen Ausschließungen „Bestandteil des Alltagsbewusstsein". Augenblicklich befindet sich die Einwanderungsgesetzgebung in der politischen Diskussion. Debattiert wird in der Politik und in der Öffentlichkeit, inwieweit dem Prinzip „Abstammung" als Begründung für Staatsbürgerrechte Prinzipien wie „ökonomische Nützlichkeit" oder „Integrationswilligkeit" beigeordnet werden sollen.

Für den Arbeitsmarkt gilt ebenfalls eine Ungleichheit von Rechten. Aufenthaltsstatus und Herkunftsland entscheiden darüber, ob Arbeitsgenehmigungen erteilt werden, ein wichtiges Prinzip bleibt darüber hinaus weiterhin die Saisonalisierung von Arbeitskraft. Aber selbst dort, wo der Zugang zu Arbeitsplätzen nicht rechtlich beschränkt ist, ist festzustellen, dass MigrantInnen und die Nachkommen von MigrantInnen insgesamt schlechter am Arbeitsmarkt positioniert sind: Charakteristisch sind geringere Löhne, höhere Arbeitslosigkeit, niedriger Status und weniger qualifizierte Arbeit, d. h. häufig harte, belastende und schmutzige Arbeit (Terkessidis 2000). Dem diametral entgegengesetzt ist jedoch eine häufig bei Deutschen anzutreffende Argumentation, die die Bevorzugung von Ausländern gegenüber Deutschen kritisiert. Ottomayer (1998, S.24) spricht vom Feindbild des „verwöhnten, faulen, konsumierenden Ausländers" und auch Hopf (1997) und Rieker (1997) stellen bei den von ihnen befragten jungen Männern fest, dass ökonomistische Fantasien über einen großen Reichtum bei gleichzeitiger Faulheit der „Ausländer" einen großen Raum einnehmen.

Schließlich spielt der Diskurs über „Integration" eine wichtige Rolle. Verstärkt werden kulturelle Unterschiede thematisiert und problematisiert. Konflikte werden nicht mehr als sozial und politisch bedingt und lösbar betrachtet (vgl. Hess & Linder 1997, S.77). Yildiz (1997, S.208) kritisiert diese „Ethnisierung des Sozialen", indem er anmerkt, dass im Gegensatz zu vormodernen Gesellschaften Ethnizität heute kaum mehr zentral für die Integration des Systems sei, sondern dass ihr nur noch im Privaten Bedeutung zukomme. Zunehmend werde jedoch Ethnizität „inszeniert und strategisch eingesetzt" (ebd.) um bestimmten sozialen Gruppen die Teilhabe an der Macht zu verweigern.

2.3.4.2 Argumentationsmuster und -strukturen

Die angloamerikanischen Konzepte „moderner", „symbolischer" und „aversiver" „racism" (vgl. Kap. 2.3.4), lassen sich z. T. auch auf in Deutschland übliche Argumentationsweisen übertragen. Zwar hat in Deutschland nie eine mit der

US-amerikanischen Bürgerrechtsbewegung vergleichbare starke antirassistische Bewegung existiert, dennoch können auch hierzulande traditionelle, d. h. zu offensichtlich rassistische Argumentationsweisen in einer breiten Öffentlichkeit als diskreditiert gelten. So stellt Terkessidis (1998, S.50) fest, dass es auch in Deutschland als Norm gilt, keine Vorurteile zu haben, und rassistische Aussagen unerwünscht sind. Daraus folgt zum einen das Bedürfnis, sich von anderen, die „wirklich" rassistisch sind, abzugrenzen, zum anderen aber auch eine Formulierung von Vorurteilen in dilemmatischer Form, d. h. man gibt an, kein Vorurteil haben zu wollen, aber bestimmte „Tatsachen" doch aussprechen zu müssen. Müller (1992) bestimmt als Charakteristikum von Rassismus nach dem zweiten Weltkrieg und der politischen Entkolonialisierung, dass ein zuvor verbreitetes westliches Überlegenheitsgefühl einem Gefühl von eigenem Bedrohtsein weicht. Wie im „modern racism" (McConahay 1986) betont wird, dass heute Weiße dadurch benachteiligt seien, dass Schwarze zu stark nach oben drängten, findet auch Büchner (1994) bei den von ihr befragten Republikanerinnen eine Tendenz, die sie „verfolgende Opfer"-Haltung nennt. Die Frauen distanzieren sich davon, in irgendeiner Weise negative Einstellungen gegen „Ausländer" zu haben, äußern sich aber dennoch stark negativ über Nichtdeutsche. Sie begründen dies damit, als Deutsche benachteiligte Opfer zu sein, Vorurteile sind für sie keine Vorurteile, sondern „Notwehr".

Einen weiteren Punkt nennt Yildiz (1997), er betont, dass „ die Zugewanderten gewissermaßen Material, Baustein für die Konstruktion einer deutschen Identität als Person, Gesellschaft und Staat waren und sind" (S.110), dass das Reden über „Ausländer" also deshalb so wichtig sei, weil es in der Abgrenzung das eigene „Wir" bestimme. Guillaumin (1995, S.51f) unterscheidet den postkolonialen Rassismus vom kolonialen durch die Kennzeichen der Altero- und Autoreferenz. Während im Kolonialismus – und auch von den traditionellen Oberschichten in der Adelsgesellschaft – von den Herrschenden Autoreferentialität gepflegt wurde, mit der die eigenen Eigenschaften als „überlegen" dargestellt wurden, herrsche heute ein alteroreferentieller Rassismus vor. Über eine eigene Überlegenheit wird geschwiegen, dagegen die Andersartigkeit und implizit die Minderwertigkeit der anderen betont. Die „anderen" bilden eine Gruppe, der Eigenschaften zugeschrieben wird, über „uns" wird dagegen nichts direkt gesagt. So stellt auch Rieker (1997, S75f) für die Vorläuferstudie fest, dass bei den Befragten kaum positive Bestimmungen des eigenen „Deutschseins" zu finden waren, dagegen umso deutlichere Abwertungen der Nichtdeutschen. Wenn nun beispielsweise davon gesprochen wird, dass „Ausländer" faul und ökonomisch privilegiert seien, so impliziert dies, dass Deutsche als Vergleichsgrundlage wohl fleißig und gleichzeitig ökonomisch benachteiligt sein müssen, ohne dass dies aber offen formuliert wird.

2.3.5 Schlussfolgerndes Summary

Aus der angloamerikanischen Vorurteils- und Rassismusforschung können eine Reihe von Anregungen für die deutsche Diskussion übernommen werden:
Die Analyseebenen Individuum, Gruppe, Gesellschaft müssen zusammengenommen werden, um das Phänomen „Rechtsextremismus" zu begreifen. Um gesellschaftliche Einflüsse zu fassen, können Ansätze wie die Theorie der sozialen Repräsentation oder die Diskursanalyse weiterführen, die den kommunikativen Situationsrahmen, innerhalb dessen Einstellungen geäußert werden, in den Mittelpunkt ihrer Analyse rücken: Zu fragen ist für die Interviewpartnerinnen dieser Studie, wieweit die Äußerungen über „Ausländer" sozialen Standards entsprechen, die Gruppenzugehörigkeit regeln und Privilegien der eigenen Gruppe rechtfertigen.

Das Konzept des „Vorurteils" ist im Wandel begriffen. Es wird in der Theorie nicht mehr gefordert, dass ein „Vorurteil" schlecht, falsch oder stereotyp zu sein hat, das Augenmerk wird auf den Prozess der vorurteilshaften Urteilsbildung gelegt: Mitgliedern einer diskriminierten Gruppe werden rein aufgrund ihrer Gruppenmitgliedschaft Eigenschaften zugeschrieben, sie werden damit auf ihre Gruppenmitgliedschaft reduziert, ihre Individualität wird außer acht gelassen. Eine Blickverschiebung von der Frage nach der Richtigkeit oder Falschheit von Vorurteilen hin auf die Art des Urteilens kann vielversprechend sein.

Ein traditioneller Rassismus, der die biologische Ungleichheit und Ungleichwertigkeit von „Rassen" postuliert, wird kaum noch vertreten, jedoch sind neue Diskurse an seine Stelle getreten, die gesellschaftliche Ungleichheit legitimieren. Konzepte wie „symbolischer", „moderner" und „aversiver" Rassismus versuchen zu beschreiben, wie in den USA als Antwort auf die Emanzipationsbewegung von Schwarzen weiter fortbestehende negative Einstellungen von Weißen kaschiert und neu begründet werden.

Zentral ist eine Distanzierung von „Rassismus" und eine Selbststilisierung als Opfer einer heute angeblich herrschenden Bevorzugung von Schwarzen. Interessant ist nun, ob eine Ächtung von dem „traditional racism" analogen Formen auch in Deutschland zu neuen Äußerungsformen geführt hat.

Rassismusanalysen betonen die rassistisch diskriminierenden Strukturen, innerhalb derer die Einzelnen oft ohne explizite Intention agieren. Zur Überwindung dieser Strukturen wird gefordert, die eigene Privilegierung aufgrund von Hautfarbe oder ethnischen Zuschreibungen nicht mehr zur leugnen. Der Aufbau einer „antirassistischen" Identität ist bisher nur für ausgewählte Gruppen, nämlich politische Aktivisten und Aktivistinnen und die Partnerinnen von Schwarzen in den USA, untersucht worden. Wieweit kann eine Auseinandersetzung mit diskriminierenden

Strukturen und der eigenen Rolle in ihnen auch bei den in dieser Studie befragten Frauen gefunden werden?

Terkessidis (1998) streicht drei Bereiche heraus, in denen sich die Benachteiligung Nichtdeutscher in Deutschland zeigt: Arbeitsmarktpolitik, Staatsbürgerrechte und Kultur. Wenn nun, wie Terkessidis vermutet, Einstellungen über Migranten und Migrantinnen erstens in Beziehung zu deren sozialer Situation stehen, zweitens vor allem aber auch der Legitimation des ungleichen Verhältnisses zwischen Deutschen und Nichtdeutschen dienen, ist die Frage nach der Rolle dieser drei Themenbereiche in den Interviews zu stellen.

3 Frau und Rechtsextremismus in Theorie und Empirie

3.1. Ansätze der Theoriedikussion um Frauen und Rechtsextremismus

Die meisten Ansätze zu Rechtsextremismus bei Frauen stehen in der Tradition von Heitmeyer (1987), der in spezifischen Konfliktkonstellationen und problematischen Lebenssituationen, die mit zunehmender Modernisierung einhergehen, die Ursachen für rechtsextreme Einstellungen sieht. Insbesondere Siller (1991, 1993, 1997) und Birsl (1994a, 1994b) haben von Heitmeyer entwickelte Forschungsfragen auf Frauen übertragen, dabei aber auch Kritik an Heitmeyer und neuere geschlechtertheoretische Ansätze miteinbezogen. Davon grenzt sich Rommelspacher (1995b) deutlich mit dem von ihr entwickelten „Dominanzkulturansatz" ab. Sie sieht in „Rechtsextremismus und Rassismus" keine Randerscheinung, sondern einen Ausdruck einer vorherrschenden Kultur, in der Konflikte über Dominanz und Unterwerfung gelöst werden. Frauen sieht sie auf der einen Seite als qua Geschlechtszugehörigkeit diskriminiert an, gleichzeitig können sie jedoch auch von anderen Dominanzstrukturen profitieren, z. B. von ihrem Status als Deutsche oder Weiße. Schließlich machen auch einige wenige Rassismustheorien (Amesberger & Halbmayr 1998, Terkessidis 1998) zum Thema, inwieweit Frauen in rassistische Strukturen eingebunden sind.

3.1.1 Übertragung von Ansätzen aus der Jugendrechtsextremismusforschung auf Frauen

In der Programmatik derjenigen Forschungslinie, die auf Heitmeyer zurückgeht, ist Rechtsextremismus als eine Ausnahmeerscheinung zu begreifen, als eine Antwort auf anomische Zustände, die mit zunehmender Modernisierung einzelne Bevölkerungsgruppen verstärkt treffen können (vgl. Kap. 2.2). In der Folge rückten Jugendliche in das Zentrum des Interesses empirischer Sozialforschung. Grund war, dass speziell für die Jugendphase mit gesellschaftlich bedingten Verunsicherungen ge-

rechnet wird. Besonders intensiv wurden Jugendliche befragt, die in der Berufsaus-
bildung stehen, da vermutet wird, dass Jugendliche höherer Schichtzugehörigkeit
mit Individualisierungsrisiken besser umgehen können und daher weniger „anfällig" für eine „Verarbeitung kritischer Lebenslagen" durch Rechtsextremismus sind
(vgl. W. Hopf 1991, 1994). Die sich an die Forschung mit männlichen Auszubildenden anschließende Forschung mit weiblichen Jugendlichen in der Berufsausbil-
dung fasst Birsl in ihrer Zielsetzung folgendermaßen zusammen:

> *„Ziel sei es (...) zunächst in Anlehnung an Heitmeyer und auf der Grundlage von
> Becks gesellschaftlicher Gegenwartsanalyse, die Individualisierungsthese für die bio-
> graphische Rekonstruktion frauen-spezifischer Lebensverläufe fruchtbar zu machen
> und hierin Hinweise für die spezifischen Zugangswege von Frauen zum Rechts-
> extremismus zu finden" (1996, S.59).*

Da bei Heitmeyer Rechtsextremismus unmittelbar in Beziehung gesetzt wird mit
schwer zu verarbeitenden biographischen Lebenslagen, werden nun „frauenspezifische Lebensverläufe" betrachtet. Dabei wird bereits als Prämisse gesetzt, dass es
die Frauenspezifik jener Lebensverläufe ist, die zu ebenfalls „spezifischen" Zugangswegen von Frauen zu Rechtsextremismus führt. Die Frage, ob beide Geschlechter nicht auch ähnliche Motive in der Zuwendung zu bestimmten Orientierungen haben könnten, wird dagegen nicht gestellt.

Ausgangspunkt der geschlechterbezogenen Forschung waren Zweifel an der
Annahme, dass sich Modernisierungsrisiken und Individualisierungsschübe in gleicher Weise auf beide Geschlechter auswirken. Aus der Individualisierungsthese
wurde versucht abzuleiten, ob Frauen mehr oder weniger Modernisierungsrisiken
zu tragen haben und ob sie daher mehr oder weniger rechtsextremem Denken nahestehen. In der Theorie wird angenommen, dass Rechtsextremismus eine Antwort
auf Verunsicherungen in der Risikogesellschaft ist, konkret auf den Verlust von
Bindungen und sozialer Sicherheit. Daher wurde diskutiert, welches Geschlecht
mehr von Modernisierung „verunsichert", d. h. betroffen ist. Die Autoren und Autorinnen sind sich darüber insgesamt nicht einig: So stellt Möller (1991, S.39) die
These auf, dass „das männliche Geschlecht verschärft von den Schattenseiten dieser gesamtgesellschaftlichen Entwicklungen betroffen" sei. Die Verunsicherungen
von Männern sieht er gerade auch mit den Erfolgen der Frauenbewegung im Zusammenhang, es komme „in Verbindung mit dem Aufkommen weiblicher Emanzi-
pationsinteressen und ihrer allmählichen Durchsetzung zu einer tiefgreifenden Verunsicherung der Männerrolle und des Bild des Mannes" (ebd., S.35).

Ganz im Gegensatz dazu trifft Birsl die Feststellung, dass die Auflösung traditioneller Bezüge „für Frauen wesentlich radikalere Brüche" als für Männer bedeute

(Birsl 1992, S.28). Auch Skrzydlo, Thiele und Wohllaibs Einschätzung ist, dass „Frauen in weitaus härterem Maße als Männer gesellschaftlichen Problemen ausgesetzt sind" (1992, S.137). Würde nun die Modernisierungsthese verstanden als „je mehr Verunsicherungen durch Modernisierung umso mehr Hinwendung zu Rechtsextremismus", dann müssten nach Birsl, aber auch Skrzydlo, Thiele und Wohllaib Frauen nicht nur ebenso, sondern sogar in stärkerem Maße rechtsextrem orientiert sein als Männer. Dafür gibt es jedoch empirisch keine Bestätigung (vgl. Kap. 3.2). Die Frage, wie stark oder häufig Frauen im Vergleich zu Männern rechtsextrem orientiert sind, wird jedoch in der weiteren Theoriediskussion nicht weiter behandelt, Hinweise auf eine Antwort ergeben sich eher aus den empirischen Untersuchungen (vgl. ebenfalls Kap. 3.2). In der folgenden Debatte stehen Zugangswege zu und Formen von Rechtsextremismus bei Frauen im Mittelpunkt. Schwerpunkt liegt also auf den Motiven und Inhalten rechtsextremer Orientierungen von Frauen, weniger auf der Stärke ihrer Ausprägung.

Vor allem Birsl (1994) und Siller (1997) haben ihre Überlegungen damit begonnen, wie der Ansatz von Heitmeyer sich inhaltlich auf Frauen übertragen lässt. Ausgegangen sind beide von der Frage, ob es spezifische „Modernisierungsrisiken" für Frauen gebe. Die Fragestellung erwies sich jedoch als zu beengend und widersprüchlich, so Birsl (1994). Die Autorinnen haben sich deshalb dafür entschieden, eine umfangreiche Analyse der Lebenssituation(en) junger Frauen an den Beginn ihrer Arbeit zu setzen.

Als Konfliktkonstellationen, die besonders junge Frauen betreffen, sehen sie den Rollenkonflikt zwischen Familie und Beruf (Birsl 1994) bzw. die doppelte Vergesellschaftung von Frauen (Siller 1997). Eine Anpassung an die beiden Bereiche Erwerbs- und die Familienarbeit ist erforderlich, gleichzeitig muss ständig zwischen beiden Bereichen gewechselt und vermittelt werden. Als Ergebnis sieht Siller einen „Doppel- und Widerspruchscharakter" in den Erfahrungen von Frauen, ein Umgang mit einer „doppelten Lebensrealität" (Siller 1994b, S.192) muss gefunden werden. Als mögliche Belastung und besonders risikoreich beschreibt Siller, dass „Berufsorientierung zwar mittlerweile selbstverständlich geworden" sei, Frauen aber weiter „hauptsächlich zuständig für reproduktive Tätigkeiten in der Familie" sind (1997, S.188). Erschwerend kommt hinzu, dass Frauen auf dem Arbeitsmarkt weiterhin strukturell benachteiligt sind.

Siller ist in ihrer Theorieentwicklung weiter gegangen, für sie ist wichtig, zu betonen, dass politische Orientierungen nicht aus „der" Lebenslage oder „dem" Rollenkonflikt von Frauen erwachsen, sondern dass tatsächlich in der Biographie unterschiedlicher Frauen unterschiedlichste Lebenslagen und Konfliktkonstellationen anzutreffen sind. Sie fordert deshalb in ihrer Untersuchung dazu auf, „Konfliktkonstellationen zu spezifizieren" und „individuelle Erfahrungen" stärker mit einzubeziehen (Siller 1997, S.42). Sie kritisiert an Birsl, dass diese die Lebenssituation von Frauen auf einen nicht näher spezifizierten Rollenkonflikt zwischen Familie und Beruf verkürzt: „Die Konflikt- bzw. Widerspuchssituationen, die eine Orientierung zwischen Beruf und Familie mit sich bringen, sind immer auch vielschichtig mit subjektiver Konfliktwahrnehmung und – verarbeitung bzw. mit Selbstbildern verbunden. Sie lassen sich nicht allein als Konflikte zwischen einer Familien"rolle" und einer Berufs"rolle" beschränken, aus denen heraus Affinitäten zum Rechtsextremismus relevant werden. Offen bleibt dabei der subjektive Zusammenhang zwischen Erfahrungen, Handlungsspielräumen und politischer Orientierung." (Siller 1997, S.42). Besonderes Gewicht legt Siller demnach auf die Subjektivität der einzelnen Frauen, die sowohl Konflikte „subjektiv" wahrnehmen, als auch Handlungsspielräume „subjektiv" gestalten. Sie durchbricht damit die Sichtweise einfacher Kausalität bei der Analyse der Herausbildung rechtsextremer Orientierungen: Rollenkonflikte oder Gewalterfahrungen per se führen nicht unbedingt zu einer rechtsextremen Orientierung, Augenmerk muss vor allem auf den subjektiven Umgang mit biographischen Herausforderungen gelegt werden. Oder wie es Ottens als Fazit ihres Überblicks zum Ansatz von Siller und Birsl zusammenfasst:

> „Erfahrungen mit Diskriminierungen und Geschlechtsrollenstereotypen können sowohl zur Ablehnung wie auch zur Zustimmung zu rechtsextremistischen Weltbildern beitragen, je nachdem, wie sie verarbeitet werden." (1997, S.203)

3.1.2 „gender" im Ansatz von Siller

Siller (1997) hat sich in ihrer Arbeit intensiv mit neueren Ansätzen zu „gender"[23] und Dekonstruktion von Geschlecht auseinandergesetzt. Ihr geht es darum zu zeigen, dass „gender" auf unterschiedlichste Weise die Lebenslagen von Frauen prägt. Sie wendet sich gegen Auffassungen, die den Rollenkonflikt von Frauen einfach als zusätzlichen Belastungsfaktor betrachten, der neben vorgeblich „geschlechts-

---

23 Wie "racism" sich nur unzureichend mit dem deutschen Wort "Rassismus" übersetzen lässt (vgl. Kap. 2.1.3), so ist auch der Begriff "gender" mit „Geschlecht" nicht exakt wiedergegeben. Wichtiger Bestimmungspunkt von "gender" ist, dass im Englischen das Begriffspaar "sex" und "gender" existiert, mit dem jeweils die biologische und die gesellschaftliche Seite des "Geschlechts" bezeichnet wird. An diese Unterscheidung knüpft sich eine theoretische Debatte um den Stellenwert von "gender", aber auch kritisch um die prinzipielle Trennbarkeit der beiden Begriffe (vgl. Nicholson 1994, Lorber 1999). Ich habe mich aus diesem Grunde entschieden, den Begriff "gender" beizubehalten und in Anführungszeichen zu setzen.

neutralen" Problemen wie Berufsfindung oder dem Fehlen sozialer Netze verarbeitet werden muss. Sie fasst „gender" als umfassend für alle Lebensbereiche auf – gleichzeitig aber als nicht-determinierend. Zentral ist auch hier für sie der subjektive Umgang mit Geschlechterstrukturen, der für unterschiedliche Frauen sehr unterschiedlich sein kann. Deutlich kritisiert Siller Auffassungen in der Frauen- und Rechtsextremismusforschung, die sich stark auf Geschlechterstereotype stützen, und warnt davor, Eigenschaften wie „Beziehungsorientierung" oder „Einfühlsamkeit" unhinterfragt als weibliche Eigenschaften zu deuten:

> *„(...)Vermutungen über die Herangehensweisen von Frauen an rechtsextremistische Ideologien aus den Bedingtheiten und/oder der Befürwortung der traditionellen weiblichen Geschlechtsrolle heraus bleiben in ihrem Kern selbst gebunden an Weiblichkeitsstereotype, die sich mit dem politischen Selbstverständnis von Frauen und ihren Motiven für rechtsextremistische Reaktionen nicht decken. " (Siller 1997, S. 33)*

Statt Weiblichkeitsstereotypen, die sie kritisiert, und einer pauschalen Übertragung „des" Rollenkonfliktes auf alle Frauen, entwickelt sie einen Ansatz, in dem der Umgang mit Geschlechterrollenstereotypen zentral ist und Geschlecht als Anforderungsstruktur gesehen wird, mit der jeweils subjektiv und unterschiedlich umgegangen wird. In ihren Ausdifferenzierungen hat sich Siller weit von den ursprünglichen Thesen Heitmeyers entfernt. Gleichzeitig hat sie aber in der Grundstruktur ihrer Argumentation den Gedanken beibehalten, dass politische Orientierungen Antwort auf und Verarbeitung von problematischen Lebenserfahrungen sind. Die Schwerpunktsetzung auf individuell erworbene und individuell geäußerte Einstellung, der Fokus auf interindividuelle Unterschiede, die durch Lebenssituation bzw. Persönlichkeit erklärt werden, bleibt auch bei ihr bestehen. Subjektive Erfahrungen mit Familiensituation, Arbeitswelt und Berufsperspektiven der einzelnen Deutschen sind in ihre Theoriebildung miteinbezogen, sowohl individuelle als auch kollektiv repräsentierte Erfahrungen und Begegnungen mit MigrantInnen, gegen die sich rechtsextrem orientierte Frauen vornehmlich richten, kommen dagegen in diesem Strang von Theoriebildung nicht vor.

3.1.3 Der Dominanzkulturansatz

Rommelspacher (1993, 1995a, 1995b) distanziert sich mit ihrem „Dominanzkulturansatz" dagegen deutlich von Heitmeyer. Sie kritisiert Ansätze, die rechtsextreme Orientierungen auf Defizite und Benachteiligungen zurückführen und wirft

ihnen eine Entlastung der eigentlichen Täter vor, indem deren soziale Schwierigkeiten in den Mittelpunkt gerückt werden.

Gleichzeitig weist sie darauf hin, dass eine Reihe von empirischen Untersuchungen, sogar die Untersuchung von Heitmeyer selbst, keinen direkten Zusammenhang zwischen Deprivierungserfahrungen und rechtsextremen Orientierungen
hat finden können:

> *„Die Frage aber ist, ob diese Vereinzelung und Auflösung allgemein verbindlicher,
> normativer Bezüge zwangsläufig zur Suche nach rechten Denkmustern führt. Die Un-
> tersuchung von Wilhelm Heitmeyer, dem bekanntesten Vertreter der Individualisie-
> rungsthese im Bereich der Jugendforschung zeigt, dass sich kein Zusammenhang zwi-
> schen den vermuteten Faktoren finden lässt. Das heißt, weder soziale Einbindungen
> bezüglich Arbeit und Familie noch das eigene Selbstkonzept, sei es nun positiv oder
> negativ, noch allgemeine Orientierungsschwierigkeiten korrelieren mit autoritär-
> nationalisierenden Sichtweisen.“ (Rommelspacher 1995b, S.81)*

Sie führt deshalb rechtsextreme und rassistische Haltungen eben nicht auf „Orien-
tierungsschwierigkeiten“ zurück, sondern verweist vielmehr auf Ergebnisse, die
darauf hindeuten, dass rechtsextreme Jugendliche nicht nur besonders wenig „verunsichert“, sondern sogar besonders gut gesellschaftlich integriert sind. Rommelspacher entwickelt nun um den Begriff der „Dominanzkultur“ eine eigene Theorie,
die Rechtsextremismus und Rassismus als gesellschaftliche Normalität beschreibt.
In ihrer Gesellschaftsanalyse kommt sie zu dem Schluss, dass in der vorherrschenden Kultur Konflikte durch Dominanz und Unterwerfung gelöst werden. Sie analysiert, dass es unterschiedlichste Machtdimensionen gibt, von denen das Geschlechterverhältnis nur eine ist (Rommelspacher 1995b, S.28). Neben dem Geschlecht
bestimmen Klassenzugehörigkeit, Gesundheit, sexuelle Orientierung, Behinderung
und im Zusammenhang mit Rassismus ethnische Gruppenzuordnungen die gesellschaftliche Position der Einzelnen. Damit lehnt sie sich an in der feministischen
US-amerikanischen Theoriebildung entwickelte Konzepte von „triple oppression“
oder „multiple jeopardy“ an, die das simultane und multiple Zusammenwirken von
Geschlecht, Klassenzugehörigkeit und „race“ beschreiben, ohne dabei generalisierte Gewichtungen in Haupt- und Nebenwiderspruch vorzunehmen (vgl. hierzu
Amesberger & Halbmayr 1998, S.48ff). Jeder und jede einzelne nimmt dabei auf
den verschiedenen Machtdimensionen unterschiedliche Positionen ein, verfügt dadurch über bestimmte Privilegien – kann aber in anderen Zusammenhängen wiederum auf die Seite der Benachteiligten und Diskriminierten gestellt sein.
Rommelspacher fasst dies folgendermaßen zusammen:

„Die Unterdrückung innerhalb einer herrschenden Klasse oder ethnischen Gruppe hebt also nicht das Herrschaftsverhältnis gegenüber anderen Klassen oder ethnischen Gruppen auf. Das ist ein wesentlicher Grund, warum die Diskriminierung von Frauen nicht dazu führt, dass sie automatisch der eigenen Gesellschaft distanzierter gegenüberstehen. Denn bei aller Distanz aufgrund der Diskriminierung werden sie immer auch durch das Privilegiensystem in die jeweilige Gesellschaft eingebunden. Diese Prägung durch unterschiedliche Dimensionen der Macht drückt sich auch im Selbstverständnis von Frauen aus.“ (Rommelspacher 1995b, S. 90)

So kommt es dazu, dass deutsche Frauen als deutsche Staatsangehörige einerseits mitbeteiligt sind an Diskriminierung und Ausschluss von Nichtdeutschen, andererseits als Frauen von Diskriminierung betroffen sind. Dies mag wenig verwunderlich und fast banal klingen, muss aber vor dem Hintergrund einer feministischen Debatte gesehen werden, die lange Zeit Frauen generell zu Opfern stilisiert und damit als unbeteiligt an jeglichen Formen von Unterdrückung idealisiert hat.

Rommelspacher greift daneben weitere Anregungen aus der US-amerikanischen Rassismusforschung auf, ohne dabei jedoch immer ihre Quellen deutlich zu machen. Sie verdeutlicht, dass Rassismus strukturell verankert ist, in Institutionen seinen Niederschlag gefunden hat und durch sie weitere Wirkung entwickelt. Gerade in Bezug auf den Antisemitismus in Deutschland betont sie historische Wurzeln und historische Kontinuitäten und unterstreicht damit die Wichtigkeit des Hineinnehmens einer historischen Perspektive auf das Thema Rassismus/Rechtsextremismus. Desweiteren greift sie das Konzept des aversiven Rassismus auf, kennzeichnend für ihre Vorstellung von „Dominanzkultur" ist häufig nicht direkt sichtbare Diskriminierung in der Situation, sondern soziale Distanz zur Gruppe der Diskriminierten: Migrantinnen und Migranten werden häufig gemieden, um sich nicht mit der eigenen Dominanz auseinandersetzen zu müssen. Mit der Unsichtbarkeit und Unbewusstheit von Dominanz knüpft Rommelspacher ebenfalls an die „Theorie der Weißheit" von Frankenberg an (ebd., S.133). Wenn sie schreibt, dass „Dominanz (...) hier in erster Linie durch die Aufrechterhaltung der Normalität und nicht durch bewusste gewollte rassistische Handlungen reproduziert" wird (ebd., S.32), greift sie damit den Gedanken Frankenbergs (1996, vgl. Kap. 2) auf, die Diskriminierung vor allem als spontanes unreflektiertes Sichbewegen in und Konformgehen mit bestehenden diskriminierenden Strukturen deutet. In vielem nimmt Rommelspacher also Anregungen auf, Rassismus nicht als Summe individueller Probleme und Fehlwahrnehmungen und als Abweichung Einzelner zu begreifen, sondern lässt in ihrer Analyse gesellschaftliche Strukturen nicht aus. Mit dem Gedanken, dass „der Anspruch auf Gleichheit bei gleichzeitiger Reproduktion von Ungleichheit ein zentraler Widerspruch der modernen westlichen Welt ist" (Rommelspacher 1995b, S.35) führt sie das in den USA vieldiskutierte „American Dilemma" von Myrdal (1944) in die deutsche Diskussion ein.

Dementsprechend ist sie eine von wenigen in der deutschen Forschung, die in ihrer Empirie nicht Jugendliche oder Angehörige von Randgruppen befragt. In ihrer Antisemitimusuntersuchung (Rommelspacher 1995c) befragt sie Frauen der Mittelschicht, z. T. auch Akademikerinnen. Sie legt Wert darauf, dabei nicht nur „traditionelle" Vorurteile zu erfassen, sondern hebt vor allem auch den Stellenwert subtiler Ausgrenzung und der Verweigerung hervor, sich überhaupt mit dem Thema zu beschäftigen, untersucht damit also Formen von „aversive prejudice" (vgl. Gaertner & Dovidio 2000) und die Prägung durch „Weißheit". Indem sie angloamerikanische Ansätze aufgreift, unterstreicht sie die Wichtigkeit des gesellschaftlichen Kontextes in der Frage von individuellen rassistischen Einstellungen und individueller Diskriminierung:

> *„Das bedeutet, dass unsere ganze Lebensweise, unsere Selbstinterpretationen sowie die Bilder, die wir vom Anderen entwerfen, in Kategorien der Über- und Unterordnung gefasst sind. Eben das ist mit dem Begriff der Dominanzkultur gemeint. Wobei Kultur hier in einem umfassenden Sinn verstanden wird, und zwar als das Ensemble gesellschaftlicher Praxen und gemeinsam geteilter Bedeutungen, in denen die aktuelle Verfasstheit der Gesellschaft, insbesondere ihre ökonomischen und politischen Strukturen, und ihre Geschichte zum Ausdruck kommen. " (Rommelspacher 1995b, S.22)*

In diesem Zitat wird noch einmal zusammenfassend deutlich, dass Rommelspacher versucht, in ihr Konzept ökonomische und politische Strukturen und deren Geschichte miteinzubeziehen, d. h. also, dass sich rechtsextreme Orientierungen nicht im luftleeren Raum herausbilden, bzw. in einem Raum, der vor allem primär von Berufsfindungsschwierigkeiten und Rollenkonflikten von Jugendlichen geprägt ist. Angelehnt an angloamerikanische Ansätze legt sie Wert auf die Analyse „gesellschaftlicher Praxen" und „gemeinsam geteilter Bedeutungen", die in den eher individualisierenden Ansätzen zu Modernisierungskonflikten nicht vorkommen. So differenziert der Ansatz hier scheint, vereinfacht und verflacht er auf der anderen Seite auch wieder, indem als Hauptthese der grundsätzliche Umgang aller Personen mit jeglichen Konflikten als „dominanzkulturell" beschrieben wird. Zwar wird durch die Einführung neuer Dimensionen der Dominanz und Unterordnung wie z. B. „race", Behinderung oder sexuelle Orientierung eine rein dualistische Sicht auf das Geschlechterverhältnis aufgebrochen, die nur die Unterschiede zwischen „Mann" und „Frau" betont. Gleichzeitig sind jedoch auch diese neuen Dimensionen rein in dualistischem Gegensatz konstruiert. Für Rommelspacher existieren quasi nur „Kategorien der Über- und Unterordnung" im Umgang miteinander, nur

Muster der Dominanz und Unterwerfung sind möglich, die darüber hinaus bereits in der frühen Geschlechtersozialisation erworben und verfestigt worden sind. Die Frage, ob Beziehungen nicht auch anders gestaltet werden können, oder auch gestaltet werden, ob Dominanz und Unterwerfung die einzigen kulturell verfügbaren Optionen sind, ist hier anzuschließen. Deutlich wird diese theoretische Einschränkung und Überspitzung auch im folgenden Zitat Rommelspachers:

> *„Es geht also um die Frage nach der Reichweite psychologischer Erklärungen. So leuchtet, wie wir eingangs sahen, durchaus ein, dass etwa verdrängte Versorgungswünsche auf Fremde projiziert werden. Die Wirksamkeit dieser Mechanismen allein erklärt aber nicht, warum gerade auf diese Fremden? Warum gerade heute? Warum in Deutschland? Und sie klärt vor allem nicht die Frage nach dem Warum der Verdrängung: Warum sind so viele bereit, sich selbst zu disziplinieren und diese Wünsche abzuspalten?"* *(Rommelspacher 1995b, S. 150)*

Als grundlegendste Frage stellt Rommelspacher also die nach dem „Warum" individueller Verdrängung, Selbstdisziplinierung und Wunschabspaltung. Hier bleibt sie einer Sichtweise verhaftet, die auf das Individuum zentriert ist. Zum einen sieht sie die Dominanzkultur zuallererst in der individuellen Sozialisation zu Selbstdisziplinierung begründet, wobei bei Rommelspacher die Geschlechterdifferenz der erste Unterschied ist, an dem Kinder das Denken, Handeln und Fühlen in Dominanzen und Unterwerfung lernen. Zum anderen sind es für sie jeweils tatsächliche Konflikte des Alltags, die durch Hierarchisierung gelöst werden, Dominanz scheint für sie zuallererst in der individuellen Begegnung mit Fremden zu entstehen und eine Lösungsstrategie für diese tatsächliche Begegnung zu sein. Nun zeigen eine Reihe von empirischen Untersuchungen, v. a. auch die Entwicklung der letzten Jahre im Osten Deutschlands und in ländlichen Gebieten, dass gerade dort rassistische Vorurteile besonders stark sind, wo eben keine oder kaum Begegnungen zwischen Dominanten und Diskriminierten stattfinden. Häufig geht es nicht darum, einen tatsächlich bestehenden Konkurrenzkonflikt um Arbeitsplätze oder Kindergärten zu lösen. Die Konfliktsituationen, so alltagsnah sie auch formuliert sind, können häufig imaginiert sein. Ein wichtiges Motiv kann eben auch sein, in der Rede soziale Zugehörigkeit zur Gruppe der Deutschen zu demonstrieren und zu konstruieren. Dominanzkultur bedeutet für Rommelspacher Machtausübung. Weiterzufragen wäre, inwieweit es sich dabei einfach um individuelle Machtausübung in konkreten sozialen Situationen handelt, wo es aber auch um die Bestimmung und Legitimation der eigenen Gruppe und ihres Status geht.

Dagegen nimmt die Theorie der sozialen Repräsentation an, dass individuelle Erfahrungen mit dem konkreten anderen gar nicht nowendig sind, um dazu zu

kommen, rassistischen Argumentationsweisen zu vertreten, da die Einzelnen überwiegend als VertreterInnen ihrer Gruppe mit für die Gruppe „typischen" Erfahrungen argumentieren. Ein Beispiel dafür bringt van Dijck (1987, S.371), indem er
aufzeigt, dass innerhalb kurzer Zeit in den Niederlanden in Meinungsumfragen
Tamilen zur am deutlichsten negativ bewerteten Bevölkerungsgruppe sich entwickelten, nachdem einige Wochen lang in den Medien über die Einwanderung einiger hundert Tamilen berichtet worden war. Auch hier spielen wohl tatsächliche
Konflikte um Dominanz eine geringe Rolle, die meisten Niederländerinnen und
Niederländer hatten vor und nach der Medienberichterstattung wohl gleich wenige
Menschen tamilischer Abstammung zu Gesicht bekommen.

3.1.4 Geschlechterverhältnis bei Rommelspacher

Indem Rommelspacher die Theorien von „multiple oppression" aufnimmt und in
ihre Analyse das Geschlechterverhältnis nur eines von mehreren bestimmenden
sozialen Verhältnissen ist, spricht sie sich gegen eine Versämtlichung und Verein-
heitlichung „der Frau" aus. Gerade ihre Rassismusanalyse bezieht mit ein, dass
Frauen von ganz unterschiedlichen Formen von Ausgrenzung und Benachteiligung
betroffen sind, und dass gerade deshalb eine Verallgemeinerung der Lebenssituation „weißer Mittelschichtsfrauen" eine „Vereinnahmung" der „anderen" Frauen
durch das „herrschende Konzept feministischer Weiblichkeit" darstellt:

> *„Denn tatsächlich gibt es nicht die Frau, sondern eine Vielzahl von Frauen, die un-
> terschiedliche kulturelle, ökonomische, religiöse und soziale Hintergründe haben. In-
> dem diese Heterogenität von Frauen in dem oben beschriebenen feministischen Kon-
> zept von Weiblichkeit geleugnet wurde, wurden viele Frauen unsichtbar gemacht, die
> sich bald laut zu Wort meldeten. Vor allem die Schwarzen Frauen in den USA mach-
> ten deutlich, dass sie sich keineswegs in dem herrschenden Konzept feministischer
> Weiblichkeit wiederfinden. Sie wiesen die von seiten der weißen Mittelschichtfrauen
> betriebene Vereinnahmung entschieden zurück und zeigten, inwieweit sich in diesen
> Generalisierungen dem traditionellen männlichen Dominanz streben analoge Domi-
> nanzansprüche verbergen."* (Rommelspacher 1995b, S.183)

Sie betont damit die Wichtigkeit einer „differenzierten Betrachtung" von Frauen in
ihrer „Heterogenität", als „Frauen, die unterschiedliche kulturelle, ökonomische,
religiöse und soziale Hintergründe haben" (Rommelspacher 1995b, S.183). Diese
„Differenzen aufzudecken" und damit Hierarchien im Sinne des Dominanzkultur-
ansatzes offenzulegen und nicht mehr zu verschleiern (ebd., S.183), ist erklärtes

Ziel ihres Ansatzes, wobei sie bewusst an Kritiken schwarzer Theoretikerinnen aus der USA anknüpft.

Während in ihrer Theoriekonzeption also Differenzen zwischen Frauen im Mittelpunkt stehen, verfällt sie dennoch in der konkreten Umsetzung und Übersetzung der Theorie in eine Reihe von Geschlechterstereotypisierungen. Die Dominanz der weißen Mittelschichtsfrau wird in der Theorie problematisiert, gleichzeitig wird an vielen Stellen zwischen den Zeilen deutlich, dass Rommelspacher stark von Klischeebildern von Weiblichkeit ausgeht. Dies beginnt mit der Betitelung der gemeinsamen Publikation mit Holzkamp, die mit „Rassismus – wie weit sind Frauen und Mädchen verstrickt?" (Holzkamp & Rommelspacher 1991) überschrieben ist. Es wird nicht reflektiert, dass unter dieser Überschrift nur das Verhältnis deutscher, weißer Frauen zu Rassismus thematisiert wird. Dazu kommt, dass sich die beiden Autorinnen stark auf Zuschreibungen wie „Mütterlichkeit" und „Fürsorglichkeit" stützen, was in den folgenden beiden Zitaten deutlich wird:

> *„Mütterlichkeit, Beziehungsorientierung und Empathie schützen Frauen nicht per se vor dominantem Verhalten." (Holzkamp & Rommelspacher 1991, S.36)*

> *„Dasein für andere heißt gerade nicht, Dasein für alle. Es gehört zur Rolle als Ehefrau und Mutter, zu verhindern, dass der eigene Mann beziehungsweise das eigene Kind zu kurz kommen. Sind die Ressourcen begrenzt, kann das Beste für das eigene Kind zu wollen notwendigerweise nur heißen, das Schlechtere für alle anderen zu wünschen." (ebd., S.38)*

Mütterlichkeit und eine bessere Moral sind jedoch moderne westliche Zuschreibungen an Frauen (vgl. Hausen 1976, Honegger 1991). Gleichzeitig wird deutlich, dass zwar allgemein von „Frauen" gesprochen wird, aber damit nur eine spezielle Gruppe von Frauen gemeint wird – junge heterosexuelle Frauen. Anpassung an „ihren" Mann betrifft beispielsweise nur Frauen, die in einer heterosexuellen Partnerschaft leben. Eine Zuständigkeit für Schul- und Kindergartenbesuch von Kindern kann auch nur für den Teil der Frauen bestehen, die tatsächlich Kinder haben. Muttersein und Mütterlichkeit wird in solchen Aussagen allen Frauen zugeschrieben, es gerät aus dem Blick, dass die „Rolle der Ehefrau und Mutter" eine Rolle ist, die nur ein Teil aller Frauen übernimmt – und dies gleichzeitig oft nur für eine bestimmte Lebensphase.

Mit ihrem Blick ausschließlich auf Frauen schreiben Holzkamp und Rommelspacher bestimmte Verhaltensweisen vorschnell dem weiblichen Geschlecht zu, nicht nur in Hinblick auf „Mütterlichkeit". So nennen sie ohne empirischen Nachweis als frauentypische, weil subtilere und indirektere, Gewaltformen „Ignorieren,

Vermeiden, Ausschließen, Zurückweisen" (Holzkamp & Rommelspacher 1991, S.39). Gleichzeitig könnten diese Verhaltensformen aber auch ganz einfach geschlechtsunspezifisch als Äußerungen eines aversiven Rassismus im Sinne von Gaertner und Dovidio (2000) gedeutet werden. Mit „aversiver Rassismus" ist die Strategie gemeint, den Themenbereich Rassismus und die Begegnung mit rassistisch Ausgegrenzten möglichst zu meiden, um nicht mit Schuldgefühlen und Vorwürfen konfrontiert zu werden. „Geschlechts-spezifische" Argumentationen wie die von Holzkamp und Rommelspacher haben jedoch auch in der Wissenschaft weiter eine hohe Plausibilität, denn mit ihnen beruft sich die Forschende bzw. der Forschende auf ein ohnehin verbreitetes Weiblichkeitsbild, das in den Alltagswahrnehmungen und Stereotypen der Rezipienten und Rezipientinnen seine Bestätigung finden kann.

Entsprechend negativ fällt Sillers Urteil über die Art und Weise, wie Rommelspacher in ihrem Ansatz „Geschlecht" fasst aus:

„Insbesondere die Argumentation von Holzkamp und Rommelspacher erweckt den Eindruck, als seien Fähigkeiten zur Beziehungsorientierung und Einfühlsamkeit auf alle Frauen per se zutreffende Eigenschaften und nicht in erster Linie ein sexistisches Stigma und ein gesellschaftlich konstruiertes Geschlechterstereotyp. Es gerät aus dem Blick, dass es sich dabei um Zuweisungen von Fähigkeiten an Frauen handelt, denen zum einen nicht alle Frauen im gleichen Maße entsprechen (wollen) und die zum anderen auch von Männern erlernbar sind." (Siller 1997, S.33)

3.1.5 Vergleich der Positionen von Siller und Rommelspacher

Ottens zieht als Fazit ihres Vergleiches zwischen Siller und Rommelspacher:

„Die Ansätze von Gertrud Siller und Birgit Rommelspacher sind in gewisser Weise als gegensätzlich zu lesen. Während Rommelspacher Motive für Fremdenfeindlichkeit aus einer Position der Stärke erklärt (Dominanzkulturthese) und rassistische Gewalt für den Ausdruck eines ‚normalen' extremen Machtanspruchs hält, verorten Siller und Birsl fremdenfeindliche Einstellungen eher als Verarbeitung von Diskriminierungserfahrungen." (Ottens 1997, S.200)

Und tatsächlich sind die Herangehensweisen von Siller und Rommelspacher entgegengesetzt, was ihre Analyse von Rechtsextremismus betrifft. Rommelspacher hat in ihrem Ansatz – wenn auch nicht immer explizierend – eine Reihe von Anregungen aus der internationalen Rassismusforschung aufgenommen, während Siller in ihrem Denken trotz einer Reihe von Differenzierungen der Grundstruktur der Argumentation von Heitmeyer weiter folgt: Rechtsextremismus ist in erster Linie als Folge von Diskriminierungserfahrungen zu verstehen. Die Implikationen dieser beiden Theorielinien, auch wenn sie nun auf Frauen übertragen sind, bleiben die bereits in Kapitel 2.1.5 beschriebenen: In der Rassismusanalyse von Rommelspacher wird Rassismus als in Geschichte und Gesellschaft verankertes und weit verbreitetes Phänomen begriffen, während die Rechtsextremismusanalyse von Siller individuenzentriert ist und in einem differenziellen Ansatz vorrangig Zuschreibungen an eher diskriminierte Randgruppen vornimmt – hier weibliche Jugendliche in der Ausbildung.

Interessant nun ist, dass auch die Analysen des Geschlechterverhältnisses von Siller und Rommelspacher konträr zu lesen sind. Hier vertritt Rommelspacher einen eher traditionellen Ansatz, der für die deutsche Debatte vor einigen Jahren typisch war, und der stark mit Eigenschaftszuschreibungen an Frauen wie „Mütterlichkeit", „Fürsorge" oder „Passivität" arbeitet. Siller ihrerseits hat die US-amerikanische Diskussion um „gender" rezipiert und versucht, deren neue Konzepte in ihrem Ansatz umzusetzen, sie betont die Diversität von Lebenssituationen von Frauen und die Wichtigkeit der subjektiven Interpretation der einzelnen Frau. Konsequenterweise analysiert sie kritisch Weiblichkeitszuschreibungen, die andere Autoren und Autorinnen vornehmen.

Eine Gemeinsamkeit gibt es dennoch zwischen den beiden ansonsten so konträr angelegten Ansätzen der beiden Autorinnen. Beide stellen Geschlecht in den Mittelpunkt ihrer Analysen. Sie setzen übereinstimmend voraus, dass bei der Frage nach den Zugangsweisen zu rechtsextremen Orientierungen bzw. im Umgang mit Dominanzkultur Geschlecht, auch wenn sie diesen Begriff unterschiedlich fassen, eine Schlüsselrolle spielt und fokussieren damit auf den Unterschied der Geschlechter. Diese Prämisse ist jedoch zunächst einmal empirisch zu untersuchen, denn es ist auch vorstellbar, dass politische Orientierungen nicht unbedingt mit Geschlecht zusammenhängen. Dies merkt auch Bitzan kritisch an:

„Neben den Überlegungen zu frauenspezifischen Motivationen sollte nicht übersehen werden, dass Frauen auch schlichtweg – als politische Subjekte – die rechtsextremistischen Politikinhalte (Geschichtsrevisionismus, Nationalismus, Rassismus etc.) als solche favorisieren können" (2000, S.54).

3.1.6 Frauen in der Rassismusdebatte

Eben die Möglichkeit eines „geschlechtsunabhängigen" Rassismus ziehen auch einige Rassismustheoriker und -theoretikerinnen im deutschen Sprachraum in Betracht (Terkessidis 1998, Kap.8). Unter der Voraussetzung, dass Rassismus über soziale Repräsentationen vermittelt wird, die die Gruppenzugehörigkeit zu den „Deutschen", den „Deutschstämmigen", bzw. den „richtigen" Deutschen regeln – was jeweils heißen kann nicht-jüdisch, nicht-schwarz, usw. , könnten diese Repräsentationen auch unabhängig von der eigenen Geschlechtszugehörigkeit geteilt und weitergetragen werden. In der Rassismustheorie spielen Frauen insofern eine Rolle, indem das Verhältnis der unterschiedlichen hierarchischen Strukturen „sex/gender" und „race" zueinander zu klären ist (vgl. Amesberger & Halbmayr 1998). Die Frage nach einem „frauenspezifischen" Rassismus, um die die deutsche Debatte kreist, wird dagegen in dieser Form nicht gestellt.

3.1.7 Verbreitete Thesen zu Frauen und Rechtsextremismus

Dass es auch Frauen gibt, die rechtsextreme Orientierungen vertreten, dass Frauen in diskriminierende Strukturen einbezogen sein können und diese rechtfertigen, ist mittlerweile mehr oder weniger Konsens. Idealisierungen von Frauen als „besseres Geschlecht", dem Mütterlichkeit, Friedfertigkeit und Verständnis für alle diskriminierten Gruppen zugeschrieben wird, da es selbst von Diskriminierung betroffen ist, gehören der Vergangenheit an. Sie werden bisweilen noch zitiert, um die eigene Position abzugrenzen und einen „neuen Blick" auf die Frau zu fordern. Aus welchen Gründen und in welcher Form aber Frauen Ungleichheitsideologien zustimmen, Diskriminierungen von MigrantInnen rechtfertigen bzw. fordern, ist jedoch weiterhin umstritten. Überwiegend fokussieren die Ansätze, die sich mit dies er Frage beschäftigen, auf die Geschlechterdifferenz, sie fragen nach „geschlechtsspezifischen Zugangswegen und Ausdrucksformen" von Rechtsextremismus (z. B. Birsl 1996, S.39), und versuchen die Orientierungen von Frauen aus ihrer „weiblichen" Lebenswelt und Sozialisation abzuleiten, hier vor allem aus Diskriminierungs- und Gewalterfahrungen als Frau und aus im Grunde positiven Eigenschaftszuschreibungen wie Mütterlichkeit oder Empathiefähigkeit. Eher eine Außenseiterposition ist der Standpunkt, dass Frauen im Grunde dieselben Gründe wie Männer haben, Ungleichheitsideologien anzuhängen. Sie leben in gleicher Weise in einer Gesellschaft, die von struktureller Ungleichheit zwischen Staatsbürgern und Menschen ohne Bürgerrechte und zwischen länger eingesessener und migrierter Bevölkerung geprägt ist, und verhalten sich in und zu diesen Strukturen, von denen sie mitprofitieren, in dem sie sie rechtfertigen – und damit die Strukturen auch weiter stärken.

Insgesamt werden in der Literatur folgende Gründe vermutet, die Frauen dazu bringen können, sich von der Politik der extremen Rechten ansprechen zu lassen, bzw. Argumente eines Diskurses zu vertreten, der Bevölkerungsgruppen in Deutschland rassistisch diskriminiert. Dabei wird kaum die Frage nach einem „mehr" oder „weniger" gestellt, also ob Frauen in stärkerem oder schwächerem Maß als Männer rechtsextremer Ideologie anhängen, wird kaum diskutiert. Dagegen geht es um Motivationen, Zugangswege und Äußerungsformen von Frauen und inwieweit diese als unterschiedlich zu denen von Männern beschrieben werden können:

1. Frauen übernähmen Orientierungen direkt von Männern, da sie von ihnen abhängig sind. Mitscherlich-Nielsen (1988) hat mit dem Konzept des „sekundären Antisemitismus" diesen Gedanken eingeführt, auch die „Mittäterschaftsthese" von Thürmer-Rohr (1984) führt aus, dass Frauen nicht eigenständig diskriminieren und Gewalt ausüben, sondern dies in der Beziehung zu einem Mann tun.

2. Es sei das traditionelle Frauenbild der extremen Rechten, die Wertschätzung von Hausfrauendasein und Mutterrolle, die Frauen anspricht. Der Grund hierfür wird im Vereinbarkeitskonflikt gesehen, in der Überlastung von Frauen, in Beruf und Familie perfekt sein zu müssen, bei gleichzeitig weiter fehlenden Chancen in der Berufswelt. Eine traditionell rückwärtsgewandte Orientierung rein auf Familie könnte hier ein Ausweg sein (vgl. Möller 1991, Birsl 1994a, 1994b).

3. Geschlechtsspezifische Sozialisation von Frauen führe zu bestimmten Eigenschaften wie Fürsorglichkeit und Mütterlichkeit, die zwar positiv scheinen, aber auch rassistisch ausgrenzend wirken können, wenn sie nur auf die eigene Familie und die eigene Gruppe bezogen sind (vgl. Holzkamp & Rommelspacher 1991).

4. Gewalterfahrungen seien der Grund, dass Frauen Ängste auf „ausländische" Männer projizierten (ebd.).

5. Geschlechtsspezifische Lebenslagen von Frauen, vor allem Doppelbelastung und Benachteiligung auf dem Arbeitsmarkt, lösten Konfliktsituationen aus, die in der Zuwendung zu rechtsextremen Ideologien ihre Bearbeitung finden könnten (Birsl 1994a, 1994b, Siller 1997).

Diese Gründe leiten jeweils die Orientierung von Frauen aus deren Beziehungssitu-
ation, Sozialisation, bzw. aktueller Lebenslage als Frau ab. Es ist aber auch denkbar, dass Frauen sich in ihren Gründen und Äußerungsformen kaum oder gar nicht
von Männern unterscheiden, da

6. Frauen in gleicher Weise in Strukturen eingebunden sind, die bestimmte Be-
   völkerungsgruppen diskriminieren. Ein Ungleichbehandlung rechtfertigender
   Diskurs, der zwischen Deutschen und „Ausländern" unterscheidet, ist in der
   Bevölkerung unabhängig vom Geschlecht verbreitet.

3.2 Empirische Untersuchungen zum weiblichen Rechtsextremismus – Fragestellungen, Ergebnisse, Schlussfolgerungen

Trotz mittlerweile heftiger Kritik vonseiten der Frauenforschung gibt es weiterhin eine Reihe von Untersuchungen, die sich ausschließlich mit männlichen Jugendlichen beschäftigen, ohne Geschlecht jedoch zum Thema zu machen. Andere Untersuchungen unterlassen es, ihre Daten nach Geschlechtszugehörigkeit aufzuschlüsseln. Im folgenden sind die Ergebnisse derjenigen Studien zusammengefasst, die sich am Rande oder explizit mit der Frage Geschlecht und Rechtsextremismus befasst haben.

3.2.1 Ergebnisse allgemeiner Studien

Aus der Konzeption von Rechtsextremismus als Verknüpfung von Ungleichheitsideologie mit Gewalthandeln, politischer Organisation im rechten Spektrum und der Wahl rechtsextremer Parteien (vgl. Kap. 2.2) folgt, dass eine Reihe der relevanten Informationen aus Quellen wie Verfassungsschutzberichten, Polizeistatistiken, polizeilichen Ermittlungsakten und aus der Wahlforschung stammen. Hier herrschen häufig nicht geschlechterbezogene Fragestellungen vor, so dass es nicht verwundert, dass die wenigen hier nach Geschlecht aufgeschlüsselten Befunde in der Folge von verschiedensten Autoren und Autorinnen immer wieder zitiert werden. Für einige Fragestellungen liegen keine aktuellen Daten vor, so dass immer wieder auf ältere Untersuchungen zurückgegriffen wird, wobei immer nur vermutet werden kann, dass die beschriebenen Tendenzen auch weiterhin gültig sind. Die Einstellungsebene, auf der vor allem immer wieder Themen der tagespolitischen Diskussion wie „doppelte Staatsbürgerschaft" oder auch „green card" erhoben werden, ist inzwischen gut erfasst, ebenso wie kriminelles, insbesondere für den Verfassungsschutz relevantes Verhalten. Wozu kaum, bzw. überhaupt keine geschlechterdifferenzierenden Daten vorhanden sind, ist dagegen diskriminierendes Alltagsverhalten. Es existiert eine einzige Studie von Wagner und Zick (1998, vgl. Kap. 2.2), die findet, dass diskriminierende Verhaltensweisen bei einer Bevölkerungsmehrheit verbreitet sind, dies wird jedoch nicht nach Geschlecht aufschlüsselt. Alle anderen Thesen über Alltagsdiskriminierungen bewegen sich auf der Ebene von Vermutungen, wenn beispielsweise Holzkamp und Rommelspacher (1991) annehmen, dass Frauen sich ganz besonders dafür einsetzen, dass ihr Kind „nicht mit ausländischen Kindern in die Klasse" kommt, oder Frauen ganz besonders dazu neigen, Nichtdeutsche zu „ignorieren" (ebd., S. 39).

Als feststehende empirische Ergebnisse zur Geschlechterdifferenz in Hinblick auf Rechtsextremismus liegen nun vor: Bei Gewalttaten sind Frauen nur zu einem geringen Prozentsatz vertreten, ihr Anteil beträgt mit geringen Schwankungen zwischen zwei und fünf Prozent (vgl. Stöss 1994, S.36, Willems u.a. 1993, S.105, Birsl 1996, S.51). Dabei gibt es jedoch Unterschiede je nach Form der Kriminalität. Frauen begehen am ehesten Propagandadelikte, sind verhältnismäßig oft an Sachbeschädigung und Brandanschlägen beteiligt, je offensichtlicher und direkter die Gewaltanwendung wird, umso deutlicher steigt der Anteil von Männern auf fast 100 Prozent. Dies fassen Willems u. a. nach einer Durchsicht polizeilicher Ermittlungsakten folgendermaßen zusammen: „So wurden alle Tötungsdelikte und 99 % aller hier analysierten Körperverletzungen von Männern begangen, während bei Brandanschlägen und Sachbeschädigungen mit Gewalt Frauen durchaus entsprechend ihres prozentualen Anteils an den Tatverdächtigen insgesamt beteiligt waren." (Willems u. a. 1993, S.113). Dieser Geschlechterunterschied ist jedoch keine Besonderheit rechtsextremer Straftaten, sondern trifft allgemein auf Gewaltkriminalität, v. a. im öffentlichen Raum zu (vgl. Zielke 1992).

Unterproportional, jedoch schon höher als in den Statistiken zu Beteiligung an Gewaltkriminalität, ist der Anteil von Frauen in rechtsextremen Parteien und Organisationen. In der Skinheadszene bewegen sich die Schätzungen des Frauenanteils zwischen 2 Prozent im Westen und 20 Prozent im Osten Deutschlands (Pfahl-Traughber 1992, S.15). In rechtsextremen Parteien und Organisationen sind in etwa 10 Prozent der Mitglieder weiblich (Möller 1991, S.27). Dabei haben einige Frauen auch Funktionärsposten inne, so waren beispielsweise 17,3 % der Kandidaten und Kandidatinnen der REP bei den Gesamtberliner Kommunalwahlen weiblich (Skrzydlo u. a. 1992, S.136). Der Frauenanteil bei den Wählerschaft rechtsextremer Parteien wird auf etwa 30 Prozent geschätzt (Möller 1991, S.30) . Es kann zwar nicht davon ausgegangen werden, dass Republikaner, NPD oder DVU reine „Männerparteien" sind, wie sie Hofmann-Göttig (1989) betitelt, dennoch werden sie häufiger von Männern gewählt.

Dabei ist aber auch auf regionale Unterschiede, Unterschiede nach Alter und Schichtzugehörigkeit zu achten. Eine stärkere Tendenz zur Wahl rechtsextremer Parteien lässt sich bei Frauen unter 25 und über 60 feststellen und bei Frauen, die aus Regionen stammen, die schon vor über 50 Jahren Hochburgen nationalsozialistischer Wahlerfolge waren, wie z. B. bestimmte ländliche Regionen Baden-Württembergs (vgl. Möller 1991, S.39, Birsl 1994a, S.42), woraus deutlich wird, dass neben Geschlecht andere Faktoren Wahlentscheidungen in Richtung Rechtsextremismus beeinflussen.

Auf der Einstellungsebene schließlich werden eher selten durchgehende statistische Unterschiede zwischen den Genusgruppen gefunden. Schon Adorno u. a. haben in den Studien zum autoritären Charakter keine Unterschiede nach Geschlecht nachweisen können, antisemitischen Einstellungen haben sie in ihren breit angelegten Untersuchungen gleichermaßen unter Männern wie Frauen festgestellt (1973, S.86f). Auch größere Repräsentativuntersuchungen haben in der Vergangenheit immer wieder im Ergebnis keine oder nur geringe Geschlechtsunterschiede zeigen können. So ziehen die Sinus-Studie von 1981 und die regionale Infas Studie von 1989 das Fazit, dass Frauen und Männer „gleichermaßen anfällig" für rechtsextremistische Einstellungen sind (vgl. Möller 1991, S.34, Sinus-Studie 1981, S.87). Die Eurobarometer Befragung von 1988 zu „Rassismus und Fremdenfeindlichkeit" stellt fest, dass im Durchschnitt aller zwölf EU-Länder sowohl 14 % der männlichen als auch der weiblichen Befragten einer Gruppe zuzuordnen sind, die als „entschieden ausländerfeindlich" bezeichnet wird (Reif & Melich 1992).

Solche statistischen „Geschlechtsunterschiede" sind schwer interpretierbar, ist Geschlecht doch immer konfundiert mit anderen Sozialfaktoren wie sozialer Status, Bildung oder Alter. Eine Reihe weiterer methodischer Probleme kommen hinzu (vgl. hierzu im Detail: Burkert 2000), wie z. B. die Frage nach Relevanz und Signifikanz von Unterschieden von wenigen Prozentpunkten, wie die folgenden als Beispiele zitierten „Ergebnisse" von Studien zeigen. So fanden etwa in einer Infas – Studie von 1989 fanden geringfügig mehr junge Männer (7 Prozent) als Frauen (4 Prozent) die Parole „Ausländer raus" „voll und ganz" berechtigt, jedoch hielten die Frauen sie fast doppelt so häufig (15 Prozent) wie Männer (8 Prozent) für „in vielen Fällen" berechtigt (Infas 1989, S.47). Ein weiteres Item aus einer Untersuchung, einer Wickert Umfrage von 1988, an dem immer wieder das Vorhandensein oder Nichtvorhandensein eines „Geschlechtsunterschiedes" diskutiert wird (Hentges 1995, S.96, Möller 1991, S.35, Ottens 1997, S.179, Bitzan 2000, S.37), ist die Frage nach der Ablehnung der Heirat der Tochter mit einem Angehörigen einer bestimmten Bevölkerungsgruppe. Demnach lehnen 32 % aller befragten Frauen die Heirat ihrer Tochter mit einem Mann jüdischen Glaubens ab, 46 % mit einem Mann türkischer Herkunft und schließlich 51 % mit einem Mann schwarzer Hautfarbe. Entsprechende Prozentzahlen bei den Männern sind 20 %, 37 % und 28 %, liegen damit also jeweils niedriger. In derselben Umfrage sprechen sich 54 % der befragten Frauen und 40 % der befragten Männer für eine Verhinderung der Einwanderung Nichtdeutscher aus (Möller 1991, S.35). In einer Repräsentativ-befragung von Jugendlichen in Nordrheinwestfalen haben schließlich 40 Prozent der befragten Frauen und 35 Prozent der befragten Männer der Aussage „ausländi-sche Männer machen deutsche Frauen und Mädchen an, und zwar mehr als deut-sche Männer" zugestimmt (Utzmann-Krombholz 1994, S.16).

Was drücken nun die zitierten Untersuchungen aus? Je nach Item und Methode können ganz unterschiedliche Ergebnisse entstehen, des weiteren bleibt die Frage offen, wieweit die jeweiligen Unterschiede signifikant und wofür sie letztlich rele-vant sind. Noch komplizierter wird es, wenn mehrere Antwortkategorien zur Ver-fügung stehen, und beispielsweise die Angehörigen eines Geschlechts eher dazu tendieren, wie z. B. in der Infas-Studie mittlere Kategorien anzukreuzen. Was sagt ein solches Ankreuzverhalten aber über „geschlechtsspezifischen Rechtsextremis-mus" aus? Dazu kommt, dass in allen vorliegenden Untersuchungen jeweils der überwiegende Teil der Männer und Frauen gleich geantwortet hat. Fokussiert und betont wird der Unterschied, dass prozentual mehr Angehörige des einen Ge-schlechts bei einem bestimmten Item auf eine bestimmte Weise antworten (vgl. Burkert 2000, S.140f).

Abgesehen von diesen methodischen Problemen und Interpretationsschwierig-keiten lassen sich aus den vorliegenden Daten dennoch einige Tendenzen herausle-sen. Während sich die Angehörigen beider Geschlechter kaum in Hinblick auf Items unterscheiden, die Diskriminierung von Migranten und Migrantinnen zum Inhalt haben – diese Items werden meist von einer Bevölkerungsmehrheit bejaht – scheint es in Hinblick auf die Dimensionen politische Selbstverortung, Gewaltver-hältnis und Nationalbewusstsein häufiger signifikante, in eine Richtung weisende Geschlechtsunterschiede zu geben.

Z. B. zeigt eine neuere Untersuchung (allerdings für Ostdeutschland) genau die-se Tendenz: Während sich 20 Prozent der befragten jungen Männer als „rechts" oder „eher rechts" einstufen, tun dies nur 5 Prozent der Frauen (Schlegel & Förster 1996). Starke rechtsextreme Orientierungen weisen dabei auf 42 Prozent der jun-gen Männer gegenüber 28 Prozent der Frauen zum Ausdruck gebracht, wobei Rechtsextremismus in der Untersuchung als kombiniertes Syndrom aus National-ismus, Antisemitismus, Verharmlosung des Nationalsozialismus, Autoritarismus und Einstellung zu Gewalt definiert und erhoben worden ist (ebd. S.172). Dagegen stimmen die Befragten beider Geschlechter im Durchschnitt überein, wenn sie nach ihrem „emotionalen Verhältnis zu Ausländern gefragt werden" – etwa ein Drittel ist „gegen" Ausländer (ebd. S.177). Ähnliches ergibt auch der DJI Jugendsurvey von 1994, als dessen Ergebnis Hoffmann-Lange (1995, S.169) zusammenfasst: „5 bis 6 Prozent der jungen Frauen bezeichnen sich als ‚eher rechts' und ein Prozent als ‚rechts', dagegen knapp jeweils 10 Prozent und 2 bis 3,5 Prozent der jungen Männer." Und auch Westle beschreibt die Ergebnisse desselben Surveys in die gleiche Richtung gehend:

> *„Zwar lässt sich beobachten, dass Frauen im allgemeinen (...) weniger traditionalem Nationalbewußtsein, nationalistischen Haltungen und ‚rechtsradikalen' Gruppen zuneigen, sich dagegen etwas offener für Ausländer zeigen, jedoch sind die Unterschiede zu den männlichen Befragten insgesamt nicht sehr stark." (1995, S. 233)*

Andere Untersuchungen (z. B. Birsl 1994a, Utzmann-Krombholz 1994) zeigen, dass es die Dimension „Verhältnis zur Anwendung von Gewalt" ist, auf der sich die Geschlechter signifikant unterscheiden. Und nicht nur, indem Männer Gewalt eher zustimmen, sondern auch, indem Befragte ebenfalls die Zuschreibung Gewalt zu Männlichkeit vornehmen, ergeben sich Geschlechtsunterschiede, wie Utzmann-Krombholz in ihrer Repräsentativbefragung feststellt: „Ebenfalls zwei Drittel halten das Verhältnis zu Gewalt für geschlechtsspezifisch und zwar derart, dass Jungen gewalttätiger als Mädchen sind" (1994a, S.12).

Es sind in den unterschiedlichen Untersuchungen dieselben Dimensionen – Nationalstolz, Gewaltverhältnis und Selbsteinschätzung der Position im politischen Spektrum – auf denen Männer häufiger mit der gebräuchlichen Definition von Rechtsextremismus zu beschreiben sind. Wird also Rechtsextremismus als ein kombiniertes Syndrom aus Ungleichheitsideologie, Nationalbewusstsein, Nähe zu Parteien des rechtsextremen Spektrums und Gewaltbereitschaft gefasst, dann werden tatsächlich verhältnismäßig mehr männliche Befragte auf Einstellungsskalen als rechtsextrem eingeordnet.

Was jedoch die Einstellungen zu MigrantInnen betrifft, vertritt ein großer Teil der deutschen Bevölkerung unabhängig vom Geschlecht ausgrenzende und diskriminierende Einstellungen. Die Untersuchungen arbeiten dabei überwiegend mit Items, die traditionellen Rassismus messen, also Items, die direkte Diskriminierung von „Ausländern" fordern, bzw. diesen negative Eigenschaften zuschreiben. So wird zum Beispiel häufig die Haltung zur Aussage „Ausländer raus!" erfragt oder nach Zustimmung oder Ablehnung gegenüber dem Item „ausländische Männer machen deutsche Frauen an" gefragt. Subtilere Ausgrenzungsformen, scheinbar positive Items wie z. B. „Ausländer sind eine Bereicherung für unsere Kultur" oder „kulturelle Eigenheiten müssen bewahrt werden, und zwar von allen Kulturen gleichermaßen", wie sie für modernen Rassismus typisch sind, werden in deutschen Meinungsumfragen kaum erhoben.

Zu klären ist nun vor allem, warum sich auf der Einstellungsebene in der Einstellung zu MigrantInnen kaum Unterschiede zwischen der Gruppe der Männer und Frauen finden lassen, die eindeutig in eine bestimmte Richtung weisen, im Verhalten sich die Geschlechter aber deutlich unterscheiden, sowohl was Gewalthandeln als auch Wahlverhalten und politisches Engagement betrifft. Dies weist darauf hin, dass politische Einstellungen nicht zwangsläufig zu bestimmten Handlungen führen, genauso wenig wie aus bestimmten Handlungsweisen eindeutig auf zugrundeliegende Einstellungen geschlossen werden kann.

Zusammenfassend lassen sich folgende Punkte festhalten:

1. Rassistisches Gewalthandeln und politische Betätigung – von der Mitgliedschaft in bis zur Wahl von Parteien im rechtsextremen Spektrum – sind unter Männern häufiger.
2. Statistische Unterschiede zwischen den Geschlechtern bestehen häufig im affirmativen Verhältnis zur Nation, in der politischen Selbstklassifikation als rechts und in der Zustimmung zu Gewalthandeln – durch all diese Charakteristika lassen sich insgesamt mehr Männer als Frauen beschreiben.
3. Einstellungen gegenüber „Ausländern" scheinen dagegen meist nicht vom Geschlecht der Befragten abzuhängen und sind für weite Bevölkerungsteile eher negativ.

Daraus folgt, dass es nicht einfach nur unterschiedliche geschlechtsspezifische Einstellungen sind, die verursachen, dass rechtsextreme Betätigung bei Männern häufiger sind, sondern dass neben individuellen Einstellungen auch Situationen, normative Anforderungen und Handlungsräume in die Analyse miteinbezogen werden müssen, die für Männer und Frauen verschieden sein können. Des weiteren ist ein Rechtsextremismusbegriff zu diskutieren, der Handlungsebene und Einstellungen auf die Weise verknüpft, dass im Grunde nur strafbares Gewalthandeln und politische Organisation im rechtsextremen Spektrum Verhaltensäquivalente zu rassistisch diskriminierenden Einstellungen sein können. Nur so ergibt sich der scheinbare Widerspruch, den Siller (1997, S.185) formuliert, dass „sich die Geschlechter auf der Einstellungsebene in Bezug auf rechtsextremistische Ideologien weniger unterscheiden als auf der Verhaltens- und Handlungsebene". Es fehlt insgesamt eine Analyse von diskriminierendem Alltagsverhalten gegenüber Nichtdeutschen, durch die geklärt werden könnte, ob Frauen tatsächlich „ihre Orientierungen weniger umsetzen" (ebd. S.185).

3.2.2 Studien zu Frauen und Rechtsextremismus

Den zahlreichen und unterschiedlichen theoretischen Überlegungen zu den Themen „Frauen und Rechtsextremismus" und „Frauen und Rassismus" steht bisher nur eine gute Handvoll empirische Untersuchungen gegenüber, die sich explizit mit dem Thema auseinandergesetzt haben. Zum einen gibt es einige Studien zu Funktionärinnen rechtsextremer Parteien bzw. Autorinnen von Publikationen des rechtsextremen Spektrums (Skrzydlo u. a. 1992, Büchner 1995, Bitzan 2000), zum anderen einige Befragungen von Auszubildenden, die in Bezug auf Heitmeyer Zusammenhänge zwischen problematischen Lebenslagen und rechtsextremen Orientierungen zu erfassen suchen (Utzmann-Krombholz 1994, Birsl 1994a, 1994b, Horn-Metzger & Riegel 1995, Siller 1997, Möller 2000).

Neben der Darstellung der Methoden und Ergebnisse der einzelnen Untersuchungen geht es im Folgenden darum, Fragen nach der zugrundeliegenden Konzeption von einerseits Rechtsextremismus bzw. Rassismus und anderseits Geschlecht zu stellen. Daran schließt sich die Frage an, ob und wie die Auswahl der Gruppe der Befragten begründet wird.

Die Untersuchung von *Skrzydlo, Thiele und Wohllaib (1992)* ist die erste, die sich konkret mit den politischen Orientierungen von Republikanerinnen und deren Beweggründen für ein politisches Engagement auseinandersetzt. Die Forschungsgruppe hat qualitative Interviews mit elf aktiven Republikanerinnen und vier Aussteigerinnen aus Westberlin geführt. Die Aussteigerinnen haben sie befragt, um etwaige Gründe für einen Bruch mit rechter Ideologie aufdecken zu können. Damit haben sie die Hoffnung verbunden, „Aufschluss darüber zu erhalten", wodurch „eine Verringerung des manifesten rechtsextremen Organisationspotentials herbeigeführt werden könnte" (Skrzydlo u. a. 1992, S.137).

Zunächst sind sie „in Übereinstimmung mit der Literatur" davon ausgegangen „dass die befragten Frauen sich gerade wegen der ideologischen Aufwertung der traditionellen Frauenrolle durch die REP dort engagieren" (Skrzydlo u. a. 1992, S.137), bei der Analyse der Interviews konnten sie jedoch keine Bestätigung dieser These finden. Im Gegenteil, programmatische Aussagen der Republikaner zur Frauen- und Familienpolitik betrachten die befragten Funktionärinnen als „nicht zeitgemäß" und lehnen sie deshalb größtenteils ab. Dagegen sind ihre Hauptthemen „Immigrations- und Asylpolitik, verknüpft mit Forderungen aus dem Bereich der inneren Sicherheit." (ebd, S.141). Gerade eine Verknüpfung der „Ausländerfrage" mit der Zuschreibung von „Kriminalität" haben die Autorinnen bei allen Befragten gefunden (ebd., S.142), Kriminalität wird für die meisten sogar zum bestimmenden

Thema ihrer politischen Argumentation. Interessant ist hierbei jedoch, dass die Republikanerinnen dabei nicht von eigenen Erfahrungen und Bedrohungsgefühlen ausgehen (ebd., S.143), wie es in der Literatur häufig vermutet wird (vgl. z. B. Möller 1991, Holzkamp & Rommelspacher 1991).

In der Frage der Aussteigerinnen hat sich ergeben, dass sich diese nicht etwa von der rechtsextremen Ideologie abgewendet haben, sondern innere Streitigkeiten in der Partei Ursache für ihren Austritt waren. Einige von ihnen sind weiter politisch aktiv, ohne ihre Orientierung geändert zu haben, drei der Aussteigerinnen sind nun in der CDU engagiert.

Ebenfalls in einer qualitativen Studie hat *Büchner (1995)* acht aktive Republikanerinnen aus dem süddeutschen Raum befragt. Auch ihr Fazit ist, dass es nicht das traditionelle Frauenbild der Rechten ist, das die Republikanerinnen anspricht, Frauenpolitik sei eher „anderen politischen Fragen nachgeordnet" (Büchner 1994, S.60). Das Interesse der Republikanerinnen habe sich auf die „gängigen ‚rechten' Themen wie etwa ‚AusländerInnen, AsylbewerberInnen' oder Deutschland" gerichtet (Büchner 1995, S.16). Auch der These von der Frau als „Anhängsel" oder dem „sekundären" vom Mann übernommenen Rechtsextremismus widerspricht Büchner. Einige von ihr befragten Frauen sind alleinstehend, die verheirateten sind zu einem Teil politisch aktiver als ihre Ehemänner, zu einem anderen Teil in etwa gleich aktiv. Sowohl in Beruf, als auch in ihrem politischen Engagement stellen sie sich selbst als sehr eigenständig dar (ebd., S.16).

Was die Begründung der politischen Haltungen der Republikanerinnen anbelangt, hat Büchner aus ihren Interviews die These vom „verfolgenden Opfer" entwickelt, d. h. die Republikanerinnen sehen sich selbst als Angehörige einer Gruppe, die gesellschaftlich benachteiligt ist und machen ihr Selbstbild als benachteiligte Deutsche zum Ausgangspunkt politischer Forderungen:

> *„Die persönliche Opferrolle, die Identifikation als Opfer, wird nur da in Anspruch genommen, wo sie eine starke symbolische Bedeutung hat und wenig mit konkreten Benachteiligungserfahrungen – also bei der Gruppenzugehörigkeit zu den Deutschen und den (deutschen) Republikanern. Die Symbolik zielt auf eine als machtvoll phantasierte Gemeinschaft, das ‚deutsche Volk' (das nur vorübergehend in eine defensive Position geraten ist). Dabei korrespondiert die Illusionierung als unschuldiges Opfer mit einer nach außen gewendeten Gewalt-bereitschaft gegen diejenigen, die diese deutsche Volksgemeinschaft vorgeblich bedrohen." (Büchner 1995, S.150)*

Damit wendet sich Büchner gegen „Defizittheorien" (vgl. Kap. 3.1.3), die davon ausgehen, dass Rechtsextremismus tatsächliche oder subjektiv empfundene individuelle Benachteiligungserfahrungen zugrundeliegen. Zu fragen ist in der Tat, inwieweit sich Theorien, wie die Theorie der relativen Deprivation oder auch die Modernisierungsverlierertheorie (vgl. Kap. 2.2.1), die davon ausgehen, dass sich wahrgenommene Benachteiligung in die Zustimmung zu rechter Ideologie umwandeln, durch eine Opferrhetorik, wie sie die Republikanerinnen im Munde führen, scheinbar bestätigt sehen können. Es wird deutlich, dass sich die von Büchner befragten Frauen „als Deutsche" und „als Republikanerinnen" benachteiligt fühlen und in ihrer eigenen Argumentation nun für ausgleichende Gerechtigkeit eintreten möchten, gegen diejenigen, die sie als ungerechterweise bevorzugt ansehen – Asylbewerberinnen und Asylbewerber, Aus- und Übersiedlerinnen und Übersiedler und „Ausländer". Diese sind aber die Bevölkerungsgruppen, die rechtlich und sozial diskriminiert werden. Von Vertretern und Vertreterinnen von Deprivationstheorien wird dies nun in dem Sinne interpretiert, dass eine tatsächliche Benachteiligung der Republikanerinnen in Ressentiments umschlägt. Der Hinweis von Büchner ist miteinzubeziehen, dass es dagegen um ein „Phantasieren als Opfer" gehen könnte:

> „Da, wo die ‚Republikanerinnen' tatsächlich ‚Opfer' gesellschaftlicher Benachteiligung sind – nämlich in ihrer Rolle und Situation als Frau –, wird dieser ‚Opferstatus' entschieden abgelehnt. Die persönliche Benachteiligung als Frau in einer männlich orientierten Gesellschaft wird abgewehrt und auf andere Gruppierungen verschoben." (Büchner 1995, S.163)

Wichtig ist den von Büchner befragten Republikanerinnen, sich selbst individuell als erfolgreich darzustellen. Sie widersprechen rigoros, dass sie selbst als Frau diskriminiert sein könnten, wollen sich jedoch stellvertretend für die wirklichen „Opfer" der Gesellschaft einsetzen, wie beispielsweise deutsche Sozialhilfeempfänger oder deutsche Wohnungssuchende, die sie als Opfer verfehlter Sozialpolitik, vor allem aber auch als Opfer von Benachteiligung gegenüber der migrierten Bevölkerung phantasieren (ebd., S.131). Strukturell erinnert diese Argumentationslinie stark an die Argumente, die auch als „symbolischer Rassismus" (vgl. Sears 1988) beschrieben worden sind. An die diskriminierte Gruppe wird der Vorwurf erhoben, ungerechterweise Vorteile zu genießen. Nicht Schwarze oder MigrantInnen seien in Wirklichkeit benachteiligt, sondern Weiße bzw. Deutsche, der „symbolische Rassist"/die „symbolische Rassistin" reklamiert für die eigene Gruppe den Opferstatus und beschuldigt gleichzeitig die tatsächlich Diskriminierten, der Mechanismus, der schon von Ryan (1971) als „blaming the victim" beschrieben worden ist.

Eine Anregung von Büchner kann sein, näher zu fragen, ob sich Frauen individuell als Opfer oder „relativ depriviert" betrachten, oder ob sie den Opferstatus der eigenen Gruppe zuschreiben. Gleichzeitig bleibt zu untersuchen, wieweit die Darstellung der „Deutschen" als Opfer gezielt als Rechtfertigung für Forderung nach Ungleichbehandlung von Migranten und Migrantinnen eingesetzt wird. Die Argumentationsmuster sind genauer unter die Lupe zu nehmen, bevor vorschnell von „eigenen Deprivationserfahrungen" gesprochen werden kann, die mit „rechtsextremen Orientierungen bearbeitet" werden. Es ist als Gegenthese denkbar, dass diskriminierende Äußerungen gegenüber Migrantinnen und Migranten durch eine Opferrhetorik legitimiert werden, ohne dass tatsächliche Opfererfahrungen der Grund für Rechtsextremismus sein müssen.

Die Studien von Skrzydlo, Thiele und Wohllaib (1992) und Büchner (1995) stellen übereinstimmend fest, dass es weder ein traditionelles Frauenbild noch frauenpolitische Positionen sind, die die Rückkehr von Frauen an den Herd fordern, die Frauen dazu bringen, sich rechtsextremen Parteien anzuschließen. Republikanerinnen identifizieren sich in erster Linie mit der Ausländerpolitik ihrer Partei.

Noch weiter geht *Bitzan (2000)* in ihrer Analyse des Frauenbildes rechter Ideologinnen, die sie aus der Untersuchung von deren Zeitschriftenbeiträgen entwickelt. Sie kritisiert grundsätzlich die Annahme, dass Rechtsextremismus immer mit der Bejahung eines traditionellen Frauenbildes einhergeht. Sie stellt bei anderen Wissenschaftlerinnen fest, dass eine

„Vielzahl der Autorinnen unhinterfragt von der Prämisse ausgeht, dass der aktuelle Rechtsextremismus sich durch ein homogenes biologistisches und traditionalistisches Frauenbild auszeichne" (Bitzan 2000, S.11).

Sie weist im Gegenteil dazu nach, dass es vielfältige Variationen von frauenpolitischen Ansichten im rechtsextremen Spektrum gibt. Es gibt rechtsextreme Autorinnen, die gerade kein traditionelles rückwärtsgewandtes Frauenbild vertreten, sondern Emanzipation der Frau fordern. „Die Frau" ist für die Autorinnen der Beiträge dabei immer die deutsche Frau. Bitzan beschreibt einen „Feminismus", der mit „rechtsextremen Zielsetzungen" „potentiell kompatibel" ist, indem er „in der Hauptsache bestimmte sexistische Strukturen kritisiert", aber sich gleichzeitig nicht gegen andere Unterdrückungszusammenhänge, insbesondere Rassismus, richtet (Bitzan 2000, S.316). Damit stehen solche Ansätze durchaus auch in einer Tradition mit dem Nationalsozialismus, auch einige NS-Ideologinnen sind für die Emanzipation der deutschen Frau vom „jüdischen" Patriarchat eingetreten (vgl. z. B. Crips 1990, als Überblick Koonz 1987).

Neben diesen drei Untersuchungen, die sich für explizit politisch aktive Frauen interessieren, für Funktionärinnen und Autorinnen, beschäftigen sich alle anderen Studien in Anschluss an Heitmeyer mit jungen Frauen, die in der Ausbildung stehen.

Utzmann-Krombholz (1994) hat am Institut für Politik und Sozialforschung (polis) im Auftrag des Studie vom Ministerium für Gleichstellung in NRW eine Repräsentativbefragung von 1045 Jugendlichen zwischen 14 und 24 Jahren durchgeführt. Die Untersuchung hat sich in ihrem Verständnis von „Rechtsextremismus" eng an die Begriffsbildung von Heitmeyer angelehnt, als Hauptvariablen fanden ‚politische Grundeinstellungen', ‚Einstellungen zu Ausländern' und ‚Gewaltakzeptanz' Verwendung (Utzmann-Krombholz 1994, S.20). Die 43 Items zu diesen Dimensionen wurden daraufhin per Faktorenanalyse zu drei Einstellungsgrundmustern zusammengefasst: Rechtsextremismus, Anomie und Autoritarismus. „Autoritarismus" ist dabei im Gegensatz zu „Rechtsextremismus" und „Anomie" fast ebenso unter Frauen wie unter Männern anzutreffen, der Frauenanteil in diesem Muster liegt bei 42 Prozent. Das Muster sei „fokussiert auf Ausländer". Das bedeutet, dass die Frauen vor allem Items zugestimmt haben, die sich negativ diskriminierend gegen Nichtdeutsche gerichtet haben, wie zum Beispiel, dass „ausländische Männer deutsche Frauen anmachen", „Ausländer selbst Ausländerfeindlichkeit provozieren" und „uns Arbeit und Wohnungen wegnehmen". Besorgt um Recht und Ordnung in Deutschland, so beschreibt Utzmann-Krombholz die Hauptcharakteristika des Musters „Autoritarismus": Die Jugendlichen haben „im Grunde" nichts gegen Ausländer, aber fordern Anpassung der „Ausländer". Sie haben insgesamt ein „extremes Angstprofil" und kaum Nationalstolz, sondern eher ein „funktionales Verhältnis zu ihrer nationalen Zugehörigkeit" (ebd. S.24).

In den Mustern „Rechtsextremismus" und „Anomie" liegt der Frauenanteil dagegen bei unter einem Viertel. Beim Muster „Rechtsextremismus„ kommen dabei zu den „Ausländer" diskriminierenden Items andere hinzu, die Gewalt bejahen, wie „Gewalt macht einfach Spass" oder „Ich bin öfter in Schlägereien verwickelt". Diejenigen, die dem Muster „Anomie" zugeordnet wurden, äußern sich kaum negativ über Nichtdeutsche, bejahen aber ebenfalls Gewaltanwendung. Auch diese Gruppe setzt sich überwiegend aus männlichen Jugendlichen zusammen. Es lässt sich folgern, dass sich in dieser Untersuchung die befragten Jungen und Mädchen tendenziell nicht in ihrer negativen Einstellung gegenüber MigrantInnen unterscheiden, wohl aber in ihrem Verhältnis zu Gewaltanwendung. Die Benennung des Musters, in dem „Ausländerfeindlichkeit" und „Gewaltbereitschaft" zusammentreffen, als „Rechtsextremismus" hat zur Folge, dass die befragten Männer eher als rechtsextrem eingeordnet werden, „Rechtsextremismus" dagegen kaum bei Frauen anzutreffen ist. Daraus schließt nun Utzmann-Krombholz auf eine erhöhte Widerstandskraft (ebd., S.31) von Mädchen gegen Rechtsextremismus, Mädchen seien eben eher „fokussiert auf Ausländer" (ebd., S.26), womit sie umschreibt, dass ein überwiegender Teil der befragten Mädchen rassistisch diskriminierenden Items zustimmt, dagegen aber gewaltbejahende Items eher ablehnt.

Neben Geschlecht macht Utzmann-Krombholz als weiteren bestimmenden Faktor Bildung aus: „Die zentralen Faktoren für das Orientierungsmuster, nämlich Bildung und Geschlecht, werden durch die vorliegende Untersuchung bestätigt: Es findet sich überwiegend bei Männern mit niedrigerem Bildungsniveau. Auch die verschiedentlich behauptete Geschlechterrelation von 1:3 ist nach unseren Ergebnissen stichhaltig" (1994, S.34). In der Studie zeigt sich also, dass sowohl rechtsextreme Orientierung als auch die Zustimmung zu Items, die diskriminierend gegen MigrantInnen sind, umso stärker ist, je geringer der Bildungsgrad ist (vgl. hierzu auch W. Hopf 1994). Dies kann aber gerade auch in der Untersuchung von Utzmann-Krombholz mit an der Formulierung der Items liegen, wie schon Heitmeyer 1988 (S.145) hat sie Items wie „Deutschland den Deutschen" oder „Kanaken raus" in ihrer Untersuchung verwendet. Birsl (1996, S.49) merkt dazu kritisch an, dass es sich dabei „offensichtlich um Hauswandparolen von Skinheads" handelt. Auch hier wird eine Konzentration auf traditionellen Rassismus vorgenommen, neue „symbolische" Rassismusformen, die eher in der Mittelschicht verbreitet sind, werden nicht untersucht.

Birsl (1994) hat in Kooperation mit der IG Metall Göttingen ebenfalls eine umfangreiche Studie durchgeführt, sie hat eine standardisierte schriftliche Befragung von 279 Auszubildenden überwiegend aus dem gewerblich-technischen Bereich und Vollzeitschülern und -schülerinnen, davon 89 weiblichen, unternommen und dies teilweise mit Kleingruppeninterviews einer Teilstichprobe von 77 Jugendlichen verknüpft. In Auseinandersetzung mit dem Ansatz von Heitmeyer geht es auch ihr um den „Stellenwert rechtsextremer Orientierungen für die Bewältigung von Lebenslagen" (Birsl 1994a, S.15). Sie fragt dabei besonders nach Ungleichheitserfahrungen in der Lebenswelt von Frauen, in ihrer Konzeption ist dabei besonders der „Rollenkonflikt als Frau in Verbindung mit der Aneignung einer Berufsrolle virulent" (ebd., S.311).

Der Vergleich zwischen dem Antwortverhalten von weiblichen und männlichen Jugendlichen führt auch sie in ihrer Auswertung zu ähnlichen Schlüssen wie Utzmann-Krombholz: „Fremdenfeindlichkeit" findet Birsl in unterschiedlich starker Ausprägung bei einer Mehrheit der befragten Frauen (ebd., S.49). Nur ein mit 24,7

% relativ kleiner Anteil der weiblichen Jugendlichen ist „liberal" orientiert, d. h. hier nicht fremdenfeindlich, bei den Männern liegt dieser Anteil bei 26,1 %. Birsl diagnostiziert der Mehrheit der Frauen „leichte bis mittlere Fremdenfeindlichkeit", die sich vor allem in der „Ablehnung sozialer und politischer Integration von Flüchtlingen und AusländerInnen" zeige. „Fremdenfeindlichkeit und naturalistische Ungleichheitsideologeme", die sich vor allem auf die aus der Natur abgeleitete Ungleichheit der Geschlechter beziehen, finden in ihrer Untersuchung statistisch häufiger Zustimmung bei den weiblichen Befragten (ebd., S.45). Dagegen kommt bei mehr männlichen Befragten (30 % zu 15 %) zur „Fremdenfeindlichkeit" „völkisches und nationalistisches Denken" hinzu. Direkte Gewalt schließlich wird von 85 Prozent der jungen Frauen vollkommen abgelehnt, dagegen nur von zwei Dritteln der jungen Männer.

Eben dieses Kombinationsmuster – Fremdenfeindlichkeit, Nationalismus und Gewaltbereitschaft – bezeichnet auch Birsl als „rechtsextreme Orientierungen" und kommt so zum Ergebnis, dass Rechtsextremismus im eigentlichen und engerem Sinne bei jungen Männern häufiger anzutreffen ist. Auch hier ist es die Kopplung von Fremdenfeindlichkeit bzw. rassistischen Haltungen mit Gewaltdimensionen und Dimensionen, die das Verhältnis zu Politik und Öffentlichkeit beschreiben, zu einem Rechtsextremismussyndrom, die dazu führt, dass Männer eher als „rechtsextrem" eingeschätzt werden als Frauen.

Gerade für die Orientierungen der Frauen stellt Birsl einerseits einen hohen Anteil an „Fremdenfeindlichkeit" fest, fügt andererseits jedoch hinzu, dass „insgesamt diese Orientierungen allerdings durch inkonsistente Strukturen gekennzeichnet sind", so dass nicht „von gefestigten Orientierungen gesprochen werden kann" (ebd., S.193). Damit bringt sie zum Ausdruck, dass nur eine verschwindende Minderheit bei den Frauen und auch nur ein geringer Anteil der männlichen Befragten sich mit dem soziologisch theoretisch abgeleiteten Rechtsextremismusbegriff tatsächlich beschreiben lässt.

Insgesamt findet sie bei den Mädchen mit 8,3 % eine „geringere Akzeptanzbereitschaft von rechtsextremen Ideologiedimensionen" als bei den Jungen mit 14,3 %. Dies führt sie auf einen „sozialen Kompensationseffekt" (ebd., S.318) zurück, der „immer dann zu registrieren ist, wenn von sozialer Diskriminierung die Rede ist oder gesellschaftliche Erfordernisse für das Zusammenleben mit anderen in Frage gestellt werden" (ebd.). Der Unterschied könnte aber auch darauf zurückzuführen sein, dass die von Birsl befragten jungen Frauen im Vergleich zu den Männern der Studie im Durchschnitt über einen höheren Schulabschluss verfügen und auch aus einer höheren sozialen Schicht stammen (ebd.), also nicht direkt mit Geschlecht in Zusammenhang stehen.

Birsl führt Rechtsextremismus bei beiden Geschlechtern auf „Widersprüche zwischen objektiven Lebensbedingungen, Lebenspraxis und dem Lebenskonzept" zurück, wobei bei den Frauen die „strukturelle Unvereinbarkeit von Beruf und Familie" sich in einem problematischen Rollenkonflikt äußere. Hinzu kommt als Ergebnis ihrer Analyse ein Mangel an sozialer und politischer Partizipation als Ursache für Rechtsextremismus (ebd., S.332). Besonderes Gewicht legt sie deshalb in ihrer Analyse auf eine Untergruppe von jungen Frauen, bei denen sie eine traditionelle Rollenorientierung und zugleich einen besonders hohen Werte von Fremdenfeindlichkeit festgestellt hat: „Diese Frauen entwickelten keinerlei beruflichen Ambitionen, träumten von Familie und Kindern und standen gleichzeitig vor dem Druck, diesen Lebensentwurf entgegen dem kulturellen Leitbild der Familie und Beruf vereinbarenden Frau zu verteidigen"(ebd., S.166). Daneben konstatiert Birsl für diese Gruppe von Frauen, dass sie in Vergleich zu den anderen befragten Frauen einen niedrigeren Bildungsstatus haben, sie leben in ländlichen, katholisch orientierten Gebieten (ebd., S.165). Auch hier ist anhand der vorliegenden Daten nicht nachzuweisen, ob es nun tatsächlich der diagnostizierte „Man-gel an sozialer und politischer Partizipation" ist, der kausal zu einer Zuwendung zu rechtsextremen Orientierungen führt, oder in welchem Maße andere mit Geschlecht konfundierte Sozialfaktoren, wie Bildung, ländliche Umgebung und religiöser Hintergrund mit in die politische Orientierung hineinspielen.

Siller (1997) schließlich hat ihrer Arbeit qualitative Interviews mit 6 Berufsschülerinnen zugrunde gelegt. Mit dieser Methode will sie ihrem theoretischen Anspruch gerecht werden, den subjektiven Umgang mit kritischen Lebenslagen genauer zu berücksichtigen, und sich gleichzeitig von Geschlechterklischees entfernen, die sie bei anderen Forscherinnen kritisiert. Aus der Analyse der Interviews entwickelt sie als zentralen Begriff den der „Ambivalenztoleranz". Siller interpretiert diese als positive Eigenschaft, die dazu beiträgt, eine kritische Sicht auf rechtsextreme Ideologie zu entwickeln, weder Konflikte zu verleugnen noch schnelle Scheinlösungen zu suchen, sondern über längere Zeit Widersprüche auszuhalten und diese auch formulieren zu können. Denn Konflikte im Zusammenhang mit der jeweils subjektiv unterschiedlich ausgeprägten und subjektiv ebenfalls unterschiedlich interpretierten Lebenssituation findet Siller bei allen Frauen, doch nur drei der von ihr befragten äußern sich eher positiv zu rechtsextremer Ideologie. Dies bestätigt sie in ihrer These, dass nicht die Konflikte an sich zu Rechtsextremismus führen, sondern dass es hauptsächlich auf subjektive Umgangsweisen, Interpretationen und Verarbeitungsmuster ankommt.

Bei den drei Frauen ihrer Studie, die rechtsextremen Denkweisen nahestehen, hat nun Siller als vorrangiges Konfliktlösungsmuster das der Leugnung des Bestehens von Konflikten herausgearbeitet. Dazu widersprechen die Frauen heftig der Ansicht, selbst als Frau diskriminiert zu sein. Dies deckt sich mit der Beschreibung von Funktionärinnen der REP durch Büchner (1994) (s. o.). Daneben neigen diese drei Frauen dazu, wie Siller es nennt, „Lebensentwürfe zu polarisieren" (Siller 1997, S.233), darunter versteht sie „sich entweder an als männlich gel-tende Verhaltensstereotype anzugleichen oder sich einer angenommenen männlichen Überlegenheit und Stärke unterzuordnen" (ebd., S.253). Bei rechtsextremen Frauen sind also nicht unbedingt traditionelle Weiblichkeitsklischees verbreitet, denen sie sich bereitwillig unterordnen, sondern es kann auch das Gegenteil der Fall sein, eine Anpassung an Männlichkeitsbilder. Charakteristisch ist eine klare Entscheidung für einen der beiden Geschlechterpole: Das Übernehmen von männlicher Stärke oder aber von weiblichem Gehorsam. Verhaltensweisen zwischen diesen Polen zeigen die rechtsextremen Frauen, die Siller interviewt hat, nicht.

„Ambivalenztoleranz" als positive Eigenschaft attestiert Siller dagegen den drei Frauen, die nicht rechtsextrem orientiert sind. Unter „Ambivalenztoleranz" versteht sie „Widersprüchlichkeiten" auch „stehenzulassen", „Unsicherheiten als nicht so bedrohlich" wahrzunehmen und sich auch den vorherrschenden Weiblichkeits- und Männlichkeitsentwürfen nicht eindeutig zuzuordnen (Siller 1997, S.245). Dies macht sich nicht nur in den subjektiven Interpretationen der eigenen Lebenslage bei dieser Gruppe von Frauen bemerkbar, auch deren Biographie verläuft vergleichsweise weniger eindeutig und geradlinig, die Frauen dieser Gruppe nehmen einen „längeren Suchprozeß mit Versuchen und Brüchen in ihrem schulischen und beruflichen Werdegang" in Kauf (ebd., S.247). Schließlich sprechen diese Frauen im Gegensatz zu den rechtsextrem orientierten davon, als Frauen diskriminiert und ausgegrenzt zu werden. Dieses Nichtleugnen eigener Diskriminierungserfahrungen sieht Siller als mit ursächlich dafür an, dass sie auch für Diskriminierung anderer Bevölkerungsgruppen sensibel sein können. Die Frauen seien eher bereit sich

„durch ihre nachdenkliche Sicht auf eigene Diskriminierungs- und Ausgrenzungserfahrungen in der Familie unter Gleichaltrigen oder im Arbeitsbereich und auf das eigene Leiden darunter, mit den Opfern identifizieren, die von politischen Ausgrenzungen betroffen sind." (Siller 1997, S.251)

Siller findet nun also zwei unterschiedliche Gruppen, die zum einen unterschiedlich mit konfliktreichen Lebenslagen und mit Geschlechterrollenstereotypen umgehen, zum anderen unterschiedliche politische Orientierungen vertreten. Ihre Schlußfolgerung in ihrem „Verarbeitung von Lebenslagen"-Modell ist nun, dass aus starrer Geschlechtsrollenakzeptanz und mangelnder Ambivalenztoleranz eine Nähe zu Rechtsextremismus folgt. Diese Kausalität ist m. E. nicht nachweisbar. Es wäre als Deutung ebenso denkbar, dass die Frauen der einen Gruppe eher starre Denkmuster vertreten und zu Konfliktvermeidung neigen und zwar in Hinblick auf die Beschreibung ihrer Lebenssituation, auf ihre Art, mit Geschlechterrollenstereotypen umzugehen und schließlich auf ihren Umgang mit politischen Fragen. Die Frauen der anderen Gruppe könnten dagegen als Grundmuster differenzierter in den jeweiligen Bereichen vorgehen und mehr Ambivalenzen zulassen – ohne dass irgendeine Kausalbeziehung zwischen Lebenssituation und politischer Orientierung bestehen muss. Es könnte einfach sein, dass über Geschlecht ebenso viel oder wenig starr, dichotom und hierarchisierend gesprochen wird, wie über Deutschsein und Nichtdeutschsein, ohne dass das eine das andere bedingt. Schließlich zeigt Siller auch Grenzen des „Verarbeitung von Lebenslagen"-Konzepts auf, indem sie auf die Wichtigkeit anderer Sozialfaktoren, hier v. a. auch wieder auf schichtspezifische Faktoren und den Einfluss von Bildung verweist:

> *„Wichtige Einflussfaktoren sind ebenfalls das soziale Umfeld, Unterschiede in den Bildungsverläufen sowie Erziehungsformen, moralische Wertmaßstäbe und politische Orientierungen in der Herkunftsfamilie." (Siller 1997, S.233)*

Möller (2000) versucht mit seiner Arbeit eine Forschungslücke zu schließen: Er fokussiert auf das frühe Jugendalter, die Altersspanne zwischen 13 und 15 Jahren, die er für wesentlich bei der Herausbildung rechtsextremer Orientierungen hält. Zusätzlich arbeitet er längsschnittlich mit Befragungen in einem Zeitrahmen von zwei Jahren, um biografische Entwicklungen, wie z. B. auch die Distanzierung vom Rechtsextremismus, rekonstruieren zu können – damit stellt er eine große Ausnahme auf dem Gebiet der Rechtsextremismusforschung dar, in der in der Regel werden hier biografische Verläufe im Rückblick aus Interviewmaterial erschlossen. Desweiteren bezieht er beide Geschlechter in seine Untersuchung mit ein, um Geschlechtsspezifik durch den tatsächlichen Vergleich zwischen Mädchen und Jungen empirisch fassen zu können. Dabei bemängelt er insbesondere ein Fehlen geschlechtsspezifischer Fragestellungen in Bezug auf männliche Jugendliche in der bisherigen Forschung. Schließlich befragt er explizit auch Jugendliche mit Migrationshintergrund, deren Einstellungen von der Rechtsextremismusforschung bislang venachlässigt worden sind.

Empirisch unterscheidet er für die männlichen Jugendlichen zwei Formen rechtsextremer Orientierungen, Ungleichheitsvorstellungen, die mit Gewaltakzeptanz verbunden sind, und Ungleichheitsvorstellungen mit gleichzeitiger Ablehnung direkter Gewaltanwendung. Die erstere findet er in Verbindung mit dem Bedürfnis nach maskulinistischer Inszenierung und dem Eingebundensein in Cliquen und Subkulturen(ebd., S.327). Realitätskontrollsüchtige Selbstbehauptung und der gemeinsame Konsum von Alkohol spielten für diese männlichen Jugendlichen eine große Rolle. Diejenigen Jugendlichen, die zwar Ungleichheit befürworten, aber Gewalt ablehnen, sind angepasster, als die erste Gruppe, sie sind gut integriert, fallen nicht auf beispielsweise durch Alkoholexzesse in Cliquen und betonen die Werte der Erwachsenengesellschaft wie Konsum und Leistung. Für Mädchen stellt Möller allgemein eine geringer Gewaltakzeptanz fest, daneben seien Mädchen weniger in Cliquen integriert, nähmen in ihnen nur eine randständige Position ein. Häufig sei bei ihnen die Begründung von Ungleichheitsideologie durch die Klage über sexuelle Belästigung bzw. „Anmache" durch nichtdeutsche Männer anzutreffen. Auf die Streitfrage, ob es sich dabei um gesellschafts- und geschlechtskonforme „Orientierungsbegründungen im Nachhinein" (Horn-Metzger & Riegel (1995, S.107f) handelt und ob nicht ganz ähnliche Aussagen über Anmache bei jungen Männern zu finden sind, nur eben in der Form „die nehmen uns die Frauen weg", geht Möller nicht ein.

Hervorzuheben an der Studie ist, dass Möller neben diesen Faktoren, die zur Hinwendung zu rechtsextremen Orientierungen führen, im Längsschnitt auch Faktoren herausarbeitet, die eine Distanzierung befördern (ebd. S.345f). Die größte Rolle spielen dabei positive Veränderungen im sozialen Umfeld, sei es eine Verbesserung der Beziehung zu den Eltern, die Entwicklung eines unterstützenden Freundeskreises oder auch die Einflüsse eines demokratischen Schulklimas. Insbesondere förderlich ist das Erleben von eigener Handlungsfähigkeit in Beziehungen, in denen wechselseitige Anerkennung vorherrscht. Als weiterer Faktor streicht Möller die Bedeutung positiv erlebter multinationaler Kontakte heraus. Daneben differenziert er einige die Distanzierung fördernde Faktoren nach Geschlecht. Bei Mädchen hebt er insbesondere den besonders starken Einfluss heraus, die eine Entspannung konfliktreicher Situationen im Elternhaus auf die Distanzierung vom Rechtsextremismus haben kann (ebd., S.360f). Daneben stellt er eine stärkere Wirkung von Medienberichten über gewalttätige Anschläge auf Mädchen fest, die sich heftiger moralisch entrüsten und sich häufiger in Folge der Berichterstattung von Rechtsextremismus distanzieren.

Einen besonderen geschlechtsspezifischen Faktor sieht er bei Mädchen im Wechsel von Beziehungspartnern, mit einem neuen Freund, der keinen Bezug zur rechtsextremen Szene hat, ändert sich oft die gesamte Haltung der Mädchen. Diese starke Anpassung an die Einstellungen des Mannes diskutieren auch Thürmer-Rohr

(1984) und Mitscherlich-Nielsen (1988). Hopf & Hartwig (2001) und Keller (2001) sind dieser Anpassung für die in dieser Arbeit befragten jungen Frauen näher nachgegangen. Als geschlechtsspezifische Distanzierungsfaktoren bei Jungen stellt Möller schließlich die Ablösung aus rechtsextremen Cliquen und die Umorientierung hin zu potentiellen weiblichen Sexualpartnerinnen fest (Möller 2000, S.349f).

Insgesamt ist die methodische Vorgehensweise von Möllers Studie positiv hervorzuheben, der empirische Vergleich der beiden Geschlechter, das längsschnittliche Vorgehen und die Einbeziehung von Jugendlichen mit Migrationshintergrund. Eher geringen Raum nimmt dagegen die Reflexion von Geschlecht und Ethnizität ein, als Folge repliziert Möller eine Reihe von „geschlechtsspezifischen" Klischees, wie beispielsweise die Entstehung von rechtsextremen Orientierung von Mädchen aus dem unmittelbaren und individuellen Erleben von sexueller Belästigung durch nichtdeutsche Männer. Interessant ist die große Wirkung des sozialen Umfeldes auf die Entwicklung von politischen Orientierungen, insbesondere von Cliquen, hier ist weiter zu fragen, wieweit dieses Ergebnis in seiner Deutlichkeit auch auf das vergleichweise junge Alter der befragten Jugendlichen zurückzuführen ist.

3.2.3 Schlussfolgerndes Summary

1. Dass das traditionelle Frauenbild der Rechten besondere Anziehung auf Frauen ausübt, lässt sich in keiner Studie bestätigen. Im Gegenteil, die von Skrzydlo u. a. (1992) befragten Republikanerinnen lehnen überwiegend die frauenpolitischen Thesen ihrer Partei ab. Auch für die Republikanerinnen in der Studie von Büchner (1995) sind Ausländer- und Asylpolitik ausschlaggebend, sich in der Partei zu engagieren, Frauenthemen sind Randthemen für sie, in denen sie ebenfalls den Positionen ihrer Partei kritisch gegenüber stehen. Noch weiter geht Bitzan (2000) in ihrer Analyse, sie weist an Publikationen von Frauen aus dem rechtsextremen Spektrum nach, dass diese häufig Positionen vertreten, die sich teilweise mit feministischen Positionen überschneiden, für Frauen wird Gleichberechtigung und Gleichstellung gefordert. Diese Forderung bezieht sich aber nur auf die deutsche Frau.

Schließlich hat Siller (1997) aus ihrer Untersuchung geschlossen, dass diejenigen Frauen, die Geschlechterrollen, wie sie es nennt, „polarisiert' leben, also sich entweder ganz an ein traditionelles Ideal von Männlichkeit oder ganz an herkömmliche Weiblichkeitsbilder anpassen, eher rechtsextreme Thesen vertreten. In den Studien mit Auszubildenden hat sich insgesamt gezeigt, dass die überkommene Hausfrauenrolle von jungen Frauen nicht akzeptiert wird, die meisten jungen Frauen wünschen sich, unabhängig von ihrer politischen Orientierung, Beruf und Familie miteinander zu verbinden.

Das Klischeebild von der „am braunen Netz strickenden" trauten Frau, die „fürs vierte Reich häkelt", und die ihrem starken Mann nur „Kampfgefährtin" sein mag – „kämpfen und siegen lässt", kann als von der Empirie ins Reich der Spekulationen und wissenschaftlichen Mythen verwiesen werden. Siller (1997) fügt kritisch hinzu, dass dieses Bild selbst an „Weiblichkeitsstereotype gebunden bleibt" – und m. E. aus diesen Stereotypen immer wieder Plausibilität bezieht, so dass es trotz gegenteiliger empirischer Ergebnisse weiter fortbesteht:

> *„Solche Vermutungen über die Herangehensweisen von Frauen an rechtsextremistische Ideologien aus den Bedingtheiten und/oder der Befürwortung der traditionellen weiblichen Geschlechtsrolle heraus bleiben in ihrem Kern selbst gebunden an Weiblichkeitsstereotype, die sich mit dem politischen Selbstverständnis von Frauen und ihren Motiven für rechtsextremistische Reaktionen nicht decken."* (Siller 1997, S.33)

2. Auf Dimensionen, die sich auf Nationalgefühl und auf die Einstellung zu Gewalt beziehen, äußern sich Frauen weniger nationalistisch und weniger gewaltunterstützend. Dagegen zeigen sie bei Items und Fragen, die sich auf Migranten und Migrantinnen beziehen, im Durchschnitt die gleiche negative Einstellung wie bei Männern. Dies hat zur Folge, dass, wenn Rechtsextremismus als kombiniertes Syndrom aus diesen drei (bzw. noch weiteren) Dimensionen gesehen wird, Frauen insgesamt eine geringere rechtsextreme Einstellung zugeschrieben wird.

So werden Frauen in ihrer Mehrheit in den beiden empirischen Untersuchungen, die geschlechtervergleichend arbeiten, den Kategorien „Autoritarismus" (bei Utzmann-Krombholz) und „naturalistischen Ungleichheitsideologien" (bei Birsl) zugeordnet, dagegen in einem zum Prozentanteil der Männer vergleichbar niedrigem Anteil der expliziten Kategorie „Rechtsextremismus". Dies ist in beiden Untersuchungen darauf zurückzuführen, dass Frauen häufig zwar rassistisch-diskriminierenden Äußerungen zustimmen, aber die anderen Definitionskriterien für Rechtsextremismus – Zustimmung zu Gewalt und extremer Nationalismus – jeweils nicht erfüllen.

3. Einige Ergebnisse deuten darauf hin, dass Orientierungen sich nicht unmittelbar kausal aus „Erfahrungen", bzw. aus „geschlechtsspezifischen Erfahrungen" ergeben. An einigen Stellen deuten die Autorinnen die Aussagen ihrer Interviewpartnerinnen als Widerspiegelung verbreiteter sozialer Repräsentationen. Vor allem in Büchners Konzept der „verfolgenden Opfer" wird deutlich, dass die von ihr befragten Republikanerinnen sich v. a. in ihrer Rolle als Frauen nicht diskriminiert sehen.

Eigene Opfererfahrungen werden nicht erzählt, die Frauen stellen sich eher als Anwältinnen der „wirklichen" Opfer wie z. B. SozialhilfeempfängerInnen mit deutscher Staatsangehörigkeit dar. Ähnliches lässt sich für das Argument feststellen, tatsächlich selbst erfahrene Ängste vor sexualisierter Gewalt würden sich bei Frauen in rechtsextremistische Orientierungen umwandeln. Zwar finden quantitative Untersuchungen wie die von Birsl und Utzmann-Krombholz jeweils eine hohe Zustimmung zu Items wie „ausländische Männer machen deutsche Frauen an", in qualitativen Befragungen werden jedoch kaum eigene Belästigungserfahrungen erzählt. Schließlich weist Siller deutlich darauf hin, dass hier sozial verbreitete Stereotype einen starken Einfluss auf die Interpretation eigener „Erfahrung" haben können:

> *„Während Belästigungen durch deutsche Männer als vereinzelte Ausfallerscheinungen unter Alkoholeinfluß beschrieben und entschuldigt werden, bestätigen vereinzelte schlechte Erfahrungen mit ausländischen Männern (...) dann nur das, was wir unser Leben lang schon gehört haben." (Siller 1994a, S.153)*

Birsl (1994a) und Siller (1997) haben in ihren Untersuchungen zwar jeweils gezeigt, dass Frauen, die für sich wenige Optionen in der Lebensgestaltung sehen und die sich eher an Geschlechterrollenstereotype – sei es nun das weibliche oder auch das männliche – anpassen, mehr zu rechtsextremen Orientierungen neigen. Nun spricht diese Koinzidenz nicht unbedingt für eine Kausalität im Sinne ihres Ansatzes, dass sich aus Lebenslagen unmittelbar Orientierungen ergeben. Die Interpretation, dass ähnliche Denk- und Argumentationsmuster – entweder poralisierend oder ambivalent – in unterschiedlichen Bereichen wie Lebensgestaltung, Umgang mit Geschlechterrollen und auch politischen Fragen jeweils vorherrschen, ist jedoch ebenso möglich.

4. Die Auszubildendenstudien (Birsl 1994a, Utzmann-Krombholz 1994) haben für eine Mehrheit der Befragten sowohl weiblichen wie auch männlichen Geschlechts eine weite Verbreitung v. a. von „ausländerfeindlichen" Orientierungen gefunden, nur einen Minderheit äußerte sich jeweils nicht „ausländerfeindlich". Auch Ottens kommt in ihrer Zusammenschau empirischer Untersuchungen zu der Schlussfolgerung:

> *„Fremdenfeindlichkeit und rechtsextreme Affinitäten sind keine Randerscheinungen, die nur eine kleine Gruppe rechter Aktivistinnen betreffen" (1997, S.186).*

Dies spricht eher gegen Theorien, die danach fragen, wie unter Ausnahmebedingungen von Randgruppen der Gesellschaft „Ausländerfeindlichkeit" erworben wird, sondern für Rassismustheorien, die davon ausgehen, dass rassistische Diskriminierung historisch, kulturell und sozialstrukturell (vgl. Kap. 2.1.4) verankert ist. Diese Theorien gehen nun davon aus, dass von eine Bevölkerungsmehrheit diese Strukturen nicht kritisch hinterfragt, sondern in der Argumentation reproduziert und legitimiert werden. Möller (2000) greift diese Sichtweise auf, wenn er nach Faktoren fragt, die Distanzierung von Rechtsextremismus befördern.

Auffällig an diesen Studien ist, dass sich Männer und Frauen in Hinblick auf die Dimension „Ausländerfeindlichkeit" kaum unterscheiden, in diesem Zusammenhang scheint der Hinweis von Ottens wichtig, Gemeinsamkeiten zwischen den Geschlechtern nicht aus den Augen zu verlieren: „Gerade indem die feministische Rechtsextremismusorschung sich auf die Analyse der Äußerungsformen und Motive bei Frauen konzentriert, läuft sie Gefahr, Geschlechterunterschiede überzubetonen und Frauen Besonderheiten zu unterstellen, die sich in einem Geschlechtervergleich vielleicht gar nicht als Spezifikum bei Frauen erweisen würden." (1997, S.209)

5. Aus anderen Studien gibt es eine Reihe von Hinweisen auf einen systematischen Einfluss von Bildung und sozialem Status auf Rechtsextremismus (vgl. W. Hopf 1994), Auszubildendenstudien wie die von Birsl oder Utzmann-Krombholz haben nun damit zu kämpfen, dass für junge Frauen die Zugangsvoraussetzungen zu Lehrstellen höher sind, d. h. vergleichsweise mehr weibliche Auszubildende Fachschulen, Realschulen oder gar Gymnasien besucht haben (vgl. Birsl 1994a, S. 318). Wenn nun, wie in diesen beiden Studien bei Frauen eine geringere Zustimmung zu Items festgestellt wird, die mit Rechtsextremismus in Verbindung gebracht werden, festgestellt wird, ob dies tatsächlich am Geschlecht oder eher an den unterschiedlichen Bildungsbiographien liegt. Auch Siller, die als wichtiges Unterscheidungskriterium zwischen rechtsextremen und nicht rechtsextremen Frauen deren Ambivalenztoleranz gegenüber Konflikten findet, räumt ein, dass hinter diesen Unterschieden letztlich soziologische, v. a. schichtspezifische, Unterschiede stehen könnten: Diese Einflussfaktoren sind jedoch bislang zu wenig untersucht, ebenso wie sich auch hier die Beschränkung auf einen traditionellen „racism" in der Bestimmung von „Ausländerfeindlichkeit" oder „Fremdenfeindlichkeit" in der deutschen Rechtsextremismusforschung bemerkbar macht. Mit den bisherigen Fragestellungen und den bislang zum Einsatz gekommenen Items findet immer auch eine Konzentration auf diskriminierende Einstellungen der Unterschicht und unteren Mittelschicht statt. Hierzu kommen Hinweise von Büchner (1995, S.45) und Siller (1997,

S. 233), dass auch die politischen Traditionen in der Herkunftsfamilie eine große Rolle spielen können.

6. Ethnizititätskonstruktionen werden von keiner der Autorinnen kritisch reflektiert. In den Untersuchungen von Funktionärinnen der Republikaner ergibt sich aus der Fragestellung unmittelbar, dass nur deutsche Frauen befragt werden können. In den Auszubildendenstudien haben die Forscherinnen sich mit Ausnahme der neuesten Studie von Möller (2000) ebenfalls auf deutsche Jugendliche ohne Migrationshintergrund beschränkt, ohne jedoch diese Entscheidung zu begründen. Dass die Fragestellungen der Untersuchungen den Befragten nahelegen, Unterscheidungen zwischen Deutschen und Ausländern weiter zu reproduzieren und sie nicht in Frage zu stellen, liegt nahe.

4   Zur Fragestellung

4.1   Geschlecht in den Interviews: Überprüfung der Hypothesen der Forschung zum „weiblichen" und zum „männlichen" Rechtsextremismus

Insgesamt werden von allen Autorinnen und Autoren unabhängig von ihrer theoretischen Provenienz sehr ähnliche Thesen über frauenspezifische Lebenslagen – und daraus folgende frauenspezifische rechtsextreme Orientierungen – verteten, die sich folgendermaßen zusammenfassen lassen – und an den Antworten der Frauen der Hildesheimer Studie zu prüfen sind:

1. Die erlittene sexuelle Gewalt vonseiten der eigenen (deutschen) Männer werde auf Fremde projiziert (vgl. z. B. Holzkamp & Rommelspacher 1991, Möller 1995, kritisch dazu: Horn-Metzger & Riegel 1995). Sexuelle Gewalt und Frauenunterdrückung werde verstärkt bei ausländischen Männern problematisiert, ursprünglich aus einer feministischen Tradition stammende Argumente können so ethnozentrisch gewendet werden, wenn Emanzipation ausschließlich als Problem der ausländischen Frauen betrachtet wird (vgl. Rommelspacher 1994, 1995a) und deutsche Frauen sich und ihre Männer als nicht betroffen ausschließen.

2. Die erhöhte Kriminalitätsangst von Frauen mache Frauen empfänglicher für rechtsextreme Argumente, die sich gegen die so bezeichnete „Ausländerkriminalität" richten (vgl. z. B. Möller 1991, Utzmann-Krombholz 1994).

3. Aufgrund eines frauenspezifischen Modernisierungskonfliktes, der Schwierigkeit der Vereinbarung von Familie und Erwerbsarbeit, könnten rechtsextreme frauenpolitische Vorstellungen bei vielen Frauen auf fruchtbaren Boden fallen (vgl. z. B. Oltmanns 1990, Möller 1991, Siller 1991, Birsl 1992, kritisch dazu: Skrzydlo u. a. 1992, Utzmann-Krombholz 1994, Siller 1997). Gleichzeitig könne Ergebnis einer doppelten Sozialisation von Frauen auf Familie und Beruf auch ein Rollenkonflikt sein, der bei Frauen zur Übernahme von „männlichen"

Werten und Rollenmustern führen können – und damit auch zur Übernahme von „männlichen" Ausgrenzungs- und Konkurrenzverhalten bis hin zu Gewalttätigkeit (vgl. z. B. Siller 1991, Utzmann-Krombholz 1994, Möller 1995).

Interessant ist dabei, dass die Hypothesen über die Art des Zusammenhangs zwischen jeweiliger „weiblicher" Lebenserfahrung und jeweiliger Ausprägung von politischer Orientierung oft in verschiedene Richtungen gehen, zum Teil sogar widersprüchlich sind. So wird aus der Diskriminierungserfahrung von Frauen und ihrer Gefährdung durch sexuelle Gewalt auf der einen Seite auf die Möglichkeit von größerer Empathie mit anderen Benachteiligten der Gesellschaft geschlossen (vgl. z. B. Wobbe 1994), zum anderen kann aber aus eben derselben Erfahrung die Projektion der Gewalt des eigenen „deutschen" Mannes auf den „fremden" Mann als frauenspezifische rechtsextreme Haltung gefolgert werden. Ähnlich kann der Argumentationsstrang „weibliche Moral" zur Stützung der These von der geringeren Neigung von Frauen zu rechtsextremen Orientierungen herangezogen werden (vgl. z. B. Mitscherlich-Nielsen 1988, Däubler-Gmelin & Kießler 1990) aber auch im gegenteiligen Sinne frauenspezifisches ausgrenzendes ethnozentrisches Verhalten erklären wollen (vgl. Holzkamp & Rommelspacher 1991).

Wie oben bereits erwähnt setzen sich weit weniger Ansätze zur Geschlechtsspezifik von rechtsextremen Orientierungen mit dem Zusammenhang von Männlichkeit und Rechtsextremismus auseinander. Als für Männer spezifische Lebenslagen und „männerspezifische" Orientierungen, von denen angenommen wird, dass sie von Frauen weniger häufig vertreten werden, werden in der Literatur genannt:

1. Die Konkurrenz mit Ausländern um Arbeitsplätze und Wohnungen, Zuständigkeitsbereiche von Männern aufgrund von geschlechtsspezifischer Arbeitsteilung, führe dazu, dass Männer Ethnozentrismus eher ökonomistisch begründen (vgl. z. B. Möller 1995, Siller 1995).
2. Kämpfe um die Besetzung von und Präsenz in innerstädtischen „Territorien" seien traditionell der Zuständigkeitsbereich von Männern, insbesondere von männlichen Jugendlichen (vgl. z. B. Cohen 1994, Möller 1995).
3. Konkurrenz um Frauen und der Kampf um männliche Hegemonie seien ebenfalls fast ausschließlich Themen ethnozentrischer Argumentationen von Männern (vgl. z. B. Möller 1995)

Zu fragen ist nun, wieweit auch Argumentationsstrukturen, die um Ökonomie, Territorialität und männliche Konkurrenz um Frauen kreisen, und die Männern zugeschrieben werden, nicht auch in den Interviews von Frauen zu finden sind.

4.2 Verknüpfung theoretischer Perspektiven – Rechtsextremismusforschung und angloamerikanische Rassismusdiskussion: Konkrete Fragen

Wie in Kapitel 2 deutlich wurde, unterscheiden sich die Herangehensweisen an den Forschungsgegenstand deutlich, je nachdem welchem Theoriestrang – „Rechtsextremismus" oder „Rassismus" gefolgt wird. Aus beiden Perspektiven – ebenso wie aus dem Versuch einer Verknüpfung – lassen sich jedoch Fragen an das empirische Material stellen.

Aus Perspektive der Rechtsextremismusforschung sind folgende Grundfragen an die Interviews zu richten:

1. Wie formulieren die Frauen ihr Verhältnis zu Staat und Demokratie? Gibt es Anzeichen für eine rechte Demokratiefeindlichkeit im Sinne eines Rufs nach einer starken Hand?
2. Welche Rolle spielt Gewalt – zum einen in den Argumentationen der Frauen, zum anderen in ihrem Alltagshandeln?
3. Wie stehen die einzelnen Befragten zum organisierten Rechtsextremismus – zu den Parteien der extremen Rechten und zu Mitgliedern rechtsextremer Jugendcliquen? Welchen Begriff von Rechtsextremismus haben sie, und wie positionieren sie sich zu Rechtsextremismus, bzw. expliziten Rechtsextremen?

Aus der Hinzunahme einer Rassismusperspektive folgen diese Fragen:

1. Formulieren die Befragten Kritik an struktureller Diskriminierung?
2. Wie verhalten sich die Frauen zu rassistisch ausgrenzenden Strukturen und wie gehen sie mit verbreiteten Feindbildern um?
3. Wieweit sind in Fragestellung und Konzeption der Studie unhinterfragt Vorstellungen von Ethnizität mit eingeflossen?

In der Auseinandersetzung mit aktuellen Theorieentwürfen zum jugendlichen Rechtsextremismus habe ich folgende Fragestellungen an das empirische Material entwickelt:

1. Wo sind Hinweise auf den Einfluss situationaler Faktoren auf rechtsextremes Gewalthandeln zu sehen? Welche Rolle könnte das Eingebundensein bzw. das Nichteingebundensein in einer männerdominierte Gleichaltrigenclique für rechtsextreme Gewalttäter spielen?
2. Wie können Forschungsperspektiven ergänzt werden, die ihren Schwerpunkt auf individuelle Entwicklungsverläufe setzen? Wie ist es möglich, Einflüsse von „politischer Kultur", der Geschichte und Gegenwart von Einwanderung in der Bundesrepublik Deutschland auf die individuell geäußerten Einstellungen zu erfassen?

Diese Frage führt zu Ideen und Konzepten aus der angloamerikanischen Rassismusforschung:

1. Inwieweit entsprechen die Äußerungen in den Interviews sozialen Standards, die die Zugehörigkeit zur Gruppe der Deutschen regeln und Privilegien dieser Gruppe rechtfertigen? Welche Rolle spielen zentrale Themen des Migrationsdiskurses – erstens der Zugang zu Arbeitsplätzen, zweitens Staatsbürgerrechte und drittens Kultur?
2. Welche Art des Urteilens herrscht in der Rede über die „Anderen" vor? Lassen sich Prinzipien wie Dichotomie zwischen gut und böse, Alteroreferenzialität oder Entindividualisierung der Mitglieder der Fremdgruppe auch in den vorliegenden Interviews finden?
3. Wenn Einstellungen über „Ausländer" in erster Linie der Festigung der eigenen Gruppenidentität dienen, wie kann Alltagshandeln und die Gestaltung von Beziehungen zu „Ausländern" auf dem Hintergrund vorherrschender Negativbilder aussehen?
4. Finden sich Hinweise auf die oberflächliche Tabuisierung von Rechtsextremismus und Rassismus in den Interviews? Entwickeln sich deshalb neue Äußerungsformen ähnlich zum modernen oder aversiven Rassismus in den USA?
5. Welche Wege gibt es für die Befragten, sich kritisch mit vorherrschenden Negativbildern auseinanderzusetzen?

Die bisherigen Fragestellungen und Ergebnisse der Frauen und Rechtsextremismus Forschung werfen weiteren Fragen auf:

1. Wie ist das Verhältnis der Frauen zu Gewalt und Nation zu spezifizieren?
2. Wie wirken Erfahrung und Einstellung in der Begegnung mit MigrantInnen aufeinander ein? Wieweit sprechen die Frauen von eigenen Opfererfahrungen und wieweit dient eine Opferrhetorik der Rechtfertigung von diskriminierenden Maßnahmen? Wo beeinflussen Themen der politischen Diskussion individuelle Wahrnehmung und wo werden verbreitete Klischees durch sich widersprechende Erfahrungen gebrochen?
3. Gibt es in Deutschland Argumentationsmuster, die entsprechend dem modernen Rassismus in den USA, oberflächlich sich von vorurteilshafter Rede distanzieren, aber gleichzeitig weiter fortbestehende Diskriminierung legitimieren?

5   Methodisches Vorgehen

5.1   Zur Wahl der Methode

Für die vorliegende Untersuchung wurden mit 24 weiblichen Auszubildenden jeweils drei teilstandardisierte bzw. teilstrukturierte Interviews (zur Terminologie vgl. Hopf 1991) geführt.[24] Weitgehender Konsens besteht über folgende Stärken qualitativer Methoden: Offenheit für neue, auch überraschende Ergebnisse und Nützlichkeit bei der Exploration gänzlich neuer Forschungsfelder betont (vgl. z. B. Hopf 1978, Lamnek 1995, Oswald 1997). Nun stellt die Rechtsextremismusforschung in Deutschland gerade kein neues Feld dar, auf der erste Schritte zur Orientierung gewagt werden müssten, eher ist das Gegenteil der Fall. Rechtsextremismus ist ein Trend- und Modethema der 80er und 90er Jahre, die Zahl der Publikationen zum Thema ist kaum mehr zu überblicken. Die extreme Rechte wird in erster Linie als „soziales Problem" betrachtet und beforscht. Um Definitionen, Ursachenanalysen und daraus zu folgernde Gegenstrategien werden in Politik und Medien Auseinandersetzungen geführt. Wechselseitig greifen hier wissenschaftliche Diskurse und Alltagsdiskurse ineinander und beeinflussen sich, was die Definition des eigentlichen Gegenstands und ein theoretisches Verstehen nicht einfacher macht.

Auf dem Forschungsfeld herrscht gleichzeitig ein erhebliches Theoriedefizit. Nun denke ich, dass sich qualitative Forschung gerade auch dort anbietet, wo viele unterschiedliche, sich jedoch nicht aufeinander beziehende Theoriefragmente und theoretische Spekulationen im Umlauf sind. Gerade im Forschungsfeld Rechtsextremismus tendieren Alltagsverständnis und eigene politische Positionierung dazu, direkt in die Fragestellungen mit einzugehen. Die meisten im Umlauf befindlichen Fragebögen grenzen eng ein und strukturieren vor, was von den Befragten als „Problem" gesehen werden kann. Ein Beispiel: Der häufig in Befragungen verwendete Begriff „Ausländer" stellt keine neutrale Beschreibung einer Gruppe von Personen dar, sondern spiegelt eine bestimmte politische Auffassung verbunden mit

---

24   Am von der DFG geförderten Projekt „Soziale Beziehungen in der Familie, geschlechtsspezifische Sozialisation und die Herausbildung rechtsextremer Orientierungen" arbeiteten Christel Hopf, Esther Burkert, Myriam Hartwig, Kathrin Keller, Anne Nöll, Marianne Olliges und Marlene Silzer.

Diskriminierungspraxen wider.[25] Wird nun weiter, wie es häufig geschieht, nach der Zustimmung zu einem item wie „Ausländer raus" gefragt (z. B. in Birsl 1994a oder Utzmann-Krombholz 1994) – oder die Frage gestellt, ob „die Ausländer uns die Arbeitsplätze wegnehmen" (ebd.), dann wird von den Befragten bereits eine Unterscheidung zwischen uns Deutschen und „den" Ausländern gefordert und Bleiberecht bzw. der Zugang zur Arbeitsplätzen für MigrantInnen diskursiv zur Disposition gestellt. Es bleibt den Befragten nur noch die Möglichkeit, die vorgegebenen Problembeschreibungen, Kategorien und Begriffe für ihre Antwort zu übernehmen oder aber sich der Restkategorie „Weiß nicht / keine Antwort" anzuschließen.

Für die Fragestellung dieser Studie wurden deshalb teilstandardisierte Interviews gewählt. Bestimmte Themenblöcke waren zwar für jede Interviewte vorgesehen, es kam für die Interviewenden jedoch darauf an, die von den Befragten selbst gewählten Begrifflichkeiten durch gezielte Nachfragen zu vertiefen. Gerade an dem Punkt, an dem Vorabkategorien nicht mehr passen und die von den ForscherInnen in der Fragebogenkonstruktion vorgenommenen Eingrenzungen und Vorstrukturierungen nicht akzeptiert werden, beginnt neue Theoriebildung. Es kommt darauf an, selbstkritisch am Material vor allem auch diejenigen Informationen aufzunehmen, die den eigenen Vorannahmen und Begrifflichkeiten widersprechen. Verunsichert zu werden, sich überraschen zu lassen und auf die Widersprüche zwischen eigener Theorie und Empirie gestoßen zu werden, darin besteht eine wichtige Erkenntnisquelle, die gerade bei Interviewmaterial reichlich vorhanden ist, wenn die Fragen an die Interviewten nicht zu eng vorstrukturiert und die Interviewer darauf achten, sich auf die Begriffe und subjektiven Relevanzen der Befragten einzulassen (vgl. hierzu Hopf 1996).

Was nun die Zielgruppe dieser Untersuchung betrifft – junge Frauen in Ausbildung, deren Selbstverortung vor rechtsextremer Ideologie und rassistischen Diskrimierungsstrukturen erfragt werden sollte – waren zum Zeitpunkt der Untersuchung unterschiedlichste Spekulationen geäußert und erste Theorieentwürfe versucht worden. Die empirische Basis war jedoch äußerst dünn und kaum tragend. Vorrangige Streitfrage war, wieweit die Aussagen, die die Forschung über Rechtsextremismus bei Männern machte, auch auf Frauen übertragbar seien(vgl. Möller 1991, Birsl 1992, Rommelspacher 1994). Auch hier besteht die Gefahr, dass vorherige Spekulationen mit der Methode unhinterfragt an die Befragten herangetragen

---

25 Wie unscharf der Begriff „Ausländer" ist, und dass er keineswegs, wie es der wörtliche Sinn suggeriert, auf alle Personen ohne deutsche Staatsangehörigkeit bezogen wird, sondern in erster Linie auf die Angehörigen diskriminierter Gruppen, zeigt u. a. Cinar 1999. So wird mittlerweile häufig vermieden, von „Ausländern" zu sprechen, stattdessen ist die Rede von „MigrantInnen".

werden. Frage ich beispielsweise nach der Klischeevorstellung von der Migrantin „Frau mit Kopftuch" und der Haltung dazu, so werde ich das gesuchte Klischee auch im von mir mitproduzierten Material wiederfinden. Lamnek (1995, S.64) fordert in diesem Zusammenhang zu „Zurückhaltung durch den Forscher" auf, die das „Relevanzsystem der Betroffenen" aufscheinen ließe.

Einige Autoren in der methodologischen Diskussion (z. B. Bohnsack 1991) bestehen darauf, sich ohne jegliche theoretische Vorannahmen dem Forschungsgegenstand zu nähern, um Voreingenommenheiten zu verhindern. Ein solcher methodologischer Standpunkt würde es unmöglich machen, Leitfragen für Interviews im Voraus auszuformulieren, da diese immer schon Vorwissen an den Gegenstand herantragen. Hopf (1996) widerspricht einem solchen Standpunkt. Sie weist zum einen darauf hin, dass es illusorisch ist, jegliches Vorabwissen zu „vergessen", die angestrebte Voraussetzungslosigkeit sei rein fiktiv. Implizite Vorannahmen seien in keiner Untersuchung auszuschließen, als Konsequenz seien die ohnehin bestehenden Vorannahmen soweit wie möglich theoretisch zu explizieren. Zum anderen fordert Hopf (1996) erkenntnis"optimistisch" dazu auf, Vertrauen in die eigene Kritikfähigkeit zu setzen, Wissenschaftler und Wissenschaftlerinnen seien durchaus in der Lage, widersprüchliche Fälle zur Kenntnis zu nehmen und die eigenen Standpunkte zu revidieren.

Am Anfang der vorliegenden Untersuchung stand deshalb, neben ersten Schritten der Exploration im Feld, die Auseinandersetzung mit der theoretischen Literatur und den Ergebnissen der Vorläuferstudie (Hopf u.a. 1995). Die Erkenntnisse daraus gingen bereits in die Formulierung der Interviewleitfäden mit ein. Die Wahl fiel auf teilstrukturierte Interviews mit flexibel handhabbaren Nachfragen, in die zum einen theoretische Fragestellungen miteingegangen sind, die aber zum anderen auch die notwendige Offenheit bieten, um subjektiven Sichtweisen und Deutungen auf die Spur zu kommen.

Schließlich ging es in der Arbeit darum, nicht nur Meinungsäußerungen zu erheben, sondern auch nach der praktischen Relevanz politischer Orientierungen zu fragen. Diese wird gemeinhin lediglich untersucht, wenn sich Frauen in den Parteien der extremen Rechten organisieren (vgl. Skrzydlo, Thile & Wohllaib 1992, Büchner 1994) oder Mitglieder gewalttätiger Jugendcliquen sind (vgl. Köttig 2001), über das Alltagshandeln von Frauen gegenüber diskriminierten Bevölkerungsgruppen ist jedoch kaum Wissen vorhanden. So ausgetreten die Hauptpfade der Rechtsextremismusforschung auch sein mögen, gibt es gleichzeitig auch Neuland zu erkunden. Auch hier ist das Interview Methode der Wahl, zumal, da es besonders geeignet ist, nach Handlungen zu fragen. Die tatsächlichen Handlungen können damit nicht erhoben werden, es handelt sich um subjektive Schilderungen subjektiv für erzählrelevant gehaltener ausgewählter Handlungen, hierauf weist auch Rieker (1997) hin. Dennoch ist zu hoffen, mit einem teilstrukturiertem Interview dem tatsächlichen Handeln näher zu kommen. Zudem können im Interview mehrere Ebenen erfragt werden: kognitive Einstellungen, aber auch ihre subjektiven Begründungen, verbunden mit Beispielen und Verhaltensweisen aus dem Alltag der Befragten.

Diskutiert wird nun in der Literatur, welchen Stellenwert die Ergebnisse qualitativer Forschung haben können. Konsens besteht über die Nützlichkeit der Exploration eines neuen Forschungsfeldes durch qualitative Methodik und dass damit aus dem „Material" wichtige Impulse für eine weitere Theoriebildung gewonnen werden können. Weiter geht hier Hopf (1996), die fragt, inwieweit auch Hypothesen mit qualitativer Methodik geprüft werden können. Hierbei komme es auf die Art der Hypothesen an: Bestimmte Hypothesen, z. B. über Verteilungen im nationalem Rahmen oder über Zusammenhänge zwischen Variablen in ausgewählten Gesellschaften, könnten nur über repräsentative Untersuchungen mit quantitativen Verfahren geprüft werden. Es gebe aber auch Hypothesen, wie beispielsweise „Hypothesen über vorherrschende Muster der Deutung und Orientierung in spezifischen sozialen Einheiten", die nur mit qualitativen Verfahren ausdifferenziert und weiterentwickelt werden könnten (ebd., S.11f).

5.2   Schritte der Erhebung

In einer ersten Phase ging es darum, Interviewleitfäden zu erarbeiten. Gleichzeitig wurde die Stichprobe ausgewählt und die Befragten wurden angesprochen. In einem nächsten Schritt wurden die Interviews geführt. Dabei gewonnene Erkenntnisse gingen in die Weiterentwicklung der Leitfäden ein. Schließlich wurden die auf Tonbandkassetten aufgenommenen Interviews transkribiert, korrekturgelesen und anonymisiert.

5.2.1 Konstruktion der Interviewleitfäden

Zur Entwicklung der Interviewleitfäden standen als Vorgabe die Interviewleitfäden der vorausgegangenen Studie mit jungen männlichen Auszubildenden zur Verfügung (vgl. Hopf u. a. 1995, für das dritte Interview Rieker 1997). Gleichzeitig griffen wir auf die aktuelle Literatur zum Rechtsextremismus von Frauen zurück. Ziel war auf der einen Seite eine Vergleichbarkeit der Interviews sowohl untereinander als auch mit denen der Stichprobe junger Männer zu erhalten, auf der anderen Seite sollten die Interviews aber auch offen gehalten werden für subjektive Einschätzungen, Begriffe und Strukturierungen. Wir folgten der vorhergehenden Studie, indem auch wir teilstrukturierte Interviews wählten, für die wir Leitfäden konzipierten, die im Forschungsprozess sowohl nach einigen Probeinterviews als auch nach den Interviewerfahrungen während der Studie jeweils fortlaufend überarbeitet wurden. Wir bestimmten Themenblöcke, die im Interview behandelt werden sollten, die Reihenfolge und Wortwahl war hierbei jedoch relativ beliebig und sollte sich dem Gesprächsfluss der Interviewten anpassen. Insgesamt wurden drei Leitfäden gestaltet, für jeden der geplanten drei Interviewtermine einer.

Vorgegeben war dagegen bereits das Adult Attachment Interview (vgl. Main & Goldwyn 1994, George, Kaplan & Main 1996), das mit leichten sprachlichen Änderungen und Ergänzungen als Interview für den zweiten Termin übernommen wurde. Beim Adult Attachment Interview, einem wichtigen Instrument der Bindungsforschung in der Tradition von Bowlby (1984, 1986), für das eine entsprechende validierte Auswertungsmethode entwickelt wurde (vgl. Main & Goldwyn 1994), kommt es im Gegensatz zu den anderen Interviews darauf an, Fragen in einer bestimmten Reihenfolge und in bestimmten Formulierungen zu stellen, da in erster Linie die emotionalen Reaktionen interessieren. Als erster Teil des dritten Interviewleitfadens standen bereits aus der vorhergehenden Studie moralische Konfliktsituationen zur Verfügung (mit Überarbeitungen übernommen von Döbert & Nunner-Winkler 1983, S.107), die mit den Interviewten diskutiert werden sollten. Auch hier wurden nur leichte Veränderungen vorgenommen. Männernamen wurden durch Frauennamen ersetzt, die Situationen auf die Lebenswelt der jungen Frauen übertragen, so wurde beispielsweise der Autoverkauf zum Lederjackenverkauf (vgl. Keller 1996). Diese beiden Interviewteile und ihre Auswertung – Adult Attachment Interview und moralische Konfliktsituationen – werden in die folgende Arbeit nicht mit einbezogen. Die Ergebnisse, die sich aus der Verknüpfung von Bindungstheorie und Autoritarismusforschung im Rahmen dieser Studie ergeben haben, sind veröffentlicht bei Hopf & Hopf (1997) und Hopf & Hartwig (2001).

Für den ersten Interviewtermin wurde ein Leitfaden gestaltet, der sich mit der aktuellen Lebenssituation der jungen Frauen befasst, ihrer Ausbildungssituation, ihren Familienverhältnissen und Freundschaften. Der Leitfaden des dritten Interviews sollte die politischen Orientierungen der jungen Frauen erfassen, vorgegeben war hier das Ethnozentrismuskonzept der Vorstudie, das folgende Bestimmungsfaktoren von Ethnozentrismus gefunden hat: Das Verhältnis zum historischen Nationalsozialismus, die Einstellung zu diskriminierten Bevölkerungsgruppen und die Positionierung zu Gewalt als Mittel, politische Zwecke zu erreichen. Um dieses Konzept konstruierten wir Nachfragen, wobei wir hofften, die Interviewten zum Reden zu bringen, indem wir zum einen nach dem persönlichen Umfeld fragten, so z. B. nach Erzählungen der Großeltern über den Nationalsozialismus oder Erfahrungen mit nichtdeutschen Kolleginnen, zum anderen tagespolitisch aktuelle Themen aufgriffen, wie die Asyldebatte, Proteste von Kurden in der Bundesrepublik oder der 50. Jahrestag der Beendigung des zweiten Weltkrieges.

Hier stellte sich heraus, dass in unserem Verfahren, Felderfahrungen in die Leitfadenformulierung im laufenden Forschungsprozess mit einzubeziehen, bei den politischen Fragen am meisten Überarbeitungen des Leitfadens notwendig wurden. Zunächst folgten wir dem Konzept der vorhergehenden Studie mit Männern und formulierten mögliche Gegenpositionen zu unterschiedlichen Äußerungen und leiteten diese mit „manche Leute sagen ja, dass... Was meinen Sie dazu?" ein, um die eigene Positionierung nicht ins Interview mit eingehen zu lassen und sozial erwünschten Antworten entgegenzuwirken. Dieses Interviewkonzept gaben wir jedoch rasch auf. Es stellte sich heraus, dass wir zu viel Vorwissen vorausgesetzt hatten und dass wir in Gefahr gerieten, über längere Phasen politisches Detailwissen zunächst zu vermitteln, um dann Positionen dazu erfragen zu können. Einige

Befragte zogen Parallelen zwischen dem Ausgefragtwerden im Sozialkundeunterricht, den sie als kompliziert und lebensfern erlebten, und den Interviews. Auf die Strategie des Gegenargumentierens reagierten einige Frauen mit Zustimmung, sie änderten ihre ursprüngliche Position, um auf einer Linie mit der von ihnen vermuteten Meinung der Interviewerin zu liegen. Als angemessenere Strategie stellte sich heraus, an Themen anzuknüpfen, die die Interviewte selbst bereits im Interview zuvor angesprochen hatte und damit nahe an der Lebenswelt der Befragten zu bleiben. In der endgültigen Fassung des Leitfadens finden sich von daher nur noch sehr einfache Formulierungen und Nachfrageoptionen, die sich nicht auf Detailwissen beziehen.[26]

5.2.2 Zwischen Geschlechterinsensibilität und Geschlechterdichotomie – Methodische Fallstricke

Die Überarbeitung der Leitfäden der Männerstichprobe für eine Frauenstichprobe stellte eine besondere methodische Herausforderung dar. Eichler (1994, S.944) nennt zwei gegensätzliche Extreme im methodischen Umgang mit Geschlecht, zum einen die Geschlechterinsensibilität, zum anderen die Geschlechterdichotomie: „Geschlechterinsensibilität ignoriert Geschlecht als eine gesellschaftlich wichtige Variable in Zusammenhängen, in denen es von Bedeutung ist. (...) Geschlechterdichotomie behandelt die Geschlechter als zwei gänzlich voneinander getrennte soziale wie auch biologische Gruppen, anstatt sie als zwei Gruppen mit übergreifenden Eigenschaften zu begreifen. Sie ist in vielerlei Hinsicht das Spiegelbild der Geschlechterinsensibilität. Die eine ignoriert die Bedeutung des Geschlechts, die andere übertreibt sie."

Methodische Geschlechterinsensibilität, das Nichtberücksichtigen von Geschlecht, würde in diesem Fall der Leitfadenkonstruktion bedeuten, den Leitfaden der Männerstichprobe einfach zu übernehmen, mit dem Risiko, dass einige Fragen schlecht funktionieren und wichtige Lebensbereiche der Frauen nicht oder nur am Rande angesprochen werden. Geschlechterdichotomic als gegenteilige Strategie hieße, Fragen neu zu entwerfen, die sich in starkem Maße auf vermutete Geschlechtsunterschiede beziehen und dadurch dazu beitragen können, diese zu reproduzieren.

Gehen wir beispielsweise von dcr Hypothese aus, dass die „beste Freundin" im Leben von jungen Frauen eine größere Rolle spielt, als im Leben junger Männer

---

26 Der endgültige Leitfaden ist veröffentlicht in Projektgruppe (1996).

dem „besten Freund" zukommt. So steht die Option offen, mehr Nachfragen zu diesem Thema in den Leitfaden zu übernehmen. Das dadurch gewonnene Ergebnis, dass Frauen lange und ausführlich über Freundinnenbeziehungen sprechen, kann aber dann auch dem geschlechtsspezifisch konstruierten Leitfaden und den Nachfragestrategien geschuldet sein. Geben wir der „besten Freundin" dagegen nur den gleichen geringen Stellenwert wie in der Männerstichprobe, so besteht andererseits wiederum die Gefahr, ein wichtiges Thema im Leben der Frauen nicht genug zu berücksichtigen. Es kommt darauf an, sich hier einen Weg zu bahnen auf dem schmalen Grad zwischen Geschlechterindifferenz und Geschlechterdichotomie. Flexibel einsetzbare Nachfragen zu Themenblöcken sind eine mögliche Strategie, denn damit steht es den Interviewpartnerinnen frei in selbst gewählter Ausführlichkeit über für sie subjektiv relevante Bereiche zu sprechen.

Von besonderer Schwierigkeit war die Konstruktion des dritten Leitfadens zum Thema Politik. Zunächst bedienten wir uns einer eher naiven Herangehensweise, indem wir einfach männliche Formen durch weibliche Formen ersetzten, beispielsweise in der Frage „Was würden Sie in der Asylfrage tun, wenn Sie Politiker wären?" für die Frauenstichprobe das „Politiker" in „Politikerin" umwandelten. Häufigste Antwort der Frauen auf diese Frage war ein Abblocken, der Hinweis darauf, dass sie selbst auf keinen Fall Politiker (sic) sein wollten. Dies ist zwar eine wichtige Information, was das Verhältnis der Frauen zum Beruf des Politikers bzw. der Politikerin allgemein betrifft, andererseits gingen uns, wenn wir diese Frageformulierung einsetzten, die Antworten der Frauen zum Thema „Asyl" verloren. So entschieden wir uns aufgrund der Interviewerfahrungen, das Thema mit „Warum glauben Sie, dass Asylbewerber nach Deutschland gekommen sind?" einzuleiten.

Letztlich stellte sich heraus, dass es kaum möglich ist, nicht immer wieder in der eigenen Methodik an der Konstruktion von Geschlechtsunterschieden mitbeteiligt zu sein (vgl. Burkert 2000). Diesem unvermeidbaren Prozess ist nur mit Selbstreflexivität zu begegnen, indem man sich immer wieder selbst als Mit-„Konstrukteur von Geschlecht" „auf frischer Tat ertappt" (Hagemann-White 1993) und dies transparent macht.

5.2.3 Sampling

Auch für die Auswahl der Interviewpartnerinnen stand das Vorläuferprojekt (vgl. Rieker 1997) zunächst Pate. Rieker (1997, S.43) beschreibt deren Vorgehen bei der Auswahl der Befragten als Kombination aus „theoretischem" und „selektivem" Sampling. Annahmen der Attachment-Theorie (vgl. Bowlby 1984) und der Rechtsextremismusforschung gingen in die Auswahl der Stichprobe mit ein, ebenso wie innerhalb des Forschungsprozess aufgrund der Zwischenergebnisse immer neu entschieden wurde, auf welche Weise neue Interviewte für die Stichprobe zu ziehen seien. In dieser Studie waren junge Männer befragt worden, die überwiegend als Auszubildende in der Industrie beschäftigt waren, arbeitslose und straffällig gewordene Jugendliche wurden ausgeschlossen, um die Stichprobe homogener zu halten. Aus den bindungstheoretischen Fragestellungen des Projekts ergab es sich, nur Jugendliche einzubeziehen, die in einer traditionellen Familie mit Mutter und Vater aufgewachsen sind. Die Befragten wurden teils in Berufsschulen angesprochen, teils wurden über Sozialarbeiter gezielt Angehörige der rechtsextremen Szene für die Untersuchung geworben, und davon ausgehend über Schneeballsystem weitere Interviewpartner gewonnen. Deutlich wird schon hier, was ebenso für die befragten Frauen gilt, dass allein schon aufgrund des Sampling keine repräsentativen Aussagen gemacht werden können.

Mit der Auswahl der Befragten wurden bereits einige theoretisch relevante Vorentscheidungen getroffen. Dass Berufsschüler und Berufsschülerinnen befragt werden sollten, ergab sich aus dem damaligen Stand der Literatur, dass vor allem diese Gruppe besonders häufig rechtsextreme Ideologien vertritt (vgl. Rieker 1997, S.46, W. Hopf 1996). Damit rückt Ausgrenzungsdenken in den Mittelpunkt der Analyse, das in der englischsprachigen Literatur als „traditional" racism (McConahay 1986, Dovidio & Gaertner 1986, Sears 1988) bezeichnet werden, und eher charakteristisch sind für Befragte mit niedrigem Bildungsstatus. Nicht zu erwarten waren Erkenntnisse darüber, wie rechtsextremes Denken und rassistische Strukturen sich in den Einstellungen gebildeter Schichten widerspiegeln (vgl. hierzu Wetherell & Potter 1992). Ausgeschlossen waren, was Rieker nicht eigens expliziert, Schüler nichtdeutscher Herkunft.

Parallel dazu gingen wir in der Frauenstichprobe vor, dabei mussten allerdings gerade in den Berufsschulklassen für Friseurinnen ein großer Teil der Schülerinnen von der Befragung ausgeschlossen werden, da ihr familiärer Hintergrund von Migrationserfahrungen bestimmt war. Zum Untersuchungszeitpunkt war dies übliche Praxis. Neuere Untersuchungen, die sich mit dem Thema rechtsextreme Orientierungen befassen (Möller 2000, Fischer, Fritzsche, Fuchs-Heinritz & Münchmeier 2000) schließen jedoch MigrantInnen in ihr Sample mit ein. Zum einen hat sich gezeigt, dass diese ebenfalls zum Teil autoritäre, ethnozentrische, rassistische bzw. rechtsextreme Orientierungen vertreten.[27] Zum anderen hat diese neuere For-

---

27 Auch in der vorliegenden Stichprobe erzählte eine der befragten Frauen von einer stark rechtsextrem eingestellten Freundin aus ihrer Skinheadclique, deren Familie aus der Türkei stammte.

schungspraxis den Vorteil, vorhandene strukturelle Ausgrenzungen von MigrantInnen nicht durch das Sampling abermals zu reproduzieren. Als Folge hiervon geht in die Theoriebildung nicht mehr einfach nur ein, „was Deutsche über Ausländer" denken, sondern MigrantInnen werden als Forschungssubjekte ernst genommen und die strukturelle Trennung zwischen den Deutschen, deren Meinungen erforscht werden, und den Nichtdeutschen, die Einstellungsobjekte sind, wird nicht weiter verstärkt.

Ziel der Untersuchung war es, eine mit der vorhergehenden Stichprobe junger Männer vergleichbare Stichprobe junger Frauen zu erhalten. Hieraus ergaben sich einige Schwierigkeiten, da es allein schon theoretisch keine zwei Stichproben geben kann, die sich nur im Geschlecht unterscheiden. Geschlecht ist immer mit anderen Faktoren konfundiert – vom Bildungsgrad über den Familienstand bis zur (Nicht-) Zugehörigkeit zu einer Armee (vgl. Campbell 1994, Burkert 2000). Für die vorliegende Studie hieß dies, wenn wir Frauen befragen wollten, die ebenfalls in Großbetrieben, v. a. der Metallindustrie arbeiteten, hätten wir ungelernte Arbeiterinnen befragen müssen, da weibliche Auszubildende in dieser Branche äußerst selten sind. Wollten wir jedoch Auszubildende befragen, also den beruflichen Status konstant halten, so mußten wir Frauen aus Kleinbetrieben ansprechen, Floristinnen, Metzgerei- und Bäckereifachverkäuferinnen und Friseurinnen.

Allein hieraus ergaben sich eine Reihe von Unterschieden zwischen den beiden Stichproben: Auszubildende in Großbetrieben und Familienbetrieben unterscheiden sich in einer Vielzahl von Punkten: von der gewerkschaftlichen Vertretung über die Arbeitsbedingungen bis hin zu den Aufstiegschancen. Gleichzeitig stellte sich heraus, dass diejenigen Frauen, die einen Ausbildungsplatz gefunden hatten, meist besser schulisch qualifiziert waren als ihre männlichen Altersgenossen. Für viele Frauen war die Absolvierung eines zusätzlichen Schuljahres zur Qualifizierung für eine Lehrstelle nötig.

Eine weitere Schwierigkeit ergab sich daraus, dass die Befragung der Frauen zwei Jahre später stattfand als die der Männer. Es stellte sich als kompliziert heraus, Frauen aus der rechtsextremen Szene zu gewinnen, die befragten Frauen sind fast alle direkt über Berufsschulen angesprochen worden. In der Zwischenzeit – zwischen 1994 und 1996 – hatte die strafrechtliche Verfolgung Rechtsextremer zugenommen. In diesem Zeitraum wurden rechtsextreme Parteien und Organisationen verboten, es wurde beschlossen, die Partei „Die Republikaner" vom Verfassungsschutz observieren zu lassen. Zusätzlich vermuteten wir, dass sich in der rechtsextremen Szene der Region herumgesprochen hatte, dass die Forschung zum Thema Rechtsextremismus nicht unbedingt die eigenen Interessen vertritt und kaum als Medium zur Selbstdarstellung geeignet ist. Schließlich war ein Kooperationspartner der vorherigen Studie nicht mehr bereit, zusammenzuarbeiten und Gesprächspartner aus der Szene zu vermitteln. Er plante eigene Veröffentlichungen zum Thema.

5.2.3 Durchführung der Interviews

Der überwiegende Teil der Befragten wurde also über Berufsschulen gewonnen, einzelne Befragte über Lehrkräfte und über die Teilnehmer der vorhergehenden Studie (vgl. Silzer 1996). In den Berufsschulen stellte eine Mitarbeiterin das Projekt vor und teilte Listen aus, auf denen sich die interessierten Schülerinnen eintragen konnten. Daraufhin wurden die Schülerinnen von der jeweiligen Interviewerin kontaktiert, es wurden drei Interviewtermine vereinbart. Die Interviews fanden größtenteils in Räumen der Universität statt, einige auch bei den Befragten zu Hause, eine junge Frau wurde in ihrer Schule interviewt. Am Ende des dritten Interviews wurde eine Aufwandsentschädigung gezahlt, pro Stunde Interview 12 DM.

Bei der Durchführung der Interviews ergaben sich einige Schwierigkeiten, die Keller (1996) in erster Linie auf die Abhängigkeitssituation der jungen Frauen zurückführt, sie spricht hierbei von der „Dominanz unsichtbarer Dritter". Die Frauen waren nicht frei in der Bestimmung der Termine, wenig mobil, mussten sich häufig von Mutter oder Freund fahren lassen. In einem Fall wollte auch der Partner beim Interview dabei sein. Da die meisten der Frauen noch im elterlichen Haushalt wohnten, wusste häufig die ganze Familie Bescheid, dass die Tochter an einer Studie teilnimmt, in der sie unter anderem zu ihrer familiären Situation interviewt wird.

Die Führung der Interviews basierte auf den Leitfäden, die auch noch während der Feldphase weiter überarbeitet wurden. Themen, die bereits von der Interviewten angesprochen worden waren, sollten an eben dieser Stelle vertieft werden, um den Erzählfluss nicht unnötig durch „Leitfadenbürokratie" (vgl. Hopf 1978) zu unterbrechen.[28] Auch in der Wortwahl waren die Interviewenden frei. Es bot sich häufig an, Formulierungen der Befragten aufzugreifen und nach deren genauer Bedeutung und nach Beispielen nachzufragen. Bewusst wählten wir eine relativ offene Fragetechnik, um Raum zu lassen für eigene alltagsprachliche Formulierungen und für mögliche unerwartete, auch häufig die Forscherinnen überraschende und irritie-

---

28 Ausnahme bildete hier das Adult Attachment Interview (Main & Goldwyn 1994). Die Fragen dieses bindungstheoretisch orientierten Interviews müssen in einer festen Reihenfolge mit vorgegebener Wortwahl gestellt werden.

rende Argumentationen (vgl. Schmidt 1997, S.545). Wir wählten damit auch bewusst Interviewstrategien, die verwendet werden, um Erzählungen bei InterviewpartnerInnen zu generieren, oft genügt hierbei ein einfaches „hmm, ja?", um die Erzählerin zu vertiefenden Aussagen anzuregen. Nach den Erfahrungen der vorhergehenden Studie (vgl. Rieker 1997, S.48) erwarteten wir, dass ein Teil der Interviewten eher „wortkarg" sein würde und durch „beständiges Fragen zum Sprechen animiert" werden müsste (ebd.). Tatsächlich mußten auch wir dem Problem begegnen, dass einige Interviewpartnerinnen fast ausschließlich in Halbsätzen antworteten und daraufhin auf die nächste Frage warteten, während andere in ihrem Redefluss kaum zu stoppen waren, auch bei Themen, die wenig Relevanz für die Fragestellung des Projekts hatten (vgl. Burkert 1996a). Wir bemühten uns, möglichst wenig suggestiv zu fragen. Gerade im dritten Teil, bei den Fragen zur politischen Orientierung, wollten wir erreichen, dass die Befragten nicht sozial erwünscht antworteten. Zum Teil haben wir das durch intensive Interviewerinnenschulung erreicht. Es wurden nicht nur von jeder Interviewerin Probeinterviews gehalten, sondern auch die Interviews der laufenden Studie wurden auf Interviewfehler hin durchgesprochen und alternative Fragestrategien für jede Interviewerin entwickelt (vgl. Burkert 1996b).

Gleichzeitig lässt sich ein Ideal forscherischer „Neutralität", vor der die „wirkliche" Einstellung der Befragten ausgesprochen werden kann, nie ganz erreichen. Ein Interview ist eine, wenn auch stark asymmetrische kommunikative Situation, in der es beiden beteiligten Parteien nicht möglich ist „nicht zu kommunizieren" (vgl. Watzlawick, Beavin & Jackson 1969). Für das Interview als Methode gilt, dass der „Forscher" zum „konstitutiven Bestandteil des Forschungsprozesses und damit auch des Forschungsergebnisses" (Lamnek 1995, S.62) wird. Der Einfluss von Forschenden auf den Verlauf eines Interviews kann variiert werden, gleichzeitig muss er immer in den Ergebnissen mitreflektiert werden. Immer schon bestehen bei den Interviewten Vorannahmen über die InterviewerInnen (vgl. Friebertshäuser 1997). Diese sind im Setting, aber auch meist durch ihren Habitus als MittelschichtsakademikerInnen zu erkennen, denen ganz bestimmte Sichtweisen zugeschrieben werden, auch wenn sie nicht offen ausgesprochen werden. So wurden wir von einigen der befragten Frauen gezielt aufgefordert, dass wir sie aufgrund ihrer Aussagen nicht als rechtsextrem einschätzen sollten. Die in vielen Studien festgestellte Tendenz, rassistische Äußerungen mit „Ich bin nicht gegen Ausländer, aber..." (vgl. z. B. Held 1991, Rieker 1997) einzuleiten, hat sich auch in der vorliegenden Stichprobe gezeigt, und weist auf die Tendenz hin, sozial erwünscht zu antworten. Auch in dieser Studie bestätigte sich, dass ein Interview nicht einfach ein Abbild einer individuellen Einstellung der Befragten liefert, sondern kommunikative Gesprächssituation ist, die der Interviewende entscheidend mit beeinflusst (Lamnek 1995, ebd.).

Die Interviews wurden auf Tonband aufgezeichnet und anschließend transkribiert. Es wurde dabei auf eine genaue Transkription geachtet, die Regeln hierfür sind in Hopf & Schmidt (1993) beschrieben. Diese genaue Transkription mit Vermerk von Unterbrechungen, Pausen, hörbaren emotionalen Ausdrücken und Nebengeräuschen wurde vor allem wichtig, wenn es zu unterschiedlichen Interpretationen einzelner Textstellen kam oder Mehrdeutigkeiten und Missverständnisse auftauchten. Die Transkripte wurden noch einmal korrekturgelesen, hierbei wurden auch die notwendigen Anonymisierungen vorgenommen.

5.3   Phasen der Auswertung

Grob teilte sich die Auswertung in zwei Phasen. Die erste Phase bestand in Auswertung und Interpretation des Datenmaterials innerhalb des DFG-Forschungsprojekts. Hier war der wichtigste Arbeitsschritt die Erarbeitung eines Kategoriensystems und die anschließende konsensuelle Kodierung anhand dieses Systems. In der zweiten Phase erarbeitete ich Einzelfallanalysen, die ich darauffolgend in Arbeitszusammenhängen außerhalb des Projekts vorgestellt und diskutiert habe, und daraufhin noch einmal überarbeitet und gruppiert habe.

5.3.1 Konsensuelles Kodieren

Nach einer Durchsicht der Interviewtransskripte wurde an einem Kategoriensystem für die Auswertung gearbeitet. Als Rohgerüst stand hierfür das Kategoriensystem der vorhergehenden Studie zur Verfügung. Kategorien und Antwortoptionen, die sich als nicht passend erwiesen, wurden gestrichen, andere verändert, oder neu hinzugefügt. Die neuen Kategorien bezogen sich vor allem auf die Thesen eines frauenspezifischen Rechtsextremismus. So wurde z. B. kategorisiert, ob die Frauen das Thema sexualisierte Gewalt vonseiten Nichtdeutscher von sich aus ansprachen oder ob sie sich in ihrer Argumentation auf das Klischee der besonderen Frauenfeindlichkeit im Islam bezogen. Die Kategorien standen dabei noch nicht vor der Interviewerhebung und Auswertung fest, sondern wurden in der Auseinandersetzung zwischen Theorien und empirischem Material gebildet und verfeinert. Damit gehen sowohl theoretische Vorannahmen als auch die subjektiven Sichtweisen der Befragten in ihrer individuellen Formulierung mit in die Kategorienbildung ein. Notwendig dafür ist ein mehrmaliges intensives Lesen der Transkripte, in einem ersten Schritt werden Kategorieideen entwickelt, die in ihrer Brauchbarkeit jedoch immer wieder am Material geprüft werden müssen (ausführlich zur Kategorienbildung am Material: Schmidt 1997).

Anschließend wurden die Interviews von jeweils zwei Projektmitarbeiterinnen unabhängig voneinander kodiert, die Kodierungen daraufhin miteinander verglichen, es wurde diskursiv eine gültige Einordnung des Einzelfalles in die Kategorien erarbeitet. Wichtig war dabei, jeweils Belegstellen für die Einordnungen anzuführen. Es sollten zwei Mitarbeiterinnen kodieren, die das jeweilige Interview nicht selbst geführt hatten, um kein Gefälle in der Kommunikation aufgrund unterschiedlicher Voraussetzungen zu erzeugen, aber auch um die Interviewerin mit ihren Voreindrücken zu Rate ziehen zu können. In Streitfällen oder bei aufkommenden Fragen wurde das Problem im Plenum vorgestellt und dort diskutiert, bis eine einvernehmliche Lösung gefunden werden konnte. Konnte auch hier keine Einigung erzielt werden, musste entweder der Fall als nicht klassifizierbar eingeordnet werden – oder es kam zu einer Neuüberarbeitung des Kodierleitfadens und seiner Kategorien, der somit im Forschungsprozess mehr und mehr dem Material gerecht werden konnte. Methodenkritisch merkt Schmidt (1997) an, dass die konsensuelle Kodierung zwar Diskussionsprozesse transparenter und nachvollziehbarer macht, zur Vertiefung von Interpretationen führt und auch weitergehend Theorieentwicklung fördern kann, aber nicht unbedingt die Reliabilität erhöht. Sie weist darauf hin, dass im konsensuellen Kodieren sich auch Fehleinschätzungen und verengte Sichtweisen verschärfen können, die in der gleichen Theorietradition denkenden ProjektmitarbeiterInnen zu Eigen sein können.

Die Ergebnisse der Kodierung wurden schließlich in quantifizierende Überblickstabellen gebracht. Für die vorliegende Untersuchungen interessierten in erster Linie die Kodierungen, die sich auf den Bereich „Politik" bezogen, wie z. B. „Ausländische Männer werden als besondere Bedrohuingen für Frauen dargestellt" oder „Forderung kultureller Anpassung und ‚Wohlverhaltens' von Ausländern". Kritik an „Quasiquantifizierungen" in der qualitativen Forschung, wie die von Oswald (1997) sind dabei ernst zu nehmen. Die Daten dieser Untersuchung stammen aus einer nicht-repräsentativen Stichprobe, dies muss bei allen Deutungen berücksichtigt werden. Auch Schmidt (1997) warnt, in solchen Tabellen tatsächliche Statistiken zu sehen und deren Bedeutung überzuinterpretieren. Sie sieht in den quantifizierenden Überblicken in erster Linie eine Basis für tiefergehende Einzelfallanalysen. Es zeige sich, so Schmidt, welcher Fall besonders typisch oder besonders abweichend von bisherigen Annahmen sei und sich dadurch besonders zur weiteren Analyse anbiete. Die quantifizierenden Überblickstabellen bieten zusätzlich einen interpretativen Rahmen für die Einzelfallanalysen: Sonderfälle können genauer betrachtet werden, bestimmte Fälle ausgewählt und miteinander kontrastiert werden.

5.3.2 Einzelfallanalysen

Für die weitere Arbeitsphase bestand kein Projektzusammenhang mehr zur Verfügung, der es möglich gemacht hätte, mit der Methode des konsensuellen Kodierens weiterzuarbeiten. Wie Schmidt (1997) vorschlägt, nahm ich daraufhin die im Projekt erarbeiteten Ergebnisse als Basis für intensive Einzelfallanalysen, die die Materialfülle ausschöpfen sollten und gleichzeitig eine erschöpfende Beschreibung der Stichprobe liefern sollten. Im Vordergrund dabei stand das Ergebnis aus der ersten Arbeitsphase, dass viele der Aussagen der Frauen in den Interviews nicht eindeutig klassifiziert werden konnten. Auch die Projektdiskussionen hatten immer wieder zum Thema, dass die politischen Äußerungen einzelner Frauen besonderes widersprüchlich schienen. Gerade diese Widersprüchlichkeit machte ich zum Ausgangspunkt meiner weiteren Fragen. Ich fragte, ob die Widersprüche durch die Heranführung neuer Perspektiven aufzulösen wären, oder welche Interpretationsmöglichkeiten sich gerade durch die Konzentration auf das vermeintlich Nichtpassende sich eröffnen könnten.

Hierfür fertigte ich zunächst zusammenfassende Dossiers zu jeder einzelnen Befragten an, mit dem Ziel, Aussagen zu kondensieren und wesentliche Punkte herauszukristallisieren. Für jede einzelne Frau sollte nachvollziehbar gemacht werden, welche Orientierung sie vertritt, und wie ihre Lebenswirklichkeit im Verhältnis zu MigrantInnen im Licht dieser Orientierung aussieht. Auf der Grundlage der Dossiers stellte ich Vergleiche zwischen den Interviews an, Besonders interessierten mich Ähnlichkeiten und Kontraste zwischen den einzelnen Frauen. Ich brachte Überschriften für die einzelnen Passagen an und ordnete diese in einer Gesamtübersicht thematisch. So konnte ich feststellen, welche Themenbereiche von mehreren Frauen angesprochen worden waren, aber auch welche Aussagen und Ausdrucksweisen für die einzelnen Frauen einzigartig waren.

Auswertungen qualitativer Interviews laufen häufig Gefahr, nicht mehr als eine Anhäufung guter Nacherzählungen zu sein, statt analysiert wird paraphrasiert (vgl. Oswald 1997). Auch Becker-Schmidt und Bilden (1991, S.25) weisen für die Anwendung qualitativer Methoden in der Frauenforschung auf das methodische Problem hin, „die Einmaligkeit jeder einzelnen Biografie zu bewahren und doch über das Individuelle hinaus das gesellschaftlich Exemplarische zu erkennen". Deshalb habe ich an verschiedenen Stellen des Forschungsprozesses immer wieder theoretische Fragen an das Material herangetragen, um dieses thematisch zu ordnen und auf wesentliche Unterscheidungskriterien zu stoßen. Wichtige Punkte waren hierbei die Unterscheidung zwischen verschiedenen Gruppen von MigrantInnen aus der Literatur zu Migration und Themen im Migrationsdiskurs (vgl. Terkessidis

2000) und die Trennung der Ebenen abstrakter Einstellung und konkreter Beschreibungen von persönlichen Erlebnissen und Beziehungen. Meine Auswertungen und Interpretationen habe ich an verschiedenen Punkten des Forschungsprozesses in unterschiedlichen Forschungszusammenhängen vorgestellt und diskutiert[29] und Kritiken in meine Arbeit miteinbezogen. Schließlich habe ich die Einzelfallanalysen nach Gemeinsamkeiten gruppiert.

---

29 Danken möchte ich in diesem Zusammenhang den Teilnehmenden des DoktorandInnenkolloquiums an der Universität Hildesheim, v.a. der Mitinitiatorin Christiane Schmidt, der AG qualitative Interviews der Hans Böckler Stiftung, Martina Hammel, Olga Zitzelsberger und Mechthild Kiegelmann, der Münchner Forschungssupervisionsgruppe, Ingrid Schacherl, Hildegard Stumpf, den TeilnehmerInnen der Workshops qualitative Biografieforschung in Magdeburg und schließlich dem ehemaligen DFG-Projekt, Christel Hopf, Myriam Hartwig, Kathrin Keller und Marlene Silzer für die Diskussionen v. a. im Rahmen eines gemeinsamen weiterführenden Buchprojekts (Hopf & Hartwig 2001) und nicht zuletzt meiner Vertrauensdozentin der Hans Böckler Stiftung Helga Bilden, die die Entstehung der Arbeit begleitet hat.

6 Ergebnisse

6.1 Bestimmungspunkte zur Beschreibung der Stichprobe

In der Literatur zum Thema „Frauen und Rechtsextremismus" ist oft unspezifisch von der „weiblichen" Lebenserfahrung oder von „geschlechtsspezifischen" rechtsextremen Orientierungen von „Frauen und Mädchen"[30] die Rede. Dies impliziert, dass eine von Alter, sozialer Schicht, Bildungsgrad, regionalem Hintergrund, religiöser, parteipolitischer, gewerkschaftlicher Bindung und anderen Sozialfaktoren unabhängige und allen Frauen gemeinsame „weibliche" Lebenserfahrung existiert, die „frauenspezifisch" die politische Orientierung von Frauen beeinflusst. Vereinzelt wird zwar darauf hingewiesen, dass es möglich sein könnte, dass „stärker als bloße Geschlechtszugehörigkeit das jeweilge politisch-soziale Milieu in seinem regional-kulturellen Gepräge rechte Erfolge begünstigt" (Möller 1991, S.36) und eine stärker differentielle Herangehensweise eingefordert.

Dennoch vernachlässigen theoretische Konzeptionen zum „frauenspezifischen" Rechtsextremismus überwiegend nach wie vor Differenzierungen und Differenzen zwischen Frauen. Empirische Untersuchungen einer spezifischen Gruppe von Frauen, zumeist von jungen Frauen in Ausbildung (vgl. Birsl 1994a, Utzmann-Krombholz 1994, Horn-Metzger & Riegel 1995) verallgemeinern z. T. zu schnell von ihren spezifischen Ergebnissen auf einen „Rechtsextremismus: männlich – weiblich", so beispielsweise der Titel der Studie von Birsl (1994a). Um eine Verallgemeinerung der Ergebnisse der vorliegenden Untersuchung auf "die Frau" im allgemeinen, wird zunächst detailliert die Gruppe von Frauen beschrieben, die an der Untersuchung teilgenommen hat und einige Spezifika werden erläutert.

---

30 Auffällig ist hierbei, dass in der Literatur, wenn von männlichen Jugendlichen die Rede ist, diese als „Jugendliche" bezeichnet werden, „Männer und Jungen" werden im Gegensatz zu „Frauen und Mädchen" nicht gemeinsam benannt. Geht es um das männliche Geschlecht, wird sehr wohl nach Alter differenziert, eine Differenzierung, die so bei Frauen zumeist nicht vorgenommen wird.

6.1.1 Sozioökonomischer Hintergrund der Befragten

Für die vorliegende Studie wurden 24 junge Frauen im Alter zwischen 17 und 26 Jahren befragt (für eine nähere Beschreibung der Sozialdaten der Stichprobe: vgl. Silzer 1996), die überwiegend als Auszubildende in Kleinbetrieben im Einzelhandel und im Handwerk beschäftigt waren, oder gerade eine Lehre abgeschlossen hatten. Fast alle waren in Ausbildungsberufen mit hohem oder überwiegendem Frauenanteil beschäftigt – Verkäuferinnen, Verwaltungsangestellte, Floristinnen und Friseurinnen.

17 der Frauen hatten einen Realschulabschluss und 6 einen Hauptschulabschluss. Ein großer Teil berichtet von Schwierigkeiten, eine Lehrstelle zu finden, nicht wenige mussten Zusatzqualifikationen anschließend an den Real- oder Hauptschulabschluss erwerben, wie z. B. ein Berufsgrundschuljahr absolvieren oder eine weiterqualifizierende Handelsschule besuchen, um überhaupt Chancen auf eine Lehrstelle zu haben.

Wie schon in der auf einen Geschlechtervergleich angelegten Auszubildendenstudie von Birsl (vgl. Birsl 1994a, S.137) stellte es sich als schwierig heraus, eine Vergleichbarkeit von Frauen- und Männerstichprobe in Bezug auf Ausbildungsstatus, Betriebsgröße und Bildungsgrad herzustellen. In der vorhergehenden Studie waren männliche Auszubildende, zumeist in Großbetrieben des Metallhandwerks beschäftigt, interviewt worden (vgl. hierzu Hopf & Schmidt 1993). Frauen in der von uns untersuchten ländlich bis kleinstädtisch geprägten Region finden, wenn überhaupt, eher Ausbildungsplätze in Kleinbetrieben und müssen in der Regel, um überhaupt für einen Ausbildungsplatz in Frage zu kommen, eine höhere Qualifikation vorweisen als Männer.

Dies zeigt deutlich, dass beim Vergleich zwischen den Geschlechtern eine Reihe von anderen Sozialfaktoren mitberücksichtigt werden müssen, die mit der Geschlechtszugehörigkeit in Zusammenhang stehen können. Dies kompliziert eine Interpretation der Ergebnisse, da aufgefundene Unterschiede nicht einfach nur auf „das Geschlecht" der Befragten zurückgeführt werden können.

Bei den hier vorliegenden Studien kommt erschwerend hinzu, dass die Interviews der Frauen 1995, zwei Jahre nach den Männerinterviews, als Anschlussstudie durchgeführt worden sind. Aufgrund der unterschiedlichen Befragungszeitpunkte muss bei der Auswertung der Ergebnisse zusätzlich in Betracht gezogen werden, dass sich das politische Klima in der Bundesrepublik in dieser Zeit verändert haben könnte. Mögliche Ursachen dafür könnten zum einen in den Verschärfungen in der Asyl- und Ausländergesetzgebung zu sehen sein – auf der anderen Seite in einer stärkeren Abgrenzung der im Bundestag vertretenen Parteien von einem militanteren Rechtsextremismus, die sich z. B. im Verbot einiger rechtsextremer Organisationen oder der Beobachtung der „Republikaner" durch den Verfassungsschutz in Bayern zeigt (vgl. Burkert 1996a).

Dass sich 19 der 24 Befragten aus der Frauenstichprobe spontan, ohne direkt danach gefragt zu werden, von „den Rechtsextremen" abgegrenzt haben, wobei ein nicht geringer Teil dieser 19 Befragten in der Ausländer- und Asylpolitik durchaus rechtsextreme Orientierungen vertreten hat und bis zu einem gewissen Maß Verständnis für gewattätige Ausschreitungen gegen Asylbewerber aufbringen konnte (12 der insgesamt 24 Befragten), muss nicht unbedingt im Vergleich zu der Männerstichprobe auf das Geschlecht der Befragten zurückzuführen sein. Das politische Klima in der Bundesrepublik zum Befragungszeitpunkt kann hier ebenfalls eine nicht zu vernachlässigende Rolle gespielt haben.

Ökonomisch ist der überwiegende Teil der Befragten von den Eltern und/oder dem männlichen Partner abhängig, da die Lehrlingsgehälter von einigen hundert Mark nicht zur Bestreitung eines selbständigen Lebensunterhaltes, einschließlich des Erhalts einer eigenen Wohnung und eines eigenen Fahrzeugs ausreichen. Auch nach Beendigung der Lehre können ein großer Teil der Befragten, hier insbesondere die im Friseurhandwerk Beschäftigten, nicht mit einer viel höheren Entlohnung rechnen. Zwei der Befragten waren bereits mit Beträgen von über 10 000 DM verschuldet, die Anschaffung der Wohnungseinrichtung, hohe Mieten und Ausgaben für das Fahrzeug des Freundes hatten sie dazu gezwungen, Schulden von dieser Höhe aufzunehmen.

Die ökonomische Situation wirkt sich unmittelbar auf die Lebenssituation der jungen Frauen wieder: 11 der Befragten leben bei den Eltern, 8 bei einem männlichen Partner, der zumeist älter und berufstätig ist, und zu dem sie direkt aus dem Elternhaus gezogen sind. Nur 5 von 24 Frauen leben in einem eigenen Haushalt oder in einer Wohngemeinschaft. Die Abhängigkeit von Eltern und/oder Freund zeigt sich in der ländlich-kleinstädtischen Region auch in der Einschränkung der Mobilität. Nur wenige Frauen besitzen ein eigenes Auto, aufgrund der mangelnden Versorgung durch den öffentlichen Nahverkehr in der Region waren sie oft davon abhängig, von Freund oder Eltern gefahren zu werden – oder müssen sich Autos leihen. Schon bei der Vereinbarung der Interviewtermine fiel den Interviewerinnen auf, wie gut Eltern und männliche Partner über die Zeitplanung der Befragten Bescheid wussten – und bis zu welchem hohen Maß sie – allein aufgrund des Besitzes eines Fahrzeugs – über Kontrolle über die jungen Frauen verfügten (vgl. Silzer 2001).

Für ihre Zukunft planen alle Befragten bis auf eine, mit einem männlichen Partner zusammenzuleben – und zumeist auch, diesen zu heiraten. 20 der Befragten wollen Kinder, bis auf wenige Ausnahmen wünschen sie sich zwei Kinder, wobei häufig der Wunsch danach geäußert wurde, „einen Jungen und ein Mädchen" zu bekommen, wobei der Junge meist älter sein sollte. Insgesamt war die Varianz der Zukunftsvorstellungen eher gering – die Träume der Frauen waren sehr stark an Normen und Idealvorstellungen von „Normalität" orientiert.

Nur 3 von 24 Frauen legen nach eigener Aussage den Schwerpunkt ihrer Lebensplanung auf ihr berufliches Fortkommen, 6 wollen in der Zukunft sich in etwa gleichgewichtig Familie und Beruf widmen. Für den größten Teil der Befragten steht jedoch die Familie im Zentrum der Lebensplanung. Diese Frauen stellen sich ihr zukünftiges Leben in der Form eines „Drei-Phasen-Modells" vor – nach der Geburt der Kinder wollen sie, wenn finanziell möglich, die Berufstätigkeit unterbrechen – und später, „wenn die Kinder größer sind", wieder Teilzeit arbeiten (vgl. Hartwig 2001a), dies deckt sich mit den Ergebnissen von Strohmeier (1993), nach denen „Normalfamilie" (Ehepaar mit zwei Kindern) und weibliche „Normalbiographie" inzwischen für die untere Mittelschicht und Unterschicht typische Lebensformen geworden sind.

In der vorliegenden Untersuchung hatten wir es also nicht mit „dem" weiblichen Lebenszusammenhang zu tun – sondern mit sehr spezifischen durch Einflussfaktoren wie Alter, Schicht, regionale Herkunft, ökonomischen Hintergrund und Bildungsbiografie geprägten Lebenslagen. Diese spezifischen Lebenslagen sind aber ihrerseits wieder nach Geschlecht auszudifferenzieren: In ihrer ökonomischen Situation, in den Zugangschancen zum Arbeitsmarkt, in Mobilität, aber auch in der Abhängigkeit von Eltern und Partnern und der freien Verfügung über ein gewisses Zeitbudget unterscheiden sich die jungen Frauen deutlich von ihren männlichen Altersgenossen mit ähnlichem soziobiographischen Hintergrund.

6.1.2 Desinteresse an Politik

Immerhin acht der 24 Frauen bezeichnen sich als an allen Bereichen von Politik uninteressiert. Dem Vorschlag von Meyer (1992), den klassischen Begriff des Politischen, der sich ihrer Ansicht nach zu stark auf eher männliche Interessengebiete und Tätigkeitsfelder beschränkt, zu erweitern, sind wir in der Untersuchung nachgekommen. Wir fragten explizit nach Frauen- und Sozialpolitik und interessierten uns auch für ein eventuelles Engagement der Frauen in Bürger- oder Nachbarschaftsinitiativen. Die Hälfte der Frauen (zwölf von 24) zeigt sich im Interview als an Frauen- oder Sozialpolitik interessiert, dies sind aber auch die Frauen, die sich insgesamt stärker für Politik in allen Bereichen interessieren. Diejenigen Frauen (insgesamt neun von 24) die in Pfarrgemeinden und zumeist ländlichen Jugendverbänden engagiert sind, sehen ihre Vereinstätigkeit überwiegend nicht im Zusammenhang mit Politik.

Einige Frauen erzählen, wie auch ihre Eltern grundsätzlich nicht zur Wahl zu gehen. Dies deckt sich mit den Ergebnissen von Wahlanalysen (vgl. Möller 1991), die zeigen, dass die hier befragte Gruppe – junge Frauen aus Unter- und unterer Mittelschicht – den höchsten Anteil an Nichtwählenden in der gesamten Bevölkerung aufweist. Eine große Distanz, Misstrauen und auch gewisse Enttäuschung gegenüber der offiziellen Politik lassen sich aus folgender Passage des Interviews mit Saskia herauslesen.

Interviewerin: Kommt das vor, dass man bei Ihnen zu Hause über Politik redet?

Saskia: Eigentlich weniger. Man guckt sich das zwar an. Aber im Endeffekt sag ich mal, mein Vater ist so der Meinung, gut, ob die nun versprechen, die Politiker, es wird besser, was im Endeffekt teilweise auch gar nicht so der Fall ist, wo ich ihm irgendwo recht geben muss. Es ist so eine Sache, ich (lacht) sag, lass die man machen, weil als kleiner Bürger sag ich mal kann man da sowieso nicht viel dran ändern und es ist also nicht großartig- (...)

Interviewerin: Und, wenn Wahlen sind, wird dann mal drüber geredet?

Saskia: Die gehen (Interviewerin: Ihre Eltern) gar nicht wählen. (...) (lacht) Nein. Weil mein Vater der Meinung ist, „ob ich nun wählen gehe oder in China fällt ein Sack Reis um", wie er es (lachend) immer so gerne sagt. Er meint so, "nee, ich geh nicht wählen", meint er, "weil, wenn ich wählen würde" sagt er, "dann wären es wahrscheinlich sowieso wieder nur die Verkehrten. Die werden sowieso wieder nach oben kommen"-

Interviewerin: Mhm - und Ihre Mutter geht auch nicht?

Saskia: Nee, beide nicht.

Interviewerin: Und gehen Sie wählen?

Saskia: Nhn - nhn. (verneinend)

Interviewerin: Haben Sie es schon mal gemacht?

Saskia: Damals, jetzt wo das gewesen ist, da haben wir (--). Ach, irgendwo ist mir das egal, weil ich selber wie gesagt, ich kann mir da zwar meine Meinung drüber bilden. Aber naja gut, ich hab meine Meinung und damit muss ich dann leben. Und dann sag ich mal, die da oben, die in den höheren Kreisen sitzen, interessiert das ja schon sowieso nicht. Nhn - nhn (verneinend).

Saskia drückt sehr deutlich aus, dass sie im Grunde für sich keinerlei wie auch immer gearteten politischen Einflussmöglichkeiten sieht: „die in den höheren Kreisen sitzen, interessiert das ja schon sowieso nicht". Wie der Vater sein eigenes Wahlverhalten als vollkommen irrelevant für das politische Geschehen sieht „ob ich nun wählen gehe oder in China fällt ein Sack Reis um", so betrachtet Saskia auch ihre politische Meinung als vollkommen bedeutungs- und wirkungslos: „Aber naja gut, ich hab meine Meinung und damit muss ich dann leben", eine Aussage, aus der starke Resignation herauszuhören ist.

In dem Ausschnitt wird auch deutlich, welchen Einfluss der Vater auf die politische Haltung und auf das Wahlverhalten, in diesem Fall das Nichtwählen von Ehefrau und Tocher hat. Nicht wenige der Befragten (insgesamt sieben der 24 Frauen) geben explizit an, sich politisch an männlichen Bezugspersonen, meist Vätern, Brüdern oder dem männlichen Partner, zu orientieren und schreiben diesen besondere politische Kompetenz zu. Dies wird auch aus der folgenden Interviewpassage mit Vera deutlich.

Interviewerin: Zur Wahl hin, reden Sie da über Politik in ihrer Familie?

Vera :Ja, doch (lachend) dann frag ich immer meinen Vater. (beide lachen)

Interviewerin: Und was fragen Sie denn dann?

Vera: Ja dann frage ich immer, was er denn wählt und dann "das kann ich doch nicht sagen", (verstellte, männliche Stimme) (lachend). Aber er sagt es dann doch immer.

Interviewerin: Mhm. -- Und warum fragen Sie ihn das?

Vera: Ja, weil ich einfach denke, dass er vielleicht- ich sag's mal so, ich hab mich für Politik eigentlich noch nie so sehr viel interessiert, also ich guck schon Nachrichten, aber dass ich da mich tiefer interessiere - jetzt irgendwie weniger. Und ich denk' mal, er hat einfach vielleicht ein bisschen mehr Ahnung. Und deswegen frage ich ihn halt immer.

Interviewerin: Und dann wählen Sie das Gleiche wie er?

Vera: Ja, meistens schon. (beide lachen)

Interviewerin: Und Ihre Mutter?

Vera: (lachend) Die wählt sowieso immer alles, was mein Vater macht. (lacht)

Vera richtet sich, ebenso wie ihre Mutter, in ihren Wahlentscheidungen nach ihrem Stiefvater. Sie denkt, „er hat einfach vielleicht ein bisschen mehr Ahnung". Sie „guckt zwar schon Nachrichten", über ihre eigene politische Kompetenz und Entscheidungsfähigkeit ist sie sich jedoch unsicher. Letztlich ist für Veras Wahlverhalten das Urteil ihres Vaters entscheidend, obwohl sie sich an anderer Stelle seinen ausländerfeindlichen Ansichten entgegenstellt – und auch kritisiert, dass „ihre Mutter gar keine eigene Meinung" habe.

Politik wird von den Frauen überwiegend hauptsächlich mit „Nachrichten kucken", „Wählengehen" – und dem Politikunterricht in der Schule in Verbindung gebracht. Eine Reihe von Interviewausschnitten lassen vermuten, dass es dem politischen Unterricht an allgemeinbildenden Schulen und Berufsschulen oft nicht gelingt, Interesse für Politik zu wecken. Die Frauen berichten von „Pauken" und Zensuren – einige halten ihre Beschäftigung mit Politik mit dem Ende des schulischen Politikunterrichts für abgeschlossen.

Interviewerin: Und Ihre Familie, interessieren Sie sich für Politik?

Jasmin: Meine Schwester ja und mein Vater auch. Meine Mutter und ich nicht. (...) Ist mir scheißegal, was da passiert.

Interviewerin: Ganz scheißegal?

Jasmin: Ich hab höchstens mal Nachrichten geguckt für die Prüfung, wo wir Gesellenprüfung hatten. Wo wir Politik, das Fach hatten. Aber sonst nicht. (...) Nö - ich hatte zwar immer eine Zwei oder so. Oder auch mal Einsen geschrieben aber ich hab immer dann nur für die Arbeit gelernt. Und wenn's dran kam, war gut. Und dann hatte ich zwar gute Zensuren, aber so - jetzt wüsst ich da nicht viel drüber, ehrlich gesagt.

Auch Jasmin identifiziert sich mit ihrer an Politik desinteressierten Mutter, Politik ist ihr „scheißegal". Nachrichten hat sie nur für die Prüfung angesehen, und mit einigem Stolz, fast etwas provokativ, bemerkt sie, dass sie im Fach Politik „immer eine Zwei oder so – oder auch mal Einsen geschrieben" hätte.

Die ökonomische Situation (vgl. 6.1) verbunden mit den Mobilitätshindernissen schränkt die Befragten auch in hohem Maße zeitlich ein. Aufgrund der Arbeitsmarktsituation müssen einige Frauen aus ländlichen Gegenden Fahrzeiten zur Arbeitsstelle von täglich über zwei Stunden in Kauf nehmen. Neben der Lehre gehen einige Frauen zusätzlichen Nebenbeschäftigungen – an der Supermarktkasse oder abends und an Wochenenden in Restaurants und Diskotheken – nach. Die ohnehin knapp bemessene Freizeit wird vom überwiegenden Teil der Frauen sehr stark an den Bedürfnissen des männlichen Partners ausgerichtet. Dieser zeitliche Aspekt ist mitzuberücksichtigen, wenn es um die Frage der politischen Bildung der Frauen durch Mediennutzung geht, aber auch um ihr eher schwach ausgeprägtes gesellschaftspolitisches Engagement. Julia, alleinerziehende Mutter eines einjährigen Sohnes, die gleichzeitig eine Ausbildung absolviert, drückt diesen Zusammenhang folgendermaßen aus:

Julia: (...) Also Politik muss ich sagen (schluckt), da bin ich ganz ehrlich, da kenn ich mich gar nicht aus, weil ich habe zur Zeit wirklich andere Probleme, als mich darum auch noch zu kümmern.

6.1.3 Auseinandersetzung mit dem historischen Nationalsozialismus

Schließlich legte die Studie auch Wert darauf, Fragen nach dem Zusammenhang zwischen historischem Nationalsozialismus und aktuellem Rechtsextremismus in der Bundesrepublik zu stellen – ein Zusammenhang, den zu leugnen, gerade auch ein Element neuer rechtsextremer Ideologie ist – und ein Zusammenhang, dem von dem überwiegenden Teil der Rechtsextremismus-forschung in der Bundesrepublik nicht genug Beachtung geschenkt wird.

Dabei scheint eine direkte Verherrlichung des Nationalsozialismus eine eher seltene Haltung zu sein – ebenso wie die direkte Leugnung der nationalsozialistischen Verbrechen. Eine häufig anzutreffende Haltung ist jedoch die Leugnung der Relevanz der NS-Verbrechen, verbunden mit der Forderung, einen Schlussstrich unter dieses Kapitel deutscher Geschichte zu ziehen, ebenso wie eine insgesamt am Nationalsozialismus desinteressierte Haltung. Ein großer Teil der Frauen „verstummte" und äußerte keine konkrete Meinung, wenn im Interview das Thema Nationalsozialismus zur Sprache kam.

Das „Verstummen" der Frauen legt in manchen Fällen nahe, dass es sich nicht einfach nur um ein einfaches Desinteresse am Thema, wie an einem beliebigen „Spezialthema" handelt, sondern dass teilweise auch aktive, manchmal auch aggressive Momente von Verdrängung des Themas Nationalsozialismus im Spiel sein können, so z. B. bei Beate, die im restlichen Interview sehr redegewandt und gesprächsbereit ist, in der Interviewpassage zum Thema Nationalsozialismus jedoch in fast aggressiv zu nennender Weise jegliche Antwort verweigert:

Interviewerin: Jetzt ist es 50 Jahre her, dass die Zeit des Nationalsozialismus zu Ende gegangen ist. In den Medien wird gerade viel berichtet. Lesen Sie solche Berichte oder sehen Sie irgendwas dazu ... (Überschneidung)

Beate: Nee, ich gucke mir nur Bilder an.

Interviewerin: Welche Bilder schauen Sie sich an?

Beate: Von früher, wo Oppa im Weltkrieg war , also Oppa hat das ja alles miterlebt und dann manchmal guck ich im Album schon, Mensch da ist ein Haus kaputt und die haben so gelebt und da ist Krieg gewesen und so. Aber, dass ich mich dafür interessiere, so nicht.

Interviewerin: Reden Sie mit jemand darüber (Beate: Nee), wenn Sie sowas angucken?

Beate: Gar nicht. Mhm (verneinend).

Interviewerin: Jetzt gibt es ab und zu so Berichte. Wissen Sie darüber, ob es da viele gibt oder wenig?

Beate: Mhm (verneinend). - Interessiert mich alles gar nicht.

Interviewerin: Meinen Sie, dass zu viel über dieses Thema geredet wird?

Beate: Mhm (eher bejahend). (lacht) -

Interviewerin: Können Sie mir sagen, warum Sie das finden?

Beate: Ich habe kein Interesse dafür für sowas. Ich meine, wenn sich andere dafür interessieren, bitte schön, aber ich nicht. - -

Interviewerin: Haben Sie da schon Meinungen gehört darüber, wo Sie denken, die treffen zu?

Beate: Ich habe gar nichts drüber gehört von anderen oder auch im Fernsehen nicht.

Interviewerin: Mhm. Erzählen also Ihre Eltern oder Großeltern - in dem Fall denke ich jetzt an Torstens Oma, was Sie ja sagten, das ist eine Art Oma für Sie - (Überschneidung)

Beate: Ja, die sehe ich nicht oft.

Interviewerin: Mhm. Erzählt sie da öfter über diese Zeit?

Beate: Nö. - Früher, wo ich mal bei Torstens Oma war, da hat sie auch erzählt, dass es so und so wäre, aber so richtig zugehört habe ich da auch nicht, ne, weil das Thema war - ist tabu für mich. Wenn ich es jetzt selbst miterlebt hätte, wäre es vielleicht etwas anderes oder wenn ich es erleben würde oder ich würde wissen, Mensch, der Weltkrieg kommt hierher nochmal. Oder es würde Krieg geben, dann hätte ich auch Angst. Dann würde ich mir auch Sorgen machen, Mensch, warum hast du dich früher nicht darum gekümmert. Aber jetzt im Moment - phh - weg damit. (lacht)

Elemente von aggressiver Abwehr, die über bloßes Desinteresse am Thema hinausgehen, lassen sich in Aussagen wie „Ich meine, wenn sich andere dafür interessieren, bitte schön, aber ich nicht." oder dem abschließenden „Aber jetzt im Moment – phh – weg damit!" sehen. Deutlich spricht sie aus, dass das Thema für sie „tabu" ist.

Auch bei der Befragten „Julia" ist mehr im Spiel als bloßes Vergessen und „Sich einfach nicht dafür Interessieren".

Interviewerin: Haben Ihre Großeltern Ihnen etwas erzählt von Judenverfolgung oder (Julia: Mm <verneinend>) sonst etwas?

Julia: Ja, früher wußt ich darüber mehr Bescheid aber jetzt nicht mehr (schnaubend, mit kindlicher Stimme).

Interviewerin: Ja, früher schon?

Julia: Ja in die Schule hab ich das immer gern gemacht (kindliche Stimme).

Interviewerin: Ja, haben Sie (Julia: Ja) sich dafür interessiert? (Julia: So Hitler und so) Mhm.

Julia: Aber jetzt, weiß ich gar nichts mehr (schnaubend, leise).

Julia spricht die Aktivität des Verdrängens und des „Vergessen-Wollens" direkt an, wenn sie behauptet, „früher darüber mehr mehr Bescheid" gewusst zu haben – aber jetzt „gar nichts mehr" zu wissen, womit sie ihre Rede abschließt.

Diese häufig anzutreffende abwehrende Haltung erklärt, warum in der Studie für insgesamt elf Frauen letztlich keine endgültige Aussage über ihr Verhältnis zum Nationalsozialismus getroffen werden konnte.

Tabelle 1: Zusammenfassende Einschätzung der Stellungnahmen zur NS-Zeit (n=24)

Bewertung der NS-Zeit	n
eher positiv – unterstützend	3
eher intangiert – „Nicht-Betroffenheit"	3
eher kritisch	7
unklar, nicht eingeordnet	11

Sieben der Frauen äußerten sich jedoch auch kritisch gegenüber dem Nationalsozialismus und hielten eine weitere Beschäftigung mit dem Thema für wichtig.

6.2. Argumentieren Frauen „frauenspezifisch"? – Überprüfung der Argumentationsstrukturen in den Interviews

Im folgenden soll nun auf ausgewählte Argumentationen in der Literatur näher eingegangen werden – auf als „frauenspezifisch" beschriebene Argumente, wie die Angst vor sexualisierter Gewalt, die Kriminalitätsangst und die Forderung nach kultureller Anpassung und auf „männerspezifische" wie die Betonung von ökonomischer Konkurrenz und territorialen Ansprüchen. Diese sollen anhand der Aussagen der jungen Frauen aus der Auszubildendenstudie überprüft und hinterfragt werden

6.2.1 Bedrohungsgefühle durch sexualisierte Gewalt und ethno-zentrische Haltungen bei Frauen

Ein zentrales Argument, wenn es um die Benachteiligung von Frauen und ihre Umsetzung in rechtsextreme Orientierungen geht, ist immer wieder ihre Bedrohung durch sexualisierte Gewalt. Hier wird vor allem darauf hingewiesen, dass Frauen sexualisierte Gewalt der Männer der Eigengruppe ethnozentrisch auf ausländische Männer projizieren könnten – und dort unbeschadet kritisieren dürften (Rommelspacher 1994, Utzmann-Krombholz 1994).

Im Bezug auf Angst vor sexualisierter Gewalt von Seiten ausländischer Männer hat sich für die in der Studie Befragten ergeben, dass dieses Argument im Vergleich zu anderen ethnozentrischen Argumenten eher selten ist.

Tabelle 2: „Bedrohung durch ausländische Männer" als ethnozentrisches Argument (n=24)

Ausländische Männer werden von der Befragten als Bedrohung dargestellt. Es wird ihnen Frauenfeindlichkeit, z. B. besondere Anmache unterstellt.		
Argument(e) vorhanden	Argument(e) nicht vorhanden	unklar, nicht eingeordnet
10	11	3

Wie Tabelle 2 zeigt, beziehen sich insgesamt zehn von 24 Frauen in ihrer Argumentation in irgendeiner Weise auf ein Bedrohungsgefühl durch ausländische Männer. Dieser Anteil ist als eher gering zu betrachten, wenn man den Stellenwert von anderen Begründungen für Ethnozentrismus betrachtet. „Mangelnde Integrationswilligkeit" und „unangepasstes Verhalten" werden von 18 der 24 Frauen angeführt, Ausländern zugeschriebene „Kriminalität" dienen 17 der Frauen als Begründungszusammenhang für ethnozentrische Orientierungen. Insgesamt 19 Frauen gebrauchen in starkem bis mittleren Maß ökonomistische, mit Ausbeutungswünschen oder Ausbeutungsängsten verbundene ethnozentrische Argumente.

Im Gegensatz zu standardisierten Fragebögen oder Interviews erlaubt das von uns angewandte Frageverfahren – von offenen, allgemeinen Fragen hin zu Details, wobei die Reihenfolge und Formulierung der Fragen flexibel an die Interviewpartnerin angepasst wird – subjektive Relevanzen und Bedeutungen von Argumenten zu erfassen (vgl. Burkert 1996b).

Wird ein Argument spontan von der Interviewten gebracht – auf die offene Frage zur Situation von Ausländern in Deutschland – oder folgt es erst später? Welche Argumente werden intensiv ausgeführt, welche werden nur kurz angesprochen, oft im Sinne einer einer längeren Rede vorangeschickten Kritikvorwegnahme und Kritikimmunisierung? Womit schließen die Befragten ihre Rede ab, in welchen Begriffen fassen sie ihren Standpunkt betont zum Abschluss zusammen? Werden

144

Items in Fragebögen gleichrangig und in fester Reihenfolge vorgegeben, so sind diese Informationen nicht verfügbar.

Es hat sich in der vorliegenden Studie gezeigt, dass „Anmache durch Ausländer", wenn es überhaupt als Argument genannt wird, eher später im Interview als Zusatzargumentation auftaucht – erst nach den zuerst genannten ökonomistischen Argumenten und ethnozentrischen Argumenten bezüglich mangelnder Integrationsbereitschaft und Kriminalität von Ausländern.

Häufig ist auch nicht die eigene Bedrohung als Frau Thema, sondern es geht um „andere" Frauen, die angemacht werden. Die Beschreibungen von sexueller Belästigung durch ausländische Männer könnten durchaus in vielen Fällen auch aus der Perspektive eines „geschlechtsneutralen" bzw. „männlichen" Beobachters stammen. Das Argument der sexuellen Belästigung oder „Anmache" wird oft verknüpft mit anderen ethnozentrischen Argumentationen, die z. B. Kriminalität von Ausländern zum Thema haben können – wie in der Episode um eine Messerstecherei von Edith – oder Raumnahme und unangepasstes Verhalten von Ausländern in der Öffentlichkeit, wie aus der Interviewpassage von Conny deutlich wird.

Interviewerin: Was denken Sie darüber, dass Menschen nach Deutschland kommen und hier Asyl beantragen?

Edith: Es kommt immer auf die Situation an, sag ich mal so. (--) Also da bin ich ein bisschen ein gebranntes Kind. (--) So, in unserm Nachbardorf, hatte ich einen sehr guten Kumpel. Und unter anderem Asylanten, die wurden auch wirklich lieb und nett aufgenommen. Von der Dorfgemeinschaft. (--) Und, er hatte also wirklich eine bildhübsche Freundin. Und, diese Freundin stach dann irgendeinem von diesen Asylanten besonders ins Auge. Und dann hatten sie der auch immer aufgelauert, angemacht und so. Die war wirklich also, Mannequin konnte man wirklich sagen. (--) Bildhübsch. (--) Ja unter anderen hatte dann mal ihr Freund gesagt "komm lass die endlich mal in Ruhe, ihr könnt froh sein, dass ihr hier seid" und halt die üblichen Sprüche, die dann vielleicht einem dann entfahren und, "lasst meine Freundin in Ruhe." Ja, und das waren seine letzten Worte, die er dann gesprochen hatte.

Interviewerin: Was heißt das?

Edith: Ja, danach war er tot, hatte er ein Messer im Bauch gehabt.(--) Und seitdem, bin ich halt da etwas mit gemischten Gefühlen. (--) Wir hatten auch Asylanten dann auch im Dorf. Die dann mehr oder weniger bei uns ins Dorf dann übergesiedelt wurden, weil sie da nicht mehr bleiben konnten. Und, ja, ich meine, so es gibt Asylanten und es gibt Asylanten. Es gibt welche, die sich dann, ich meine, unsere haben sich jetzt auch nach drei Jahren haben sie sich sehr gut eingefügt. Ich meine, derjenige, der meinen Kumpel erstochen hat, den haben sie auch gleich abgeschoben und so, der

*war sowieso, gehörte nicht richtig zur Familie. Aber halt, ich sehe dem Ganzen mit
gemischten Gefühl entgegen.*

Im Zentrum der Erzählung steht der – tödlich ausgehende – Konflikt zwischen
zwei Männern um eine Frau. Die Frau, die von Edith rein äußerlich beschrieben
wird: „die war wirklich also, Mannequin konnte man wirklich sagen. Bildhübsch"
kommt in der weiteren Erzählung nicht vor. Wie ihr Verhältnis zu dem Asylbewerber war, ob sie dessen „Anmache" wirklich als unangenehm empfunden hat, wird
zumindest nicht berichtet.

Edith stellt in den Mittelpunkt ihrer Argumentation, dass „deutschen Männern"
„deutsche Frauen" weggenommen werden, und, wenn diese ihr „Recht" auf Verteidigung der deutschen Frau wahrnehmen, diese angegriffen, verletzt, oder wie in
ihrem Beispiel, gar ermordet werden. Dass sie selbst als Frau „angemacht" werden
könnte, bringt sie nicht zur Sprache, ebenso wie sie die Gefühle und die Perspektive der anderen Frau, des „bildhübschen Mannequins" nicht interessieren – und
auch wie die Frau auf den Tod ihres Freundes reagiert, kommt in Ediths Erzählung
nicht vor.

Auch wenn die Befragte „Conny" über Ausländer und deren von ihr als unangenehm erlebten Präsenz im öffentlichen Raum spricht, so tut sie dies nicht in erster
Linie aus der Perspektive als „Frau".

*Interviewerin: Und gibt es Gruppen so hier in Mittelstadt, die Sie besonders wenig
mögen?*

*Conny: Ja, es sind dann die Gruppen, die (Pause 3 sec) halt erstmal so an den Bahn-
höfen sitzen oder auch die Ausländergruppen, die sich denn so stark fühlen und wenn
dann mal wirklich irgendwas ist, weglaufen. Oder wenn sie alleine sind, dass sie dann
nichts machen, sondern nur, wenn sie in einer Gruppe sind, diese Leute zum Beispiel.*

Interviewerin: Und gibt es davon welche, die Sie besonders wenig mögen?

*Conny: (Pause 3 sec) Ja, es sind halt zum größten Teil diese Ausländer halt ne. Es
gibt da zwar auch drunter welche, die wir auch kennen und mit denen man auch su-
per klarkommt - zum Beispiel Türken oder Engländer und so weiter, wo wir auch
paar kennen und mit denen man sich auch unterhalten kann und (betont) die aber
nicht zu solchen Gruppen dazugehören. Und die dann halt ihre eigenen Interessen
haben, wo sie nur ein, zwei Freunde sind und die denn ganz normal wie wir auch
durch die Stadt bummeln und nicht am Bahnhof stehen und da was weiß ich dick rumschreien oder irgendwas oder einen da anmachen oder wie auch immer ne. Das sind*

dann halt die, mit denen man sich auch gut unterhalten kann, die da eben nicht dazu-
gehören.

Interviewerin: Sind Sie schon mal, wie Sie sagten, angemacht worden?

Conny: Nee, so richtig eigentlich nicht, aber man merkt es ja so, wenn man an so'ner
Gruppe vorbeigeht, dass sie dann eben pfeifen und denn so aufdringlich wirken, also
"was hast du'n an?" oder so, ganz laut. Ne, dass man das dann merkt, was ich absolut
nicht haben kann, ne.

Conny bringt zunächst das Argument ins Spiel, dass sich „Ausländergruppen so
stark fühlen", dass sie „am Bahnhof stehen und da was weiß ich dick rumschreien
oder irgendwas oder einen[31] da anmachen oder wie auch immer". Das „Herumste-
hen" und „dick Rumschreien" wird noch vor der „Anmache" genannt, auf in weite-
rem Sinne sexuelle Anmache als Frau geht Conny erst auf die Frage der Interviewerin ein, wobei Gefühle eines Bedrohtseins weniger eine Rolle spielen, als eher
ein Sich-Belästigt-Fühlen: „(...) ganz laut. (...) was ich absolut nicht haben kann,
ne". Angst zeigt Conny auch nicht, wenn sie betont, dass die „Ausländergruppen",
„wenn dann wirklich was ist, weglaufen", womit sie ein Gefühl der eigenen Überlegenheit auszudrücken scheint. Als Opfer sieht sie sich nicht direkt, ihre erste
Antwort auf die Frage nach eigenen Erlebnissen von „Angemachtwerden" lautet:
„Nee, so richtig eigentlich nicht.".

Das Argument der sexuellen Belästigung durch Ausländer ist hier also ver-
mischt mit der ethnozentrischen Kritik an der Präsenz und Raumnahme von Gruppen ausländischer Jugendlicher in der Öffentlichkeit. Dass es deutschen Jugendlichen – und hier in erster Linie bzw. ausschließlich *männlichen* – Jugendlichen um
Territorialkämpfe und um die Besitzrechte an Territorien im öffentlichen Raum
geht, findet sich wiederholt in der Literatur (Cohen 1994, Möller 1995). Die vorliegenden Interviews zeigen jedoch, dass Frauen sich genauso an der Anwesenheit
von Gruppen von ausländischen Jugendlichen stören, die sich denn so stark fühlen
und wenn dann mal wirklich irgendwas ist, weglaufen oder was", so Conny.

Auch andere Frauen sprechen über die Präsenz von „Ausländergruppen" im öffentlichen Raum, und auch hier geht es in erster Linie nicht um sexuelle Anmache.

---

31 Auch hier spricht Conny nicht eindeutig aus „weiblicher" Perspektive, sie sagt „einen" und meint
    damit sich selbst.

Julia: Ich find's auch nicht gut, dass hier so viele Ausländer sind, aber wenn man manchmal sieht, manche sind netter als manch ein Deutscher, ne. Sag ich einfach mal so. Kommt drauf an, wie. In der Gruppe sind sie Scheiße, sag ich mal (sehr leise).

(...)

Ja, man sagt ja immer "ach, Stadtteil x " ja, was weiß ich "Türkenviertel" oder " Stadtteil y" „Zigeunerviertel" und so. Na, was weiß ich, wenn sich jetzt zwei Leute, ein Deutscher und 'n Türke schlagen oder so, "Ha, ich hol ganz Stadtteil x und so." Na, kriegt der Deutsche Angst, weil da die ganzen Türken rumhängen oder so, ne. Aber sonst so eigentlich, hab ich da keine Probleme mit.

(...)

Ja, weil die sich halt zu diesen Gruppen zusammenschließen. Zu diesen Dorftruppen, sag ich einfach mal. Oder Stadtteilgruppen. Weil die sich zusammenschließen. (...) Wenn sie halt besser verteilt wären, dann denk ich, würde es solche Stadtteilprobleme nicht geben.

Interviewerin: Wer schließt sich da so zusammen? Deutsche oder Ausländer, wie geht das dann?

Julia: Nee, ich würde sagen, ja, mehr die Ausländer zusammen. Die Deutschen sind da gar nicht so zusammenhaltend, sag ich mal. Die sind in der Beziehung sind die Ausländer besser dran. Die halten mehr zusammen. Ob sie familiär zusammengehören oder nicht.

Der Kern des Problems wird von Julia so dargestellt, dass „wenn sich jetzt zwei Leute, ein Deutscher und ein Türke schlagen" der Türke aufgrund eines besseren Zusammenhalts innerhalb der Ausländergruppen Hilfe holen kann und dann „der Deutsche Angst kriegt". Auch hier verwendet sie wieder die männliche Form „ein Deutscher", stellt aber die Übermacht und den Zusammenhalt von Ausländern bei Schlägereien als ihr eigenes persönliches Problem dar, indem sie anschließt „aber sonst so eigentlich, (--) hab ich da keine Probleme mit."

Außerdem kann in Frage gestellt werden, dass ausländische Männer von Frauen immer nur im Sinne von „sexuell bedrohlich" wahrgenommen werden. Hier kann die frauenspezifische Rechtsextremismusforschung auch Gefahr laufen, bestehende ethnozentrische Stereotype einfach nur undifferenziert zu wiederholen und zu verstärken. Positive Beziehungen, Liebesbeziehungen, Sympathien- oder auch nur „Koalitionen" beispielsweise gegen deutsche Männer geraten so aus dem Blickfeld. So hatten zwei der von uns befragten Frauen Partner, deren Familie aus der Türkei stammte.

Die Argumentationen der Frauen müssen daraufhin untersucht werden, ob die Frauen tatsächlich sexualisierte Gewalt und Belästigung durch ausländische Männer in den Mittelpunkt stellen – und sich in ihrer Eigenschaft als Frau als Opfer darstellen. Den Frauen können durchaus andere Themen wichtiger sein – wie z. B. der Anspruch auf Territorien im öffentlichen Raum – ein Thema, das in der Literatur immer nur als Komponente eines „männerspezifischen" Rechtsextremismus Erwähnung findet.

Zwei Frauen beziehen sich trotz ihrer allgemein stark negativen Haltung gegenüber Nichtdeutschen auch positiv auf ausländische Männer. Jasmin und Julia, die beide mit Männern aus der rechtsextremen Szene befreundet sind, scheinen in ausländischen Männern durchaus auch Bündnispartner bei Konflikten zu sehen.

Jasmin, deren Freund Skinhead ist, berichtet lange und ausführlich von ihren Beziehungen und Freundschaften mit anderen Männern. Sie erzählt viel von ihrem ehemaligem Freund, einem Sinto, zeigt der Interviewerin ein Foto von ihm, das sie während des ganzen Interviews neben sich offen liegen lässt. Breiten Raum in ihrer Erzählung nimmt auch Gitiri ein, den sie als „Neger" bezeichnet. Ganz wichtig ist ihr, dass sie von ihm und seiner Clique jederzeit unterstützt werden würde, wenn sie „da nur anrufen" würde:

Jasmin: (...) Weil ich war ja immer irgendwie nicht die Doofe, aber - weil ich mich mit allen verstehe - und die sagen: "Wie kannst du nur mit so einem abhängen oder so?" Find ich bescheuert und so was. Mja, (pustet) phh. Ist doch meine Sache, hab ich gesagt, wenn ich mich mit dem verstehe. (...) Kann ich ja auch nichts zu. Bloß mein Freund sagt dann wieder: "Ja, sag ja nie wieder, dass das gute Freunde sind." Was soll ich dazu sagen? Kenn' den nun lange, und er würd mir auch immer helfen, wenn was ist. Ich brauch da nur anrufen. Tja.. Ist immer gut, so welche zu haben. (Interviewerin: Ja. <beide lachen>)

Die Vorwürfe ihres Freundes aufgrund ihrer Beziehungen zu Gitiri und seiner Clique scheinen sie nicht zu beeindrucken, bzw. sie eher zu bestärken – und sie schließt mit: „Ist immer gut, so welche zu haben."

Julia stellt ausländische Männer auch positiv dar – als „ganz anders" und „netter". Sie richtet an deutsche Männer den Vorwurf. „Na, ich meine, dann sollten die sich die deutschen Männer doch mal fragen, wieso die Frauen, die deutschen Frauen auch zu den Ausländern gehen.":

Interviewerin: Können Sie die politische Ansicht von den Skinheads verstehen?

Julia: Nö, eigentlich nicht, weil es sind ja Vorurteile. Ne, ich meine, ich kenn jetzt 'n Skinhead, der, der versteht sich jetzt bombenmäßig mit Türken. Naja klar, es ist halt so reingehämmert worden, was weiß ich, fertig.

Interviewerin: Mhm. Was ist reingehämmert worden?

Julia: Naja, Türken sind Scheiße, Türken müssen raus. Und nehmen den deutschen Männern die deutschen Frauen weg.

Interviewerin: Was sagen Sie zu den Argumenten?

Julia: Hm (kurz auflachend). (--) Naja, irgendwo haben sie recht, ne (beide lachen kurz). Na, ich meine, dann sollten sich die deutschen Männer doch mal fragen, wieso die Frauen, die deutschen Frauen auch zu den Ausländern gehen. Ja, ich meine, ist ja so. (--) Sollte man sich doch mal fragen.

Interviewerin: Haben Sie darüber nachgedacht? Kennen Sie Frauen, die einen türkischen Freund haben?

Julia: (--) Nö. Kenn ich nicht, aber trotzdem, ich meine, man sieht ja auch Deutsche, mit was weiß ich, auch mit Italern oder irgendsowas zusammen. Die sind ganz anders (betont)!

Interviewerin: Wie sind die anders?

Julia: Ja, netter, ne. Ja, weiß ich nicht, aber.

Sexuelle Beziehungen und Liebesbeziehungen zwischen deutschen Frauen und ausländischen Männern sind aus der Perspektive Julias somit eher ein Problem der deutschen Männer – und von Vorteil für die deutschen Frauen. Das Argument „sexuelle Beziehungen", das „Frauenwegnehmen" stellt sie als ein zentrales Element der Propaganda dar, die männlichen Skinheads „eingehämmert" werden würde. Mit einer eigenen Angst Julias vor Männern hat dies zunächst nichts zu tun. Gleichzeitig finden sich aber auch ethnozentrische Argumente bei ihr – und diese stehen im Zusammenhang mit der öffentlich in der Bundesrepublik geführten Diskussion um Frauenfeindlichkeit im Islam, wie die direkt anschließende Interviewpassage zeigt:

Interviewerin: Könnten Sie sich auch vorstellen, einen ausländischen Freund zu haben, wäre das ein Problem?

Julia: Nö, eigentlich nicht. Solange er mich nicht mit in die Türkei nehmen will (lachend).

Interviewerin: Mhm. Das würden Sie nicht?

Julia: Nee (gepresst).

Interviewerin: Mhm. Warum nicht?

Julia: Naja, bei den Filmen, die man immer sieht, "Nicht ohne meine Tochter" oder so. (--) Mm. Aber sonst so, klar, wieso nicht.

Sie betont, nichts dagegen zu haben, mit einem Türken zusammen zu sein, „solange er mich nicht mit in Türkei nehmen will" und führt als Begründung für diese Abneigung den Film „Nicht ohne meine Tochter" an, die Verfilmung des Bestsellers von Betty Mahmoudy – ein Kassenschlager, der über lange Zeit an deutschen Kinos zu sehen war.

Vordergründig feministische Argumente, die sich ausschließlich gegen die Unterdrückung von Frauen im Islam wenden, und insofern ethnozentrisch sind, als sie die Frauenunterdrückung der „fremden" Frau als Argument für Maßnahmen gegen fremde Männer nutzen, finden sich auch in anderen Interviews, allerdings haben sie nicht den Stellenwert, der ihnen oft in der Literatur zugemessen wird (vgl. z. B. Rommelspacher 1994). Teilweise wurden Äußerungen auch durch die Fragestellung der Interviewerinnen, die Theorien über „frauenspezifischen" Rechtsextremismus im Hinterkopf hatten, mit provoziert, wie im folgenden Ausschnitt aus dem Interview mit Edith:

Interviewerin: Was halten Sie davon, wenn die Frauen hier mit einem Kopftuch durch die Gegend gehen?

Edith: Ich meine so, ich hab ja welche gesprochen, also die meisten machen das nicht freiwillig. Aber wenn der große Bruder dann schon mit Schlägen droht, ne? Was sollen sie dann machen? Mei, da wären die Brüder wahrscheinlich besser in ihrem Heimatland aufgehoben und die Frauen mal am besten hier.

Es ist also keineswegs so, dass die interviewten Frauen „geschlechtsspezifisch" ausländische Männer als „Bedrohung" darstellen. Die Frauen sprechen in den Interviews über eine Vielzahl von möglichen Beziehungen, vielfach positiver Art. Klagen über sexuelle Anmache spielen eine eher untergeordnete Rolle.

Häufig können die erzählten Episoden auch anders gedeutet werden, z. B. als Problem der Konkurrenz um „Territorien" oder als integrationsunwilliges Fehlverhalten, wie „laut Rumschreien". Und das Thema „Anmache deutscher Frauen durch ausländische Männer" wird übereinstimmend von befragten Männern und Frauen gerade auch als Problem der deutschen Männer dargestellt.

6.2.2 Angst vor Kriminalität als Einfallstor für rechtsextreme Orientierungen von Frauen?

Häufig findet sich in der Literatur auch das Argument, Frauen fühlten sich besonders bedroht durch Kriminalität und seien gerade in ihrer Eigenschaft als Frauen besonders besorgt um „Recht und Ordnung" in Deutschland. Dieses vermutete subjektive Bedrohungsgefühl von Frauen wird in Verbindung mit frauenspezifischen ethnozentrischen Argumenten gesehen, die eine spezifische Kriminalität von und eine spezifische Gefährdung durch Ausländer behaupten. Empirisch ist, wie oben bereits festgestellt, dieses Argument nicht immer klar zu trennen von anderen Argumentationszusammenhängen wie der Bedrohung durch sexualisierte Gewalt oder die Konkurrenz um Territorien im öffentlichen Raum.[32]

Das in der Forschung oft diskutierte Kriminalitätsargument birgt die Gefahr in sich, dass die Bedrohung von den Forschenden als real gesetzt wird, wenn Befragte von subjektiven Bedrohungsgefühlen durch Ausländer sprechen. Wenn beispielsweise Möller davon spricht, dass Frauen „schon vor dem unmittelbaren Erleben von Ausländerkriminalität" (Möller 1991, S.34) Angst erleben, dann drückt er damit auch aus, dass überhaupt eine als solche erlebbare „Ausländerkriminalität" existiert. Der Diskurs um „Ausländerkriminalität" ist aber per se schon ein ethno-

---

32 Die Kategorisierung von Argumenten und vor allem die Bezeichnung der Kategorien stellt ein weiteres Problem der geschlechtervergleichenden Forschung dar. Eine ähnlich oder gleich lautende Aussage wie z. B. „Die stehen am Bahnhof rum und machen einen an." kann ganz unterschiedlich eingeordnet werden – als „Klage über sexuelle Belästigung", wenn sie von einer Frau geäußert wird, dagegen als „territoriale Konkurrenz im öffentlichen Raum", wenn der Sprecher männlich ist. Die verschiedenen Kategorien werden dann zur Begründung einer Geschlechterdifferenz herangezogen, wobei die Annahmen über die Geschlechterdifferenz schon in den Kategoriebildungsprozess miteingegangen sind – und nun zirkulär repliziert werden. So ist beispielsweise für Möller (1995) „Ethnisierung von Sexismus" zentral für die Herausbildung von rechtsextremen Orientierungen bei Frauen – bei Männern dagegen „Ethnisierung von maskuliner Hegemonie". Worin besteht nun der Unterschied zwischen „Sexismus" und „maskuliner Hegemonie" und damit die von Möller festgestellte Geschlechterdifferenz?

zentrischer, denn er stellt die Behauptung auf, dass zwischen „Ausländer-" und „Deutschenkriminalität"[33] zu unterscheiden ist – und attribuiert Kriminalität auf nicht-deutsche Herkunft.

Der Hinweis von Büchner auf die Persönlichkeitsferne von Argumenten ist wichtig, um zu unterscheiden, ob die Befragten tatsächlich von realer persönlich erlebter oder erlebbarer Bedrohung sprechen – oder ob der Opferstatus für sich reklamiert wird, um die Diskriminierung der Anderen, hier der „kriminellen" Ausländer, als eigentliche Täter zu rechtfertigen. Was Büchner für die von ihr befragten Republikanerinnen feststellt, kann teilweise auch auf die in dieser Studie befragten Frauen übertragen werden.

> *„Die Selbstdarstellung und -wahrnehmung als Opfer korrespondiert mit einer nach außen gewendeten Gewaltbereitschaft gegen diejenigen, die diese 'deutsche Volksgemeinschaft' vorgeblich bedrohen." (Büchner 1994, S.62)*

Ganz deutlich wird dies bei Edith, die für sich selbst eine sehr starke Opfermetaphorik verwendet. Auf die Frage nach ihrer Meinung zum Thema Asyl, antwortet sie, in dieser Beziehung „ein gebranntes Kind" zu sein – und erzählt die Geschichte der Ermordung eines „Kumpels" durch einen „Asylanten" (vgl. oben). Die Metaphorik „gebranntes Kind" erscheint einige Seiten später im Interview in ganz anderem Licht, als Edith von der Pogromstimmung erzählt, die dieses Ereignis im Dorf ausgelöst hat:

> *Edith: (...) und dann kam halt die Polizei und dann waren schon die ersten Dorfbewohner, die quasi das eigene Dorfgemeinschaftshaus angezündet hatten. Und Feuer.*

> *Interviewerin: Haben die das gemacht?*

> *Edith: Ja. Aufgrund dessen. Vielmehr sie waren kurz davor. Also Fackeln und so, die waren auch schon hergestellt. Halt aus Wut und Frust.*

Empathie mit den Asylbewerbern, die im Dorfgemeinschaftshaus untergebracht sind, zeigt Edith nicht. Sie kommen in der Erzählung nicht vor. Es geht eher um das Haus, das angezündet werden soll. Ihr Verständnis und Mitleid gilt allein den

---

33 Die Nichtexistenz des Begriffes „Deutschenkriminalität" zeigt schon den im Begriff „Ausländerkriminalität" implizierten Ethnozentrismus. Kriminalität wird nämlich nicht auf Deutschsein attribuiert, dagegen aber auf „Ausländischsein".

Dorfbewohnern, die „aus Wut und Frust" handeln – und sogar „das eigene Dorfgemeinschaftshaus" anzünden müssen, weil ihnen in ihrer Situation nichts anderes
übrig zu bleiben scheint, wenn sie sich „als Opfer" von Kriminalität wehren wollen.

> *„(...) Die (...) Opferhaltung der Frauen verbirgt so nur mangelhaft die darunterlie-*
> *gende Bereitschaft zur Gewalt: Ich bin Opfer, - also bin ich im Recht, wenn ich mich*
> *mit allen Mitteln wehre; letzlich bin ich nicht Urheberin der Gewalt, sondern handle*
> *aus legitimer Notwehr, und das Recht auf Selbstverteidigung ist Naturrecht."*
> *(Büchner 1994, S.63)*

Als Opfer stellt sich auch Isabell dar, wenn es um die Anschläge von Deutschen
auf Ausländer in ihrer Heimatstadt geht:

> *Interviewerin: Wie ist das? Es gab ja, da haben Sie auch schon drüber gesprochen, in*
> *(Name: Hauptstadt 1) Angriffe auf Ausländer.*
>
> *Isabell: Da habe ich wirklich ganz doll drunter gelitten. Das war, wir haben nämlich*
> *eine Arbeitskollegin. Das ist eine Türkin und zu dem Zeitpunkt habe ich da gerade*
> *angefangen. Das ist ja, glaube ich, drei Jahre her. (--) Da habe ich da angefangen,*
> *oh, die hat mit mir zwei Monate lang kein Wort gesprochen (Interviewerin: Oh), weil*
> *sie wusste, ich komme aus (Name: Hauptstadt 1) (hoch betont), und ich wäre da dabei*
> *gewesen. Ich sage "tut mir leid, aber zu dem Zeitpunkt war ich schon längst hier, ich*
> *hab' damit nichts zu tun" "Ja, aber ihr seid da alle gleich", und das hat sie dann auch*
> *wieder gesagt, weil alle Leute da drüben Ausländerfeinde sind. Ich sage "es gibt mit*
> *Sicherheit hier genauso welche" . Das hat man ja dann nachher auch in Solingen ge-*
> *sehen, wo diese Brandanschläge waren. Und (--) da sagt sie "sollte da jetzt nochmal*
> *irgendwas passieren, dann geht sie wieder zurück", weil die wirklich Angst haben, ne.*
> *Ja gut, aber damit hatte ich überhaupt nichts zu tun, und sie macht mich dafür jetzt*
> *dafür verantwortlich. Da waren dann auch wieder ganz viele, einer macht es, und*
> *tausend Leute werden deswegen verurteilt, ne. Das finde ich ganz, ganz furchtbar.*

„Einer macht es, und tausend Leute werden deswegen verurteilt. Das finde ich
ganz, ganz furchtbar." Isabell verlangt Gerechtigkeit für sich selbst als Opfer, wenn
sie wegen der Anschläge von Deutschen auf Ausländer verurteilt wird. Selbst zö-
gert sie nicht, beispielsweise Romafrauen wegen Kaufhausdiebstählen oder Asylbewerber verallgemeinernd „es macht der eine, dann der andere auch" wegen Dieb-
stählen im Getränkemarkt anzuprangern:

> *Isabell: Die sind ganz, ganz doll frustiert, ganz, ganz wütend auf diese Leute . (--) Bin*
> *ich, ganz ehrlich gesagt, auch, ne. Weil, ich meine, ich hab' das ja vorher auch miter-*
> *lebt, dass ich da, da war keiner, hier sind ja auch genug. Das ist ja hier, hier vorne ist*
> *dieses Asylantenheim. Ich hab' nichts dagegen, können da von mir aus wohnen und*

hausen, soviel sie wollen. Aber dann kommen die hier abends, dann hauen sie hier unten 'ne Glasscheibe ein und holen Getränke aus 'm Getränkemarkt und alles solche Sachen. Und dann sage ich mir "meine Güte", ne. Wären die nicht da, ich meine, man kann das jetzt nicht, man kann die jetzt nicht alle über einen Kamm scheren, sind vielleicht nicht alle so. Aber damit fängt es an. Es macht der eine, dann macht's der nächste auch, weil ja keiner, weil ja die Leute meinen, die werden nicht erwischt. Und es macht (betont) auch keiner was gegen diese Leute.

Hier fordert sie sehr wohl Maßnahmen, obwohl „vielleicht nicht alle so" sind. Aber sie entwickelt ein Bedrohungsszenario aus einer eingeschlagenen Scheibe im Getränkemarkt. Die Warnung „aber damit fängt es an" soll nahelegen, dass noch viel Schlimmeres passieren wird. Sie fordert „Schutz", der in der Verfolgung, Bestrafung und Ausweisung von Ausländerinnen und Ausländern – und der gleichzeitigen Verhinderung der Einwanderung nach Deutschland – bestehen soll. Ihre abschließende Bemerkung „und es macht auch keiner was gegen diese Leute" kann so als Aufforderung gelesen werden, endlich etwas „gegen diese Leute" zu tun.

Inwiefern Isabell selbst real durch die eingeworfene Scheibe bedroht ist – und ob dieses reale Bedrohtsein durch entwendete Getränke tatsächlich Basis für ihre stark ethnozentrische Orientierung ist, ist zweifelhaft. Eher wird ihre Wahrnehmung – sei es nun die Wahrnehmung der Türkin, die sie ungerechterweise zum Opfer macht, oder die Wahrnehmung der ihrer Ansicht nach ungenügend verfolgten „Kriminalität" von Asylbewerbern – durch schon vorher bestehende ethnozentrische Deutungsmuster geprägt.

Insgesamt 17 der von uns Befragten stellen Ausländer in irgendeiner Beziehung (Diebstähle, Schlägereien, Drogenhandel) als in besonderer Weise kriminell dar.

Tabelle 3: „Ausländerkriminalität" als ethnozentrisches Argument (n=24)

Ausländer werden von der Befragten als besonders kriminell und/ oder zu „Randale" neigend dargestellt		
Argument(e) vorhanden	Argument(e) nicht vorhanden	unklar, nicht eingeordnet
17	5	2

Fast immer steht die Feststellung von „Ausländerkriminalität" wie bei Isabell im Zusammenhang mit der Forderung nach Maßnahmen gegen Migrantinnen und Migranten, und soll somit diese Forderung und Diskriminierungen begründen.

Eigene unmittelbare Erfahrungen als Opfer von Kriminalität werden dabei jedoch nicht erzählt – und auch konkrete Ängste vor spezifischen Situationen sind sehr selten.

Es drängt sich die Vermutung auf, dass das Kriminalitätsargument viel eher eine abstrakt hergeleitete – und eher aus Medien und Diskussionen übernommene – Begründung für diskrimierende Maßnahmen gegen Ausländerinnen und Ausländer darstellt, dem besonderes Gewicht zukommen soll, indem von unangreifbarer und unwiderlegbarer „eigener Erfahrung" gesprochen wird. Aus den ethnozentrischen Argumenten einiger Befragter direkt auf deren Lebenslage und deren konkrete Erfahrungen und Probleme unvermittelt rückzuschließen, kann zu Fehlschlüssen führen.

Und: „Kriminalität" aus der Perspektive des Staates – oder aus der Perspektive von Forschenden – muss ihrerseits von den befragten Frauen gar nicht als solche erlebt werden. Von Verkäufern von Schmuggelzigaretten beispielsweise fühlen sich eine Reihe von Befragten in keinster Weise bedroht. Sie sehen darin oft eher eine Bereicherung ihres Lebens und ihren eigenen Nutzen.

Interviewerin: Haben Sie zum Beispiel schon mal davon gehört, dass es Vietnamesen hier geben soll, die geschmuggelte Zigaretten verkaufen, um sich ihren Lebensunterhalt zu sichern?

Conny: Also ich finde das ist eigentlich nichts Schlimmes. Erstmal freuen sich die Deutschen, weil's billiger ist als hier, und die haben dann eben auch dran verdient. Also ich find das gar nichts Schlimmes. Auch so, wenn ich in Berlin durch die Fußgängerzone gehe und ich sehe da so viele stehen, ich gucke gerne und ich (betont) kaufe (normal) auch gerne bei so Leuten, weil die meisten auch ausgefallene Sachen haben und günstige, was du hier so im Laden bei den Deutschen nicht kriegst, was du vielleicht nur im Urlaub kaufen kannst, aber denn auch schon für viel Geld. Und wenn sie die dann wegscheuchen, also das find ich nicht so gut.

6.2.3 Hoher Konventionalismus

Nicht nur Kriminalität als zu sanktionierende Normabweichung wird von vielen Befragten als ethnozentrisches Argument angeführt, sondern die Kritik am Fehlverhalten von Ausländerinnen und Ausländern setzt schon viel früher an beispielsweise beim „dick Rumschreien" (so Conny) ausländischer Jugendlicher , beim „einfach auf der Straße Stehen" (so z. B. Isabell) von Roma oder dem Vorwurf von Unordentlichkeit und mangelnder Sauberkeit. Immer wieder wird mangelnde Anpassung an in Deutschland geltende Normen von „Ruhe" und „Ordnung" bemängelt, „Anpassung gefordert" und der Vorwurf einer mangelnde „Integrationswilligkeit" erhoben.

Hoher Konventionalismus, den Traudel Horn-Metzger und Christine Riegel als zentrales Element weiblicher autoritärer Einstellungen identifizieren (Horn-Metzger & Riegel 1995) ist tatsächlich bei einem großen Teil der von uns Befragten festzustellen.

Tabelle 4: „Kulturelle Anpassung" als Begründung für ein Bleiberecht von Ausländern in Deutschland (n=24)

Die Befragte nennt Argumente in der Art, dass Ausländer in Deutschland bleiben können, wenn sie sich „kulturell anpassen" bzw. „anständig verhalten".		
Argument(e) vorhanden	Argument(e) nicht vorhanden	unklar, nicht eingeordnet
18	5	1

Der überwiegende Teil der Frauen – insgesamt 18 von 24 – fordert „kulturelle Anpassung" und „anständiges Vehalten", wenn Ausländer in Deutschland bleiben wollen – damit impliziert ist in vielen Fällen gleich die Drohung einer Ausweisung bei „Nichtanpassung" und „Verstoß gegen Konventionen". Dies deckt sich mit den Ergebnissen von Utzmann-Krombholz (1994), in deren empirischer Studie zwei Drittel der Jugendlichen – und hier auch wieder beider Geschlechter – „starke Assimilationsforderungen" erheben. Es geht dabei oft nicht so sehr darum, dass Ausländerinnen und Ausländer sich anpassen sollen, sondern dass sie ausgewiesen werden sollen, *weil* sie sich nicht anpassen.

Cohen führt den Begriff des „respektablen" Rassismus ein:

„Der auf Territorialkämpfe fixierte 'ungehobelte' Rassismus fühlt sich durch die Juden/ Iren/ Schwarzen bedroht, die in 'unsere' geheiligten Bezirke eindringen. Das ist in erster Linie der Rassismus der männlichen Jugend. Desweiteren gibt es den 'respektablen' Rassismus, der die moralische Panik schürt, indem er den ethnischen Minderheiten unterstellt, sie würden die Regeln öffentlichen Wohlverhaltens verletzen. Das ist der vorwiegend von Frauen und älteren Menschen vertretene Rassismus."(Cohen 1994, S.107)

Er grenzt den „respektablen Rassismus" von den offen aggressiven und gewaltsamen ethnozentrischen Haltungen männlicher Jugendlichen ab. Dabei werden jedoch in der Hildesheimer Studie, wie oben ausgeführt, „territoriale" Argumentationen ebenfalls von Frauen geäußert. Anpassungsforderungen werden dagegen ebenfalls von jungen Männern erhoben (vgl Rieker 1997, S.93) Auch hier scheint der Geschlechterunterschied insgesamt eher gering zu sein. Dass Nichtdeutsche sich den Regeln in Deutschland anpassen sollen, das fordern befragte Männer und Frauen gleichermaßen. Wenn Unterschiede bestehen, dann darin, auf welche Lebensbereiche sich die Anpasungsforderungen beziehen und aus welchen bereichen beispiele von Nichtanpassung thematiisiert werden. Während sich Gesche geispielsweise beklagt, dass Sinti nicht arbeiten, im Dorf auf der Straße stehen, leichtfertig Brände riskieren, indem sie Küchenmaschinen nicht abschalten und bettelnd in die Vorgärten eindringen, so beziehen sich die Beispiele von jungen Männern oft auf Episoden auf der Baustelle oder an einem anderen Arbeitsplatz (vgl. Rieker 1997, S.99).

So führt beispielsweise Isabell aus, die zuvor im Interview immer wieder anspricht, dass es „zuviele Ausländer" in Deutschland gibt und „niemand etwas dagegen tut":

Isabell: Ich meine gut, in jedem Land sind ja überall, sind ja Ausländer, wir sind ja genauso Ausländer, wenn wir ins Ausland fahren (...). Nur sage ich mir, die leben hier, und die müssen sich auch dementsprechend anpassen. Wenn ich da nur zum Urlaub hinfahre, ist das was anderes.

Interviewerin: Und, Sie sehen, wie ist das, sehen Sie viele Leute, die sich nicht genug anpassen oder-?

Isabell: Ja, auf jeden Fall (hoch betont). Es gibt ganz, ganz viele, die sich mehr anpassen müssten .

„Es gibt" nach Meinung Isabells also „ganz, ganz viele", die sich „mehr anpassen müssten". Wenn sie selbst ins Ausland fahren würde, wäre dies jedoch etwas anderes. Der Vergleich mit eigenen Urlaubsreisen oder insgesamt die Situation als Deutsche im Ausland wird häufig angesprochen. Man selber könne ja auch nicht in die „Malediven", so die Befragte Julia, oder in die „Schweiz", so Edith, auswandern. Und Gesche führt aus, dass sie in Spanien sich auch anpassen müsste, da sie dort mittags nicht einkaufen könne - und leitet daraus die Forderung nach Anpassung für die hier lebenden Ausländerinnen und Ausländer ab. „Wir müssen uns ja auch anpassen" oder „uns wird ja auch nichts geschenkt" sind häufig wiederkehrende Argumente in den Interviews. Edith formuliert diese Logik am deutlichsten: „Wenn ich keine Wohnung habe, warum sollst du eine haben." Solidarische Vorstellungen von einem gemeinsamen Engagement für soziale Verbesserungen für alle finden sich kaum in den Interviews. Dagegen wird „Gerechtigkeit" eingefordert. „Gerechtigkeit" heißt hier aus einer Perspektive von Konkurrenz und Strafe:

„wenn es mir selbst schlecht geht, wenn ich in dieser Gesellschaft Nachteile in Kauf nehmen muss, dann darf es den Ausländerinnen und Ausländern auf keinen Fall besser gehen." Hier ist m. E. auch der ökonomische Hintergrund der Befragten (vgl. Kap. 6.1.1) in Betracht zu ziehen – und ihre Abhängigkeit von Eltern, männlichen Partner und Lehrherren in Kleinbetrieben. Es werden jedoch kaum politisch Verbesserungen der eigenen Lage eingefordert, sondern der überwiegende Teil der Befragten scheint der Ansicht zu sein, dass Konventionen - und seien sie noch so nachteilig – für alle gelten müssen.

Beim „Konventionalismus" gehe es weniger um „personenbezogene Autoritätsgläubigkeit" als um die „Unterordnung unter gesellschaftlich dominante Wertvorstellungen"(Horn-Metzger & Riegel 1995, S.93). Fast alle befragten Frauen lehnten es ab, Vorbilder zu haben. Vorbilder – einschließlich Persönlichkeiten aus der Politik – würden sie doch nur enttäuschen, würden nur an ihren eigenen Vorteil denken, so wurde häufig geäußert. Anpassung an Normen wurde dagegen umso häufiger gefordert.

Bezeichnend ist die Beschreibung, die Gesche von einer Romafamilie gibt, die in ihrem Dorf lebt. Neben dem „Rumschreien der Kinder" im Bus – und dass diese deutsche Schimpfwörter verwenden würden, obwohl sie noch nicht richtig deutsch könnten, was sie ebenfalls im Interview beklagt, geht es ihr um Sauberkeit und Ordnung – und darum, dass die Fremden betteln und hausieren.

Gesche: Die Klamotten hingen überall raus, wenn man in die Fenster reinggucken konnte von der Straße, ziemlich verwest aus, ähm, es ist überall und nirgends hingepinkelt worden , was ich so eben von Zeitungsleuten dann da oben so mitgekriegt habe, die da eben hin (betont:) mussten, ähm, sie haben also mehrere Haushaltsgeräte, so Küchengeräte, so Mixer, oder Kaffeemaschinen auf heiße Herdplatten gestellt, die dann Feuer gefangen haben, wo es dann öfter mal gebrannt hat, wo Feuerwehr dann ausrücken musste. Also, sie sind, trotz dass sie ja das Geld von der Gemeinde bekommen haben und nicht schlecht von der Gemeinde bekommen haben, ich weiß das so so ein bisschen, von einem Bekannten, der im Gemeinderat sitzt, was die so ungefähr kriegen, sind sie noch immer Betteln und Hausieren gegangen, also, ziemlich drastisch auch, haben also, wenn man nein gesagt hat, die Füße zwischen die Tür gestellt, haben gegen, die Fensterscheiben geklopft, sind ums (plötzlich sehr heftig:) ganze Haus, sind auf dem Grundstück drauf rumgelaufen, wenn keiner geöffnet hat, haben also wirklich geguckt.

Interessant ist der Vorwurf des „Reinguckens" in ihr eigenes Haus, den Gesche gegen die Roma erhebt, nachdem sie geschildert hat, wie „verwest" es bei der Familie ausgesehen habe, wenn man selbst „von der Straße aus reingeguckt" hätte. Insgesamt – wie auch beim Thema Kriminalität – entwirft Gesche eine Art Bedrohungsszenario – „die Feuerwehr" muss „dann ausrücken" – und selbst auf dem eigenen Grundstück, im eigenen Haus stellt sie sich als bedrängt dar. Direkter, fast körperlicher Ekel scheint durch, wenn sie von „verwest" spricht und vom „überall und nirgends Hinpinkeln".

Für den Bereich „Konventionalismus" lässt sich ähnlich wie für den Bereich „Angst vor ‚Ausländerkriminalität'" zusammenfassen: Anpassungsforderungen und Kritik an mangelnder Integraionswilligkeit von Ausländerinnen und Ausländern lassen sich wohl bei Befragten beider Geschlechter finden. Auch hier sind die Berichte oft persönlichkeitsfern, die Befragten sind nicht direkt eurch das angeprangerte „Fehlverhalten" der „Anderen" betroffen, dennoch sind die Berichte oft sehr emotional geprägt und lassen autoritäre Strafwut erkennen. Bestehende Diskriminierungen werden so als verdiente Strafe gerechtfertigt. Wenn Geschlechtsunterschiede bestehen, dann weniger in der Form der Argumentation, dem Beharren auf Konventionen und der Forderung nach Strafe für Nichtanpassung, als eher in den Lebensbereichen, auf die sich die gewählten Beispiele für Nichtanpassung beziehen.

6.2.4 Gewaltbedürfnisse von Frauen – an Männer und Institutionen delegiert?

Zahlen aus Kriminalitätsstatistiken, aber auch die Ergebnisse bisheriger empirischer Untersuchungen (vgl. Stöss 1989, Utzmann-Krombholz 1994) machen deutlich, dass Frauen deutlich weniger an rechtsextremen Gewalttaten, wie an Gewalttaten überhaupt, beteiligt sind – und dass sie direkter körperlicher Gewaltanwendung teilweise kritischer gegenüberstehen. Daraus wird aber nicht unbedingt gefolgert, dass Frauen grundsätzlich weniger aggressiv sind – der Gewaltanwendung insgesamt kritischer gegenüber stehen müssen. Es wird die Vermutung ausgesprochen, dass Frauen verstärkt an Männer delegieren, an männliche Bekannte im Privaten – und an staatliche Institutionen:

In der vorliegenden Stichprobe zeigte sich nur ein kleiner Anteil der Frauen als deutlich kritisch gegenüber staatlich repressiven Gewaltformen.

Tabelle 5: Haltung zu staatlicher Gewaltanwendung und besonders repressivem Umgang (körperliche Gewalt, Haft, Todesstrafe) gegenüber Ausländern, Asylbewerbern, Obdachlosen (n=24)

Haltung zu staatlicher Gewalt	n
Gewalttolerierung	12
keine Tolerierung	3
unklar, nicht eingeordnet	9

Insgesamt zwölf Frauen sprechen sich dagegen deutlich für härtere staatliche Gewaltmaßnahmen aus, wie z. B. die Abschiebung von straffällig gewordenen Asylbewerbern, auch wenn ihnen im Herkunftsland Folter droht:

Gesche: Sondern ich muss mich in Spanien auch anpassen, und von daher, müsste man da doch schon Maßnahmen ergreifen.

Interviewerin: Und auch dann, wenn jemandem Folter droht, z. B. in der Türkei?

Gesche: Naja, ähm, man müsste dann versuchen, ihn nicht unbedingt in die Türkei auszuweisen, mit einer Maßnahme erstmal (...) drohen, vielleicht auch erstmal hier bei uns, so wie es bei uns, für einen normalen Deutschen wäre, wenn der sich über die Staatsgewalt hinwegsetzt. Mit wat weiß ich, fünf Tagen Gefängnis oder so, was da dann eben darauf kommt, und ihm eben klipp und klar machen, (belehrender Tonfall:) "Wenn das noch mal passiert, und du dich wieder über die Staatsgewalt hinwegsetzt, und hier Leute aufhetzt und unsere Gastfreundschaft nicht akzeptierst, dann können wir nicht anders, dann müssen wir dich abschieben, und dann, so leid es uns tut, dann musst du in die Türkei.". Dann, dann will er 's ja irgendwie gar nicht anderst.

Besonders aggressiv fordert Julia staatliche Gewalt gegen Obdachlose, die ihrer Meinung nach „im Knast" besser aufgehoben wären.

Interviewerin: Gibt es hier in der Stadt Gruppen, die Sie nicht mögen?

Julia: Nee, Penner so oder so nicht, ne! (nuschelnd und sehr leise). Ich mein, die sind ja glücklicher im Knast aufgehoben, sag ich einfach mal so (leicht schnaubend). (Interviewerin: Ja?) Ja. Ist doch so. Da haben sie ihr Bett und fertig, ne.

Interviewerin: Und, warum glauben Sie, dass die auf der Straße sind?

Julia: Warum die auf der Straße sind? Hm. Warum ich das glaube? Hm. Na, erstmal sowieso alkoholabhängig. Na, was weiß ich, dann haben sie sich wahrscheinlich von 'ner Frau getrennt oder irgend sowas. (--) Naja.

Interviewerin: Und Sie fänden besser, wenn man die Leute einsperren würde?

Julia: Nee, nicht ins Knast. Erstmal, in so 'ne Anstalt oder was weiß ich, ob man da so dran kommt, weiß ich nicht. Aber, im Knast sind sie ja wirklich besser aufgehoben, haben sie ihr Bett, können arbeiten, was weiß ich, und kriegen was zu essen. Weiß ich auch nicht (nuschelnd).
(...) Nee, das findet, glaub ich, gar keiner gut. Das sieht ja auch für die Stadt allein blöd aus. Wenn jetzt, was weiß ich, irgendwer zu Besuch kommt oder so, oder, was weiß ich jetzt, die französiche Woche war oder so.

Gerechtfertigt werden die Maßnahmen der Staatsgewalt, hier Abschiebung auch bei drohender Folter und Haft für Obdachlose durch Fehlverhalten der Betroffenen „dann will er es ja gar nicht anderst", dem eigenen Zwang zur Anpassung „sondern ich müsste mich in Spanien auch anpassen" und der Wahrung eines wohlanständigen Gesichtes der Stadt „wenn(...) Besuch kommt" „was weiß ich, die französische Woche war". Wieder stehen an der Stelle von Empathie Schuldvorwürfe an die Opfer von staatlicher Gewalt und Diskriminierung.

Neben Verständnis für staatliche Repressionen – bzw. auch deren Einforderung, zeigen viele der befragten Frauen auch Verständnis für Gewalttaten männlicher Bekannter und Freunde – eine These, die in der Literatur Unterstützung findet:

„Frauen projizieren eigene nicht gelebte Gewalt- und Aggressionsbedürfnisse auf Männer und bieten im Gegenzug Reproduktion und Stabilisierung der Männer."
(Stenke 1994 S.98)

Insgesamt vier der Frauen fordern und akzeptieren direkt fremdenfeindliche Gewalt, als Beispiel mögen hierfür die schon zitierten Interviewausschnitte mit Edith (vgl. Kapitel 6.2.1) dienen. Die folgende Tabelle verdeutlicht die relative Häufigkeit dieser Einstellung in der vorliegenden Stichprobe.

Tabelle 6: Haltung zu nicht-staatlicher Gewaltanwendung gegenüber Ausländern, Asylbewerbern, Obdachlosen (n=24)

Haltung zu nicht-staatlicher Gewalt	n
keine oder geringe Gewalttolerierung	8
Gewalt wird zwar nicht oder kaum toleriert aber „irgenwie" verstanden	8
Gewalt wird toleriert, akzeptiert und/ oder gefordert	4
unklar, nicht eingeordnet	4

Ein gewisses Verständnis für rechtsextreme Gewalttaten zeigen immerhin acht der Frauen, sie wagen nicht, diese direkt zu kritisieren und zeigen ebenfalls wenig Empathie mit den Opfern.

Interessant sind, wie bereits erwähnt, im Zusammenhang mit männlicher fremdenfeindlicher Gewalt insbesondere zwei Interviewpartnerinnen, Julia und Jasmin, deren Partner der Skinheadszene zumindest nahe standen. Beide Frauen sind selbst als deutlich rechtsextrem orientiert eingeordnet worden, dennoch sind gerade ihre privaten Beziehungen zu „Nicht-" oder „Weniger-Deutschen" von starker Ambivalenz geprägt. Jasmin hatte lange Zeit eine Beziehung mit einem Polen – und scheint über längere Zeit gleichzeitig mit einem Sinto und einem Mitglied der Skinheadszene befreundet gewesen zu sein. Julias engste Vertraute, die sie jedoch im Laufe der Interviews nie als „Freundin" bezeichnet, ist Türkin. Nach dem Verhältnis ihres Freundes zu Ausländerinnen und Ausländern, insbesondere der Türkin, die ein Stockwerk über Julia wohnt, gefragt, antwortet sie folgendermaßen:

Interviewerin: Und wie ist es mit ihrem Freund so, sein Verhältnis zum Deutschsein, wenn er bei der Bundeswehr ist?

Julia: (--) Na, er ist mehr gegen Ausländer, also es kommt drauf an. Kommt drauf an. Also, (--) na, er ist dafür, dass alle rauskommen. Alle raus aus Deutschland. Alle raus.

Interviewerin: Sagt er so?

Julia: Ja, alle raus.

Interviewerin: Und was sagen Sie dann?

Julia: Ist doch egal, was ich sag (lachend).

Interviewerin: Sie haben ja zum Beispiel die türkische Nachbarin, was sagt er da dazu?

Julia: Ja, die ist ja ganz nett aber, trotzdem alle raus. (nuschelnd und leise)

Interviewerin: Die soll auch raus?

Julia: Ja. Alle raus (lachend). Alle weg. Nja, pff, weiß ich auch nicht wieso, da hab ich auch noch nicht so intensiv gefragt oder so.

Julia übt keine offene Kritik an der Haltung ihres Freundes, dass alle Ausländer ausnahmslos „raus" sollen. Sie zieht sich eher zurück, sucht keine Auseinandersetzung, tritt nicht mit ihm in Dialog „da hab ich auch noch nicht so intensiv gefragt". Insgesamt ist ihre Einstellung stark resignativ „Ist doch egal, was ich sag.". Sie lässt ihn gewähren, lässt ihn ausländerfeindliche Parolen im Mund führen – und stützt und unterstützt ihn damit indirekt auch. Für Julia trifft zu, was Holzkamp und Rommelspacher für viele Frauen vermuten, dass sie nämlich „'ihm zuliebe' die eigenen Einschätzungen über Bord werfen" (Holzkamp & Rommelspacher 1991, S.39).

Ein weiteres Ergebnis der Untersuchung ist, dass körperliche Aggression von Frauen gegen andere Frauen relativ häufig in den Interviews angesprochen wird. Die Frauen berichten häufig von Schlägereien, teilweise sogar von Körperverletzung, Morddrohungen und Mordversuchen. Die körperlichen Auseinandersetzungen finden fast ausschließlich zwischen Frauen statt (Burkert 2001), Männer sind nicht beteiligt. Dies deckt sich mit Untersuchungen über Täterinnen (vgl. Heyne 1993, Elliot 1995), dass Gewalt von Frauen nicht gegen Stärkere, das heißt in vielen Fällen gegen Männer, angewendet wird, sondern gegen Gleichrangige, meist jedoch gegen Schwächere. Die häufigsten Opfer von Gewalt von Frauen sind Kinder, gefolgt von anderen Frauen.

Janine berichtet im Interview ausführlich von Schlägereien mit jüngeren Mädchen, die anfangen „zu grabbeln" und die es „so haben wollen", in Diskotheken, und bekennt sich zu ihrer aktiven Beteiligung.

Janine: Jaha, kann man tanzen, und dann kommen sie von hinten an. -- Fangen sie da an zu grabbeln und da an zu grabbeln, dann kriegen sie erstmal eine rein. Und wenn sie nicht aufhören, dann -- tja. Wenn sie's so haben wollen, dann kriegen sie's. (...) - Also gegen Typen, da kommen wir alleine nicht gegen an, wir Weiber. Aber - wenn da Weiber sind, die Ärger anfangen wollen.

Interviewerin: Mhm - dann?

Janine: Tja, - wenn sie nach einer Zeit nicht aufhören, wenn man den- denen das sagt, dann muss man leider mit denen mal kurz vor die Tür gehen. --

Interviewerin: Und da -- (Schritte im Hintergrund) können Sie sich durchsetzen so? --

Janine: Also wenn sie eine Schlägerei anfangen. Ich schlag mich ja sonst so nicht, aber wenn sie es - anfangen, provozieren, dann muss es leider mal sein.

Janine betont, dass sie und ihre Freundinnen sich nur mit „Weibern" schlagen, weil sie „gegen Typen" „nicht alleine" ankämen. Sie führt aus, dass es sich bei den Frauen, mit denen sie sich schlägt, meist um jüngere Mädchen handelt. Wieder fällt auf, dass Janine die Schuld für die Gewalt auf andere schiebt, sie stellt sich selbst als Angegriffene dar: „Ich schlag mich ja sonst so nicht, aber wenn sie es – anfangen, provozieren, dann muss es leider mal sein". Fast könnte man davon sprechen, dass sie dem Verprügeln anderer Frauen den Anschein einer notwendigen erzieherischen Maßnahme gibt (vgl. hierzu Burkert 2001).

6.2.5 Ökonomismus – Sprechen Frauen nicht über Arbeitsplätze und Sozialleistungen?

Die Rechtsextremismusforschung, die sich unabhängig von Geschlechterfragen mit dem Thema auseinandersetzt, verweist immer wieder auf den Stellenwert, den ökonomistische Argumente, die die angebliche Konkurrenz von Deutschen und Ausländern um Arbeitsplätze, Wohnungen und Sozialleistungen zum Thema haben (vgl. Hopf 1994, Hopf 1997). Schon aus der Antisemitismusforschung ist das von Neid getragene Ressentiment gegenüber dem phantasierten – und angeblich unrechtmäßig erworbenen Reichtum „der Juden" bekannt (vgl. Adorno 1973).

Nun wird in der „Frauen und Rechtsextremismus"-Forschung wiederholt die Behauptung aufgestellt, aufgrund der anderen Lebenswelt und anderen Sozialisation von Frauen auf den Reproduktionssektor hin, spielten derartige ökonomistische

Begründungszusammenhänge eine geringere Rolle in der Argumentation von Frauen, und seien eher für männliche Befragte typisch:

Bei der Auswertung der uns vorliegenden Interviews konnten wir keine Bestätigung für diese These finden. Wie schon zuvor in der Männerstichprobe, waren ökonomische Argumente, die Konkurrenz um Arbeitsplätze und Wohnung und der Neid auf den angeblichen Reichtum von Asylbewerbern und Ausländern das zentrale Thema in der Argumentation der Frauen.

Tabelle 7: Ökonomismus (n=24)

Bedeutung ökonomischer, mit Ausbeutungsvorwürfen oder Ausbeutungsängsten verbundener Argumente gegen Ausländer und Asylbewerber.			
starke bis sehr starke Bedeutung	mittlere Bedeutung	geringe Bedeutung	nicht eingeordnet
14	5	4	1

Wie Tabelle 7 zeigt, hatten ökonomische Argumente bei nur insgesamt 4 der 24 Befragten eine geringe Bedeutung. Dass „Arbeitsplätze, Wohnraum und soziale Unterstützungsleistungen" kein untergeordnetes Thema für Frauen sind, kann auch im Hinblick auf die sozioökonomische Situation der befragten Frauen (vgl. hierzu Kapitel 6.1.1) bestätigt werden und auch die Interviews bestätigen dieses Bild. Immer wieder sind die angeblich überhöhten „drastischen" Ansprüche von Asylbewerbern auf Sozialleistungen Thema in den Interviews:

Gesche: Also es kommt jetzt drauf an, es ist ein manchmal also wirklich schon ganz drastisch, ich hab das auch mal so mitbekommen, diese Asylbewerber stellen eigentlich auch immer ziemlich drastische Ansprüche, wenn sie irgendwo eine Wohnung kriegen, dann stellen sie von der Gemeinde, oder von der Kommune allgemein, es muss eine neue Küche sein, es muss eine neue Waschmaschine sein, was Gebrauchtes möchten die gar nicht haben. Dabei ist es teilweise bei uns Deutschen so, äh so wie wie ich, wenn ich jetze ähm ausziehen würde zu Hause, ich wäre vielleicht froh, wenn ich die gebrauchte Waschmaschine von meiner Oma kriegen könnte, und wat weiß

ich, einen Herd von der Oma, einen Küchenschrank von der anderen Oma, und so,
wäre ich also wahrscheinlich erstmal heilfroh.
(...)
Und dies Geld, was sie haben, geben sie, was weiß ich, für für Videorecorder, oder
Fernseher oder Spielzeug und solche Sachen aus. Was meiner Meinung nicht unbe-
dingt sein muss. Also, keine Familie mit fünf Mann braucht keine sechs Videorecorder
oder keine sechs Fernseher, das muss nicht sein.

Edith: Und, ja, ich meine, so es gibt Asylanten und es gibt Asylanten.(...)aber, halt,
ich seh das ganze mit gemischten Gefühl entgegen. Und dann, hatten dann auch wel-
che dann aus Mitleid denen, Fahrräder geschenkt und kamen dann solche Sprüche,
die konnten dann auch sehr gut, recht gut Deutsch. Äh, "wir kriegen schon Fahrräder
von der Gemeinde geschenkt" und, die kriegten dann nagelneue Mountainbikes und
so was.

Angebliche „Ungerechtigkeit" wird angeprangert, indem aufgezählt wird, was die
Asylbewerber alles bekommen würden „6 Videorecorder und 6 Fernseher für eine
Familie mit 5 Mann", so Gesche, oder „nagelneue Mountainbikes" statt der „aus
Mitleid" „geschenkten" Fahrräder der deutschen Bevölkerung, so Edith. Neid wird
in solchen Aussagen deutlich spürbar, Empörung über Undankbarkeit. Wieder findet sich das Argument, dass einem selbst ja auch nichts geschenkt werden würde –
oder allerhöchstens eine „gebrauchte Waschmaschine von der Oma", um die man –
im Gegensatz zu den Asylbewerbern – „heilfroh" wäre.

Neben ökonomischem Neid, der sich interessanterweise gerade – und fast ausschließlich – auf benachteiligte Gruppen der Gesellschaft richtet, wird ebenso oft
auf die angebliche Konkurrenz zwischen Deutschen und Ausländern um Wohnraum und Arbeitsplätze verwiesen, wobei auch hier Neid im Spiel ist „auf das
„Protzen" mit „meinem großen Geld".

Gesche:(...) andererseits das auch so ein bisschen differenzieren, wer kommt jetze nur
hierher, weil man hiermehr Geld verdient, weil die De-Mark mehr wert ist, und dann
eben, um nach Hause zu fahren, und zu Hause mit meinem großen Geld anzugeben,
und mir da zu Hause ein großes Hotel kaufen zu können, und mit meinem Geld, was
ich in Deutschland verdient habe, äh zu protzen, wo, in Deutschland ja nun die Ar-
beitslosigkeit auch nicht gering ist, wo ich praktisch äh den Deutschen die Arbeits-
stelle wegnehme.

6.2.6 Zusammenfassendes Fazit

Inwiefern sind die politischen Orientierungen der befragten jungen Frauen Antwort auf deren (geschlechts-)spezifische Lebenslage?

Die Suche nach einzelnen in der Literatur beschriebenen „frauenspezifischen" rechtsextremen Orientierungen in den Aussagen der von uns interviewten Frauen – und z. T. auch in den Aussagen der für die vorhergehende Studie interviewten Männer ergibt ein differenzierteres Bild:

Einige der Vermutungen konnten Bestätigung finden. Tatsächlich üben die jungen Frauen selbst weniger körperliche Gewalt aus – zumindest gegenüber Männern bzw. männlichen Ausländern – und lehnen überwiegend für sich eine Teilnahme an gewalttätigen politischen Auseinandersetzungen ab. Gleichzeitig kann ein großer Teil der Frauen jedoch durchaus Gewalt gerade gegen Asylbewerber und andere Schwache der Gesellschaft „verstehen". Die Motive und Probleme rechtsextremer Gewalttäter stehen zumeist im Mittelpunkt der Überlegungen der Frauen. Die Taten finden so eine gewisse Rechtfertigung, die Perspektive der Opfer wird nicht übernommen, gegenüber ihnen wird kaum Empathie gezeigt. Die Empathie gilt eher den Tätern – und deren „berechtigtem Frust", wie es die Befragte Edith ausdrückt.

Ebenso stoßen repressive staatliche Gewaltmaßnahmen, wie Folter oder Abschiebung, auf wenig Kritik beim überwiegenden Teil der Frauen. Während die Empathie mit den von Diskriminierung und Gewalt unmittelbar Betroffenen meist gering ist, werden diese sogar oft für die von ihnen erlittene Gewalt verantwortlich gemacht. Häufige Argumente, wie eine besondere Kriminalität von „Ausländern", eine mangelnde „Integrationswilligkeit" oder ihr angeblich phantastischer – – und vor allem ungerechtfertigt erworbener – Reichtum (vgl. Rieker 1997) dienen im Nachhinein im Sinne eines „blaming the victim" (vgl. Ryan 1971, Lerner 1980) zur Begründung von Gewalt und Diskriminierung. Die Frauen stellen sich – und die „Deutschen" – als Opfer der Asylbewerber und Ausländer dar und fordern diskriminierende Maßnahmen quasi aus einem von ihnen beanspruchten natürlichen Recht auf Notwehr heraus.

Insgesamt erweist es sich als problematisch, grundsätzlich davon auszugehen, dass die politischen Orientierungen von Frauen immer Antwort auf ihre spezifischen Lebenslagen sind – und insbesondere auf ihre Diskriminierungserfahrungen als Frauen. Die subjektive Interpretation und Verarbeitung dieser Lebenslagen kann aus dem Blickfeld geraten. Projektions- und Identifikationsmechanismen, wie sie schon in der „Autoritären Persönlichkeit" (vgl. Adorno 1973) beschrieben worden sind, und die bei der Vorurteilsbildung eine zentrale Rolle spielen, werden dabei vernachlässigt. Sowohl individuelle Anpassung an vorherrschende Positionen, wie aber auch mögliche Widerständigkeiten geraten aus dem Blick, wenn direkt aus der Lebenslage von „Frauen" auf die politische Orientierung von „Frauen" geschlossen wird.

Auf der anderen Seite deutet es auf ein stark verkürztes Verständnis von Gesellschaft – und von Frauen als gesellschaftliche Subjekten – hin, wenn in der Literatur zu „Frauen und Rechtsextremismus" kaum Bezug genommen wird auf die ökonomischen Verhältnisse, auf das politische Klima und den Einfluss von Medien und politischer Sozialisation. Beispielsweise scheinen Themen, die in der „geschlechtsunspezifischen" Rechtsextremismusdiskussion von zentraler Bedeutung sind, wie z. B. die Folgen der deutschen Einheit, die öffentliche Debatte um die Verschärfung der Asylgesetzgebung (vgl. Jäger 1992), oder die Diskussion um Modernisierung und Individualisierung (vgl. Heitmeyer 1987, Heitmeyer u. a. 1992), in der Forschungsliteratur über Frauen kaum eine Rolle zu spielen. Dies zu vernachlässigen, ist insofern bedenklich, als so einer ahistorischen und unpolitischen Betrachtung von Frauen, bzw. „der Frau", als vor allem und nur durch ihr Geschlecht geprägt, Vorschub geleistet wird.

Die Interviews mit den Frauen haben aber gerade gezeigt, dass die Argumentationen oft sehr stereotyp – und von den öffentlichen Diskussionen in Politik und Medien – beeinflusst sind. Auch spielen ökonomische Argumente, vor allem die Diskussion um Arbeitsplätze und Sozialleistungen wie auch Sorgen die „deutsche Wirtschaft" für die befragten Frauen ebenso wie für die Männer eine zentrale Rolle. Auch das Argument von „Ausländerkriminalität", ein in den Medien häufig verhandeltes Thema, steht in starkem Zusammenhang mit der Gesamtorientierung der Frauen.

Dagegen konnte in dieser Untersuchung kein direkter Zusammenhang zwischen „frauenspezifischen" Orientierungen und Ängsten, wie der Angst vor Männergewalt, und rechtsextremer Orientierung festgestellt werden. „Geschlechtsunspezifische" Orientierungen stehen demnach für beide Stichproben - Männer und Frauen – im Mittelpunkt der Argumentation.[34]

Die Perspektive der Frauenforschung zum Thema „Rechtsextremismus" war bisher zu stark eingeengt durch die Konzentration auf die „Geschlechterdifferenz" – Ähnlichkeiten zwischen den Geschlechtern wurden vernachlässigt. Unterstützt

---

34 Zu fragen bleibt hierbei, inwiefern diese „geschlechtsunspezifischen" Orientierungen – die Thematisierung von Konkurrenz um Arbeitsplätze und Sozialleistungen und die Bedrohung durch „Ausländerkriminalität" – nicht eine hegemoniale Perspektive widerspiegeln – und somit eher den Standpunkt privilegierter Männer. Auf das Problem der Nichtexistenz eines politischen Frauenstandpunktes (vgl. de Beauvoir 1992) ist bereits in Kapitel 3.2 dieser Arbeit eingegangen worden.

wurde dieser „bias" durch bestimmte methodische Herangehensweisen: So werden in quantitativen Untersuchungen Unterschiede von wenigen Prozentpunkten zwischen Frauen und Männern oft als generelle Unterschiede zwischen den Geschlechtern gewertet. Auch wenn ein Unterschied statistisch signifikant ist, muss m. E. nach der Relevanz – und nach der Deutung – dieses Ergebnisses weitergefragt werden. Problematisch im Sinne eines „gender-bias" ist auch oft die Kategorisierung von Aussagen als „frauenspezifisch" oder „männerspezifisch" – in die Bildung und Benennung der Kategorie gehen zu viele ungeprüfte Vorannahmen über Geschlechtsunterschiede ein, die dann durch die Ergebnisse nur bestätigt werden können.

Insgesamt läuft die „Frauen und Rechtsextremismus"-Forschung Gefahr, durch ihre Fragestellung und Methodik an der Festschreibung von Geschlechterstereotypien – und hier vor allem an der Stereotypisierung von Frauen – mitzuwirken. Gerade auf dem Hintergrund der in jüngster Zeit geführten Debatte über die Reifizierung der Geschlechterdifferenz auch durch die Frauenforschung und Möglichkeiten der Dekonstruktion von Differenz (vgl. z. B. Hagemann-White 1988, Gildemeister & Wetterer 1992, Hirschauer 1993, Knapp 1994) ist eine Erweiterung der Perspektive und eine Hinterfragung der Methodik erforderlich.

Bestehende Gemeinsamkeiten zwischen den Geschlechtern in Hinblick auf politische Orientierungen dürfen nicht aus den Augen verloren werden. Vorgefundene Unterschiede dürfen nicht einfach auf „das Geschlecht" zurückgeführt werden, da dies einer erneuten Biologisierung der „kulturellen Natur" der Frau Vorschub leisten würde (vgl. Gildemeister & Wetterer 1992), sondern es muss nach dem „Wie" des „Unterschiedlichgewordenseins" und auch selbstreflexiv nach dem Prozess des Unterscheidens in der Forschung gefragt werden.

Ebenso müssen Differenzen zwischen Frauen – wie auch die Subjektivität der einzelnen Frau – stärkere Beachtung finden. Fragt man nach „Frauen und Rechtsextremismus", so gerät schnell aus dem Blick, welche anderen politischen Orientierungen Frauen ebenfalls vertreten können. In den nachfolgenden Einzelfallanalysen wird es darum gehen, ein breiteres Bild zu entwerfen, welche Bandbreite von Orientierungen vertreten wird – aber auch in welchem Zusammenhang einzelne Argumentationsmuster stehen.

6.3   Einzelfallanalysen

6.3.1 Zu den Inhalten und zur Struktur des Migrationsdiskurses in Deutschland – Unterscheidungskriterien

Im Vordergrund der ersten Auswertungsphase, der Codierung innerhalb der Projektarbeitsgruppe stand die Einordnung der einzelnen Frauen in Rechtsextremismusdimensionen, sich zusammensetzend aus Ethnozentrismus, Gewaltverhältnis und Einschätzung des historischen NS, die angelehnt an die erste Hildesheimer Studie mit männlichen Auszubildenden entwickelt wurden (vgl. Hopf u.a. 1995, Hopf & Hopf 1997). Die Entwicklung des Codierungsverfahrens stand auch in Verbindung mit der Überprüfung von Zusammenhangsthesen zu familiärer Sozialisation und der Herausbildung rechtsextremer Orientierung und hat sich v. a. auch in ihrem Ethnozentrismusbegriff theoretisch auch an die von Adorno u. a. (1969) entwickelten Konzepte zur autoritären Persönlichkeit angelehnt.

In einem nächsten Schritt der Auswertung ging es um die nähere Untersuchung folgender Topoi und Themen in den Interviews, die in der bisherigen Literatur als „geschlechtsspezifisch" verhandelt werden: Die Angst vor männlicher Gewalt, Kriminalitätsangst, Konventionalismus und Anpassungsdruck, die Präsenz von MigrantInnen im öffentlichen Raum, der Stellenwert ökonomischer Argumente und das Verhältnis zu Gewaltanwendung. Ziel war, nachzuvollziehen, inwieweit tatsächlich davon gesprochen werden kann, dass sich Argumentationen als Antwort auf bestimmte „geschlechtsspezifische" Problemlagen entwickeln, oder ob eher davon ausgegangen werden muss, dass bestimmte allgemein verbreitete Topoi und Themen aus dem Migrationsdiskurs in die Lebenswelt von Frauen übersetzt werden, aber nicht unbedingt dort in einer „frauenspezifischen" Erfahrung ihren Ursprung haben.

Es schließen sich im folgenden Einzelfallanalysen an, die einen Überblick über die Positionen der 24 Interviewpartnerinnen geben. Hier interessiert, welche Argumentationsmuster von der einzelnen Frau jeweils aufgegriffen werden und wie Argumente und eigene Erfahrungen miteinander in Verbindung gebracht werden. Desweiteren wird analysiert, wie das Reden über MigrantInnen und Migration in Zusammenhang steht mit den berichteten alltäglichen Beziehungen zu MigrantInnen – aber auch zu organisierten Rechtsextremen. Während sich die bisherigen Untersuchungen fast ausschließlich auf kognitive Einstellungen beschränken, werden hier Berichte der Frauen über Alltagsbegegnungen und Handeln miteinbezogen. Zusammengefasst wird für jede der 24 Befragten, wie sie sich zu dem Thema Migration positioniert, welche Argumente sie herausgreift und welche Bilder und Beispiele sie für die Illustration ihrer Thesen heranzieht. Besonderes Augenmerk galt dabei der Fragestellung, wo und wieweit sich einzelne Frauen aktiv und kritisch mit geläufigen Topoi und verbreiteten sozialen Repräsentationen auseinandersetzen. Weiteres Thema war die Gestaltung und Interpretation von Beziehungen zu MigrantInnen – von der Arbeitskollegin bis zum Lebenspartner – vor dem Hintergrund überwiegend negativer Stereotype und Zuschreibungen gegenüber dieser Bevölkerungsgruppe.

Am Ende der Einzelfallanalyse stand die Bildung von fünf Gruppen – teilweise mit Untergruppen. Gesichtspunkte dabei waren, wieweit übliche soziale Repräsentationen im Migrationsdiskurs aufgegriffen werden, ob zwischen unterschiedlichen Gruppen von MigrantInnen unterschieden wird, welche Unterscheidungskriterien verwendet werden, falls eine Unterscheidung in „positiv" und „negativ" vorgenommen wird, und ob affirmativ oder kritisch zu allgemein üblichen Positionen über „Ausländer" Stellung bezogen wird. Schließlich war ein weiterer Aspekt, wie soziale Beziehungen zu MigrantInnen gestaltet und beschrieben werden.

Hauptgesichtspunkt bei der Einteilung in Gruppen war also, ob und auf welche Weise Grenzziehungen zwischen folgenden Bevölkerungsgruppen vorgenommen werden: Deutsche vs. MigrantInnen; ArbeitsmigrantInnen vs. AsylbewerberInnen; in Arbeitsverhältnissen stehende Bevölkerung vs. EmpfängerInnen von Sozialleistungen. Begonnen wird dabei mit der Gruppe, die grundsätzlich zwischen Deutschen und MigrantInnen unterscheidet, und dabei MigrantInnen mehr oder weniger ausnahmslos negative Eigenschaften zuschreibt. Die folgenden Gruppen führen weitere Differenzierungen ein, nach denen sie ihre Urteile über bestimmte Bevölkerungsgruppen fällen – Migrationshintergrund und Anpassung an die deutsche Gesellschaft bzw. Leistungsbereitschaft und ökonomischer Nutzen. Es schließt sich eine Gruppe an, die kritisch zu diskriminierenden Argumenten Stellung bezieht und eine Gruppe, die von Ambivalenz und Widersprüchlichkeit geprägt ist.

6.3.2 Unterschiedliche Selbstverortungen im Migrationsdiskurs – von der generalisierten Diskriminierung zum Widerspruch

Die Position der ersten Gruppe lässt sich als *„generalisierte Diskriminierung"* beschreiben. Die Gruppe, insgesamt zwölf von 24 Frauen, greift vielfältige rassistisch diskriminierende Positionen auf und wendet sich in ihren Äußerungen gegen alle in Deutschland lebenden MigrantInnen. Die Grenze – und zwar eine Grenze zwischen gut und böse – wird von den Frauen gezogen zwischen den Deutschen, die sie als benachteiligt beschreiben und den Nichtdeutschen, denen sie negativ generalisierend Kriminalität zuschreiben und die sie als im Vergleich zu sich selbst als sozial und ökonomisch privilegiert darstellen. Eine erste Untergruppe, sechs der Frauen, äußert dabei Sympathie für offen rechtsextreme Positionen und Gewalttaten. In dieser Gruppe wird in keiner Weise zwischen MigrantInnen unterschieden. Nichtdeutsche werden ausnahmslos extrem negativ gezeichnet. Eine zweite Gruppe von Frauen, ebenfalls sechs, nimmt in ähnlicher Weise rassistisch diskriminierende Zuschreibungen an MigrantInnen vor, die Frauen distanzieren sich in ihren Aussagen jedoch im Vergleich zur ersten Gruppe deutlicher vom organisierten Rechtsextremismus und stellen ihre Position als ausgewogen und als Ergebnis einer komplizierten Abwägung von Pro- und Kontra Argumenten dar. Einzelne Argumente, die bestimmte MigrantInnen, wie z. B. ArbeitsmigrantInnen oder „wirklich politisch Verfolgte" als positive Ausnahmen darstellen, tauchen auf, haben aber einen geringen Stellenwert gegenüber den vorherrschenden Negativurteilen und werden im Gegensatz zu den Negativaussagen vor allem nicht durch Bilder, Erlebnisse und Erfahrungen illustriert.

Die zweite und dritte Gruppe von Frauen zieht ebenfalls deutliche Grenzen, an denen entlang jeweils positive und negative Zuschreibungen vorgenommen werden. Allerdings wird hier die Grenze weniger deutlich bzw. gar nicht durch das Prinzip „Staatsbürgerschaft", d. h. Deutsche vs. MigrantInnen, wie in Gruppe 1 bestimmt:

Das Hauptprinzip der Argumentation der zweiten Gruppe ist als *„Trennung zwischen ‚nützlichen' und ‚unangepassten' MigrantInnen"* zu beschreiben. Es finden sich ebenfalls eine Reihe von negativen Zuschreibungen aus einem allgemeinen Anti-Migrationsdiskurs. Gleichzeitig und in etwa gleichem Ausmaß, werden einzelne Gruppen von MigrantInnen als nützlich beschrieben und aufgrund positiv gewerteter Eigenschaften wie Fleiß oder Anpassung in die Nähe der deutschen Bevölkerung gerückt. Negativ gezeichnet werden von einer Untergruppe von zwei Frauen Asylbewerber, von der anderen Untergruppe, die jedoch nur aus einer Frau besteht, islamische MigrantInnen[35]. „Rechtsextreme" lehnen die Frauen dieser Gruppe ab, begründen diese Ansicht aber nicht näher.

Die dritte Gruppe (insgesamt drei Frauen) nimmt im Gegensatz dazu eine *„Betonung des Prinzips Leistung vor Staatsangehörigkeit"* vor. Feindbild sind hier nicht MigrantInnen, sondern all diejenigen, die Sozialleistungen beanspruchen. Im Gegensatz hierzu wird gerade der Fleiß und die Leistungsbereitschaft v. a. der ArbeitsmigrantInnen hervorgehoben. Die Frauen dieser Gruppe sind mit MigrantInnen enger befreundet und zeigen deutliche aktive Gegnerschaft zu organisierten Rechtsextremen.

Eine vierte Gruppe argumentiert schließlich im *„Widerspruch zu Diskriminierung"*. Die Frauen dieser Gruppe schließen sich den verbreiteten Argumenten gegen Migration und MigrantInnen nicht an. Auch die Frauen dieser Gruppe pflegen wie diejenigen aus Gruppe 3 Freundschaften zu MigrantInnen und wenden sich gleichzeitig aktiv gegen Rechtsextremisten. Eine erste Untergruppe, zwei Frauen, nimmt kaum Bezug auf vorherrschende soziale Repräsentationen, die Frauen machen keine Unterscheidung zwischen Menschen nach Staatsbürgerschaft oder Herkunft, sie setzen der Rede von den Unterschieden Alltagserfahrungen entgegen, mit denen sie grundsätzliche Unterscheidungen zwischen sich selbst und MigrantInnen in Frage stellen. Die zweite Untergruppe, ebenfalls zwei Frauen, bezieht aktiv zum vorherrschenden Diskurs Stellung. Diese Frauen betonen, dass in den Medien und von der Bevölkerungsmehrheit negative Diskriminierung vorherrsche und setzen sich mit den Argumenten, mit denen sie häufig konfrontiert werden, auseinander. Dabei suchen sie zum einen nach Widersprüchen in diskriminierenden Argumentationen und kritisieren die Politik Deutschlands gegenüber MigrantInnen. Zum anderen betonen sie die Wichtigkeit von individueller Begegnung und individuellem Verstehen und verweigern sich Zuschreibungen aufgrund von Gruppenzugehörigkeit, die von allen anderen Gruppen – sei es nun aufgrund von Staatsangehörigkeit oder von Leistung – vorgenommen werden.

Die fünfte Gruppe (zwei Frauen) schließlich zeichnet sich durch *„Ambivalenz"* aus, auf einer allgemeinen Ebene finden sich stark negativ diskriminierende Aussagen gegen MigrantInnen, auf der persönlichen Ebene wird jedoch Freundschaft und gutes gegenseitiges Verstehen betont. Die beiden Frauen dieser Gruppe leben mit Partnern, die der rechtsextremen Szene nahestehen, haben aber auch gleichzeitig engen freundschaftlichen Kontakt zu MigrantInnen.

---

35 Die Untersuchung stammt aus dem Jahren 1994 bis 1996. Es wäre zu prüfen, ob in der Folge der Behandlung des Themas Islam nach den Anschlägen des 11.9.2001 anti-islamische Äußerungen häufiger anzutreffen sind.

Teilweise gibt es in den Argumentationen einzelner Frauen Überschneidungen, sie greifen in unterschiedlichen Passagen der Interviews Argumente auf, die auch für andere Gruppen typisch sind. Petra z. B. ist überwiegend der Gruppe 4 „Widerspruch zu Diskriminierung" zuzuordnen, sie greift jedoch am Rande auch einige Argumente aus dem Leistungsdiskurs auf, der für Gruppe 3 typisch ist. Auch Edith, die stark diskriminierende Ansichten gegen MigrantInnen vertritt und somit am besten Gruppe 1 zuzuordnen ist, schließt sich an einigen Stellen ebenfalls einem „Leistung statt Staatsbürgerschaft" Diskurs an. Für die endgültige Einordnung war die generelle Tendenz ausschlaggebend. Besonderes Augenmerk wurde dabei darauf gerichtet, mit welchen Argumenten die Frauen jeweils in das Thema eingestiegen sind, und welche Argumente durch Bilder und Schilderungen von Erfahrungen und Beobachtungen illustriert und besonders betont worden sind. So tauchen bei fast allen Frauen mehrere Argumente für die zur Unterscheidung herangezogenen Grundpositionen auf. Die Schwerpunktsetzungen sind jedoch jeweils unterschiedlich und klar unterscheidbar:

- MigrantInnen haben in Deutschland nichts zu suchen (Gruppe 1).
- Es gibt „gute" und „schlechte" MigrantInnen – je nach Herkunft und Migrationsgeschichte (Gruppe 2).
- Der Hauptunterschied ist, ob jemand etwas leistet, unabhängig von der Herkunft (Gruppe 3).
- Unterscheidungen zwischen Deutschen und MigrantInnen werden in Frage gestellt (Gruppe 4).[36]
- MigrantInnen sind grundsäzlich schlecht, aber meine Bekannten sind anders (Gruppe 5).

---

[36] In Stufenmodellen zur Entwicklung nicht-rassistischer Identität würde diese Position am ehesten als „Colourblindness" (vgl. Frankenberg 1996) bezeichnet, als Zwischenstufe gesehen und kritisiert. Es wird angeführt, dass das Argument „alle Menschen sind gleich" zu wenig die unterschiedlichen Lebensbedingungen berücksichtigt, auf die Menschen je nach Herkunft und Staatsbürgerschaft treffen. Nicht-rassistische Positionen bauen dagegen darauf auf, dass Menschen zwar gleich sein sollten im Sinne gleicher Rechte, aber gleichzeitig unterschiedliche Lebensbedingungen, einschließlich der vorhandenen Diskriminierungen, tatsächlich Ungleichheit produzieren (vgl. Essed 1996). Ansätze zu Argumentationen dieser Art habe ich jedoch in der vorliegenden Stichprobe nur sehr vereinzelt gefunden. Die Idee, dass bestimmte Verhaltensweisen Ergebnis von Diskriminierung sein könnten, und eine Gegnerschaft zu Diskriminierung allgemein ist hier nicht weiter verbreitet. Dies findet übrigens auch Terkessidis (2004) bei in Deutschland lebenden MigrantInnen.

Die einzelnen Diskursstränge erfahren jedoch eine unterschiedliche Gewichtung und nehmen verschieden viel Raum ein – diese Schwerpunktsetzung war ausschlaggebend, welchen Gruppen die Frauen letztlich zugeteilt wurden.

6.3.2.1 Gruppe 1: Generalisierte Diskriminierung

Die Frauen dieser Gruppe äußern sich im Sinne *generalisierter Diskriminierung* gegen alle Nichtdeutschen, sprechen sich rigoros gegen Einwanderung aus und fordern darüberhinaus mehr oder weniger deutlich die Abschiebung von in Deutschland lebenden MigrantInnen. Zwischen verschiedenen Gruppen von MigrantInnen unterscheiden die Frauen kaum bis gar nicht, ihre fast immer negativen Zuschreibungen werden auf alle Nichtdeutschen generalisiert, wobei die behauptete Kriminalität und vermeintliche Bevorzugung von „Ausländern" auf dem Arbeitsmarkt und durch das Sozialsystem Hauptargumentationslinien sind. Der Diskurs um mangelnde und notwendige „Anpassung" von MigrantInnen wird dagegen kaum aufgegriffen. Wenn überhaupt, dann kommt er nur in dem Sinne vor, dass unterstellt wird, „Anpassung" sei grundsätzlich nicht möglich. Dies ziehen die Frauen als weitere Begründung für die von dieser Gruppe vertretene „Deutschland den Deutschen" Position heran. Idealzustand für diese Frauen wäre ein Deutschland ohne jegliche Zuwanderung, denn in ihrer Sicht ist die Anwesenheit von „Ausländern" für alle relevanten sozialen Probleme verantwortlich.

Häufig werden Bilder von ständig anwachsender Bedrohung gezeichnet, die Frauen sprechen davon, sich in Deutschland nicht mehr zu Hause zu fühlen. Zur Begründung dieser Position werden zum einen Medienberichte über Kriminalität herangezogen, zum anderen aber auch Beobachtungen auf der Straße oder in der Nähe von Asylbewerberunterkünften, die Dorf- bzw. Stadtgespräch sind. Die erzählten Episoden ähneln sich stark – wie beispielsweise die Erzählung von der Bettlerin in der Fußgängerzone, die abends mit dem Mercedes abgeholt wird oder Berichte von Asylbewerberunterkünften, deren Bewohner verwahrlost leben aber gleichzeitig deutlich Reichtum zur Schau tragen würden. Gegenüber Anschlägen rechtsextremer Gewalttäter äußern die Frauen Verständnis, sie sehen die Gewalt als Folge der Benachteiligung von Deutschen, in einigen Fällen bekunden sie sogar offene Sympathie.

Persönliche Kontakte zu MigrantInnen haben die Frauen dieser Gruppe kaum bis gar nicht. In Einzelfällen werden einzelne MigrantInnen als „Ausnahmeausländer" dargestellt, mit denen es möglich wäre, näher bekannt zu sein, weil sie sich eben nicht wie die anderen „Ausländer" verhalten würden.

In dieser Gruppe sind zwei Untergruppen zu unterscheiden, eine erste, die keine Ausnahme von ihren diskriminierenden Aussagen macht und deutliche Sympathie für rechtsextreme Gewalt zeigt, und eine zweite Gruppe, die sich im Gespräch um Relativierung und Ausgewogenheit bemüht.

Untergruppe 1a)
Diskriminierend gegen alle MigrantInnen und Sympathie für rechtsextreme Ge-
walttaten (n=6)

(Nadja, Nicole, Conny, Carola, Frauke, Janine)

In dieser Untergruppe stehen die Frauen in ihren Äußerungen rechtsextremen Gewalttätern am nächsten. Wenn sie über MigrantInnen sprechen, dann äußern sie deutliche Wut, sie machen in keiner Weise Unterschiede zwischen Menschen mit unterschiedlichem Migrationshintergrund, wie es die Frauen der anderen Gruppen tun. Breiten Raum nehmen in ihrer Darstellung Zuschreibungen von Kriminalität an Nichtdeutsche, hier vor allem von Gewaltkriminalität wie Mord oder Vergewaltigung, ein. Daneben steht ihr Eindruck, als Deutsche grundsätzlich benachteiligt zu werden. Sie lehnen die Anwesenheit von Nichtdeutschen in Deutschland grundsätzlich ab und begrüßen rechtsextreme Gewalttaten mehr oder weniger deutlich in ihrer Intention, Nichtdeutsche aus Deutschland zu vertreiben. Bei den Frauen kommt auch Wut gegenüber den „Politikern" zum Ausdruck, die für die als bedrohlich dargestellte Situation verantwortlich gemacht werden.

Nadja wirft unterschiedslos allen Nichtdeutschen mangelnde Anpassung und ein Ausnützen des deutschen Sozialsystems vor: „Wir kriegen nichts, die kriegen sofort eine Wohnung". Besonders negativ sieht sie AsylbewerberInnen. Ihre Ausführungen zum Thema Asyl beginnt sie damit, dass sie „Asyl teilweise gut" fände, weil die Flüchtlinge „auch nicht den Himmel auf Erden" gehabt hätten. Danach führt sie aber nur noch Argumente auf, die den AsylbewerberInnen vorwerfen, nur die „Knete abzuholen", sich auf Staatskosten „ein schönes Leben zu machen" und Schlägereien anzuzetteln. Sie spricht Flüchtlingen ab, wirklich politisch verfolgt zu sein. Es wäre „so lächerlich", aus welchen Gründen „die Leute" nach Deutschland kämen. Sie zieht Vergleiche zwischen sich und Ausländern, die jeweils zum Ziel haben, das Verhalten der Ausländer als ungerecht und unakzeptabel darzustellen: „Ich gehe auch nicht in das Land und verhaue Leute". Sie ist überhaupt gegen die Anwesenheit von Nichtdeutschen in Deutschland, „die müssten bei mir gehen". Im

Grunde will sie Nichtdeutschen nur zugestehen, in Deutschland Urlaub zu machen „wie wir auch im Ausland Urlaub machen." Stolz darauf, Deutsche zu sein, ist sie nicht, sie hebt nur die wirtschaftlichen Leistungen Deutschlands hervor. An mehreren Stellen spricht sie davon, gegen „Rassisten" und „Vorurteile" zu sein. Warum und in welcher Weise, führt sie jedoch nicht aus.

Rechtsradikale mag sie nicht, diejenigen, die sie kennt, nimmt sie jedoch explizit aus, die sind „nicht so gemeingefährlich", die „machen gar nichts". Brandanschläge von Rechtsradikalen findet sie nicht gut. Sie schlägt andere Mittel vor, um Ausländer „zum freiwillig gehen" zu bringen: „Die würden auch schon freiwillig gehen, wenn sie mich sehen würden." Sie würde versuchen, deren Stolz zu treffen und den „Dreck, den die am Stecken haben" überall herumerzählen. Ihre Methode, keine körperliche Gewalt anzuwenden, sondern mit verbalen Drohungen diejenigen zum Gehen zu zwingen, die sie nicht in Deutschland haben will, ist nicht nur Theorie: Nadja erzählt, wie sie eine Kollegin, die aus Polen stammt, mobbte, bis diese dem psychischen Druck nicht mehr standhalten konnte und schließlich kündigte.

Auch *Nicole* unterscheidet nicht zwischen verschiedenen Gruppen von Migranten. Sie wirft Ausländern generell vor, kriminell zu sein: Vom Schwarzmarkt über Autodiebstähle bis zur Vergewaltigung und Ermordung deutscher Frauen, überall sieht sie, dass „Ausländer" verantwortlich seien. Für Nicole sind Ausländer „eigentlich noch Verbrecher", der Staat versäume aber, deren Verbrechen zu verfolgen, sie würden „sofort wieder freigelassen". Zusätzlich bekämen Ausländer „so viele Vergünstigungen", „alles vom Staat – hier ein Haus und da eine Wohnung und Scheine zum Einkaufen". Bildlich spricht sie von kriminellen Ausländern, beispielsweise von Roma, die ohne zu arbeiten „Tausender im Portemonnaie hätten" und obendrein Leistungen vom Sozialamt bekämen, während sie „zwölf Stunden am Tag" arbeiten müsse, um „passend etwas zu verdienen".
Nicole fordert, dass zuerst den „eigenen Leuten, vor allem den Kindern", geholfen werden muss. Sie drückt Verständnis dafür aus, dass aufgrund von Bevorzugung „Hass" entsteht und Anschläge auf Ausländer verübt werden. Das Verhalten von rechtsextremen Gewalttätern heißt sie schließlich für gut, als Versuch, Ausländer aus Deutschland zu „verscheuchen". Zudem rechtfertigt sie Anschläge auch dadurch, dass „die Ausländer genauso deutsche Frauen abstechen oder vergewaltigen, das stört die auch nicht". Als Beispiel führt sie an, dass die letzte Frau, die in ihrer Stadt ermordet wurde, von Engländern umgebracht worden sei – auch Engländer fallen für Nicole unter die Gruppe der kriminellen und bedrohlichen Ausländer, die wieder dorthin zurück sollen, wo sie herkommen. Für Nicole sind insgesamt alle Nichtdeutschen unerwünscht, besonders diskriminierend spricht sie aber von „Sinti

und Roma – so dunkelhäutigen auf jeden Fall", sie ist damit die Einzige im Sample, die negative Urteile explizit aufgrund der Hautfarbe äußert. Eine einzige positive Aussage über Nichtdeutsche findet sich im ganzen Interview, Nicole kommt aus der ehemaligen DDR und erzählt, dass die Kubaner dort immer sehr nett und beliebt bei der Bevölkerung waren.

Ungerechtigkeit sieht sie nicht nur gegenüber armen Deutschen, wobei sie aber auch gleichzeitig über deutsche Arbeitslose und Obdachlose negativ äußert, die letztlich durch ihre Arbeitsverweigerung – denn jeder, der wolle, bekomme auch Arbeit – schuld daran seien, dass nun so viele Ausländer in Deutschland seien. Eine andere Ungerechtigkeit ist für sie, dass in ihren Augen alle anderen Staaten viel weniger Ausländer aufnähmen als Deutschland. Auch Nicole stellt Vergleiche an, was denn wäre, wenn sie selbst als Deutsche ins Ausland gehen würde, und meint, dass dort ja schließlich „auch mit allen Mitteln versucht wird, dass man wieder verscheucht wird", womit sie das Verhalten von Deutschen gegenüber Ausländern als allgemein auf der ganzen Welt üblich und gerechtfertigt darstellt.

Nicole ist extrem negativ gegen alle Nichtdeutschen eingestellt, sie bringt sie mit Kriminalität, und zwar schweren Formen wie Mord und Vergewaltigung, in Verbindung. Gleichzeitig führt sie immer wieder die Benachteiligung armer Deutscher ins Feld. Forderungen nach Anpassung tauchen bei ihr nicht auf, da sie dafür ist, alle Ausländer aus Deutschland abzuschieben, spielt für sie keine Rolle, wie ein Zusammenleben in Deutschland aussehen könnte. Sie argumentiert auch nicht, dass Arbeitsplätze weggenommen werden, für sie ist nicht Arbeitslosigkeit das Problem, sondern dass viele Deutsche „arbeitslos auf der Straße rumhängen", ohne sich um Arbeit zu bemühen. Sie gibt diesen Arbeitslosen die Schuld für die Anwesenheit von Ausländern in Deutschland. Von eigenen Erfahrungen mit MigrantInnen spricht sie kaum, obgleich sie sehr bildhaft erzählt, beispielsweise von Tausendmarkscheinen im Portemonnaie. Ausnahme ist eine Episode, in der sie auf den Tipp einer Bekannten hin, einer bettelnden Frau in der Fußgängerzone Brot für deren Kind gibt, diese Frau aber das Brot zurückweist. Daraus schließt Nicole, dass diese nicht wirklich arm sein könne. Hier macht Nicole eine Art soziales Experiment, bei dem der Ausgang sie in ihrer vorherigen Überzeugung bestätigt – bettelnde Frauen sind nicht wirklich arm und betrügen nur.

Conny unterscheidet ebenfalls nicht zwischen Asylbewerbern und anderen Migranten – sie richtet dieselben Vorwürfe an alle Nichtdeutschen und verwendet dabei eine breite Palette von Argumentationsmustern: Von fehlender Anpassung („nehmen sich zu viel heraus, als wäre das hier ihr Land")über mangelnde Bereitschaft zu arbeiten und dem Empfang von Sozialleistungen bis hin zu Kriminalität (hier v.a. Drogenhandel und Einbrüche). Einige wenige Flüchtlinge, meint sie, kämen berechtigt nach Deutschland, sie spricht von Menschen aus Bosnien, wo Krieg herrsche und von Menschen, die sonst „sterben müssten". Conny möchte jedoch, dass diese nach einem Jahr „wie früher die Ostdeutschen" in ihre Herkunftsländer zurückkehren müssen. Sie drückt ein Gefühl des persönlichen Bedrohtwerdens aus „es wird immer mehr", „wo man denn schon sagt, wo bin ich hier, in der Türkei oder wo?". Als einzige im Sample äußert Conny, dass es bestimmte Viertel gebe, wo man nicht mehr durchfahren könne, weil die Viertel überwiegend von MigrantInnen bewohnt seien – „da wohnen nur die Ausländer zum Beispiel".

Sie beklagt sich über die sozialen Probleme von Deutschen, dass diese bei Arbeitslosigkeit die Wohnung verlieren würden und die Sozialhilfe zu knapp wäre. Die Ausländer dagegen würden „nicht arbeiten gehen", bekämen oft sogar „ein Haus", im Gegensatz zu den Deutschen, die sie als stark benachteiligt sieht – wo „wir von ein paar Mark leben müssten". Dem Argument, dass Ausländer Deutschen die Arbeitsplätze wegnehmen widerspricht sie, im Gegenteil hier würden Deutsche sogar „ein bisschen" Ausländer „ausnutzen", z. B. als „Putze", weil diese nicht wüssten, wieviel das deutsche Geld wert sei. Sofort schränkt sie dieses Argument aber wieder ein, „ich meine, sie kriegen ja auch so alles hier". Dass Ausländer nach Connies Meinung soviel Sozialleistungen bekämen, rechtfertigt letztlich auch ihre ungerechte Entlohnung. Dagegen aber seien es der Wohnungsmarkt und der Ausbildungsmarkt, auf dem, so Conny, Ausländer eindeutig Privilegien genießen würden. In ihrer Berufsschule wären in manchen Berufszweigen inzwischen über die Hälfte Ausländer, gleichzeitig erzählt sie von einem deutschen Bekannten, der keinen Ausbildungsplatz bekommen habe, weil alle Plätze schon mit Ausländern besetzt worden seien.

In Connies Argumentation gibt es „Ausnahmeausländer": „Türken oder Engländer", „wo wir auch ein paar kennen", mit denen sie sich unterhalten könne. Diese zeichneten sich dadurch aus, dass sie „ihre eigenen Interessen hätten", „nur ein, zwei Freunde seien" und eben keinen „Gruppen angehörten", die „überall in der Stadt" „Leute anmachten und anpöbelten". Die anfangs positive Schilderung der „guten" Ausländer dient am Ende dazu, wieder Vorwürfe an die Gruppe der „Ausländer" zu erheben, indem Connie das „andere" Verhalten ihrer nichtdeutschen Bekannten gegen ein durchwegs negativ gezeichnetes Bild der „Ausländer" im Generellen abgrenzt.

Von Rechtsextremen distanziert sie sich nicht, sie äußert im Gegenteil Verständnis für Angriffe auf Ausländer von Leuten, die „nicht verstehen" könnten, was Ausländer alles bekämen, während sie selbst „auf der Straße leben" müssten. Sie äußert sich als vollkommen an Politik desinteressiert, wie viele andere Befragte benutzt sie den Topos von den Politikern, die „so viel reden, dann aber nichts tun".

Bis auf das „Wegnehmen von Arbeitsplätzen", das sie auf Ausbildungsplätze einschränkt, benutzt Conny alle Argumente aus dem Repertoire von diskriminierenden Bildern. Es gibt für sie einige „Ausnahmeausländer", mit denen sie sich auch unterhalte, und die sich dadurch auszeichneten, dass sie nicht viel mit anderen Ausländern zu tun hätten. Ansonsten verwendet Conny Bilder und Erzählungen, die persönliches Bedrängtwerden suggerieren: Gruppen von „Ausländern" würden sie in der Fußgängerzone „blöd anmachen". Auf dem Sozialamt spricht sie ein Türke an, der äußert, dass sie zu gut angezogen wäre, um Sozialleistungen zu empfangen, auf dem Pausenhof ihrer Schule fühle sie sich schon wie in der Türkei und durch manche Viertel könne sie nicht mehr fahren, weil dort nur noch „Ausländer" lebten. Die Präsenz von MigrantInnen im öffentlichen Raum, an der sie sich immer wieder stört, ist der Hauptpunkt in Connies Argumentation.

Carola äußert deutliche Wut gegenüber allen in Deutschland lebenden „Ausländern": „Sie könnte an die Decke gehen", sie „fühlt sich dermaßen gestört", und empfindet, dass sich „Ausländer" „regelrecht einnisten". Auch innerhalb der rechtsradikalen Clique ihres Freundes ist sie zu Gewalt gegen Migranten bereit. In einer Schlägerei zwischen Rechtsextremen und Jugendlichen türkischer Herkunft wird sie als Frau jedoch von den Männern ihrer Clique abgehalten, sich aktiv zu beteiligen.

Besonders stört sich Carola an der Präsenz von Migranten im öffentlichen Raum. Dabei argumentiert sie meist anschaulich konkret, abstrakte politische Argumentationen, wie die Frage, wie Arbeitsplätze verteilt werden, aber auch der Vorwurf von Kriminalität spielen bei Carola keine Rolle. Sie zeichnet in erster Linie bedrohliche Bilder vom öffentlichen Raum, in dem sie sich bewegt: Ausländer würden „immer Aufeinanderhocken", sich „wie der King überhaupt" fühlen und Frauen anmachen, „sobald sie ein deutsches Mädchen vorbeigehen sehen". Carola stört allgemein das Verhalten von „Türken" gegenüber Frauen, wobei sie nicht näher ausführt, worin dies bestehen soll. Die Erwähnung von „Türken" genügt für sie, da sie davon ausgeht, dass die Zuhörerin die Negativklischees über „Türken" ohnehin kennt und sie als Sprecherin sich damit auf dieses gemeinsame „Wissen" beziehen kann. „Am schlimmsten" findet sie „ausländische Kinder" deren lautes und schlechtes Benehmen („pöbeln jeden Deutschen an") sie beklagt. Ausführlich erzählt sie, wie sie vor einiger Zeit den Hauptplatz einer benachbarten Großstadt überquert habe, und dabei kein Wort deutsch mehr gehört habe, nur noch „türkisch und polnisch". Sie bemerkt dazu, dass dies „wirklich schon traurig" sei. Daneben empört sie sich auch über Asylbewerber, dass diese ökonomisch privilegiert seien. Dies sehe sie daran, dass diese „immer Markenklamotten" trügen, während sie selbst Billigangebote kaufen müsse. Insgesamt empfindet sie sich als „geschröpft" aufgrund der Anwesenheit von Ausländern. Immer wieder streut sie aber auch Rechtfertigungsausdrücke ein – wie „Also ich habe soweit nichts gegen Ausländer, es sei denn, sie sind männlich und fühlen sich ganz toll". Von Rechtsextremen distanziert sie sich ebenfalls, sie fürchtet, dass viele Jugendliche „weil sie keine Ausbildungsplätze bekommen" Republikaner wählten, und das dies am Ende dazu führen könnte, dass in Deutschland wieder ein nationalsozialistisches Regime an die Macht kommt.

Carola erzählt direkt von rassistischer Gewalt, an der sie beteiligt war. Ihr Freund ist Mitglied einer rechtsextremen Clique. Bei einem Grillausflug provoziert die Clique aus der Türkei stammende Jugendliche, indem sie laut Nazimusik auf einem Cassettenrecorder laufen lässt. Daraufhin kommt es zu einer Schlägerei zwischen den Rechtsextremen und den „Türken". Carola hätte sich gerne an der Schlägerei beteiligt, empört sich, dass ihre Clique im Kampf unterlegen war: „kein Mensch hat was getan". Ihr Freund hält sie jedoch zurück und auch die andere Clique rührt sie als Frau nicht an. Auf die Nachfrage der Interviewerin antwortet sie, dass sie keine Nazimusik höre, aber „okay, gegen manche Türken möchte ich am liebsten auch, so die ganzen Asylanten und so", womit sie andeutet, dass sie sich durchaus gerne auch an Gewalt beteiligen würde. Der Ausdruck „die ganzen Asylanten und so" scheint selbstredend ihre Wut zu erklären und zu rechtfertigen, ohne dass gegenüber der Interviewerin nähere Erläuterungen notwendig sind. Sie sage direkt „manchmal" zu Türken: „Geh zurück in dein eigenes Land" und wünscht sich, „viel mehr abzuschieben". Auch gegen die Hochzeit einer Bekannten mit einem Asylbewerber, dem die Abschiebung droht, spricht sie sich heftig aus. Sie droht dieser, auf der Hochzeit vor dem Pastor Einspruch zu erheben und für die Abschiebung des Verlobten zu sorgen.

Carola vertritt also im Interview offen rassistisch-diskriminierende Einstellungen und erzählt gleichzeitig auch von ihrer Beteiligung an Gewalt gegen Migranten. Trotzdem kann nicht davon gesprochen werden, dass sie tatsächlich rechtsextrem orientiert ist, wenn man Rechtsextremismus als Kombination von Ungleichheitsideologie, Gewaltbereitschaft, Demokratiefeindlichkeit und Nationalismus fasst. Denn zu Deutschland hat sie eine deutlich negative Einstellung, Nationalgefühl und nationale Zusammengehörigkeit gibt es für Carola nicht. Sie kann keinen Grund sehen, warum sie stolz darauf sein sollte, Deutsche zu sein. Außerdem sei Deutschland „so ein kaltes Land, in dem jeder zuerst an sich denkt". Für ihre Einstellungen geben also ihre Hassgefühle gegen MigrantInnen den Ausschlag.

Neben ihrer nicht vorhandenen Begeisterung für Deutschland lehnt sie die Bundeswehr rigoros ab, sie ist für die Abschaffung der Bundeswehr. Der Grund für ihre deutliche Ansicht liegt darin, dass ihr Freund Zeitsoldat ist und dadurch kaum mehr Zeit für die Beziehung zu Carola hat. Sie hat häufige Auseinandersetzungen mit ihm, in denen sie die Logik von Krieg und Verteidigung der Nation in Frage stellt. Während der Freund davon schwärmt „das deutsche Vaterland zu verteidigen", widersetzt sich Carola: „Toll, eh lass dich doch für irgendjemanden abschießen, den du nicht kennst, der dich nicht kennt, den du aber verteidigst". In den unterschiedlichen Ansichten von Carola und ihrem Partner Thorsten zur Bundeswehr wird deutlich, wie die Institution Bundeswehr „Geschlecht macht" . Die Bundeswehr bedeutet für Thorsten als Mann eine berufliche Chance, die Möglichkeit, gut Geld zu verdienen, Reisen und Abenteuer. Carola ist dagegen als Frau eher davon ausgeschlossen. Sie nimmt die Bundeswehr als Institution wahr, die ihr den Freund streitig macht, da er nur an jedem dritten Wochenende zu Hause ist, und bald im Mittelmeer eingesetzt werden wird. Sehr negativ sieht sie auch, dass in der Bundeswehr fast ausschließlich Männer zusammen sind. Sie vermutet, dass deutsche Bundeswehrsoldaten, ihr Freund Thorsten eingeschlossen, im Ausland genau das tun, was sie Gruppen von nichtdeutschen Männern in Deutschland vorwirft, nämlich Frauen und Mädchen „anmachen". Dadurch dass Carola als Frau im Gegensatz zu ihrem Freund in die Institution Bundeswehr nicht integriert ist, entwickelt sie eine starke Distanz zur „Nation Deutschland" und deren außenpolitischen Interessen. Bundeswehr und deutsche Nation bedeuten für sie konkret nur eine Bedrohung ihrer Beziehung und im schlimmsten Fall auch des Lebens ihres Freundes.

Frauke unterscheidet sich von den anderen Befragten zum einen durch ihren deutlich durchbrechenden Hass auf „die Politiker", zum anderen dadurch, dass sie sich eindeutig auf die Seite derjenigen stellt, die rechtsextreme Anschläge begehen. An keiner Stelle verurteilt sie Rechtsextreme, auch nicht rechtsextreme Gewalttaten, sie fordert dagegen auf, zu fragen: „Warum machen die Leute denn das?". „Die müssen ja irgendeinen Grund dafür haben", beantwortet sie daraufhin ihre rhetorische Frage, und interpretiert Anschläge als „Aufstand der Bürger" gegen die Politiker, die verpasst hätten, in der Asylfrage „einen Riegel vorzuschieben". Die Politiker würden nur „blöd rumsülzen", alles, was sie von sich geben, sei „doofes Zeug" und „Sülzkram", sie wären „schon fett" von ihren „Diätenerhöhungen".

In ihrer strikten Ablehnung aller Migranten unterscheidet sie nicht zwischen verschiedenen Gruppen. Für sie sind alle Nichtdeutschen zu Unrecht in Deutschland. Mehrmals spricht sie sich für eine Art „Gastarbeitermodell" aus, wie sie es in der Schweiz als positives Beispiel sieht. „Es tut mir leid, die Leute sind da aufgewachsen in ihren Ländern. Die sollen wieder dahin zurück (...) nach einer bestimmten Zeit", die sie in Deutschland gearbeitet haben. Sie merkt an, dass je länger „die" in Deutschland leben würden, es desto wahrscheinlicher sei, dass deren Kinder Ausbildungen machen würden und damit als „gelernte Kräfte genau wie wir auch" statt Deutschen Arbeitsplätze bekommen könnten. Dabei nimmt sie gerade auch Türken und Kurden, die bei vielen anderen Frauen als fleißige und bereits angepasste Arbeitsmigranten gelten, als Beispielgruppe für diejenigen, die vom Sozialamt „nagelneue" Wohnungen mit „Einbauküchen" bekommen würden. Sie bringt eine Reihe von Anschuldigungen gegen Nichtdeutsche vor, von Kriminalität „Neger, die Drogen verkaufen" über das „Wegnehmen von Arbeitsplätzen" bis zum Genuss unverdienter Privilegien gegenüber Deutschen: „Ich bekomme ja auch keine Einbauküche geschenkt". Sie zeichnet ein Bild von Bedrohung, „eine Schraube, die sich immer weiter nach oben dreht", immer mehr Leute würden „reingeholt". Den Zugewanderten würde „das Geld reingesteckt", den eigenen Leuten ginge es dagegen immer schlechter, immer höhere „Steuern, Benzinpreise und Autoversicherung" seien zu zahlen.

Immer wieder spricht sie von den Herkunftsländern der Migranten, und betont als Prinzip, dass jeder Mensch in seinem Land zu leben hat, „im eigenen Land aufzuräumen hat". Vor allem stellt sie die Regel auf, dass jeder auch seinen Beruf im eigenen Land zu lernen und auszuüben hat, dadurch könne dann „jedes Land etwas aus sich machen". Daneben spielen Vorstellungen von Platzknappheit eine Rolle, als Folge von Migration sieht sie, dass bald in Deutschland kein Platz mehr sein, andere Länder dagegen allmählich vollkommen leer und ausgestorben würden. Auch sie verwendet den Vergleich, dass es ihr schließlich auch nicht möglich wäre, in den USA oder Kanada zu leben. Das Argument politischer Verfolgung von Asylbewerbern nimmt sie insofern auf, dass sie meint, dass diejenigen, die verfolgt worden sind, nun froh sein müssten, in Deutschland überhaupt ein Dach über dem Kopf zu haben – und nicht noch weitergehende Forderungen stellen dürften, da es ihnen hier ja dann vergleichsweise gut ginge.

Eine Argumentationslinie, die als einzige aus dem Sample Frauke verwendet, ist, die Einwanderung als ungerechtfertigte Strafe für deutsche Kriegsschuld und als Konsequenz einer immer noch andauernden ungerechten Verurteilung des Nationalsozialismus zu sehen. Frauke beklagt, dass andere europäische Länder nicht so viele Migranten aufnehmen würden wie Deutschland und führt das daraufhin zurück, dass die Deutschen aufgrund der nationalsozialistischen Vergangenheit, die ihnen immer noch „nach Generationen" vorgeworfen werde, gezwungen würden, Schuld abzutragen. Die Aufnahme von Migranten gehört ihrer Ansicht nach zu dieser Buße. Stolz darauf, Deutsche zu sein, ist auch Frauke nicht, „vielleicht froh", weil es ihr in Deutschland wirtschaftlich gut gehe, sie schränkt dies aber gleich wieder ein, indem sie von Steuererhöhungen spricht, die ihr die Freude an ihrer Staatsangehörigkeit vergällen.

Für Frauke sind nur Deutsche zu Recht in Deutschland, alle anderen sollen in „ihre Länder" zurück. Sie unterscheidet nicht wie die meisten anderen zwischen „guten" und „schlechten", „legitimen" und „illegitimen" Ausländern, für sie sind alle Nichtdeutschen „schlecht", d.h. kriminell und dabei gleichzeitig privilegiert. Deutlichen Hass äußert sie immer wieder gegen die Politiker – sie versteht und rechtfertigt rechtsextreme Gewalttaten und Anschläge als „Aufstand der Bürger" gegen eine falsche Politik. Über Beziehungen oder Kontakte zu Migranten berichtet Frauke nicht, auch illustriert sie ihre Argumentationen nicht mit Beobachtungen oder Erfahrungen aus ihrem Umfeld.

Janine spricht voller Wut über beinahe alle benachteiligten Gruppen der Gesellschaft – „Türken machen nur Ärger hier" „Neger sollen ihr vom Leibe bleiben" und eine Bekannte, die etwas dicker ist, bezeichnet sie als „Rumkugel", die sie „zusammenlatten" wolle. Auch gegenüber ehemaligen DDR-Bürgern empfindet sie Hass, die bekämen „alles in Arsch gesteckt", „wie die Türken". Sie fordert ohne Ausnahme „Türken zurück", dorthin „wo sie herkommen": Sie wirft ihnen vor, schon als kleine Kinder „nur Ärger hier" und „Randale" zu machen und ein „großes Maul" zu „riskieren". Und auch die Grenze zur DDR hin solle wieder geschlossen werden.

Sie verlangt Dankbarkeit und Wohlverhalten von den „Türken", für die Arbeit, die sie in Deutschland bekommen und malt ebenfalls ein Bild von Reichtümern, die ehemalige DDR-Bürger und „Türken" bekämen, ohne dafür arbeiten zu müssen. Dies sehe man schon an den großen Autos „dicken Audis", die diese fahren. Auch an der Arbeitslosigkeit der (ehemals) Westdeutschen, Janine spricht von „unsereins", seien sie schuld. Sie stört sich auch an der Sprache von beiden – „wenn ich die schon reden höre" – und die sie als vollkommen unverständlich darstellt. Janines Redeweise ist sehr aggressiv, in Streitigkeiten mit ihrem Freund verwendet sie offen rassistische Ausdrücke wie „Neger" oder „Negerhure".

Dabei findet sie auch Gewaltanwendung gut, sie sagt, dass „manche Türken" es „brauchen", von Nazis verprügelt zu werden. Gleichzeitig sagt auch Janine, sie sei gegen Nazis, weil diese „großmäulig" seien, „brutal" und „immer auf Schläge aus", lobt aber gleichzeitig, wenn diese „Türken" verprügeln. Für Politik interessiert sie sich nicht, zur Wahl sie sie noch nie gegangen.

Janine verbringt ihre Freizeit mit gewalttätigen Schlägereien, dabei schlägt sie sich auch häufig in Diskotheken mit jungen Frauen aus der Türkei – „Türkenweibern", wie sie kommentiert. Im Vordergrund steht bei ihr die Lust, zuzuschlagen, die sie immer wieder betont, und Wut und Hass gegen die unterschiedlichsten Personen und Gruppen. Besonders hat sie sich dabei auf „Türken" und ehemalige DDR-Bürger eingeschossen. In sehr deutlichen Worten und aggressiver Sprache wirft sie diesen sowohl provozierendes Verhalten als auch ökonomische Ausbeutung vor. Mit ihrer pauschalen Verurteilung von Türken und DDR-Bürgern, die sie stets gemeinsam nennt, ist sie weit entfernt von einem traditionellen deutschen Nationalismus und der Position rechtsextremer Parteien, die die ehemaligen DDR-Bürger als Deutsche betrachten würden. Janines Ressentiments wenden sich jedoch gegen alle Gruppen, die sie für sozial minderwertiger hält, unabhängig von deren Staatsangehörigkeit. Begründungen nehmen keinen Raum ein, häufig drückt Janine Wut auf andere aus und ihren Willen, zuzuschlagen, auch ohne einen Grund. Von ihrer pauschalen Verurteilung nimmt sie eine einzige Kollegin aus, die im selben Friseursalon arbeitet und die aus der Türkei stammt.

Zusammenfassung: Auffällig ist in dieser Untergruppe die Nähe zu Gewalt. Gewalt kann sich dabei unterschiedlich äußern. Nadja und Carola setzen auf Mobbing und Verbreiten von Gerüchten, zum einen im Privaten, zum anderen aber auch als politische Strategie. Carolas Freund ist Mitglied einer rechtsextremen Clique, sie erzählt eine Episode, in der es nach einer Provokation der Rechtsextremen zu einer Schlägerei kommt. Sie ist an der Schlägerei nicht beteiligt, wobei dies nicht ihr eigener Wille ist, sondern beider Cliquen im gemeinsamen Interesse Frauen bei einer Schlägerei außen vor halten wollen. Janine schließlich schlägt sich in ihrer Freizeit mit jungen Frauen, die aus der Türkei stammen.

Bis auf einige wenige Ausnahmen zieht sich eine aggressive Ablehnung sämtlicher MigrantInnen durch die gesamten Interviews. Nadja bemerkt zum Beispiel in einem Halbsatz, sie fände Asyl „teilweise gut", oder Conny weist darauf hin, dass MigrantInnen zu Billiglöhnen ausgebeutet werden. Auch Mitleid, das mit deutschen Arbeitslosen geäußert wird, wird teilweise wieder zurückgenommen, von „Faulheit" ist die Rede, wenn z. B. Nicole denen, die „nicht arbeiten wollen", die Schuld an der Anwesenheit von Ausländern in Deutschland gibt. Insgesamt bringen die Frauen einen Eindruck von ständig ansteigender Bedrohung zum Ausdruck. Die Frauen dieser Gruppe zielen darauf ab, dass alle Nichtdeutschen Deutschland zu verlassen haben, und drücken dies mehr oder weniger deutlich aus.

Unterschiede bestehen darin, wie die Frauen ihre aggressive Haltung begründen, bei Nicole, Nadja und Frauke ist es vor allem das Argument der „Kriminalität" und der Benachteiligung von Deutschen. Conny und Carola betonen dagegen vor allem die Anwesenheit von Nichtdeutschen im öffentlichen Raum, die sie als bedrohlich ansehen. Kaum Bezug auf politische Diskurse nimmt schließlich Janine, sie begründet ihre negativen Urteile wie auch die Schimpfwörter, die sie verwendet, nur wenig. Begriffe wie „Türke" pder „Neger" scheinen für sie innerhalb des herrschenden Diskurs selbstredend zu sein.

Unterschiedlich ist auch die Wut, die die Frauen in den Interviews zum Ausdruck bringen, neben den MigrantInnen richtet sie sich vor allem auch gegen die Politiker, die für die als unerträglich geschilderte Situation verantwortlich gemacht werden. Am deutlichsten bringt dabei Frauke wörtlich „Hass" zum Ausdruck.

Untergruppe 1b)
Diskriminerend gegen MigrantInnen mit Ansätzen zur Differenzierung zwischen unterschiedlichen Gruppen, Verständnis für rechtsextreme Gewalttaten (n=6)

(Gesche, Edith, Anja, Isabell, Doris, Meike)

Auch die Frauen dieser Gruppe äußern sich extrem negativ gegenüber MigrantInnen und Migration. Sie zeigen jedoch weniger offene Wut, sondern bemühen sich in ihrer Darstellung, die eigene Meinung als ausgewogen und Ergebnis von Abwägung unterschiedlicher Gesichtspunkte zu präsentieren. Sie vermeiden eine allzu offene Äußerung diskriminierender Zuschreibungen und schränken Gesagtes häufig wieder ein. Für sie ist es wichtig, sich von offen „Rechtsextremen" und „Ausländerfeinden" zu distanzieren, denen sie Einseitigkeit und vor allem eine falsche Wahl der Mittel vorwerfen. Gleichzeitig können sie aber die Motivation von rechtsextremen Gewalttätern verstehen, in deren Handeln sie eine Antwort auf untragbare Zustände sehen, vor allem auf eine Benachteiligung von Deutschen. Sie betonen Kriminalität und ökonomische Privilegierung von MigrantInnen und illustrieren diesen Vorwurf durch unterschiedlichste Beispiele aus der Presse, durch Berichte von Bekannten und eigene Beobachtungen.

An einzelnen Stellen werden diese pauschalen Negativaussagen jedoch wieder eingeschränkt, bestimmte Gruppen von MigrantInnen werden von dem generellen negativen Urteil ausgenommen, wie beispielsweise ArbeitsmigrantInnen, die „Deutschland mitaufgebaut" haben oder Flüchtlinge, die „wirklich verfolgt" werden. Mögliche Rechte von Nichtdeutschen werden von den Frauen jedoch streng an deren Wohlverhalten geknüpft. Das Gesamtbild der Darstellung von Nichtdeutschen, vor allem in der Wahl der Beispiele und Veranschaulichungen, bleibt trotz dieser Relativierungen am Rande insgesamt stark negativ.

Gesche trennt kaum zwischen unterschiedlichen Gruppen von MigrantInnen, das Argument, dass es auch Leute gebe, die „wir damals geholt haben", das bei anderen Frauen, gerade den Frauen der folgenden Gruppen 2 und 3, im Vordergrund steht, bringt sie, nicht weiter ausgeführt, in einem Halbsatz. Hauptthemen ihrer Darstellung sind Nichtanpassung und Ausnützen der „Gutmütigkeit der Deutschen", neben dem Erhalt von „übertriebenen" Sozialleistungen würden Migranten den Deutschen auch die Arbeitsplätze wegnehmen. Bezeichnend ist eine längere Episode, die Gesche über eine Familie von Asylbewerbern aus dem ehemaligen Jugoslawien erzählt, die eine Zeit lang in ihrem Dorf untergebracht war, und in der es um unverdiente Privilegien bei gleichzeitigem unangepasstem, lästigem, fast bedrohlichem Verhalten geht. „Was man da so alles mitgekriegt hat", „so eben von Zeitungsleuten", meint Gesche, wären „nur negative Sachen". Sie kritisiert das Verhalten der Kinder, die sich einfach auf die Landstraße gesetzt hätten und alle Leute als „du altes Arschloch" bezeichnet hätten. Sie klagt über Verwahrlosung, dass die Familie, das was ihr von der Gemeinde so großzügig zur Verfügung gestellt worden sei, einfach verkommen habe lassen: Es „sah verwest aus", „überall ist hingepinkelt worden" und es wurden „Küchenmaschinen auf die Herdplatten gestellt". Und obwohl die Familie von der Gemeinde „nicht schlecht Geld bekommen" habe, seien sie „noch immer betteln und hausieren gegangen" und zwar indem sie die „Füße zwischen die Tür gestellt" hätten. Diese längere Geschichte führt Gesche als allgemeines Beispiel zum Verhalten von Ausländern an. Sie fordert Anpassung und Wohlverhalten und weist darauf hin, dass sie sich im Urlaub auch an die Sitten im Ausland zu halten habe, ihr fällt dazu ein, dass sie in Spanien auch nicht zur Mittagszeit einkaufen könne.

Sie sieht sich grundsätzlich benachteiligt als Deutsche: Während „Ausländer" „eigentlich auch immer ziemlich drastische Ansprüche" stellten, d. h. bei ihnen alles neu sein müsste, müsste sie froh sein, wenn sie bei einem Auszug von der Oma eine alte Waschmaschine bekomme. Sie klagt deutlich an, wieviel die Ausländer im Vergleich zu ihr bekommen würden; „Also eine Familie mit fünf Mann braucht keine sechs Videorecorder oder keine sechs Fernseher, das muss nicht sein". Die Migranten wollten nur „mit der DM protzen". Gesche fordert dagegen von ihnen, sie sollten auch bei sich zu Hause „etwas tun" und „Alte und Kinder" nicht in Stich lassen, indem sie nach Deutschland gingen. Und wie sie als einzelne Deutsche mit ihrer gebrauchten Waschmaschine von der Großmutter benachteiligt werde gegenüber Migranten, die neue Elektrogeräte bekäme, werde nach Gesches Ansicht auch Deutschland benachteiligt, weil es mehr Ausländer aufnähme als die anderen Länder.

Ganz anders sieht sie jugendliche Studierende, die aus dem Ausland kommen, ihnen spricht sie vollkommen andere Motive zu, nach Deutschland zu gehen. Statt Geldgier und Verantwortungslosigkeit entdeckt Gesche bei ihnen „Interesse an fremden Kulturen und fremder Sprache", „andere Möglichkeiten für die Entwicklung" und vielleicht „Liebe". Und auch unter den Asylbewerbern gibt es eine Gruppe, die in ihren Augen berechtigterweise in Deutschland lebt, nämlich diejenigen, die sonst „geviertelt, gehängt, gefoltert oder 35 Jahre im Gefängnis" wären, womit sie die Messlatte, wo politische Verfolgung anfängt, sehr hoch setzt. Einige Gruppen von Migranten sind für Gesche also „zu Recht" in Deutschland: Studierende, „wirklich" politisch Verfolgte und Arbeitsmigranten, die angeworben worden sind. Ihr vornehmliches Interesse gilt aber den Gruppen von Migranten, über deren Anwesenheit in Deutschland sie sich ausführlich beschwert. Dabei kommen in ihrer Rede immer wieder Ausdrücke wie „einerseits und andererseits" oder auch „jein" vor, womit sie ihre Argumentation als um Ausgewogenheit bemüht markiert. Abschließend spricht sie davon, nicht stolz, sondern „froh" zu sein, Deutsche zu sein, aufgrund des Fortschritts, und der Privilegien, die sie als Deutsche hätte. Gegen Neonazis spricht sich Gesche wie die meisten anderen Befragten aus, ohne dies jedoch näher zu begründen.

Zentral in ihrer Argumentation ist die Erzählung über die Familie in ihrem Dorf, hier erzählt sie sehr bildlich, es wird der Eindruck erweckt, sie habe selbst häufig das Haus der Familie beobachtet, und das was darin vorgehe. Sie beruft sich in ihren Ausführungen auf „Presseleute" und auf Angestellte der Gemeinde, von denen sie viele Details erfahren hat. Die Episode steht als Beleg vieler Argumente von Gesche, sie will damit Nichtanpassung, Schmutzigkeit, schlechtes Benehmen bei gleichzeitigem Bevorzugwerden von Flüchtlingen illustrieren. Über direkte Kontakte zu Nichtdeutschen berichtet sie nicht.

Ediths Hauptfeindbild sind Asylbewerber, denen sie vorwirft, sozial privilegiert zu sein und die sie gleichzeitig für Kriminalität verantwortlich macht. Daneben vertritt sie ein starkes Leistungsdenken, die Forderung nach Anpassung und Integration ist dagegen keine Argumentationslinie bei ihr.
Edith versteht auch Gewalt und Anschläge gegen Asylbewerber „aus berechtigt frustrierten Gründen", bzw. „aus Wut und Frust". Als in ihrer Ortschaft das ehemalige Dorfgemeinschaftshaus, eine Asylbewerberunterkunft, von der deutschen Dorfbevölkerung angezündet wurde, war sie dabei. Sie bezeichnet sich selbst in dieser Frage als „gebranntes Kind": Ein Bekannter von ihr sei von einem Asylbewerber in einem Streit um eine Frau niedergestochen und umgebracht worden. Dabei hebt sie hervor, dass „die Asylanten von der Dorfgemeinschaft" anfangs „auch

wirklich lieb und nett aufgenommen" worden seien. Sie betont die Privilegien, die ihrer Ansicht nach Asylbewerber genießen, dass ihnen in ihrem Dorf ein Zweifamilienhaus geboten wurde, ihnen der Rasen gemäht würde und sie von der Gemeinde funkelnagelneue Fahrräder geschenkt bekommen hätten – und deshalb die alten Fahrräder zurückgewiesen hätten, die ihnen die deutschen Dorfbewohner schenken wollten. Ein Gemeindemitarbeiter habe die Rechnungen für nagelneue Videorecorder herumgezeigt, die die Gemeinde für die Asylbewerber gekauft hätte – Edith selber habe dagegen bis vor zwei Jahren selbst keinen Videorecorder gehabt. Was Deutsche haben, ist ständig expliziter und impliziter Vergleichsmaßstab, Ungerechtigkeit sieht sie auch darin, dass Leute nach Deutschland kämen, die in ihrem Land ein Haus und eine Wohnung hatten „vielleicht nicht den Standard wie jetzt ein Durchschnittsdeutscher". Aufgrund der Bevorzugung von Asylbewerbern, die E-dith sieht, könnten die berechtigten sozialen Ansprüche von Deutschen nicht mehr berücksichtigt werden.

In ihrer Argumentation ist es ihr wichtig, immer wieder Ausdrücke von Differenzierung einfließen zu lassen. Sie stellt sich dar, als würde sie immer wieder zwei Seiten eines Problems bedenken und um Ausgewogenheit ringen: „Ich bin kein Rechtsradikaler oder Asylfeind, aber", „Es gibt Asylanten und Asylanten." Sie sehe das „mit gemischten Gefühlen", „da bin ich halt etwas komisch eingestellt dann (...), dass ich ein bisschen skeptisch gegenüberstehe". Mit Ausdrücken wie „etwas komisch eingestellt" lässt sie anklingen, dass die Positionen, die sie, wie sie es sieht, aus ihrer eigenen Erfahrung heraus vertritt, nicht anerkannt sind. Damit stellt sie sich auch als Opfer dar, da sie mit ihren Ansichten nicht gehört und an den Rand gestellt werde. Sie spricht an vielen Stellen davon, diese Ungleichbehandlung und Ungerechtigkeit „nicht zu verstehen", aus diesem „Unverständnis" ist jedoch immer wieder Anklage herauszulesen. Verbunden ist dies mit Schuldvorwürfen an „die Politiker". Gleichzeitig führt sie immer wieder die Ansprüche armer Deutscher ins Feld, die sie gegenüber Asylbewerbern deutlich benachteiligt sieht, sie baut zwei Gruppen von Menschen auf, die ungerechterweise vollkommen anders behandelt werden. Ihre unterschwellige Wut richtet sich gegen Asylbewerber, die ihrer Ansicht nach im Gegensatz zu armen Deutschen, die „wirklich bedauert werden müssen", „übertrieben" viel bekommen, ohne dafür eine Gegenleistung zu erbringen. Sie argumentiert „wir haben genug eigene Armut in dem Land", breitet zahlreiche Einzelbeispiele von der alleinerziehenden Mutter bis zum Frührentner aus. Gleichzeitig kritisiert sie, wie undankbar und anspruchsvoll die Asylbewerber seien. Deutsche Stadtstreicher, glaubt sie, „die beschweren sich nicht so viel" über ihre Unterkünfte.

Edith unterscheidet häufig zwischen jeweils zwei Gruppen: So gibt es bei ihr „Asylanten und Asylanten", die „wirklich verfolgt worden sind". Dabei zeichnet auch sie ein starkes Bild von dem, was für sie wirkliche Verfolgung ist, „mit Kindern und was weiß ich schon, die Frau getötet worden ist oder was weiß ich, dafür hab ich dann da ja auch Verständnis". Alle anderen, auf die dies nicht zutrifft, würden nur ein besseres Leben in Deutschland suchen. Ganz deutlich unterscheidet sie zwischen Arbeitsmigranten, die ja „quasi rübergeholt" worden seien, „um die Drecksarbeit zu machen". Sie spricht sich dafür aus, wenn ein „türkischer Gastarbeiter besser ist wie ein Deutscher", den Deutschen zu entlassen, denn sonst würde ja der Betrieb noch mehr kaputtgehen. Sie kommt häufig in ihrer Argumentation auf das Prinzip zurück, dass jedem Mensch soviel zukommt, wie er verdient. Hier zählt für sie Leistung, wie sie auch das Argument vertritt, dass „jeder,k der wirklich arbeiten kann", auch eine Arbeit bekommen könne, wenn er nur bereit wäre, auch eine weniger anspruchsvolle und schlecht bezahlte Arbeit anzunehmen. Damit grenzt sie die fleißigen Gastarbeiter von faulen Deutschen ab. Als sie davon spricht, dass es „Ausländer mit altem Touch" noch gebe, bei denen die Frauen „Kopftücher" aufhätten und „mit den vollen Einkaufstüten und den Kindern" hinter dem Mann hinterher marschieren müssten, trennt sie wieder in unterschiedliche Gruppen und macht Anlehnungen an einen Anti-Islam Diskurs, der die Frauenfeindlichkeit und Rückschrittlichkeit des Islams herausstreichen will. In diesem Fall meint sie, müssten die „Brüder ins Heimatland" zurück, und „die Frauen sollten am besten hierbleiben" – ein eher eigenwilliger Vorschlag.

Auch bei den rechtsextremen Gewalttätern gibt es für sie zwei Gruppen: Es gibt zum einen die, die aus tiefster Verzweiflung und Frust, weil sie „die einzige Möglichkeit drin sehen", Häuser von Migranten anzünden, für diese Gruppe empfindet Edith „Mitleid" und „Verständnis" und sieht die Schuld bei den Politikern, „die so viele Deutsche auf der Straße sitzen lassen", aber dabei „immer nur über die Asylanten geredet wird". Wer von den rechtsextremen Gewalttätern aber aus einer reichen Familie kommt, wer „Mitläufer" ist und nur aus „Lust und Langeweile" handelt, dem gehören, so Edith „die Hände abgehackt, so ungefähr". Edith schließlich ist stolz darauf Deutsche zu sein, insbesondere auf die Aufbauleistung: Sie findet es „schlimm", wenn immer wieder auf der deutschen Vergangenheit „rumgeritten" wird.

Edith ist die einzige Frau im Sample, die, wenngleich am Rande, zugibt, beim Anschlag auf eine Asylbewerberunterkunft dabei gewesen zu sein. Sie rechtfertigt diesen, der Anschlag habe „aus berechtigt frustrierten Gründen" stattgefunden. Zentral ist in ihrer Argumentation die Erzählung, wie ein Asylbewerber in einem Streit einen ihrer Bekannten erstochen hat, die sie dramatisch ausführt. Die Frau, um die es im Streit zwischen zwei Männern ging, war „bildhübsch" – und am Ende hätte ihr Bekannter ein „Messer im Bauch" gehabt, zugestochen habe ein „Asylant". Daneben betont sie, dass Migranten viel mehr Sozialleistungen bekämen als arme Deutsche, die das wirklich verdienten, auch die schwierige soziale Situation dieser armen Deutschen führt sie anhand ausführlicher, anschaulicher Beispielen aus dem Bekanntenkreis vor.

Mit vielen Redewendungen verteidigt sie ihre Haltung als differenziert und überlegt und stellt sich selbst mit ihrer Meinung als unverstandene Außenseiterin dar. Für Edith gibt es zwei Gruppen, die sie von ihrem allgemein negativen Urteil ausnimmt: „wirklich politisch Verfolgte" und Arbeitsmigranten, die ihrer Meinung nach durchaus auch auf dem Arbeitsmarkt bevorzugt eingestellt werden sollten, wenn sie besser arbeiteten als Deutsche. Die Trennung in unterschiedliche Gruppen von „Ausländern" ist eine Argumentationslinie, die für die Frauen der folgenden Gruppe 2 typisch ist, die Propagierung des Prinzips Leistung anstelle von Staatsangehörigkeit ist Kennzeichen von Gruppe 3. Ediths Beteiligung an Gewalt schließlich ist charakteristisch für die vorangehende Gruppe 1a. Edith stellt am deutlichsten einen Mischtyp dar, einzelne Argumentationen von ihr lassen sich unterschiedlichen Gruppen zuordnen. Sie wurde schließlich der Gruppe 1b zugeordnet, weil ihre Grundhaltung gegenüber MigrantInnen stark negativ ist, sie jedoch laufend um Relativierung und Rechtfertigung bemüht ist. Ein Muster, das Edith dabei immer wieder verwendet, ist die Polarisierung zwischen zwei Extremen: Überall gebe es gute und schlechte – z. B. gute und schlechte Rechtsextreme oder gute ausländische Frauen und schlechte ausländische Männer. Die einen sind zu unterstützen, den anderen aber gehören „die Hände abgehackt" bzw. die Abschiebung angedroht. Damit vertritt Edith immer wieder extreme, gewaltnahe Positionen, gleichzeitig will sie sich jedoch verständnisvoll zeigen.

Anja äußert sich zunächst sehr negativ über Asylbewerber, die in ihrem Ort untergebracht sind. Sie erzählt eine Reihe von Geschichten, mit denen sie belegen will, dass diese ohne zu arbeiten unverdiente Reichtümer anhäuften, dass sich deren Kinder außerordentlich frech benehmen und dass sie schließlich verantwortlich für eine Reihe von Einbrüchen in der Gegend wären. Politisch Verfolgte hätten zwar das Recht, nach Deutschland zu kommen, z. B. Menschen aus dem ehemaligen Jugoslawien, wo Krieg herrsche. Die Menschen aus Ländern, in denen kein Krieg sei, sollten jedoch wieder zurückgeschickt werden – Anja nennt als Beispiel Spanien – „denn was wollen die hier". Während Anja nicht näher erläutert, was sie unter politischer Verfolgung versteht, malt sie über längere Passagen aus, wie wenig angepasst und kriminell sich Flüchtlinge in Deutschland verhalten. Sie sieht als

Motiv vieler Flüchtlinge, dass sie sich in Deutschland „auf die faule Haut legen wollen" und sich das „Leben schön machen", weil sie nicht arbeiten dürften. Sie deutet damit das Arbeitsverbot als Privileg und betont gleichzeitig den ökonomischen Reichtum – „ein schwarzes Auto", „Tausende von Autos vor dem Haus", „immer im Anzug und in den besten Klamotten jeden Tag". Sie stellt die Zustände als äußerst ungerecht dar, indem sie gleichzeitig die mangelnde Bereitschaft der Flüchtlinge zu arbeiten betont, weil für die Flüchtlinge sogar von der Gemeinde Holz gehackt würde. Anja fügt hinzu, dass sie die Flüchtlinge unter diesen Umständen frieren lassen würde.

Großen Raum nimmt eine längere Erzählung ein, in der ihre Jugendgruppe im Jugendzentrum Besuch von Flüchtlingen bekommen hat. Anja leitet ihre Erzählung ein mit „Ich habe nichts gegen Ausländer, aber gegen die habe ich eine ganze Menge". Die Dorfjugend wäre am Anfang einigermaßen offen gewesen: „Dann probieren wir die da mit reinzukriegen. Vielleicht sind sie ja doch ganz nett". Das „doch" drückt dabei bereits einen Verdacht aus, der von Anfang an besteht und der sich in der Folge auch bestätigt. Denn auch diese Geschichte endet damit, dass Hilfsbereitschaft und Gastfreundschaft zurückgewiesen werden und die Deutschen am Ende betrogen und bestohlen dastehen. Die ausländischen Jugendlichen hätten sich daneben benommen, indem sie ihre kleinen Geschwister mit ins Jugendzentrum mitgenommen hätten, und indem sie mehrmals nach einem Billardtisch gefragt hätten, obwohl keiner vorhanden gewesen sei. Dies sei der einzige Besuch der Gruppe gewesen, danach wurde die Stereo- und Videoanlage des Zentrums gestohlen, Anja verdächtigt die Flüchtlinge und beschuldigt sie auch wegen einer Reihe anderer Einbrüche.

Anja findet nicht gut, dass so viele Ausländer in Deutschland sind, „es gibt genug Deutsche, die keine Arbeit haben" und „es heißt ja Deutschland irgendwie". Vor allem wäre es für die Ausländer selbst schlecht, nach Deutschland gekommen zu sein und nicht in ihren Ländern geblieben zu sein, aufgrund des „Ausländerhasses", der ihnen von Deutschen entgegengebracht wird. Gegen den „Ausländerhass" könne man letztlich überhaupt nichts tun, hier ist Anja skeptisch: Weder Demonstrationen von Politikern noch Strafen würden irgendetwas helfen, weil einfach „zu viele von Adolf Hitler überzeugt sind", und „glauben, dass der das richtig gemacht hat mit den Juden und dass die Ausländer eben das gleiche sind eigentlich wie die Juden". Im Grunde ist sie gegen die Anwesenheit von Migranten in Deutschland, sie schränkt dies ein – Kriegsflüchtlinge aus Jugoslawien müsse man aufnehmen und diejenigen, die man als „billige Arbeitskräfte" geholt habe, könne man jetzt nicht wieder abschieben. Sie distanziert sich jedoch insofern von Rechtsextremen, indem sie es falsch findet, die Ausländer für ihre Anwesenheit in Deutschland verantwortlich zu machen. Es sei die Schuld des Staates, der die Ausländer überhaupt ins Land kommen lasse. Denn im Grunde, meint sie, „würde wahrscheinlich jeder so handeln" und dorthin gehen „wo es wirtschaftlich besser ist und wo ich auch Arbeit kriege".

An Politik meint Anja, sei sie nicht interessiert. „Wenn das in den Nachrichten kommt, schalte ich grundsätzlich um". Politik sei „trocken", die Politiker erzählen Dinge, die „keiner versteht" und dann „machen sie es sowieso ganz anders als sie das erzählen". Dem Nationalsozialismus steht sie sehr kritisch gegenüber, ein besonderes Anliegen ist ihr, dass doch einmal die Opfer der Konzentrationslager gehört werden, die gebe es ja schließlich auch. In ihrer Umgebung höre sie aber immer nur diejenigen über die Vergangenheit reden, die „für das deutsche Vaterland" gekämpft hätten.

Anja ist deutlich gegen MigrantInnen eingestellt, sie ist im Grunde dafür, dass in Deutschland nur deutsche Menschen leben. Sie macht dabei einige Ausnahmen, Menschen aus Kriegsgebieten müsse man aufnehmen, und die Arbeitsmigranten, die man geholt habe, könne man nicht mehr abschieben. Auf der einen Seite richtet sie eine Reihe von Vorwürfen an die Migranten, die sie vor allem an den Erlebnissen mit Asylbewerbern in ihrer Gemeinde festmacht: Schlechtes Benehmen der Kinder, Faulheit, übermäßiger Reichtum und Kriminalität. Auf der anderen Seite kann sie sich einfühlen, dass Menschen nach Deutschland kommen, weil sie dort bessere Lebenschancen haben. So grenzt sie sich von Rechtsextremen ab, indem sie betont, dass die Anwesenheit von Ausländern, die sie grundsätzlich negativ sieht, nicht deren Schuld sondern Ergebnis falschen Handelns von Politikern ist. Ein Schaden ist in Anjas Augen die Anwesenheit von MigrantInnen in Deutschland in jedem Fall. Dies illustriert sie deutlich mit den Erzählungen um die Ankunft von Asylbewerbern in ihrem Dorf. Sie zeichnet Bilder von unverdientem Reichtum und Privilegierung – von den Autos vor der Unterkunft bis zum Gemeindevertreter, der für die Flüchtlinge Holz hacken muss. Zusätzlich führt sie aus, wie Freundlichkeit und Hilfsbereitschaft der deutschen Dorfbewohner zurückgewiesen werden und mehr und mehr Kriminalität von der Asylbewerberunterkunft in die Umgebung getragen wird.

Isabell äußert sich ausnahmslos negativ gegen Nichtdeutsche. Es gibt für sie eine Ausnahme, einen kurdischen Imbissbesitzer, den sie kennt und der „aber ein ganz, ganz Netter" sei, und gegen dessen Abschiebung sich die ganze Stadt eingesetzt habe, da er überall bekannt war. Und aus Kriegsgebieten, wie dem ehemaligen Jugoslawien, könnten diejenigen nach Deutschland kommen, „die wirklich nichts dafür können", nämlich Frauen und Kinder. Abgesehen davon jedoch wirft sie

Nichtdeutschen vor allem Kriminalität vor, von Einbrüchen bis hin zum Mord, kreidet ihnen mangelnde Anpassung und den Erhalt von zu vielen Sozialleistungen an. Besonders stark äußert sie sich gegen Sinti und Roma, die sie verurteilt, weil sie „klauen, wo sie nur können". Sie erzählt bildlich davon, wie diese mitten auf der Straße stünden, um Autos anzuhalten. Sie macht Nichtdeutsche, Jugoslawen und Kurden, für Morde verantwortlich und betont, dass eigentlich alle Morde, von denen sie in der Zeitung lese, von diesen Gruppen begangen werden. Kurden würden so etwas wie „Völkermord" nicht nur in der Türkei, sondern auch in Deutschland begehen. Isabell versteht darunter, dass jeder kleine Familienstreit damit ende, dass jemand „abgeschossen" oder „abgestochen" werde. Sie führt an, dass in südlichen Ländern die Männer das Sagen haben und Frauen unterdrücken würden. Politische Proteste von Kurden in Deutschland kritisiert sie heftig, nicht nur, weil die Musik bei einer Protestveranstaltung vor ihrem Friseursalon zu laut war. Sie meint, dass Deutschland schließlich die falsche Adresse für Proteste wäre. Anpassung ist für Isabell das Stichwort: „Es gibt ganz ganz viele die sich mehr anpassen müssten". Sie versteht darunter, mehr zu arbeiten und nicht so „laut" zu sein. Die Migranten wären ja schließlich nicht zum Urlaub hier in Deutschland, sondern lebten hier, und müssten sich deshalb auch mehr anpassen. Sie wirft den Migranten indirekt vor, trotz Anfeindungen und Anschlägen in Deutschland zu bleiben, indem sie sagt, wenn sie in der Türkei von einem Türken „dumm angemacht" würde, würde sie eben „kein zweites Mal hinfahren". Schließlich beschuldigt sie Migranten, zu viele Kinder in die Welt zu setzen und dafür Sozialleistungen zu bekommen. Auch Isabell erzählt die Geschichte von der Bettlerin mit Kind in der Fußgängerzone, die am Abend mit dem Mercedes abgeholt wird, und will damit demonstrieren, wie das „Mitleid der Deutschen" „ausgenutzt" werde. Eine Geschichte, die mit geringen Variationen auch Jasmin und Nicole erzählen.

Isabell hat großes Verständnis für diejenigen, die rechtsextreme Anschläge begehen. Sie zeichnet ein Bild von Bedrohung, es „werde zuviel", „die sollten irgendwann auch mal merken, dass irgendwo eine Grenze ist", „auf jeden Fall kann das nicht so weitergehen, wie es jetzt ist". Sie „versteht", dass sich da „Hass" aufbaut: „kein Wunder, dass die so eine Wut auf die Leute haben". Auf der anderen Seite ist es ihr wichtig, dass sie nicht als „Ausländerfeindin" betrachtet wird, an einigen Stellen unterbricht sie sich, und meint, sie höre sich ja fast wie eine „Ausländerfeindin" an. Sie fragt die Interviewerin, ob das, was sie gesagt hat, ihr negativ und als „gegen Ausländer" ausgelegt werde.

Kontakte zu Nichtdeutschen hat sie wenige. Es gibt den kurdischen Imbissbesitzer als außergewöhnlich netten „Ausnahmeausländer". Daneben beklagt sie sich über eine Kollegin, die aus der Türkei stammt und die ihr Vorwürfe gemacht habe, weil sie aus einer Stadt aus Ostdeutschland stamme, in der es Ausschreitungen gegen MigrantInnen gab.

Bilder, die sie zeichnet, sind das von den Sinti und Roma, die mitten auf der Strasse stehen und Autos zum Anhalten zwingen, die aufgebrochenen Scheiben des Getränkemarkts in ihrer Straße, wohinter sie Asylbewerber vermutet und die Bettlerin, die ihr Kind den ganzen Tag der Kälte aussetzt und am Abend mit dem Mercedes davonfährt. Daneben erzählt sie von einer viel zu lautstarken Demo von KurdInnen („man hat sein eigenes Wort nicht mehr verstanden"), die als illegal von der Polizei aufgelöst wurde und von zahlreichen Zeitungsberichten über Morde, die sie ausschließlich Nichtdeutschen zuschreibt.

Doris wirft Nichtdeutschen Kriminalität vor, beklagt, dass diese ökonomisch bevorzugt werden. Auf der anderen Seite spricht auch sie sich für das Prinzip Leistung aus. Wichtig ist für sie im Entscheidungsfall, was jemand leistet, und nicht woher er oder sie kommt. Sie meint, Deutsche sollten sich mehr anstrengen, ein fleißiges Mädchen „was mal gerade per Zufall Türkin ist" habe mehr eine Stelle verdient als ein Deutscher, der nicht arbeiten wolle. Es gibt auch bei ihr, wie bei Edith, Tendenzen zur Argumentation von Gruppe 3. An mehreren Stellen spricht sie sich dafür aus, dass Nichtdeutsche „von mir aus" nach Deutschland kommen und hierbleiben könnten, schränkt dies aber sofort wieder ein, „nur, die sollen bloß keinen Ärger machen", „es sei denn, die haben was Böses gemacht". Als Beispiele nennt sie Pöbeleien, Vergewaltigung und „Abstechen" von Mädchen und Drogenhandel, also auch schwere Gewaltkriminalität. Als sie so argumentiert, fällt ihr auf, dass auch Deutsche Mädchen vergewaltigen oder Drogen verkaufen. Sie beginnt daraufhin zu überlegen, wer nun als erster mit kriminellen Handlungen angefangen habe, Deutsche oder Ausländer, ob etwa eine Gruppe dies der anderen nur nachmache. Sie kommt dabei aber zu keinem Ergebnis und bricht ihre Überlegungen mit „am besten sollten alle das sein lassen" ab. Auf der einen Seite zeigt sie Empathie mit MigrantInnen, sie kann verstehen, warum diese unter den bestehenden wirtschaftlichen Verhältnissen nach Deutschland kommen, andererseits beklagt auch sie deren wirtschaftliche Privilegierung. Asylbewerber würden „reich beschenkt", bekämen „Fahrräder geschenkt", „von allem nur das Beste" und seien schließlich so „dreist", dass sie „nur Markenklamotten" trügen.

Deutsche zu sein, darauf ist Doris nicht stolz. Als Hauptgrund dafür nennt sie die Ermordung der Juden und vieler anderer Gruppen im Nationalsozialismus. Gegen Rechtsextreme äußert sie sich ebenfalls, allerdings aufgrund von deren mangelndem Wohlverhalten – sie stellt dabei „alten Frauen die weggenommen" mit „Asylantenheim angezündet" in dieser Reihenfolge nebeneinander. Der Freund ihres Freundes kommt aus der rechtsextremen Szene, ihn findet sie nett, „gar nicht irgendwie böse oder schrecklich", er und seine Clique prügeln „Ausländer", sie übernimmt dessen Darstellung, dass es sich dabei um gerechte Rache und Verteidigung handelt, dass ja schließlich zunächst die Rechten von „Ausländern" angegriffen worden seien. Über nähere Kontakte zu MigrantInnen berichtet sie nicht. Eine weitere Alltagserfahrung erzählt sie aus dem Friseursalon, in dem sie arbeitet und in dem sich einige Kundinnen weigern, von „Ausländerinnen" die Haare gewaschen zu bekommen. Hier aber stellt sie sich auf die Seite der Kollegin, die diese Kundinnen zurechtweist und sie auffordert, sich die Haare selbst zu waschen.

Interessant ist, dass Doris an manchen Stellen die Widersprüchlichkeit ihrer eigenen Argumentation reflektiert. Zunächst bringt sie Argumente aus dem Diskurs „Ausländerkriminalität", fragt sich aber, in welchem Zusammenhang dazu Kriminalität von Deutschen, die ja ebenfalls existiere, zu sehen sei. An einer anderen Stelle konstatiert sie, dass „das immer alles so einfach gesagt" sei, sie habe im Grunde „gar keine Ahnung und rede einfach so klug daher". Politik scheint ihr schwierig, sie versuche, vor allem für die Schule, politische Zusammenhänge zu verstehen, scheitere aber immer wieder daran.

Meike schließlich äußert an vielen Stellen ein Gefühl von Bedrohtsein durch Migration und MigrantInnen: „Irgendwo läuft hier dann in Deutschland fast kein Deutscher mehr rum", „es sind zu viele Ausländer hier in Deutschland" „dann nimmt das langsam überhand". Sie erzählt von türkischen Klassenkameradinnen, die sich in der Pause auf türkisch unterhalten haben, woran sie sich sehr stört. Die Gewalt von „Rechtsextremen" lehne sie zwar ab, „weil die so viel kaputt machen", indem sie aber hinzufügt, „das bringt auch nichts, das schaffen die nicht, die Ausländer herauszuekeln" erklärt sie sich einverstanden mit deren Zielen, wenn auch nicht mit deren Mitteln. Wenn sie „Rechtsextremen" begegnen würde, würde sie „einfach an ihnen vorbeigehen", wie an anderen Leuten auch. Sie wirft Nichtdeutschen vor, nicht zu arbeiten, die Deutschen, die doch ohnehin nicht „superreich" seien, auszubeuten, und durch Migration die Menschen in ihrem eigenen Herkunftsland im Stich zu lassen. Sie zeichnet ein Szenario, in dem man sich nicht mehr auf die Straße trauen könne, aufgrund der zunehmenden Kriminalität von Asylbewerbern. Sie bringt den Vergleich zu einer Freundin, die in ihrer Familie misshandelt worden ist, und von Meikes Familie aufgenommen wurde, sich dann aber als undankbar gezeigt habe und schließlich zu dem misshandelnden Vater zurückgekehrt sei. Aus dieser Geschichte folgert sie, dass die Aufnahme von MigrantInnen eben auch „das Familienleben störe und so".

Insgesamt stellt auch Meike ihre Meinung als differenziert und als Ergebnis von komplizierten Abwägungen dar: „Also einerseits, ich sag mal, teilen sich da meine Meinungen so", beginnt sie ihre Ausführungen zum Thema Asyl. Meike ist aktive Christin, an einigen Stellen ist ihre Argumentation durchbrochen, sie fordert, Flüchtlinge aufzunehmen, um mit guten Beispiel voranzugehen, betont aber dann sofort wieder die Bedrohung, die für sie von diesen Flüchtlingen ausgeht. Auch überlegt sie, was mit MigrantInnen geschehen soll, die bereits in Deutschland geboren sind, zunächst zieht sie in Erwägung, sie einzubürgern, fragt aber dann, ob nicht doch Abschiebung angebrachter wäre.

Zusammenfassung: Auch bei dieser Gruppe von Frauen stehen negative Bilder und Zuschreibungen an MigrantInnen in Vordergrund. Besonders machen sich die Ressentiments an AsylbewerberInnen fest, zu diesem Thema erzählen fast alle Frauen bildhafte Geschichten, die sie aus den Medien entnommen haben oder die sich in ihrer unmittelbaren Wohnumgebung abgespielt haben. So sind es bei Isabell die eingeschlagenen Scheiben des Getränkemarkts bei ihr um die Ecke, für die sie „Asylanten" verantwortlich macht, bei Gesche und Anja Geschichten über das mangelnde Wohlverhalten von im Heimatdorf untergebrachten AsylbewerberInnen, Edith schließlich leitet das Thema „MigrantInnen" mit der Erzählung einer Messerstecherei ein, bei der ein Asylbewerber einen ihrer Bekannten getötet hat.

Deutlich ist dennoch bei allen Frauen eine rhetorische Distanzierung von Rechtsextremen und das Bemühen, selbst als differenziert und nicht „ausländerfeindlich" wahrgenommen zu werden. Einzelne Argumente, die bestimmte MigrantInnen, wie z. B. ArbeitsmigrantInnen oder „wirklich politisch Verfolgte" als positive Ausnahmen darstellen, tauchen auf, haben aber einen geringen Stellenwert gegenüber den vorherrschenden Negativurteilen. Positive Seiten von Migration werden in erster Linie auf abstrakter Ebene erwähnt. Im Gegensatz zu den Negativaussagen findet keine Illustration durch Bilder, Erlebnisse und Erfahrungen statt.

Dem ersten Eindruck nach scheint diese Gruppe angepasster als die Gruppe 1b, gewaltsame Maßnahmen werden zwar gefordert und gutgeheißen, aber die Frauen bringen weniger offene Wut und kaum den Wunsch, selbst gewalttätig zu werden, zum Ausdruck. Die „positive" Seite von Migration wird jedoch nur auf abstrakter Ebene erwähnt, in den erzählten Beispielen und Episoden entsteht ein durchgehend negatives Bild. Im Gegensatz zu den Frauen aus Gruppe 1a spielt in dieser Gruppe das Thema „Anpassung" und „Nichtanpassung" eine größere Rolle. Überwiegend werden MigrantInnen mit dem Vorwurf mangelnder Anpassung und fehlender Anpassungsfähigkeit konfrontiert, es werden aber am Rande einige Ausnahmen gemacht, von MigrantInnen, die sich in den Augen der Frauen genug angepasst haben

– vom kurdischen Dönerverkäufer um die Ecke bis zu den ArbeitsmigrantInnen, die fleißiger arbeiten als Deutsche.

6.3.2.2 Gruppe 2: Differenzierende Diskriminierung

Die Frauen dieser Gruppe wenden Unterscheidungskriterien auf MigrantInnen an. Für sie steht Anpassung im Vordergrund. Anpassung soll honoriert werden, wer sich anpasst und nur wer sich anpasst, soll auch Rechte in Deutschland bekommen. In der Darstellung der Frauen gibt es auf der einen Seite MigrantInnen, die sich nach ihren Vorstellungen richtig verhalten. Das kann heißen, dass sie arbeiten und Steuern zahlen und sich insgesamt kaum von der deutschen Bevölkerung unterscheiden – oder auch dass sie „wirklich" politisch verfolgt sind und dankbar Hilfsbereitschaft annehmen. Auf der anderen Seite werden davon MigrantInnen unterschieden, die sich nicht „anpassen". Hier verwenden die Frauen – zwar in etwas gemäßigter Form – die Argumente, die auch die Frauen der Gruppe 1 anführen: Kriminalität und ökonomische Privilegierung, hinzu kommen Beschreibungen von mangelnder Anpassung, wobei auch politische Aktivität, wie die Teilnahme an Protestkundgebungen und Demonstrationen als mangelnder Anpassungswille gedeutet wird. Verbal distanzieren sich die Frauen von Rechtsextremen, diese Distanzierung wird jedoch nicht näher begründet. Für eine erste Untergruppe sind es die AsylbewerberInnen, die sich nicht anpassen, für die zweite Untergruppe diejenigen, die aus islamisch geprägten Ländern stammen.

Untergruppe 2a)
Diskriminierend gegen AsylbewerberInnen (n=2)

(Andrea, Iris)

Die Frauen unterscheiden zwischen ArbeitsmigrantInnen, die sie als positiv integriert und Bereicherung der deutschen Wirtschaft und Kultur darstellen, und AsylbewerberInnen, denen im Gegensatz dazu die negativen Eigenschaften zugeschrieben werden, die auch in der Argumentation von Gruppe 1 verwendet werden.

In *Andreas* Argumentation ist die Unterscheidung zwischen „Asylanten" und den „Leuten", die „uns geholfen haben, wieder was aufzubauen für billiges Geld", zentral.

Zunächst äußert sie sich stark diskriminierend über „Asylanten". Es gebe zwar tatsächlich Menschen, die „berechtigt" nach Deutschland kämen, „wenn die Menschen in ihrem Land nur noch Krieg und nur noch Ruinen also nichts mehr haben", ein Kriterium, das sie sehr hoch ansetzt. Doch viele würden nur kommen um „Gelder vom Staat kriegen zu können", als Beleg für diese Ansicht nennt sie „die Presse". Sie sieht die ursprünglich deutsche Bevölkerung, sie spricht von „unsereins" („unsereins muss am Sozialamt betteln"). Benachteiligt gegenüber den Asylbewerbern, in die „soviel reingesteckt" würde , bzw. die „wahnsinnig, wahnsinnig viel in den Hintern gesteckt bekommen". Die Asylbewerber würden eine Reihe von Begünstigungen genießen, Andrea redet davon, dass die Gemeinde extra Container aufgestellt hätte, einen Wäschetrockner zur Verfügung gestellt hätte und „sogar ein Auto". Den Container hätten die Asylbewerber jedoch am Ende auseinandergenommen „bis zu den Wasserhähnen", das Auto, „einen Golf", hätten sie deshalb bekommen, weil sie nicht bereit gewesen wären, eineinhalb Kilometer mit dem Fahrrad zum Einkaufen zu fahren. Eine weitere Geschichte illustriert Andreas Eindruck, dass „die Deutschen" Hilfe leisten, diese Hilfe aber nicht dankbar genug angenommen wird. Zwei libanesische Schulkinder seien in ihre Klasse gekommen, die Klasse wäre hilfsbereit gewesen, sie hätten extra gesammelt. Sie habe Schulhefte mitgebracht und dann beobachtet, wie die beiden Kinder Süßigkeiten und Comics gekauft haben, die sie selbst sich nicht leisten konnte. Überdies seien sie nach einer Zeit in Deutschland immer aufmüpfiger geworden. Sie zeichnet ein Bild von persönlicher Überforderung und Bedrohung durch die ständig anwachsende Zahl von Migranten, sie spricht dabei von „soundsoviel Tausend oder Millionen" und ihrem Gefühl, dass es ihr „über'm Kopf zusammensteigt", auch sie führt das Argument an, dass die anderen europäischen Länder auch Asylbewerber aufnehmen sollten und empfindet Deutschland dadurch als benachteiligt.

Immer wieder nimmt stellt sie ihren negativen Aussagen Beschwichtigungen und Abschwächungen entgegen: „Aber ich meine, ich find das schon eine gute Sache mit den Asylanten, dass man ihnen also Asyl gewährt", oder „ich meine, es ist nicht so, ich bin nicht gegen Ausländer". Sie beginnt ihre Überlegungen mit dem Statement „Politik, ich weiß nicht, das ist nicht meine Welt", sie erzählt von ihrer Chefin, die „wahnsinnig von Politik alles weiß" und sie deshalb „unterbuttere".

Deutlich von den Asylbewerbern grenzt sie im zweiten Teil ihrer Argumentation eine andere Gruppe ab, sie nennt als Beispiel Arbeitsmigranten aus der Türkei, diese Leute würden „hier arbeiten wie wir auch", „zur Schule gehen", „(sie) sind genauso wie wir", für sie sollten deshalb auch die gleichen Rechte gelten. Außerdem seien sie ja geholt worden, weil man Arbeitskräfte brauchte: „Wir haben sie doch damals auch selber gerufen (...), jetzt aber nachher sagen, nachher kriegen sie einen Tritt in den Hintern von uns, also das ist das Schlimmste, was es geben kann." Ihre Forderung nach gleichen Rechten schränkt sie jedoch wieder ein, wenn sie anmerkt: „Wo man vielleicht ein bisschen Angst vor hat, da die Eltern halt was anderes denken und dass die die Kinder so stark beeinflussen." Auch hier ist für sie wichtig, wie lange jemand in Deutschland war, und dadurch „wie wir" geworden ist. Auch die MigrantInnen der zweiten Generation, so sieht es Andrea, sind noch gefährdet, „was anderes zu denken", wenn sie sich von ihren Eltern beeinflussen lassen. Gegen das Argument „Ausländer nehmen Deutschen die Arbeitsplätze weg" spricht sie sich dezidiert aus. Arbeitslosigkeit führt sie vor allem auf Rationalisierung zurück, und merkt an, dass doch Ausländer genauso entlassen werden wie Deutsche, nur im Gegensatz zu den Deutschen daraufhin abgeschoben werden könnten.

Ihre Unterscheidung zwischen den Neuankömmlingen, von denen sie sich bedroht und im Vergleich zu denen sie sich übervorteilt sieht, und denjenigen, die bereits länger da sind, wird besonders deutlich am Ende der Erzählung über das Geschwisterpaar aus dem Libanon. Sie hat die beiden zunächst als undankbar und „aufmüpfig" erlebt, schließt aber ihre Erzählung mit einer neuerlichen Begegnung, die vor kurzer Zeit stattgefunden hat: „Der hat sich also auch ganz verändert, ist ganz normal, als wenn er hier schon immer gelebt hätte (...) und wenn ich ihn sehe, man kann auch ganz toll mit ihm reden. Mittlerweile." Die Veränderung schreibt sie dem Aufenthalt in Deutschland zu. Normal heißt für sie, der deutschen Normalität zu entsprechen.

Stolz darauf, Deutsche zu sein, ist sie nicht. Sie erzählt in diesem Zusammenhang von einem Lehrer, der von der Gastfreundschaft in der Türkei schwärmt. Dagegen könnten „Deutsche so fies" sein: „während wenn unsereins jemanden sieht, der aus einem anderen Land kommt, der wird behandelt wie ein Arschloch." Ebenso ist sie gegen Skins und andere Jugendorganisationen, die „Ausländer raus" schreien. Für Andrea sind diese „nicht ganz dicht", als Argument führt sie an, dass diese Leute ja auch „im Urlaub nach irgendwo in den Süden oder wer weiß wohin" fahren und „sich das Leben schön machen".

Insgesamt stehen bei Andrea Argumente der Benachteiligung von Deutschen gegenüber MigrantInnen im Vordergrund, daneben spielt Anpassung eine große Rolle. Wer bereits lange in Deutschland lebt und dadurch so geworden ist „wie wir", dem sollen auch Rechte zukommen. Dabei bleibt aber für Andrea immer die Gefahr einer Beeinflussung durch die Eltern bestehen, die die deutsche Kultur noch nicht so angenommen hätten. Der Diskurs über „Ausländerkriminalität" ebenso wie der zum Thema „Ausländer nehmen Arbeitsplätze weg" schließt sich Andrea dagegen nicht an. Gleichzeitig zeichnet sie aber ein Bild von persönlicher Bedrohung durch Zuwanderung. In Andreas Erzählungen tauchen zum einen die anonymen Asylbewerber am Ort auf, sie will mit ihrer Schilderung illustrieren, wie viele Sonderleistungen jene empfangen hätten, und wie sie daraufhin mit Undankbarkeit reagiert hätten. Ebenso gibt es das libanesische Geschwisterpaar in ihrer Klasse, das sie ebenfalls als undankbar gegenüber der Hilfsbereitschaft von Deutschen empfindet und das sie darüber hinaus als unverschämt und frech beschreibt. Gleichzeitig betont sie aber die Veränderung des Libanesen durch seinen langen Aufenthalt in Deutschland und lobt ihn mittlerweile als guten Freund, wobei sie das „mittlerweile" betont. In Andreas Augen ist also Anpassung grundsätzlich möglich, aber auch dringend erforderlich – und letztlich immer prekär, gefährdet und brüchig, denn in Andreas Augen läuft auch die zweite Generation von MigrantInnen immer noch Gefahr, „anders" zu denken, wenn der Einfluss der Elterngeneration zu stark wird.

Auch für *Iris* steht Anpassung im Vordergrund. Gerade politische Betätigung, sie nimmt als Beispiel Kurden, sieht sie als Verhalten, das Abschiebung rechtfertigt. Abschiebung sei „größtenteils ihre eigene Schuld" als Beispiel führt sie politische Proteste von Kurden an. Sie erzählt von einer Rathausbesetzung durch kurdische Aktivisten und empört sich darüber, dass sie schließlich auch nicht dorthin fahre und deren Rathaus besetze, sie fordert, dass sich die Kurden „an unsere Sitten irgendwie anpassen". „Wenn sie schon Asyl kriegen, sollten sie sich auch ruhig verhalten". Auch der kurdische Junge, der beim Flugblattverteilen für die PKK von der deutschen Polizei erschossen worden ist, hat dies sich selbst zuzuschreiben, „der weiß doch, dass die verboten ist", man müsste schließlich mit den Folgen der eigenen Taten rechnen. Ökonomische Argumente sind für Iris weniger von Bedeutung als die Forderung nach Anpassung. Iris vergleicht das, was Asylbewerber ihrer Ansicht nach bekommen, nicht mit dem, was Deutschen zusteht. Arme benachteiligte Deutsche kommen in der Argumentation von Iris nicht vor. Sie meint jedoch trotzdem, dass man da „sparen könne". Es wäre übertrieben, dass die „Fernseher, Videorecorder und eine Schüssel ans Haus" bekommen.

Arbeitsmigranten sieht sie ganz anders als Asylbewerber, sie nennt als Beispiel „Türken und Italiener". Diese Gruppen habe man nach Deutschland geholt, wegen ihnen wäre Deutschland „wirtschaftlich gewachsen", jetzt könne man sie „nicht einfach vor den Kopf stoßen" und sagen „wir brauchen euch nicht mehr". Sie ist in keinem Fall der Überzeugung, dass Ausländer „Deutschen die Arbeitsplätze wegnehmen", da sie die Position vertritt, dass „wer wirklich Arbeit" wolle, „immer noch eine kriegt". Sie findet es interessant, dass in ihrer Schulklasse „Jugoslawen und Türken" waren, vor allem wenn diese im Unterricht über ihre Heimat oder ihre Religion erzählten. Damit ist sie neben Petra die einzige Frau, die zum Ausdruck bringt, dass sie den Kontakt mit Nichtdeutschen auch als bereichernd empfindet aufgrund neuer Lernerfahrungen. Stolz darauf, Deutsche zu sein, ist sie nicht, sie spricht davon, dass viele Menschen aus dem Ausland Deutschland als Urlaubsland nicht schätzten, weil sie hier schlecht behandelt worden seien. Sie wäre jedoch immer im Urlaub lieb und nett „aufgenommen" worden in Deutschland, mit dem Argument, dass es überall auch freundliche Menschen gebe, versucht sie dem Vorwurf mangelnder Gastfreundlichkeit etwas entgegenzusetzen. Gegen „ausgeprägte Rechtsextreme" spricht sie sich aus, nennt aber keinen Grund dafür, mit den Rechtsextremen in ihrem Dorf, die sie kenne, würde sie niemals über Politik reden, weil man da „auf keinen grünen Zweig" komme.

Eigene Erfahrungen von Iris sind die Erzählungen von MigrantInnen im Schulunterricht, die sie als interessant und bereichernd erlebt hat. Die meisten Episoden beziehen sich jedoch auf Medienberichte, auf politische Proteste von Kurden, die sie scharf verurteilt und deren Bestrafung – bis zur Erschießung eines Flugblattverteilers – sie gerechtfertigt findet. Offenen politischen Protest empfindet Iris als bedrohlich und bestrafenswert.

Untergruppe 2b)
Diskriminierend gegen ArbeitsmigrantInnen (n=1)

(Beate)

Im Gegensatz zu den Frauen, die eine Grenze ziehen zwischen ArbeitsmigrantInnen, die sie in die Nähe von „uns Deutschen" rücken, und AsylbewerberInnen, deren Aufenthalt sie in Deutschland als überwiegend illegitim ansehen, steht *Beate*. Sie äußert sich sehr negativ diskriminierend gegen Türken, an einer Stelle auch gegen Araber, an die sie den Vorwurf richtet, dass sie Frauen verschleppen und auf den Strich schicken. Davon unterscheidet sie Asylbewerber, die „schreckliche Erfahrungen" wie Krieg oder Hungersnot gemacht haben. Sie schlägt vor, sich mit Asylbewerbern zusammenzusetzen, um sie näher kennenzulernen und ihre Erfahrungen zu verstehen, und greift damit Konzepte aus der interkulturellen Pädagogik auf. Ausführlich erzählt sie von Medienberichten aus Kriegsgebieten und ihrer Bereitschaft zu helfen „mit Teddys, die wir nicht mehr mochten" und „Kleidung, die uns nicht mehr passte". Sie hätten in der Schule Kerzen aufgestellt und für die Kinder gebetet, Beate meint dazu „es ging vor allem um die Kinder." Die Wohnsituation für Asylbewerber in Containern geht ihr ebenfalls nahe, sie übt heftige Kritik und fordert den Bau von Wohnungen.

Dieser „Gruppe" ist nur eine einzige Frau zugeordnet, die sich vor allem negativ gegenüber MigrantInnen aus der Türkei und arabischen Ländern äußert. Sie verwendet vor allem Stereotype aus einem Anti-Islam Diskurs, bei denen die Zuschreibung von Frauenfeindlichkeit im Mittelpunkt steht. AsylbewerberInnen werden dagegen mit Empathie beschrieben, Unterstützung und bessere Bedingungen für diese Gruppe wird gefordert – allerdings ist auch hier die Unterstützung an Dankbarkeit und Bescheidenheit und letztlich an eine Wahrung der sozialen Hierarchie zwischen Deutschen und Nichtdeutschen gebunden. Negative Bilder werden ausschließlich im Zusammenhang mit „Türken und Arabern" verwendet und andere Gruppen von MigrantInnen in positiven Gegensatz dazu gesetzt.

Ganz anders sieht sie Türken, neben dem Frauenhandel, den sie ihnen unterstellt, seien es gerade sie, die „Arbeitsplätze wegnehmen", ganz im Gegensatz zu Spaniern und Italienern, die sich selbständig machten und ihr Geld gerecht verdienten – sie bringt als Beispiele die Gründung eines Restaurants und einer Eisdiele. Auf der anderen Seite relativiert sie ihr Argument des „Arbeitsplätze Wegnehmens" auch wieder, sie spricht davon, dass viele Deutsche sich jahrelang nicht um Arbeit bemühten und dies dann Ausländern in die Schuhe schieben.

An mehreren Stellen wird deutlich, dass sie zwischen guten Ausländern aus „Spanien", „Italien" und „Dänemark" und den „Türken" unterscheidet. Ihre Verurteilung von Türken schränkt sie ein, sie grenzt eine Gruppe ab, die „gar nicht so denke wie Türken". „Nicht wie Türken denken" heißt für Beate, dass „der Vater arbeiten geht", „die Mutter sich um die Kinder sorgt" und „kein Kopftuch trägt". Anpassung und Aussehen stehen dabei für Beate im Mittelpunkt. Sie stört an vielen Migranten, wie sie „rumlaufen", und dass ihre Kleidung „schäbig" und „aus der Altkleidersammlung" sei, findet sie an dem „Kurort", an dem sie lebe, besonders schlimm.

Neben ihren negativen Urteilen führt Beate aber auch „Ausnahmeausländer" an, mit denen sie befreundet ist. So erzählt sie z. B. von einem türkischen Freund, den sie mit ihrem Freund zusammen habe, zu dem sie auch „He Kanake" sagten, und der das dann „lustig findet, weil er weiß, wo es herkommt". Dies sieht Beate als besonderen Freundschaftsbeweis, aber auch als Beweis für ihre Ausländerfreundlichkeit. Zudem habe sie eine „Ausländerfreundin".

Wie die meisten anderen Frauen distanziert sie sich von Skinheads, beim Thema rechtsradikale Anschläge verurteilt sie diese, begründet ihre Verurteilung aber nicht näher. Für Politik interessiert sie sich ausdrücklich nicht, sie wünscht sich, dass dieser Interviewteil möglichst schnell vorbeigeht, wenn ihr Vater damit anfange, breche sie sofort das Thema ab und sage „um Gottes willen, hör auf!,,Ihre Begründung für ihren Stolz auf Deutschland ist, dass andere ja auch stolz darauf seien, Italiener zu sein und Kennedy schließlich stolz darauf, ein Berliner zu sein.

Beate trennt mehrere Gruppen von Migranten: Erstens politisch Verfolgte oder Flüchtlinge aus Kriegsgebieten, mit denen sie Mitleid empfindet und denen sie helfen will, zweitens Italiener und Spanier, aber auch angepasste Türken, die sich kaum von Deutschen unterscheiden und die durch Selbständigkeit zur deutschen Wirtschaft beitragen, schließlich drittens Türken, gegen die sie aus dem Anti-Islam Diskurs entlehnte Argumentationen vorbringt wie Frauenentführung oder das „Kopftuchtragen". Ausführlich erzählt sie von Spendenaktionen und Gebeten für diejenigen, die sie für hilfsbedürftig hält. Hilfe heißt für sie aber auch überlegen sein: Armut und Leid sollen möglichst sichtbar sein. Wenn Hilfe geleistet wird, muss gleichzeitig der soziale Abstand gewahrt werden, wenn man beispielsweise das verschenkt, was man selbst nicht mehr braucht. Während sie gerne abgetragene Kleidung spendet, empört es sie aber auch gleichzeitig, wenn Migranten an dem Kurort, an dem sie wohnt, mit Kleidern aus der Altkleidersammlung zu sehen sind.

Zusammenfassung: Auch die Frauen dieser Gruppe unternehmen klare Grenzziehungen und vertreten explizite Feindbilder. Sie trennen ebenfalls zwischen angestammten Deutschen und MigrantInnen. Innerhalb der Gruppe der MigrantInnen ziehen sie jedoch eine weitere Grenze zwischen den „Akzeptablen", die sie Deutschen gleichgestellt wissen wollen, und den „Unakzeptablen". Diese Grenze kann nach unterschiedlichen Kriterien gezogen werden, für Iris und Andrea sind es die ArbeitsmigrantInnen im Gegensatz zu AsylbewerberInnen, die den Status von Deutschen durch Anpassung und Leistung verdient hätten. Beate dagegen schließt sich in ihrer Argumentation stark einem Anti-Islamdiskurs an. Sie sieht spanische und italienische ArbeitsmigrantInnen positiv, ebenso wie auch AsylbewerberInnen, für die sie bessere Lebensbedingungen fordert und deshalb die offizielle Politik angreift. „Türken und Araber" dagegen macht sie für Kriminalität verantwortlich, vor allem auch für Kriminalität, die sich gegen Frauen richtet.

6.3.2.3 Gruppe 3: Betonung des Prinzips Leistung vor Staatsangehörigkeit
(n=3)

(Saskia, Bettina, Karen)

Der Gruppe 3 werden diejenigen Frauen zugeordnet, die den Schwerpunkt ihrer Argumentation auf das Prinzip Leistung legen. Negativ werden unabhängig von Staatsbürgerschaft und Herkunft diejenigen dargestellt, die Sozialleistungen in Anspruch nehmen, hier kommen deutliche Ressentiments zum Ausdruck. Die Frauen betonen, dass Leistungsverweigerung gerade auch Sache der deutschen Bevölkerung sei und stellen dem die Leistungsbereitschaft der migrierten Bevölkerung positiv gegenüber. Dies schließt nicht aus, dass auch negative Einstellungen gegen einzelne MigrantInnen oder Gruppen von MigrantInnen bestehen können, wie beispielsweise gegen diejenigen, die zu deutlich politische Rechte fordern oder allgemeinen Leistungsnormen nicht entsprechen.

Die Frauen dieser Gruppe sind mit MigrantInnen enger befreundet. Gegenüber Rechtsextremen äußern sich die Frauen stark negativ, dabei spielen konkrete Gewalterfahrungen von MigrantInnen eine Rolle, die sie über ihre Freundschaften mittelbar und unmittelbar mitbekommen haben. So stellen sie sich verbal, aber auch in aktivem Handeln der Gewalt gegen MigrantInnen entgegen und beziehen eindeutig Position. Dieser Gruppe sind insgesamt drei Frauen zuzuordnen, Karen, Saskia und Bettina, wobei Karen am stringentesten das Prinzip Leistung vertritt:

Karen macht an keiner Stelle des Interviews Unterschiede zwischen Nichtdeutschen und Deutschen. Ihr Feindbild sind diejenigen, die Sozialleistungen empfangen und damit besser lebten und mehr verdienten als sie selbst, die arbeiten müsse. Alleinerziehende Mütter würden z. B. dasselbe Geld, das sie durch Arbeit verdiene, für's „Nichtstun auf die Kralle" bekommen. Karen bringt über längere Passagen wiederholt im Interview ihre Wut darüber zum Ausdruck „da könnt ich fuchsteufelswild werden", „da kommt mir die Galle hoch" . Die Inanspruchnahme von Sozialleistungen, die Karen immer wieder anprangert, komme jedoch bei Deutschen wie bei Ausländern vor, nur wollten viele Deutsche eben nicht sehen, dass sie „es halt wirklich genauso machen". Nicht arbeiten wollen, das gebe es unterschiedslos bei Deutschen und bei Ausländern. In vielen Fällen wäre es sogar so, dass politisch Verfolgte aus anderen Ländern gerne hier arbeiten würden, aber es aufgrund der Gesetzeslage nicht dürften. Sie bringt das Beispiel von Afrikanern, die arbeiteten, wo man „kaum einen Deutschen sehe" – weil, so Karen, „um Gottes Willen, das ist ja körperliche Arbeit", die „unsere deutschen faulen Leute" nicht annehmen würden. Viele Ausländer wären „so fleißige und hilfsbereite Menschen" und dürften in Deutschland nicht arbeiten, ganz im Gegensatz zu „unseren Leuten", die schlau genug seien, für's Nichtstun zu kassieren".

Ganz deutlich spricht sie sich gegen rechtsradikale Parteien, gegen Rechtsextreme und gegen Übergriffe gegen MigrantInnen aus. Sie spricht davon, trotz ihrer Unzufriedenheit zur Wahl gegangen zu sein, nur um als Nichtwählerin nicht indirekt für rechtsradikale Parteien zu stimmen, Sie ist empört darüber, wie viele Prozent Stimmen die Republikaner bei der letzten Wahl in ihrer Stadt erhalten haben. Wenn sie mit Rechtsradikalen zusammentreffen würde, würde bei ihr „irgendwo die Klappe fallen" und sie „würde wahrscheinlich dann auch durchdrehen". Ihr Grund ist, dass einige aus ihrem Freundeskreis, die nicht deutsch aussehen bzw. nichtdeutscher Herkunft sind, bereits von Rechtsradikalen brutal zusammengeschlagen worden seien: Zum einen ein Freund, der eine etwas dunklere Haut hatte, zum anderen ein Türke aus ihrer Klasse, den sie besonders nett „einen richtig lieben Freund" fand, und der von Skinheads krankenhausreif geprügelt wurde. Sie ist empört darüber, dass die Skinheads einfach nur zuschlagen würden, wenn jemand wie ein „Ausländer" aussehe, ohne den Menschen überhaupt zu kennen: „Ausländer, Türke, der muss weg", das sei deren Einstellung.

Politik ist für sie insgesamt „eine große Lüge", Wahlversprechen würden gegeben, aber ohnehin nie eingehalten. Stolz darauf, Deutsche zu sein, ist sie „wirklich nicht", sie findet „traurig", was in Deutschland mit den Ausländern geschieht. Sie würde sich „nicht direkt schämen, Deutsche zu sein", weil sie ja nichts dafür könne, „was viele andere Deutsche halt machen", aber „ganz Deutschland toll finden" könne sie deshalb eben auch nicht. Ganz deutlich gegen deutsche Politik und Nationalbewusstsein spricht sie sich in einer langen Passage aus, in der sie von Bekannten erzählt, die sich freiwillig als Bundeswehrsoldaten nach Somalia gemeldet haben. Sie ist empört darüber, zum einen, dass die Soldaten für ein paar Monate 40 000 DM erhalten hätten, aber prangert deren Verhalten in Afrika an: Sie hätten Somalier schikaniert, so weit gehend, dass sie aus Langeweile auf Menschen geschossen hätten. In diesem Zusammenhang findet sie es „zum Kotzen", dass Deutschland „so in den Himmel gelobt" werde und auch noch Werbung für die Bundeswehr gemacht werde, „für's Vaterland zu kämpfen".

Karen unterscheidet nicht nach Herkunft und Staatsangehörigkeit, sie prangert in erster Linie den Empfang von Sozialleistungen an, worin sich Deutsche und Ausländer jedoch nicht unterscheiden würden – bzw. Deutsche im Grunde noch weniger bereit wären, für ihr Geld zu arbeiten. Sie fordert für MigrantInnen, v. a. für AsylbewerberInnen das Recht auf Arbeit. Mangelnde Integrationsbereitschaft, Frauenfeindlichkeit oder Kriminalität schreibt sie – im Gegensatz zu den meisten anderen Frauen – an keiner Stelle MigrantInnen zu, dies sind keine Themen für sie, es kommt für sie darauf an, ob jemand arbeiten wolle. Ihre Erzählungen beziehen sich zum einen auf Freunde und Bekannte, die brutale Gewalt von Rechtsextremen erlebt haben und auf deren Seite sie sich stellt. Zum anderen unterstreicht sie ihre Argumente über mangelnden Arbeitswillen von Deutschen mit dem Bild von Schwarzafrikanern, die sie in einem Supermarkt schwer körperlich hat arbeiten sehen, und mit Berichten über Kontoauszüge deutscher Sozialleistungsempfänger, mit denen sie in ihrem Alltag als Bankangestellte zu tun hat.

Auch für *Saskia* kommt es nur darauf an, was jemand leistet, hier will sie keine Unterscheidung zwischen Deutschen und Bevölkerungsgruppen nichtdeutscher Herkunft machen. Im Gegenteil, an mehreren Stellen spricht sie davon, dass „der Deutsche an sich ein sehr, sehr, sehr fauler oder sehr anspruchsvoller Mensch" wäre, im Gegensatz zu den Ausländern, die „für uns irgendwo die Dreckarbeit gemacht haben". Zum einen führt sie die Geschichte an, dass Deutschland, weil „wir Deutschen oder die Deutschen damals zu faul waren oder sich zu fein waren, wirklich harte Arbeit zu machen", „Leute hergeholt" hätten, die Deutschland mit „viel Kraft und Energie und Ideen" mitaufgebaut hätten und denen deshalb die gleichen Rechte zustehen. Und auch heute noch wären viele ihrer Klassenkameraden zu „faul und anspruchsvoll", Jobs anzunehmen, nach denen sich „andere die Finger ablecken" würden. Saskia betont dass es darum geht, was jeder Einzelne individuell leistet, z. B. daraus, dass der Vater gearbeitet hat, kann ihrer Ansicht nach kein Migrant der zweiten Generation Rechte oder Ansprüche ableiten, er muss auch „selber etwas dafür tun". „Von nichts kommt nichts", ist ein Satz, den sie oft verwendet, und der ihrer Meinung nach für alle gültig sein soll.

Während sie sich immer wieder für die Rechte von Arbeitsmigranten ausspricht und deren Leistung betont, trennt sie zwischen diesen und Asylbewerbern. In vielen Fällen will sie politische Verfolgung nicht als Grund für Asyl gelten lassen, denn „vielleicht" haben die „auch teilweise selber dran schuld, dass sie so behandelt worden sind". In diesem Zusammenhang unterstreicht sie auch die Wichtigkeit von Anpassung, diejenigen die nach Deutschland kommen, müssen sich hier gut eingliedern und die deutschen Gesetze akzeptieren. Wer dagegen „einen auf Herrscher oder Mitbestimmer (...) mache", hat für Saskia in Deutschland nichts zu suchen. Mit ihren Ressentiments gegen Asylbewerber und mit ihren starken Anpassungsforderungen ähnelt Saskias Argumentation in einigen Passagen der Argumentation in Gruppe 2a.

Saskia bringt zum Ausdruck, dass sie sich mit der Diskussion um Asyl gar nicht beschäftige, das wäre wieder so eine Sache, „da kann man nicht eingreifen". Wie an vielen anderen Stellen betont Saskia auch hier, dass es für sie wenig Sinn macht, sich eine politische Meinung zu bilden, weil dies ohnehin keine praktischen Konsequenzen habe. Saskia ist nicht direkt demokratiefeindlich, in dem Sinne, dass sie für eine Abschaffung der Demokratie ist, sondern sie ist überzeugt, dass Demokratie oder die Beschäftigung mit politischen Fragen schlicht „nichts bringt" und „nichts ändert". Zum Nationalsozialismus steht sie eher positiv, sie erwähnt die rassistischen Verbrechen des NS-Staates nicht, spricht allerdings auch nicht davon, dass man diese vergessen solle, sondern idealisiert die Zeit als eine Zeit, in der noch alles in Ordnung gewesen sei, es gegenseitige Unterstützung gegeben habe, „wie heute nur noch bei den Türken".

Schließlich ist Saskia deutlich gegen „Rechtsradikale bzw. Skinheads", mit denen sie auch schlechte Erfahrungen gemacht habe – im Gegensatz zu den meisten anderen Frauen also, die „eigene schlechte Erfahrungen" nur im Zusammenhang mit MigrantInnen aufführen. Sie findet es „absolut schwachsinnig", wenn jemand sagt „ich bin stolz ein Deutscher zu sein." Sie fragt zurück, ob der stolze Deutsche sich sicher ist, ob er auch wirklich Deutscher sei, oder ob er nicht auch z. B. polnische Vorfahren habe – und sich falls er das herausfinden solle, den „goldenen Schuss" geben würde. Hier übt sie deutliche Kritik an Nationalbewusstsein, das sich auf Abstammung beruft. Auch in ihrem Handeln stellt sie sich Rechtsextremen entgegen. Als einige Rechtsradikale einen türkischen Bekannten angreifen, unterstützt Saskia diesen in einer Schlägerei, sie greift ein, obwohl sie sich damit als Frau Spott zuzieht und ihr mit einer Anzeige gedroht wird.

Sehr positiv, letztlich positiver als die Gruppe der Deutschen sieht sie Arbeitsmigranten, v. a. die erste Generation, die „Deutschland mitaufgebaut" habe. Auf der einen Seite zeigt ihr Urteil große Sympathie für MigrantInnen, auf der anderen Seite trennt es aber auch deutlich zwischen „sie" und „uns". Dabei werden die anderen nach ihrem Nutzen beurteilt: „Denn ohne sie sag ich mal – weiß ich nicht, wie's heute aussehen würde. Dann würden wir wahrscheinlich auch ziemlich alt aussehen noch." Obwohl Saskia insgesamt sehr positiv gerade über türkische Arbeitsmigranten spricht, sind andere Ausdrücke von ihr einem Diskurs entlehnt, der Nichtdeutsche als Schaden sieht, wenn sie z. B. meint, die Deutschen seien „selber dran schuld, die sie reingelassen haben" und „müssen nun auch dafür geradestehen". Asylbewerber und Migranten, die sich hier nicht einordnen – und Saskia meint damit v. a. sich unterordnen – sieht sie dagegen negativ, sie „haben hier nichts zu suchen".

Privat ist Saskia mit einem „Türken" befreundet. Sie meint, zunächst skeptisch gewesen zu sein, weil sie von einer anderen Freundin, die ebenfalls einen türkischen Freund hatte, nur Negatives gehört hatte. „Bevor ich ihn kennengelernt habe", so meint Saskia, hätte sie die üblichen Vorurteile gegen Türken geteilt, sie hätte sich vielleicht noch eine Freundschaft mit einem Türken vorstellen können, aber keine Liebesbeziehung. Inzwischen meint sie, dass es für sie keine Bedeutung habe, dass er aus der Türkei komme. Wenn sie mit ihrem Partner in den Medien Berichte über Türken oder über Neonazis sehe, meine sie zu ihm, dass sich keiner von beiden dafür rechtfertigen müsste, sie wären ja nicht diejenigen „um die es geht" und „würden es anders machen". An manchen Stellen spricht sie dennoch von Befürchtungen wegen der „anderen Kultur", die in manchen Situationen immer bei ihr aufbrechen, z. B. als sie mit dem Auto versehentlich ihren Freund anfährt, fürchtet sie die Reaktionen seiner Familie, stellt aber dann fest, dass sie statt der befürchteten Wut Trost bekommt.

In ihrem Handeln stellt sie sich deutlich gegen Rechtsradikale auf die Seite türkischer Migranten, z. B. in verbalen Auseinandersetzungen oder auch einer Schlägerei. In der Beziehung zu ihrem Partner, dessen Familie aus der Türkei kommt, entwickelt sie die Idee, dass Aussagen in den Medien über „Türken" oder „deutsche Rechtsextreme" in den Medien ja nichts mit ihr und ihrem Partner individuell zu tun haben müssen.

Für *Bettina* steht wie für Karen und Saskia die Leistung des Einzelnen im Vordergrund, allerdings ist bei ihr das Feindbild „Sozialhilfeempfänger" bzw. „faule Deutsche" weniger ausgeprägt, obwohl auch sie sich negativ über „Penner" äußert, die einfach nicht versuchten, „wieder ins soziale Netz hineinzukommen". Sie fasst ihre Haltung mit „Es kommt ja nicht darauf an, in was für einem Land man wohnt, sondern was für ein Mensch man ist und was man auch leistet" zusammen. Sie betont, dass Arbeitsmigranten schließlich nach dem Krieg nach Deutschland geholt worden seien und Deutschland mitaufgebaut hätten. Diese wären auch bereit gewesen, unbeliebte Tätigkeiten wie beispielsweise bei der Müllabfuhr zu übernehmen. „Harte Arbeit" zu leisten, hebt Bettina als besonders positive Eigenschaft hervor, und zwar sowohl für Nichtdeutsche als auch für Deutsche. Da Migranten genauso arbeiteten, ebenso Steuern und Sozialabgaben zahlten, sollten sie auch dieselben Rechte wie Deutsche bekommen, also auch die deutsche Staatsangehörigkeit. Sie schränkt dies jedoch mit einem Halbsatz ein, „wenn sie weiter nicht so straffällig geworden oder aufgefallen sind", womit auch sie, wenn auch nicht im selben Maß wie andere, die Wichtigkeit von Wohlverhalten und Anpassung ausdrückt. Positive Beispiele sind für sie einige Italiener aus ihrer Schulklasse, zwischen denen und sich sie keine Unterschiede feststellen könne. Sie hätten die gleiche Arbeit, würden gleich bezahlt wie Deutsche und hätten schließlich konsequenterweise auch die deutsche Staatsbürgerschaft angenommen.

Politische Verfolgung sieht Bettina als Grund für Asyl an, sie kritisiert die staatliche Abschiebungspraxis. Auf der anderen Seite findet sie es jedoch nicht akzeptabel, ohne politisch verfolgt zu sein, aus einem besonders armen Land nach Deutschland zu kommen. Ihre Begründung sind die anderen im Land Zurückgebliebenen, die in gleicher Armut lebten. Es wäre nach Bettina die Aufgabe der Flüchtlinge, im eigenen Land zu arbeiten und dadurch die Armut zu bekämpfen.

Gegen Rechtsextreme spricht sich Bettina deutlich aus, sie bezeichnet diese als dumm, weil sie nicht wüssten, dass Deutschland nach dem Krieg schließlich von Ausländern aufgebaut worden sei. Starken Einfluss übt auf Bettina aber auch ein Geschichtslehrer aus, der in seinem Unterricht Theorien vertritt, dass Deutschland nicht am zweiten Weltkrieg schuld wäre, da Hitler ein Österreicher gewesen sei und Russland bei dem deutschen Angriff auf Polen „kräftig mitgemischt" habe. In dem Zusammenhang kritisiert Bettina auch Entschädigungszahlungen an verfolgte Juden und bringt diese mit der Palästinenserpolitik Israels in Verbindung, die sie heftig kritisiert. Was Kontakte zu MigrantInnen betrifft, bezieht sich Bettina mehrere Male auf ihre aus Italien stammenden Klassenkameraden, die für sie ein gutes Beispiel gelungener Anpassung und erfolgreichen Arbeitens in Deutschland sind.

Zusammenfassung: Feindbilder sind bei den Frauen neben ihrer positiven Einstellung zu MigrantInnen weiter vorhanden. Sie ziehen die Grenzen der Akzeptabilität aber anders als der überwiegende Teil der Befragten. Die Wir-Gruppe sind für diese Frauen diejenigen, die hart arbeiten, einschließlich der ArbeitsmigrantInnen, Ressentiments richten sich dagegen gegen diejenigen, die nicht genug Leistung bringen. Saskia spricht von KlassenkameradInnen, die nicht bereit seien, bestimmte Arbeiten anzunehmen, für Karen sind diejenigen zu verurteilen, die Sozialleistungen in Anspruch nehmen, besonders negativ stellt sie dabei alleinerziehende Mütter dar.

Ressentiments gegen einzelne Gruppen von MigrantInnen tauchen bei Karen nicht auf. Bei Saskia ist es vor allem politische Betätigung von MigrantInnen, die sie verurteilt, Bettina äußert sich kritisch gegenüber AsylbewerberInnen, die nicht politisch verfolgt seien, aber indem sie nach Deutschland kämen, die Menschen im eigenen Herkunftsland im Stich ließen. Engere Kontakte zu MigrantInnen haben alle drei Frauen dieser Gruppe, bei Karen und Bettina sind es KlassenkameradInnen und Bekannte, Saskias Freund stammt aus der Türkei. Saskia greift direkt in eine Schlägerei ein, als Skinheads einen Bekannten, der aus der Türkei kommt, verprügeln wollen, und auch Karen erlebt mittelbar mit, wie ihre Bekannten Opfer von rechtsextremen Gewalttaten werden. So geht die Gegnerschaft dieser Frauen gegen Rechtsextreme über die eher inhaltsleeren Lippenbekenntnisse der vorhergehenden Gruppen 1b und 2 hinaus, für sie sind Rechtsextreme eine Bedrohung, der ihre Freunde täglich ausgesetzt sind.

6.3.2.4 Gruppe 4: Widerspruch zu Diskriminierung

Eine vierte Gruppe distanziert sich von rassistisch diskriminierenden Äußerungen. Vorherrschende Meinungen über „Ausländer" werden angezweifelt, die eigene Identität als Deutsche in Frage gestellt. Daneben können aber auch – häufig unverbunden – auch in gemäßigter Form Argumente verwendet werden, die dem üblichen Diskurs über „Ausländer" entlehnt sind, und die vor allem von den Frauen der Gruppen 1 und 2 vertreten werden. Zwei Untergruppen lassen sich unterscheiden, die erste (Gruppe 4a) argumentiert wenig „politisch", übliche Argumentationslinien zum Thema „Ausländer" tauchen bei diesen Frauen kaum auf, sie bleiben in erster Linie auf der Ebene persönlicher Beziehungen. Die zweite Untergruppe (Gruppe 4b) setzt sich dagegen aktiv mit häufigen Argumenten gegen „Ausländer" auseinander.

Untergruppe 4a)
Widerspruch zu Diskriminierung, gleichzeitig geringe Orientierung an Themen der politischen Diskussion (n=2)

(Tanja, Petra)

In der Argumentation dieser Gruppe von Frauen tauchen die üblichen Themen des Diskurses – von Kriminalität über vermeintliche ökonomische Privilegierung – kaum bis gar nicht auf. Als Hauptargumentationsmuster herrscht vor, dass eine grundsätzliche Unterscheidung zwischen Deutschen und Nichtdeutschen verweigert wird, bzw. in Beispielen ad absurdum geführt wird. Die Frauen sprechen davon, keine Unterschiede zwischen sich und „Ausländern" sehen zu können. Gegenüber Rechtsextremen beziehen die Frauen aktiv bis aggressiv Stellung.

Tanja drückt deutliche Wut aus – allerdings nicht gegen Migranten oder bestimmte Gruppen von Migranten – sondern gegen Skinheads. Sie schlägt vor, die Skinheads in die Türkei zu schicken, „damit sie mal behandelt werden wie die Ausländer von den Skinheads hier behandelt werden", damit sie „mal sehen, was sie falsch machen". An anderer Stelle schlägt sie vor, eine große Mauer um alle Skinheads zu bauen. Gegenüber einem Skinhead aus ihrer Bekanntschaft tritt sie entschieden auf, warum er Ausländern vorwerfe, nicht zu arbeiten, wo er doch selbst keine Arbeit habe und vom Taschengeld seiner Eltern lebe. Ihre Wut gegen Skinheads fasst sie mehrmals in sehr konkrete Worte, diese „könnten nicht denken". Wenn sie Berichte über Anschläge sieht oder liest, möchte sie am liebsten denen „die Zeitung um die Ohren hauen".

Gleichzeitig ist sie über die Wohnsituation von Asylbewerbern in unbeheizten Containern empört und klagt an, dass diesen keine guten Wohnungen zugewiesen werden, wo so viel Wohnraum leer stehe. Man müsse keine Familie zurückschicken, es sei genug Platz da. Wenn sie selbst viel Geld hätte, bzw. wenn sie bei „SKL Glücksrad" gewinnen würde, würde sie in jede Großstadt so „drei vier riesengroße Wohnungen, Hochhäuser für Asylanten" bauen.

Tanja betont immer wieder, dass „Ausländer genau die gleichen Menschen sind wie wir", „manche gehen arbeiten, manche nicht", was Deutsche schließlich auch in ganz unterschiedlicher Weise täten. Sie versteht nicht, worauf die Unterscheidung zwischen Ausländern und Deutschen beruhen soll, außer auf anderer Haarfarbe, Gesichtsfarbe „ich finde nur wegen der Farbe ist das egal" der Muttersprache und der Herkunft aus dem Ausland. Ausführlich erzählt sie von zwei Mädchen aus dem ehemaligen Jugoslawien, die in ihrem Handballverein sind, sie kann keine Unterschiede zwischen sich und diesen Mädchen erkennen. Sie ist sich klar, dass sie mit ihrer Position in der Minderheit ist: „ich wünschte, es würden viele so denken wie ich über Ausländer".

Eine Ausnahme macht sie jedoch in ihrer insgesamt positiven bzw. nicht unterscheidenden Aussage, sie spricht von den „Ausländerjungs" „in der Fußgängerzone", die ihr ständig Hinterherpfeifen oder sie anquatschen würden. Denen würde sie „gerne an den Hals gehen". Sie grenzt diese Gruppe ab von den jugoslawischen Mädchen im Handballverein und anderen Bekannten, die „unheimlich nett" sind.

Tanja wendet keine Nützlichkeitskriterien auf Migranten an, und unterscheidet auch nicht zwischen verschiedenen Gruppen von Migranten. Sie sieht keine Unterschiede zu Deutschen, außer in Äußerlichkeiten wie Haar- und Hautfarbe und Sprache, wobei sie betont, dass diese keine Rolle spielten. Zum Diskurs über die Rolle von Migranten meint sie, dass es sowohl bei unter Deutschen als auch bei Migranten eben Menschen gebe, die arbeiten, und Menschen, die nicht arbeiten. Auch hier will sie keinen Unterschied sehen und konstruieren. Heftige Wut und auch Rachephantasien drückt sie gegenüber Skinheads aus, die sie auch öffentlich konfrontiert und angreift. Daneben empfindet sie starkes Mitleid aufgrund der Wohnsituation von Asylbewerbern in ungeheizten Containern, eine politische Lösung für dieses Wohnungsproblem liegt ihr fern, sie träumt davon, privat Geld zu gewinnen und mit diesem Geld Wohnungen zu bauen.

Petra macht in ihrer Argumentation keine Unterscheidung zwischen Nichtdeutschen und Deutschen. Insgesamt fasst sie sich bei den Themen „Migration" und „Ausländer" sehr knapp. Diejenigen, die nach Deutschland kommen, werden „natürlich alle einen Grund haben". Lachend meint sie „wenn sie keine Bank ausrauben", könne ihr das doch egal sein. Sie fordert, dass niemand aus Deutschland abgeschoben wird, weil sie für sich die Vorstellung von einem Land ins andere geschoben zu werden, schrecklich fände. Dass Ausländer Deutschen die Arbeitsplätze wegnehmen, stimme überhaupt nicht, meint sie, denn die Ausländer müssten genauso Arbeit finden und sogar Stellen in der Müllabfuhr übernehmen, die niemand haben wolle. Die Vorstellung findet sie schrecklich, dass in Deutschland die „Türken und Ausländer nicht wären", weil die neben Restaurants noch viele andere Bereicherungen bringen würden.

Sie spricht als einzige direkt an, sich als Deutsche vor Ausländern zu schämen, für andere Deutsche, die „alle über Ausländer meckern", aber selbst ins Ausland fahren. Petras Freund ist, wie sie sagt, „halb Kurde, halb Türke". Sie führt einige ihrer Konflikte mit ihm auf ihre unterschiedliche Herkunft zurück, findet andererseits aber auch interessant, was sie an neuen Eindrücken durch die Beziehung mit ihm gewinnt.

Zusammenfassung: Die Frauen dieser Gruppe übernehmen kaum Argumente aus dem allgemeinen Migrationsdiskurs. Sie ziehen Vergleiche zwischen sich als Deutsche und MigrantInnen und können keine Unterschiede entdecken. Gerade in der Diskussion um das Thema „Arbeitsplätze" wird dies deutlich. Petra merkt an, dass MigrantInnen schließlich sich ganz genauso auf Arbeitsplätze bewerben müssten wie Deutsche. Tanja teilt ihre Beobachtung mit, dass es in allen Bevölkerungsgruppen Arbeitende und Arbeitslose gebe – sie entgegnet dies auch einem ihr bekannten Skinhead in einer Auseinandersetzung. Deutlich wird in den Argumentationen von Tanja und Petra, dass sie insofern nicht auf den Diskurs zu Migration eingehen, dass sie weder negative Generalisierungen in Bezug auf MigrantInnen vornehmen noch als Gegenreaktion wie die Frauen in Gruppe 2 und 3 die besondere Nützlichkeit von MigrantInnen herausstellen. Besonders Tanja argumentiert an traditionellen Linien der politischen Debatte vorbei, von allen Befragten hat sie die geringste Schulbildung erhalten, sie hat die Sonderschule besucht. Auf der einen Seite ist ihr Reden von deutlicher Wut gegen Skinheads geprägt, auf der anderen Seite empfindet sie deutliche Empathie aufgrund der entwürdigenden Wohnsituation von AsylbewerberInnen. Ihr Lösungsvorschlag ist eher ungewöhnlich und ganz und gar unpolitisch – im Glücksrad gewinnen und von dem Geld Wohnungen bauen. Dieses Beispiel macht deutlich, dass die Argumentationen der beiden Frauen dieser Untergruppe oft wenig ausgefeilt scheinen, sie können sich in ihrer Rede weniger auf Medienberichte und Dorfgespräche stützen als die vorhergehenden Gruppen.

Untergruppe 4b)
Aktiver Widerspruch zu Diskriminierung (n=2)

(Vera, Heike)

Diese Gruppe von Frauen setzt sich aktiv mit üblichen Argumentationsmustern zum Thema Migration auseinander, sucht nach Gegenargumenten und weist Widersprüche nach. Die Frauen betonen, wie schwierig es ist, diskriminierenden Äußerungen Kritik entgegenzusetzen und sprechen an, wie sehr diese Positionen in Medien und im Alltagsgespräch verbreitet sind.

Vera setzt sich aktiv mit rassistisch diskrimierenden Positionen auseinander und argumentiert dagegen. Schlüsselfigur, die immer wieder im Interview auftaucht, ist dabei ihr Stiefvater, der extrem rechte Meinungen vertritt und dem sich Vera häufig entgegenstellt, wodurch es zu Auseinandersetzungen kommt. Dabei konstatiert sie wiederholt, dass es schwierig sei, Gegenpositionen zu entwickeln, weil auch in den Medien häufig ein schlechtes Bild von MigrantInnen entworfen werde. Sie beginnt ihre Ausführungen damit, dass es „schwierig" sei, „ein bisschen loyal zu bleiben" und dass Vorurteile „einem immer wieder so eingetrichtert" werden. Sowohl Medienberichte als auch Diskussionspartner neigten immer wieder zu falschen Verallgemeinerungen, wenn z. B. eine bestimmte Gruppe von Ausländern irgendetwas „kaputtgemacht" hätte oder bestimmte gewaltsame Protestveranstaltungen von Ausländern stattfänden, würden Aussagen über alle Ausländer getroffen. Es gäbe Deutsche, die „genauso viel Mist" machen, aber immer würde alles auf Ausländer bezogen. Sie stellt dem ihre guten Erfahrungen mit „ausländischen Freunden" und einer Arbeitskollegin entgegen – aber meint, dass sie im Gegensatz zu den üblichen Argumentationsmustern nie von diesen einzelnen Personen auf eine ganze Gruppe schließen würde. Überall gebe es „Ausnahmen" und das sei auch bei Deutschen so.

Gegen die Argumente des Vaters – von „Überschwemmung" und „Überfremdung" bis zu „ökonomischer Ausbeutung von Deutschen" setzt sie vor allem die Kriegsbilder aus Bosnien, die sie in den Medien gesehen hat. Sie versteht vollkommen, wenn jemand vor dem Krieg flieht, da „dürfte es für mich keine Diskussion geben". Gleichzeitig bemüht sie sich mehrmals, ihren Stiefvater in ein gutes Licht zu rücken und betont, dass er „nicht gegen Ausländer" sei. An einer Stelle äußert sie auch Verständnis für seine Argumentation und schließt sich ihm an, dass es nicht möglich wäre, dass „alle nach Deutschland" kämen, sie schlägt eine Privilegierung von Kriegsflüchtlingen vor und äußert bedauernd: „Man kann es nicht allen recht machen". In Bezug auf Rechtsextremismus vertritt sie eine Art Deprivationstheorie, als Gründe sieht sie Vernachlässigung, eine falsche Erziehung, eventuell auch Alkoholismus der Eltern. Im Alltag als Friseurin ist sie immer wieder mit Kundinnen konfrontiert, die erzählen, dass während der NS-Zeit alles besser gewesen sei als heute, über diese Kundinnen empört sie sich deutlich.

Im persönlichen Bereich erzählt sie differenziert von unterschiedlichen Beziehungen, die sie zu verschiedenen Nichtdeutschen hat. Eigene positive Erfahrungen und Beziehungen zu MigrantInnen erwähnt sie zwar öfter, will diese aber nicht verallgemeinern, weil sie grundsätzlich gegen Verallgemeinerungen von Einzelerfahrungen auf eine ganze Gruppe ist und stark die negativ verallgemeinernden Bilder kritisiert, die vor allem von den Medien gezeichnet werden. So erzählt sie auch von Konflikten, die in der Arbeit entstehen, weil ein Kollege, der aus dem Libanon stamme, von der Chefin privilegiert werde. Er müsse bestimmte Arbeiten, die er für sich als Mann ablehne, wie z. B. Putzen, nicht übernehmen und bekäme extra Pausen zum Gebet, die den anderen nicht zustehen. Dies führt sie aber zum Teil auch darauf zurück, dass er diese Privilegien als Mann genieße und nicht wegen seiner Herkunft aus dem Libanon. Vor allem aber wendet sie sich gegen die Ungerechtigkeit der Chefin: „nur weil er ein Mann ist und die anderen Frauen", dürfe der Kollege nicht von Arbeiten befreit werden.Gleichzeitig setzt sie sich mit ihrem Kollegen auseinander und denkt über seine Situation nach, beispielsweise, ob es schwer für ihn und seine Familie in Deutschland sein könnte. In einem Gespräch mit ihm erfährt sie, dass er kein eigenes Geld hat, da er seinen ganzen Verdienst bei der Familie abliefern muss. Sie überlegt, ob gerade er besonders streng erzogen werde und fragt sich, ob dies bei allen Moslems so sei. Häufig erzählt sie daneben von einer Klassenkameradin, die aus Bosnien stammt, und die sie besonders sympathisch findet. In ihren Erzählungen geht es ihr nicht primär darum, abzuleiten „wie Ausländer sind", sondern sie unterscheidet zwischen Einzelpersonen, an denen sie verschiedene Seiten sieht, und in deren Probleme sie sich einzufühlen versucht.

Beobachtungen, die auch andere interviewte Frauen machen, und die diese bewusst in den Kontext „negative Erfahrungen mit Nichtdeutschen" stellen, deutet Vera ganz anders. Sie sieht in ihren Begegnungen in erster Linie andere Menschen, deren individuelles Verhalten sie zu deuten versucht, die Herkunft der Einzelnen spielt dabei kaum eine Rolle für sie: So ist Vera in der Schule von einer Klassenkameradin bedroht und misshandelt worden, diese hat ihr vorgeworfen, dass sie eine „Zigeunerin" sei und sie daraufhin verprügelt. Vera erzählt den Konflikt ausführlich, am Ende erwähnt sie eher beiläufig, dass die Klassenkameradin Türkin gewesen sei. Bei zwei anderen interviewten Klassenkameradinnen, die ebenfalls von diesem Übergriff berichten, steht dagegen im ersten Satz die Zuschreibung und scheinbare Erklärung „von einer Ausländerin". Und auch Vera berichtet von Pöbeleien von Jugendlichen in der Fußgängerzone, schreibt dies gerade nicht deren Herkunft zu, sondern meint, dass diese eben noch jung wären und einfach noch viel dazulernen müssten.

Heike bringt eine Reihe von Gegenargumenten zu häufigen Ansichten über „Ausländer", so kritisiert sie beispielsweise staatliche Politik von Abschiebung. An keiner Stelle bezieht sie sich auf den Anpassungs-, den Kriminalitätsdiskurs oder den Diskurs ökonomischer Ausbeutung von Deutschen durch MigrantInnen. Sie weist darauf hin, wie widersprüchlich es sei, davon zu sprechen, dass Nichtdeutsche Deutschen die „Arbeitsplätze wegnehmen" und gleichzeitig zu behaupten, Nichtdeutsche würden „nicht arbeiten". Sie klagt darüber, dass „rechtsgerichtete" Leute einfach ohne zu überlegen „ohne Hintergrundwissen" einfach das nachsagen, „was sie im Fernsehen oder aus den Medien hören". Neben den Medien kritisiert sie staatliche Politik von Abschiebungen. Sie erzählt davon, dass für einige KurdInnen, die bereits hier geboren wären, die Aufenthaltsgenehmigungen einfach nicht verlängert werden und fordert mit Nachdruck deren Einbürgerung. Sie beschreibt detailliert die Situation kurdischer MigrantInnen in Deutschland und spricht als einzige davon, wie schwierig oder oft unmöglich es gerade für die zweite Generation wäre, in ein für sie vollkommen fremdes Land abgeschoben zu werden. Rechtsextremismus führt sie auf Langeweile, Gruppenzwang und die Tendenz „auf Schwächeren rumzutrampeln" zurück. Daneben schreibt sie den Medien eine entscheidende Rolle zu bei der Entstehung rechtsextremer Orientierungen. Sie sieht in den heutigen Verhältnissen Parallelen zu den Anfängen der Nazizeit.

Heike erzählt, dass sie lange Zeit eine Freundin hatte, die aus der Türkei stammte. Mit dieser Freundin zusammen ist sie häufig in der Fußgängerzone von Rechtsextremen angepöbelt worden. Ihre Informiertheit speziell zu den Themen Abschiebung und Situation von KurdInnen in der Türkei fällt deutlich auf.

Zusammenfassung: Die Frauen befinden sich mit ihrer Position in ständiger Auseinandersetzung. Sie kritisieren die Bilder, die in den Medien über MigrantInnen vermittelt werden und die Meinungen, die in ihrem Bekanntenkreis vertreten werden und denen sie immer wieder aktiv widersprechen. Bei Vera ist es insbesondere die Person des Vaters, dessen diskriminierenden Aussagen sie immer wieder die eigene Sicht entgegensetzen will. Auch diese Untergruppe von Frauen weigert sich, Generalisierungen vorzunehmen, vor allem Vera kommt es darauf an, das Handeln von Menschen als Individuen zu verstehen und nachzuvollziehen und mit Verallgemeinerungen vorsichtig zu sein. Bei Heike spielt die Freundschaft zu einer jungen Frau, die aus der Türkei stammt eine große Rolle, über sie bekommt sie Informationen zur Situation türkischer und kurdischer MigrantInnen in Deutschland, die den anderen Frauen nicht bekannt sind. Ihre Konsequenz ist, die Ausländerpolitik der Regierung und die Darstellungen in den Medien zu kritisieren. Auch erlebt sie im Zusammensein mit der Freundin unmittelbar Alltagsdiskriminierungen mit. Vera sucht aktiv den Kontakt zu KollegInnen und SchulkameradInnen mit Migrationshintergrund, setzt sich auseinander und versucht deren Lebenssituation zu verstehen, dabei wird gleichzeitig deutlich, dass es für sie nicht einfach ist, eine eigene Position zu finden und zu vertreten.

6.3.2.5 Gruppe 5: Ambivalenz zwischen politischer Diskrimnierung und privaten Beziehungen (n=2)

(Julia, Jasmin)

Die Frauen der Gruppe 5 zeichnet vor allem starke Ambivalenz aus. Auf einer allgemein politischen Ebene ähnelt ihre Argumentation der Gruppe 1: Nichtdeutschen werden generell negative Eigenschaften zugeschrieben. Auf der anderen Seite werden die eigenen positiven Erfahrungen mit und Beziehungen zu MigrantInnen ausführlich erzählt und scheinen zu den generalisierten Aussagen im Widerspruch zu stehen. Beide Frauen sind mit Männern befreundet, die der rechtsextremen Szene nahe stehen, stehen aber gleichzeitig in engen Kontakt zu MigrantInnen.

Jasmins Argumentation erscheint widersprüchlich: Zum einen betont sie, dass sie im Grunde „genau das Gegenteil von Hitler" wäre, sie versteht darunter, dass wenn es nach ihr ginge, alle aus dem Ausland, die wollten, nach Deutschland kommen und hier bleiben könnten. Schließlich würde sie ja auch dorthin gehen wollen, wo sie besser leben könne. An vielen Stellen drückt sie aus, dass Ausländer „genauso

Menschen wie wir", seien, dass für sie „alle gleich" seien. Schließlich widerspricht sie der Logik von „Deutschsein": „Weil, es ist jeder irgendwo ein Ausländer. Weil, es ist nicht jeder ganz deutsch. Das war vielleicht mal ganz früher." Sie erzählt in diesem Zusammenhang, dass ihre Großmutter aus einem osteuropäischen Land als Zwangsarbeiterin nach Deutschland verschleppt worden ist und hier einen Amerikaner, ihren Großvater, geheiratet hat.

Auf der anderen Seite äußert sie sich extrem negativ gegen Nichtdeutsche und schließt sich dabei Argumentationen aus beinahe allen möglichen Bereichen des negativen Diskurses gegen Migranten an. Sie beginnt mit der Meinung des Vaters ihres Freundes, der meint, dass wir für die „ganzen Kurden mit diesen Türken" „arbeiten". Sie schließt sich ihm an, und führt eine Reihe von Anschuldigungen an. Auch sie betrachtet Asylbewerber, die die „Wohnung und Ende der Woche ihr Geld kriegen", als ökonomisch privilegiert und fühlt sich dadurch ausgenutzt. Gleichzeitig beklagt sie sich über Kriminalität, dabei nicht nur über den Verkauf von Drogen, den sie am Bahnhof sehe, sondern auch den Verkauf von Kindern. Zunächst betont sie die Ähnlichkeit von Menschen, spricht davon, dass es auf die Hautfarbe nicht ankomme, lenkt aber dann darauf hin, dass „das eigentlich Schlimme" die „Mentalität" sei. Als „Mentalität" sieht sie, dass „Zigeuner Frauen schlagen" und „bei den Türken" „die Frauen zuhause hocken müssten und Kopftuch tragen". Sie räumt zwar ein, dass dies genauso bei Deutschen vorkomme, letztlich „kommt das aber von dort". Die negativen Schilderungen sind um vieles ausführlicher als das Argument, dass alle Menschen nur mit unterschiedlicher Hautfarbe seien. Detailliert erzählt Jasmin auch von einer bettelnden Frau in der Fußgängerzone, die auf der Straße mit ihrem Kind sitze, dem sie „nichts zu fressen gebe", damit es schreie und die Leute Mitleid hätten. Am Ende des Tages werde diese Frau „von einem Mann mit fetten Mercedes" abgeholt. Jasmin ist der Ansicht, dass die Frau nicht wirklich arm sei und im Grunde betrüge. Dies habe sie schon zweimal gesehen, sie wäre gerne hingegangen und hätte die Frau direkt angesprochen, sie fürchte aber, dass die Frau sich gegen ihre Fragen verwehre: „Aber wer weiß, bei diesen Leute, da hat man noch zwei blaue Augen" und unterstellt damit der Frau, dass sie sofort zuschlagen würde.

Obgleich sie fast nur negativ über Nichtdeutsche spricht, vom Drogen- und Kinderhandel über betrügerische Bettelein und mangelnden Anpassungswillen, ist ihr dennoch wichtig, immer wieder zu betonen, dass Deutschland für alle Zuwanderer offen sein sollte. Jasmins Aussage „Sollen alle hier herkommen, sollen nur nicht so Scheiße sein" fasst ihre Einstellung deutlich zusammen. Dem Diskurs, Nichtdeutsche aus Deutschland auszuweisen, widerspricht sie immer wieder heftig. Sie ist dagegen davon überzeugt, dass die Nichtdeutschen sich anpassen müssen, dies aber auch könnten, wenn sie nur wollten, „sonst würden sie es zurückkriegen". Um diese Anpassung zu erleichtern, schlägt sie vor, die Nichtdeutschen in Gruppen „wie mit den Alkoholikern" zu schicken: Die wollten „ja auch aufhören" – und wie die einen aufhören zu trinken, sollen die anderen mit dem „so sein wollen wie in der Türkei" aufhören. Erziehbarkeit, um jeden Preis und mit harten Maßnahmen, aber grundsätzliche Erziehbarkeit ist für Jasmin das Stichwort: „Wenn was ist, dann kann man darüber reden, nicht halt hinterm Rücken oder zusammenschlagen oder sonst was.". Menschen nicht nach Deutschland kommen zu lassen, bzw. auszuweisen lehnt sie dagegen strikt ab.

Bei Jasmin lässt sich deutlich ein Übergang von einem biologischen zu einem kulturalistischen Rassismus feststellen: Ihre Betonung, dass „Ausländer genauso Menschen wie wir" seien, eben nur eine andere Hautfarbe hätten, relativiert sie, indem sie eine andere „Mentalität" ins Gespräch einführt. Diese Mentalität sei das „eigentlich Schlimme", unter Mentalität fasst sie z. B. die Misshandlung und Unterdrückung von Frauen.

Wie Jasmins Argumentation widersprüchlich erscheint, so sind auch ihre nahen sozialen Beziehungen von Konflikten geprägt. Ihr Freund, ein Zeitsoldat, steht einer rechtsextremen Clique nahe. Diese Clique trifft sich regelmäßig in einem nahegelegenen Waldgrundstück in einem Haus der FAP und hat Anschläge mit Molotowcocktails auf Asylbewerberunterkünfte geplant. Dagegen ist Jasmins Exfreund, mit dem sie ihren jetzigen Freund aus der Skinskene über lange Zeit betrogen hat, Sinto. Auch ist sie mit einer Clique von „Ausländern" befreundet, wodurch es immer wieder Auseinandersetzungen mit ihrem Freund und dessen rechtsextremen Freunden gibt. „Weil ich war ja immer irgendwie die Doofe, weil ich mich mit allen verstehe", meint Jasmin. Sie erzählt, wie die Rechtsradikalen ihre Freunde als „Scheiß Ausländer" und sie als „alte Fotze" beschimpfen, sie jedoch ihre Freunde verteidigt. Auch ihr Freund droht ihr, sie solle den Kontakt abbrechen und diese Clique nicht mehr als Freunde bezeichnen. Sie widersetzt sich dem, und bemerkt, dass sie die Leute schon lange kenne, und die ihr jederzeit helfen würden, „sie brauche nur anrufen", es wäre „immer gut so welche zu haben". Jasmins 18. Geburtstag endet in einer blutigen Schlägerei, weil beide Cliquen kamen, die Rechtsextremen und die „Ausländer".

Und obwohl Jasmin sich an vielen Stellen extrem negativ gegen Nichtdeutsche äußert, ihnen Nichtanpassung und Kriminalität bis zum Kinderhandel vorwirft, sind ihre Erzählungen über die Clique von „Ausländern" von mehr Sympathie geprägt als die Geschichten über ihren Freund und dessen rechtsextreme Clique. Eine Geschichte erzählt sie, deutlich beeindruckt, gleich zweimal, wie Gitiri, ein Schwarzer in aller Öffentlichkeit beim Stadtfest einen Neonazi, der sich so anzieht wie Hitler, vor sich knien lässt und anpisst. Sie distanziert sich an keiner Stelle explizit von ihrem rechtsextremen Freund, und doch bringt sie ihre Freundschaft zu „Ausländern" immer wieder ins Gespräch und provoziert damit die rechtsextreme Clique des Freundes. Die „Ausländer" zu kennen und von ihnen Hilfe bekommen zu können, sieht sie als Stärke und Vorteil für sich. Mit einer anderen Episode, der Bettlerin, die sie in der Fußgängerzone beobachtet hat, und die sie des Betrugs und der Misshandlung ihres Kindes beschuldigt, zeichnet sie andererseits wieder ein sehr negatives Bild all der „Ausländer", die sie nicht kennt.

Auch *Julias* Äußerungen scheinen auf den ersten Blick sehr widersprüchlich. Sie lehnt Nichtdeutsche ab, wenn sie in einer Gruppe zusammen sind „in der Gruppe sind sie Scheiße", gleichzeitig meint sie jedoch, dass manche „Ausländer netter als manch ein Deutscher" seien, aber eben nur, wenn sie nicht mit anderen „Ausländern" zusammen seien: „allein sind sie die besten Freunde, die man sich nur wünschen kann". Sie macht sich darüber lustig, dass deutsche Skinheads sich beklagen, dass ihnen von Ausländern die Frauen weggenommen werden und fordert diese auf, sich doch einmal zu fragen, warum dies so sei. Es läge einfach daran, dass „Ausländer netter zu Frauen" seien. Andererseits lehnt sie es aber auch ab, einen Freund zu haben, der aus der Türkei stammt und verweist auf den Film „Nicht ohne meine Tochter" und dass der Film zeige, wie Männer aus islamischen Ländern Frauen und Kinder entführten.

Insgesamt äußert sie sich auf einer abstrakten Ebene sehr negativ über Nichtdeutsche, sie wiederholt Parolen, wie z. B. dass „in Deutschland bald keine Deutschen mehr" wären und „die Ausländer immer mehr" würden. Gleichzeitig betont sie immer wieder, dass sie persönlich keine Probleme damit habe. Als Hauptkritikpunkt führt sie an, dass „Ausländer besser zusammenhalten", was vor allem für deutsche Männer ein Problem sei, denn bei einer Auseinandersetzung mit einem einzigen „Ausländer" könnten sie sich sicher sein, dass dieser von seinen Freunden unterstützt werde. Dieses Problem ließe sich aber auch dadurch abschwächen, dass die Stadtviertel mehr gemischt würden, und nicht eigene „Türken-" oder „Zigeunerviertel" entstünden. An einer anderen Stelle sieht sie Einwanderung als unsolidarisch an, sie meint, dass es Migranten nur ums Geld ginge, diese die eigenen Kinder in ihren Heimatländern zurück ließen und bei ihrer Rückkehr mit dem in Deutschland verdienten Geld „wie die Könige prahlten". Sie bezeichnet es als ungerecht, dass sie „auch nicht auf die Malediven" ziehen könne. Andere Argumente für ihre Ansicht, dass es „zu viele" Ausländer gebe, die bei anderen Frauen der Studie weit verbreitet sind, wie z. B. Kriminalität, ökonomische Bevorzugung oder mangelnde Anpassung, bringt sie nicht, ebenso wie sie weder über Leistung noch über Verfolgung als asylrelevanten Fluchtgrund spricht.

Mehrmals drückt sie ihr deutliches Desinteresse an Politik aus. Sie habe andere Probleme zur Zeit, als sich darum auch noch zu kümmern. Für die Zeit des Nationalsozialismus habe sie sich früher interessiert, jetzt aber sei ihr Interesse gleich null.

In ihren persönlichen Beziehungen steht sie zwischen ihrem Freund, der auch der Vater ihres Kindes ist, und der deutlich rechtsextreme Ansichten vertritt und ihrer Nachbarin, die aus der Türkei stammt. Zwischen sich selbst und ihrer Nachbarin sieht sie viele Gemeinsamkeiten – vor allem die Gemeinsamkeit, dass „die auch nicht raus darf". Sie erzählt davon, wie sie an einem Abend gemeinsam ausgebrochen sind und eine Diskothek besucht haben, nachdem sie den Eltern der Nachbarin Schlafmittel in den Kaffee geschüttet hätten. Obgleich die Nachbarin Julia sehr vertraut zu sein scheint – sie sehen sich täglich – und sie diejenige ist, der Julia ihre ungewollte Schwangerschaft als erste anvertraut, bezeichnet sie sie kein einziges Mal als „Freundin", sondern spricht immer von „der, die über mir wohnt". Julias Freund redet häufig davon, dass alle „Ausländer raus" müssen, auch Julias Nachbarin, weil ihre Familie aus der Türkei stamme. Julia berichtet davon, zu solchen Äußerungen zu schweigen. Während ihr jetziger Freund deutliche Sympathien gegenüber der rechtsextremen Szene bekundet, stammt ihr Exfreund aus Polen.

Der Bundeswehr steht sie ablehnend gegenüber, ihr Freund hat vor, als Freiwilliger am Krieg in Bosnien teilzunehmen. Er ist begeistert vom Krieg, kann kaum mehr erwarten „dass es da mal endlich richtig losgeht", und begründet das damit, dass „Deutsche halt angreifen müssen". Julia empört sich darüber, dass das ganze Geld, das er dort verdiene, auch nichts nütze, wenn er nicht da wäre und ihr gemeinsames Kind keinen Vater habe. Sie kann nichts gegen seinen Plan tun, sie reagiert insofern, als sie ihm nicht zuhört und mehrmals betont, dass sie das ganze eigentlich überhaupt nicht interessiere. Auf dieselbe Art reagiert sie, wenn er deutlich rassistische Äußerungen macht, wie zum Beispiel „alle Ausländer raus". Sie betont in diesem Zusammenhang, dass sie daraufhin nichts sage, und schließt resigniert an, dass sie ohnehin nichts zu sagen habe.

Zusammenfassung: Julia ist eng mit ihrer Nachbarin befreundet, die aus der Türkei stammt, Jasmins Liebhaber ist Sinto, sie verbringt einen Teil ihrer Freizeit mit einer Clique, die überwiegend aus MigrantInnen besteht. Gleichzeitig sind beide Frauen jedoch mit Männern aus der rechtsextremen Szene befreundet, Julia hat sogar ein Kind von ihrem Freund, der als Bundeswehrsoldat für seine rechten Ideale in Bosnien kämpfen will. Die beiden Frauen betonen auf der einen Seite ihre

Freundschaften und Sympathien zu MigrantInnen, wenn sie jedoch Aussagen über Politik treffen, äußern sie sich stark diskriminierend. Julia versucht den Konflikt in erster Linie dadurch zu lösen, dass sie gegenüber ihrem Freund schweigt, der „alle Ausländer raus" fordert, einschließlich ihrer Freundin. Gleichzeitig unterscheidet sie zwischen einzelnen „Ausländern", die als Einzelpersonen die besten Freunde seien und „Ausländern" als Gruppe, die sie rigoros verurteilt. Jasmin dagegen vertritt die radikale Position, die Grenzen zu öffnen, fordert dann aber von MigrantInnen extreme Anpassung und harte Maßnahmen zu deren Durchsetzung. Daneben ist sie daran beteiligt, Konflikte zwischen ihren unterschiedlichen Freundeskreisen anzuzetteln und Streitigkeiten für sich zu nutzen.

6.3.3 Zusammenfassendes Fazit

Zum Überblick sind die Ergebnisse der Einzelfallanalysen in folgender Tabelle zusammengestellt:

Tabelle 8/1: Zusammenfassung der Einzelfallanalysen

	Gruppe 1		*Gruppe 2*	
„Motto"	„MigrantInnen haben in Deutschland nichts zu suchen"		„Es gibt gute und schlechte MigrantInnen – je nach Herkunft und Migrationsgeschichte."	
Gruppenbezeichung	Generalisierte Diskriminierung		Differenzierende Diskriminierung	
evtl. Unter-Gruppen	1a) gegen alle MigrantInnen n = 6	1b) gegen alle MigrantInnen mit Ansätzen zur Differenzierung n = 6	2a) gegen Asylsuchende n = 2	2b) anti-islamische Feindbilder n = 1
Verhältnis zu Rechtsextremen	Freundschaft oder Sympathie	Abstrakte Distanzierung oder Verständnis	Abstrakte Distanzierung	Abstrakte Distanzierung
Verhältnis zu MigrantInnen	Oberflächliche Kontakte	Oberflächliche Kontakte	Bekanntschaften	Bekanntschaften
Name	Nicole Nadja Frauke Carola Conny Janine	Gesche Edith Anja Isabell Doris Meike	Andrea Heike	Beate

Tabelle 8/2: Zusammenfassung der Einzelfallanalysen

	Gruppe 3	Gruppe 4		Gruppe 5
„Motto"	„Der Hauptunterschied ist, ob jemand etwas leistet, unabhängig von der Herkunft."	„Unterscheidungen zwischen Deutschen und MigrantInnen sind in Frage zu stellen."		„Allein sind sie die besten Freunde, aber in der Gruppe sind sie Scheiße."
Gruppenbezeichung	Betonung des Prinzips Leistung vor Staatsangehörigkeit	Widerspruch zu Diskriminierung		Ambivalenz zwischen politischer Diskriminierung und privaten Beziehungen
evtl. Unter-Gruppen	n = 3	4a) wenig Orientierung an Themen des Diskurses n = 2	4b) aktiver Widerspruch zu Diskriminierung n=2	n = 2
Verhältnis zu Rechtsextremen	Gegnerschaft	Gegnerschaft	Gegnerschaft	enge persönliche Beziehungen
Verhältnis zu MigrantInnen	Freundschaften/ Bekanntschaften	Freundschaften/ Bekanntschaften	Freundschaften/ Bekanntschaften	enge persönliche Beziehungen
Name	Karen Saskia Bettina	Tanja Petra	Vera Iris	Jasmin Julia

6.3.3.1 Hauptprinzip: Feindbild mit flexiblen Grenzen

Auffällig ist, wie stark Feindbilder verbreitet sind. In beinahe allen Interviews wird ein negatives Bild von jeweiligen „anderen" entworfen. Klassifizierung und Hierarchisierung aufgrund von Gruppenzugehörigkeit ist Hauptprinzip bei der Rede über Migration und MigrantInnen. Nur insgesamt vier Frauen verweigern sich dieser Grenzziehung und stellen Eigenschaftszuschreibungen aufgrund von Gruppenmitgliedschaft in Frage. Alle anderen trennen klar zwischen „böse" und „gut". Auf die Seite der „Schlechten" werden gestellt: „Ausländer", „Asylbewerber", „Mos-

lems", „Sozialhilfeempfänger", „nicht arbeitende", „Kriminelle", „nicht integrierte
und nicht integrierbare", „privilegierte", „frauenfeindliche", oder die, die „sich mit
anderen in einer Gruppe zusammenschließen". Demgegenüber kann „gut" meinen:
„Deutscher", „fleißiger Arbetier, den wir geholt haben", „angepasst", „so wie wir",
oder „wirklich benachteiligt". Bei der Klassifikation gibt es keine Zwischenstufen
und Grautöne, sie ist streng dichotom, bzw. schwarz-weiß. Entweder gehört jemand der Fremdgruppe an, dann treffen alle negativen Zuschreibungen zugleich zu,
oder der eigenen.

Die eigene Gruppe bleibt dabei relativ unbestimmt. Den Frauen fallen, wenn
überhaupt, eher negative Begriffe zu den Themen Deutschland und Deutschsein ein
– „Kälte" wird häufig genannt, aber auch „rechtsextreme Gewalt". Allein die Wirt-
schaftsleistung Deutschlands wird von einigen positiv hervorgehoben. Immer aber
kommt die eigene Identität und Bestimmung der eigenen Gruppenzugehörigkeit
erst auf Nachfrage der Interviewerinnen zur Sprache. Dass Nationalstolz und ein
positiver Bezug auf die Eigengruppe der Deutschen kaum vorhanden sind, ganz im
Gegensatz zur häufigen Abwertung der „anderen", haben bereits Hopf u. a. (1995)
und Rieker (1997) für ihre Stichprobe festgestellt. Guillaumin (1995) sieht als zentrales Kennzeichen neuer Formen von „racisme", dass die Identität der eigenen
Gruppe nicht direkt angesprochen wird, sondern indirekt als überlegen konstruiert
wird, indem die Fremdgruppe abgewertet wird, sie nennt dies „Alteroreferenzialität". Zentral ist dabei immer wieder das Prinzip der Abgrenzung und Negativset-
zung des „anderen", ohne explizit auf sich selbst Bezug zu nehmen. Als Konsequenz werden die Argumentationen der Frauen der Stichprobe dort brüchig, bzw.
beginnen dort Reflexionsprozesse, wo über Gemeinsamkeiten zwischen Deutschen
und Ausländern und über die Eigenschaften der eigenen Gruppe nachgedacht wird:
So stellt beispielsweise Doris fest, dass Deutsche ebenso kriminell sein können wie
„Ausländer". Ihre Suche nach Gründen, warum eigentlich nur von der Kriminalität
der „Ausländer" die Rede ist, läuft ins Leere.

Es fällt auf, dass Grenzziehungen nicht beliebig sind, sondern entlang staatlicher
Strukturen und Politikthemen vorgenommen werden, Terkessidis (1998, S.175f)
nennt als zentrale Themen des Migrationsdiskurs in Deutschland Staatsbürgerschaft, Arbeitsmarktpolitik und Kultur: Staatsbürgerschaft ist das Hauptunterschei-
dungsprinzip, das von 12 der Frauen zur Formulierung ihrer Position verwandt
wird – und bei 5 der anderen Frauen zumindest am Rande der Argumentation auftaucht. Staatsbürgerschaft wird hierbei nicht bloß als politischer Rechtsstatus gefasst, sondern dient als Grundlage für die Zuschreibung von Persönlichkeitseigen-
schaften. Umstrittene Politikthemen – Abschiebung, Schließung oder Öffnung der
Grenzen, Regelung von Zuwanderung – spiegeln sich in der Rede der Frauen

wider. Pressemeldungen und Fernsehberichte verknüpfen sich mit Alltagsbeobachtungen, Begegnungen und Schilderungen eigener Gefühle – zusammengenommen stehen sie alle im Kontext der Beantwortung der politisch aktuell verhandelten Fragen: Welche Nichtdeutschen sollen die deutsche Staatsbürgerschaft erhalten und in Deutschland bleiben können? Ist weitere Zuwanderung erwünscht? Wenn ja, wie soll diese geregelt werden? Die erste Gruppe der interviewten Frauen beantwortet die Frage nach Zuwanderung mit einem strikten Nein, die zweite Gruppe unterscheidet zwischen legitimer und illegitimer Zuwanderung, während die Gruppen 3 und 4 Zuwanderung positiv gegenüberstehen. Ebenso wird von den Frauen die Frage der „kulturellen Integration" besprochen: Muss, wer in Deutschland lebt, „sich anpassen"? Bei den der Gruppe 2 zugeordneten Frauen kreist die Argumentation vor allem um dieses Thema. Für sie gibt es auf der einen Seite angepasste MigrantInnen, die „wie wir" sind und deshalb gleiche Rechte erhalten sollen. Auf der andern Seite werden diejenigen verurteilt, die sich nach Meinung der befragten Frauen nicht anpassen wollen und deshalb in Deutschland nichts zu suchen haben. Schließlich wird mit dem Unterscheidungskriterium Leistung der Bereich der Arbeitsmarkt- und Sozialpolitik angesprochen – Wie ökonomisch nützlich sind MigrantInnen und Migration für „uns Deutsche"? Diese Frage steht bei den der Gruppe 3 zugeordneten Frauen im Vordergrund.

So strikt von fast allen Befragten das Prinzip zweier gänzlich unterschiedlicher Kategorien von Menschen vertreten wird, es lässt sich jedoch gleichzeitig eine gewisse Flexibilität der Grenzziehung feststellen. Die Grenzen werden jeweils so gezogen, dass die eigene Person, aber auch Freunde und Bekannte in die positiv beurteilte Kategorien fallen. Dies fällt gerade bei den Frauen der Gruppe 3 auf, die mit MigrantInnen enger befreundet sind und deren Argumentation sich um das Prinzip Leistung dreht, in ihrer Argumentation grenzen sie sich selbst und ihre Freunde von den „faulen Deutschen" ab. Insgesamt tauchen – jedoch mit unterschiedlichem Gewicht – in fast allen Interviews die Klassifikationsprinzipien „Staatsangehörigkeit" und „Leistung" auf, daneben scheint aber auch immer wieder der Grundsatz durch, dass alle Menschen im Grunde gleich seien. Die Spannung und Widersprüchlichkeit, die zwischen diesen drei Prinzipien besteht, kommt nicht zum Tragen (vgl. Wetherell & Potter 1992, S.192). Im Gegenteil, die Prinzipien werden beliebig eingeflochten, so dass die eigene Argumentation gestützt und die Position der eigenen Wir-Gruppe, wie auch immer sie gerade konstruiert wird, gerechtfertigt wird.

Zwei weitere allgemeine Grundsätze, die sich durch beinahe alle Interviews ziehen, sind erstens die Forderung, dass niemand bevorzugt werden darf, und zweitens der Anspruch, dass mangelndes Wohlverhalten bestraft werden muss. Ähnliche

Formeln haben auch Wetherell und Potter 1992, S.195) in den Aussagen weißer Neuseeländer über die indigene Bevölkerung gefunden: „Alle Menschen sollen gleich behandelt werden" und „Ungerechtigkeiten sind zu bekämpfen". Bei den Aussagen der jungen deutschen Frauen fällt auf, dass sie negativ formuliert sind, es geht in erster Linie darum, auszusprechen, was nicht sein dürfte. Ebenso wie die eigene Gruppenidentität durch negative Beschreibung der Fremdgruppe gefestigt wird, werden auch hier – zumindest auf den ersten Blick – keine Forderungen für die eigene Person und die eigene Gruppe aufgestellt: Die Frauen sprechen nicht davon, dass sie besser behandelt werden wollen, verlangen keine höhere Entlohnung für sich selbst und keine Anerkennung für ihr Wohlverhalten. Sie scheinen sich nur dagegen zu wehren, dass die „anderen" mehr bekommen und für unangepasstes Verhalten nicht entsprechend bestraft werden.

Teilweise gehen die Fantasien über den Besitz der „anderen" ins Fantastische: „Tausender im Portemonnaie" (Nicole), „jede Familie sechs Fernseher und sechs Videorekorder" (Gesche), „Tausende von Autos vor dem Haus" (Anja), oder „nur Markenklamotten" (Doris). Den Aussagen ist ein Konkurrenzdenken inhärent: Wenn andere nicht mehr besitzen als ich, will ich zufrieden sein. Bei näherer Analyse fällt jedoch auf, dass es nicht nur darum geht, dass die „Anderen", seien es jetzt je nach Standpunkt „Ausländer" oder Sozialhilfeempfänger, nicht mehr haben dürfen als die eigene Person, sondern weniger haben sollten: Symbolisch dafür steht die „Altkleidersammlung", die von einigen Befragten angesprochen wird. Den weniger Privilegierten steht das zu, was man selbst nicht mehr braucht, im Gegenzug wird von ihnen Dankbarkeit erwartet. „Neu" und „alt", „Marke" und „Billigprodukt" kommen nach Meinung der Frauen jeweils unterschiedlichen Gruppen der Gesellschaft zu. Gerade technische Produkte sollen sozialer Differenzierung dienen, bestimmte Symbole des Fortschritts tauchen immer wieder in den Interviews auf – Asylbewerber sollen mit dem Fahrrad fahren, allerhöchstens steht ihnen ein altes Auto zu³⁷, in keinem Fall aber ein „niegelnagelneuer Golf" oder gar ein „Mercedes", ebenso sollen sie keine neuen Küchen- und Haushaltsgeräte besitzen, so die Forderungen vieler Interviewter. Mit der Behauptung, die Zuwanderer besäßen mehr Statussymbole als die deutsche Bevölkerung, empören sich die Frauen über eine für sie verkehrte Welt. Deutlich trägt eine Position zu Tage, die schon Büchner (1995) mit dem Begriff der „verfolgenden Opfer" beschrieben hat. Es ist nicht so, dass die Frauen im Sinne eines traditionellen Rassismus Deutsche als

---

37 Beispiel für die Symbolik sozialer Unterscheidung ist das Motorrad, das der milllionste Gastarbeiter als Begrüßungsgeschenk erhalten hat (vgl. Terkessidis 2000) - gerade zu einer Zeit, als sich bei Deutschen nach dem Motorrad das Auto als Fahrzeug in der Mittelschicht durchzusetzen begann.

überlegen darstellen. Die Gruppe der Deutschen wird in der Regel als ökonomisch und sozial benachteiligt dargestellt, Forderungen nach Diskriminierung bis hin zur Abschiebung von MigrantInnen werden deshalb als Forderungen nach ausgleichender Gerechtigkeit formuliert.

Ungerechtigkeit sehen die Befragten auch dort, wo mangelndes Wohlverhalten der „anderen" nicht genug gestraft wird – vom Lautherumschreien von Kindern über Schlampigkeit bis hin zu Gewaltkriminalität. Dadurch dass ein Bild der „anderen" gezeichnet wird, die mehr haben, als sie verdienen (und als man selbst), und die all das tun, „was ich nicht darf", wird zwischen den Zeilen die eigene Bescheidenheit und das eigene Wohlverhalten betont. Indirekt wird die Ungerechtigkeit von Autoritäten angeprangert, denen implizit vorgeworfen wird, geradezu widersinnig Kriminalität zu belohnen und diejenigen zu übervorteilen, die sich anpassen. Die Kritik an staatlicher Politik ist jedoch fast immer nur zwischen den Zeilen zu lesen, es werden kaum konkrete Forderungen erhoben, oder bestimmte Institutionen und Akteure direkt kritisiert.

Obgleich die Mehrzahl der Befragten negativ pauschalisierende Urteile über MigrantInnen vertritt, äußern fast alle eine Distanz zum organisierten Rechtsextremismus und rechtsextremen Cliquen. Gleichzeitig betonen fast alle Frauen, „eigentlich" nichts gegen Ausländer zu haben und sind bemüht, ein Bild von sich selbst als vorurteilslos zu präsentieren, wie es die Konzepte „modern" (McConahay 1986) bzw. „symbolic" „racism" (Sears 1988) beschreiben. Nur fünf der 24 Frauen grenzen sich an keiner Stelle des Interviews von „Rechtsextremen" ab. Andererseits können insgesamt 13, also mehr als die Hälfte, Motive der Rechtsextremen verstehen bzw. sogar gutheißen. Einige verharmlosen Gewalttaten, wenn z. B. Doris davon spricht, dass Rechtsextreme vor allem alten Frauen die Handtaschen wegnehmen wollten, andere begrüßen die Ziele von Rechtsextremen, kritisieren aber die Wahl der Mittel. Es gibt jedoch einige Frauen, die in aktiver Gegnerschaft zu Rechtsextremen stehen, das sind vor allem die Frauen, die mit MigrantInnen befreundet sind, hier geht die Kritik weit über Lippenbekenntnisse hinaus. Diese Frauen fühlen sich zusammen mit ihren Freunden und Freundinnen von Rechtsextremen bedroht.

6.3.3.2 „Wissen" über die „Anderen" und die Gestaltung konkreter Beziehungen

Am häufigsten in der vorliegenden Stichprobe – insgesamt bei 12 Frauen, also der Hälfte der befragten Frauen – ist eine generelle Ablehnung von MigrantInnen anzutreffen. Diese 12 Frauen haben auch kaum bis gar keinen Kontakt zu MigrantInnen. Diese Gruppe von Frauen kann sich in ihrem negativen Urteil auf Medienberichte, auf verbreitete Bilder, auf Inhalte von Dorf- und Stadtgesprächen beziehen, ohne dass für die Frauen Widersprüche auftauchen. Das, was sie hören, das, was sie aus der Ferne, z. B. vor der Asylbewerberunterkunft des Ortes wahrnehmen, und das, was sie im Interview wiedergeben, stimmt überein und ergibt ein durchgehend negatives Bild. Von Konfrontationen und Auseinandersetzungen aufgrund ihrer Ansicht berichtet keine dieser Frauen, Kritik an Mediendarstellungen zum Thema „Migration" wird nicht geübt, im Gegenteil, was in den Medien berichtet wird, wird teilweise mit der eigenen Wahrnehmung verknüpft und in die eigene Argumentation eingeflochten. Die Gliederung des Weltbildes in „Gute" und „Schlechte" wird besonders konsequent vertreten. Wenn die Frauen über MigrantInnen sprechen, brechen an vielen Stellen starke Gefühle durch, sie sprechen durchaus auch von „Wut" und „Hass".

Es gibt in der Befragung einige Frauen, die sich deutlich zu Gewalt bekennen, für sie ist „Ausländer raus" nicht nur eine abstrakte Parole, sie versuchen diese auch in ihrem Alltag umzusetzen. Nadja und Carola sehen vor allem üble Nachrede und verbale Angriffe als Mittel der Wahl und grenzen sich damit von der körperlichen Gewalt der rechtsextremen Jungencliquen in ihrem Bekanntenkreis ab. Sie erzählen mit Stolz von ihren Erfolgen: Nadja bringt eine Arbeitskollegin, die aus Polen stammt, durch üble Nachrede, mobbing und direkte verbale Attacken soweit, dass sie nach einigen Wochen die Stelle kündigt. Nadja schlägt vor, ähnlich auch gegen die AsylbewerberInnen in ihrem Ort vorzugehen und vertritt als Mittel der Wahl das Verbreiten von Gerüchten bis hin zu Rufmord. Mit ihrer Haltung fühlt sie sich nicht allein, sondern eins mit der Mehrheit der Bevölkerung. Carola will eine Freundin zwingen, einen Mann ohne Aufenthaltsberechtigung nicht zu heiraten und droht damit, Einspruch gegen die Ehe vor dem Pastor zu erheben.

Doch auch direkte körperliche Gewalt ist in den Interviews Thema. Janine schlägt sich in ihrer Freizeit mit „Türkenweibern" und Carola erzählt von einer Schlägerei zwischen der rechtsextremen Clique ihres Freundes und einer Gruppe „türkischer" Jugendlicher. Dass sie sich nicht aktiv an der Schlägerei beteiligt, liegt nicht an ihrem fehlenden Willen dazu, sondern am Verhalten der Männer: Ihr Freund hält sie zurück, und auch die Männer der anderen Clique sind nicht bereit, sich mit einer Frau zu schlagen. Edith schließlich spricht indirekt von ihrer Beteiligung an einem rechtsextremen Anschlag auf eine Asylbewerberunterkunft am Ort „aus berechtigt frustrierten Gründen". Nach einem Streit zwischen einem Deutschen und einem Asylbewerber im Konflikt um eine Frau, bei dem der Deutsche umkommt, wendet sich das ganze Dorf gegen die Unterkunft.

Das „Wissen" über „Ausländer", das von den Frauen überwiegend geteilt wird, ist zur Gestaltung von engeren – positiven – Beziehungen dagegen kaum anwendbar und umsetzbar. Eher ist Terkessidis (1998) und Singer (1997) zuzustimmen, dass die eigene Gruppenidentität indirekt bestätigt wird, indem Aussagen über das „Anderssein" der „Anderen" getroffen werden.

Die Frauen, die nähere Kontakte – Freundschaften und Bekanntschaften – zu MigrantInnen haben, entwickeln einen anderen Umgang mit dem Thema Migration. Dabei gibt es unterschiedliche Strategien – zunächst die Aufgliederung in verschiedene Gruppen von MigrantInnen, wie sie die drei Frauen in Gruppe 2 unternehmen. So werden die italienischen KlassenkameradInnen von Andrea positiv gezeichnet, ebenso wie die KlassenkameradInnen von Heike, deren Erzählungen „über ihre Kultur" Heike ausnehmend interessant findet. Ganz diametral entgegengesetzt dazu sind Andreas und Heikes Anklagen gegen AsylbewerberInnen. Ebenso ist es möglich, all jene besonders negativ zu zeichnen, die mit dem Islam in Verbindung gebracht werden. Mit den positiven Aussagen über alle anderen MigrantInnengruppen kann so eigene „Toleranz" unter Beweis gestellt werden, und dem Anspruch von Vorurteilsfreiheit gehorcht werden.

Eine weitere Strategie ist die Betonung des Prinzips Leistung anstelle Staatsangehörigkeit – dies ist der Kern der Argumentation der drei Frauen in Gruppe 3. Damit steht z. B. bei Saskia der aus der Türkei stammende Freund und dessen Familie auf der Seite der positiv Beschriebenen, deutsche SchulkameradInnen, die sich geweigert haben, bestimmte Lehrstellen anzunehmen, entsprechen dagegen Saskias Feindbild.

Gruppe 5 – d. h. zwei Frauen – entwickelt schließlich eine andere Strategie – negative weitverbreitete Bilder von MigrantInnen werden übernommen, persönliche Beziehungen und die eigenen Freunde jedoch davon ausgenommen. Julia fasst diese Position mit „in der Gruppe sind sie Scheiße, allein die besten Freunde" zusammen.

Kritik an der Art und Weise, wie über Migration in der Regel gesprochen wird, üben insgesamt mit Gruppe 4 vier Frauen. Diese Gruppe scheint klein, es muss bei jedoch in Betracht gezogen werden, dass das Sampling Verfahren dieser Untersuchung mehr Gewicht auf die Gewinnung von Gesprächspartnerinnen aus dem Umfeld rechtsextremer Jugendcliquen gelegt worden ist. Die Kritik der Frauen dieser Gruppe scheint bisweilen wenig ausgefeilt, teilweise weisen die Frauen selbst darauf hin, wie schwer es ihnen fällt, Diskussionspartnern im Alltag in ihrer Verurteilung von „Ausländern" zu widersprechen. Diskriminierende Argumentationsmuster scheinen weit verbreitet und können leicht wiedergegeben werden, auch einzelne Versatzstücke eines „ausländerfreundlichen", aber dennoch diskriminerenden Diskurses, wie die Betonung von „Leistung" und „Fleiß" von MigrantInnen oder die Hervorhebung kultureller Bereicherung, sind für viele der Interviewten noch relativ leicht zu formulieren. Für eine grundsätzlichere Kritik an Abgrenzung durch Klassifizierung der „Anderen" und damit für eine Infragestellung der eigenen Position als „Deutsche" stehen den befragten Frauen kaum Worte und Argumentationsmuster zur Verfügung, ihre Interviews wirken zum Teil wenig logisch, wie in der ersten Untergruppe von Gruppe 4 oder auch von Zweifeln und Unsicherheit durchzogen, wie in der zweiten Untergruppe.

Wieweit Kontakte nun eine Rolle spielen bei der Frage, welche Positionen im Migrationsdiskurs vertreten werden, ist schwer zu bestimmen. Zwar lässt sich feststellen, dass alle Frauen aus der generalisiert diskrimierenden Gruppe 1 meist gar keine oder aber als Ausnahme gekennzeichnete einzelne Kontakte zu MigrantInnen hatten. Dagegen berichten gerade die Frauen der Gruppen 3 bis 5, die entweder kritisch oder ambivalent zum Anti-Migrationsdiskurs Stellung beziehen, von Freundschaften und Bekanntschaften zu MigrantInnen. Daraus lässt sich aber nicht unbedingt schließen, dass diese Kontakte dazu führen, eine kritische Auseinandersetzung mit verbreiteten negativen Bildern zu beginnen. Es ist eben auch denkbar, dass Offenheit und der Wille zur kritischen Auseinandersetzung am Beginn von Beziehungen zu MigrantInnnen steht. Genauso kann es sich dabei um einen sich verstärkenden Kreislauf handeln (vgl. Hess & Linder 1997): Frauen, die bereiter sind, vorherrschende soziale Repräsentationen über MigrantInnen in Frage zu stellen, sind offener für Kontakte. Aus den Kontakten können sich dann im Austausch neue Positionen entwickeln, wie z. B. bei Heike, die durch ihre aus der Türkei stammende Freundin auf die Themen Abschiebung und Diskriminierung auf der Straße gestoßen wird. Zu diesen Themen entwickelt Heike eigenständige Positionen, die von denen der anderen Frauen deutlich abweichen. Saskia, die mit einem Partner lebt, der aus der Türkei stammt, erzählt davon, tatsächlich am Anfang eine Reihe von Bedenken gehabt zu haben – sie konnte sich zwar eine Freundschaft, aber keine Liebesbeziehung vorstellen „aufgrund der Dinge, die ich gehört habe". Im Verlauf der Beziehung ändert sie jedoch viele ihrer Vorstellungen, vor allem entwickelt sie eine Idee davon, dass Aussagen, die in der Allgemeinheit, vor allem auch in den Medien über „Deutsche" und „Türken" getroffen werden, nicht auf sie selbst oder ihren Freund als Individuen zutreffen müssen.

Dass Kontakt durchaus auch negative Bilder bestärken kann, zeigt das Beispiel von Anja. Jugendliche AsylbewerberInnen kommen ins örtliche Jugendzentrum. Anja sieht sich durch diese Begegnung in ihrer vorherigen Position bestätigt –ie verurteilt das Verhalten der AsylbewerberInnen, es stört Anja, dass diese ihre kleinen Geschwister mitgebracht haben und fordernd nach einem Billardtisch gefragt haben. Als einige Wochen später die Stereoanlage des Clubs gestohlen wurde, verdächtigt sie die AsylbewerberInnen. Die Schwierigkeit in der Interpretation von Begegnungen besteht darin, dass soziale und ökonomische Benachteiligung und Ausgrenzung aggressives Verhalten – oder auch Kriminalität – zur Folge haben kann. Eine Politik, die Vorurteile bekämpfen will, indem sie rein auf Begegnung (unter den gegebenen Bedingungen) setzt, oder gar die besonders guten Eigenschaften diskriminierter Gruppen herausheben will, muss deshalb ins Leere laufen.

Wie Terkessidis (1998) zusammenfasst, kann z. B. bei Schwarzen in den USA tatsächlich ein niedrigerer Bildungsstatus festgestellt – „mit eigenen Augen beobachtet" – werden. Zum Vorurteil wird diese Beobachtung dann, wenn den Schwarzen daraus schlussfolgernd mangelnde Intelligenz zugeschrieben wird, anstatt Diskriminierungen im Bildungssystem kritisch zu thematisieren. Ähnliches lässt sich für die in der Untersuchung angesprochenen „Vorurteils"themen bei den befragten Frauen feststellen: Es ist die Beschreibung einer sichtbaren Realität, dass Asylbewerberunterkünfte einen verwahrlosten Eindruck machen, oder dass bestimmte MigrantInnengruppen, die aus der Gesellschaft ausgegrenzt sind und keinen dauerhaften Aufenthaltsstatus besitzen, eine Chance für sich in Drogenhandel sehen. Diese Beobachtungen könnten nun als Hinweis auf soziale Missstände gedeutet werden, Forderungen nach besseren Wohnverhältnissen oder einem sicheren Aufenthaltsstatus könnten sich anschließen. Dies ist aber die Ausnahme. In fast allen Interviews wird aus den sichtbaren negativen „Tatsachen" auf unabänderliche negative Wesenseigenschaften der „Anderen" geschlossen. Armut oder Kriminalität werden so als untrügliche Zeichen gedeutet, dass „die Armen" oder „die Kriminellen" in der Welt des ordentlichen Wohlverhaltens grundsätzlich nicht dazugehören. Und tatsächlich lässt sich bei allen Befragten bis auf eine einzige – Vera – die generelle Tendenz festmachen, nicht soziale Bedingungen zu thematisieren, sondern im Sinne des generellen Attributionsfehlers (Heider 1958) Verhalten auf negative Wesenseigenschaften von Personen zurückzuführen. In der Fußgängerzone pöbelnde „ausländische" Jugendliche sind für die meisten Frauen, die dieses Thema ansprechen, der sichtbare Beweis dafür, dass sich MigrantInnen auch in der zweiten und dritten Generation nicht anpassen können und dass ihr Aufenthalt in Deutschland deshalb nicht von Dauer sein soll. Ganz anders Vera, die auf die Frage nach den Ursachen für das Verhalten der Jugendlichen antwortet, dass die „eben noch jung" seien.

Ausgrenzendes Alltagsverhalten ist in Interviews nicht einfach zu erheben. Formen der Ausgrenzung, die gerade für neuere Formen des Rassismus wie den aversiven Rassismus (Gaertner & Dovidio 2000) typisch zu sein scheinen, wie beispielsweise Ignorieren, sind den Befragten selbst kaum bewusst (vgl. Frankenberg 1993). Daneben gibt es Handlungen, die von Betroffenen als diskriminierend erlebt werden, beispielsweise ein Reduziertwerden auf den Status als „Ausländer", die von den Handelnden selbst aber als Beweis für ihre „Ausländerfreundlichkeit" herangezogen werden (vgl. Essed 1996). So schwärmt Iris davon, wie interessant es sei, wenn KlassenkameradInnen von „ihrer Kultur" erzählten. Beate erzählt, dass sie „Ausländerfreunde" habe, auch einen Freund, der aus der Türkei stamme, und der es auch lustig fände, wenn sie „he Kanake" zu ihm sage.

Auf der anderen Seite gibt es Frauen, die sich gerade auf die Seite der „Ausländer" stellen, Saskia unterstützt in einer Schlägerei einen türkischen Bekannten gegen Skinheads. Tanja berichtet davon, sich mit Skinheads zu streiten und ihnen ihre falsche Meinung vorzuhalten. Schließlich erleben einige Frauen, die mit MigrantInnen enger befreundet sind, Diskriminierung mit.

6.3.4 „Gender" in den Einzelfallanalysen

Was Partnerschaften, Wohnsituation, finanzielle Verhältnisse, aber auch Mobilität betrifft, befindet sich der überwiegende Teil der befragten Frauen in Abhängigkeit, teilweise von einem männlichen Partner, teilweise von den Eltern, teilweise von beiden (vgl. Hartwig 2001b, S.53ff). These von Mitscherlich-Nielsen (1988) und Thürmer-Rohr (1984) ist, dass Frauen Antisemitismus, bzw. andere positive Einstellungen zu Gewalt und Diskriminierung „sekundär" bzw. als „Mittäterinnen" über die Abhängigkeitsbeziehung zu einem männlichen Partner erwerben. Tatsächlich finden sich in den Interviews einige Hinweise auf Anpassung von Frauen an die politische Meinung eines Mannes. Julia berichtet davon, sich früher kritisch mit dem Nationalsozialismus auseinandergesetzt zu haben. Jetzt – nachdem sie mit einem Mann aus der rechtsextremen Szene zusammen ist, und von ihm ein Kind hat – wisse sie nichts mehr über dieses Thema. Ihre Strategie ist Schweigen, Julia hört sich die Meinungen ihres Freundes an, äußert sich aber nicht dazu. Vera schildert die rechten politischen Orientierungen ihres Stiefvaters. Sie widerspricht ihm immer wieder in Diskussionen, bemerkt aber gleichzeitig, dass ihre Mutter sich politisch ganz an ihren Vater anpasse und schließlich auch dieselbe Partei wähle wie er.

In Einzelfällen lässt sich also tatsächlich eine Abhängigkeit von Männern nachweisen, die auch zur Anpassung, bzw. zum Verschweigen der eigenen Meinung führen kann. In den meisten Interviews ist jedoch nichts über die politischen Orientierungen der Männer im Umkreis zu erfahren, bzw. über politische Auseinandersetzungen mit ihnen. Richtig ist, dass viele Befragte ihr Desinteresse für Politik bekunden, und vor allem die Wirkungslosigkeit von politischem Engagement betonen. Alle setzen sich jedoch mit dem Thema Migration auseinander, verfolgen Medienberichte, beteiligen sich an Dorfgesprächen zum Thema und berichten im Interview, was sie selbst – in Übereinstimmung zu ihrer vertretenen Orientierung – gesehen haben. In erster Linie geht es den Frauen um eigene Interessen, ein großer Teil von ihnen fühlt sich „als Deutscher" (sic), und nicht als Frau, benachteiligt, dies hat bereits Büchner (1994) für die von ihr befragten älteren Republikanerinnen festgestellt. Die Vorwürfe „ökonomische Bevorzugung von MigrantInnen" und „Kriminalität" sind die Hauptthemen in den meisten Interviews. Hier werden Fragen des sozialen Status der eigenen Gruppe der Deutschen verhandelt, zunächst einmal spielt in den Argumentationen Geschlecht kaum eine Rolle.

Teilweise werden die Orientierungen mit Beispielen aus der eigenen Lebenswelt unterstrichen, hier finden sich auch Erzählungen über den Besitz von Einbauküchen und Küchengeräten bei Asylbewerbern oder das Verhalten älterer Kundinnen im Friseursalon, die vom Nationalsozialismus schwärmen. Der Grundtenor ist jedoch so uniform und konform mit dem allgemeinen Diskurs um Migration, dass es kaum plausibel scheint, dass die Orientierungen in erster Linie Antworten auf geschlechtsspezifische Lebenslagen sind. Versatzstücke aus der allgemeinen Diskussion werden eher auf das eigene Leben heruntergebrochen, in die eigene Welt übersetzt, die durch „gender" stark geprägt ist – von der Einbauküche über den Friseursalon bis zur Zuständigkeit für das Wohlverhalten von Kindern. Was allgemeiner Konsens ist, die Unterscheidung zwischen Deutschen und „Ausländern" wird im eigenen Umkreis wahrgenommen und in Themen des eigenen Alltags übersetzt. Von „sekundärem" Ethnozentrismus bzw. „sekundärem" Rassismus zu sprechen, angelehnt an Mitscherlich-Nielsens (1988) Begriff des „sekundären", d. h. vom Mann übernommenen Antisemitismus, würde die eigenen Interessen der Frauen vernachlässigen. In ihrer Rede über „Ausländer" bzw. über „Sozialhilfeempfänger" betonen sie zwar indirekt, jedoch gleichzeitig vehement und durchgängig ihre Zugehörigkeit zur Gruppe der „anständigen Deutschen". Um die Interessen dieser Gruppe in Bezug auf ihre privilegierte Rechtsstellung, auf den Zugang zu Ausbildungs- und Arbeitsplätzen, auf Sozialleistungen und auf ihre ökonomische Situation geht es den Frauen im Interview, wenn sie sich über „andere" Bevölkerungsgruppen empören, die zu viel erhalten und zu wenig leisten.

Die im Vergleich zu Männern seltenere Beteiligung von Frauen an rechtsextremen Gewalttaten (Willems u. a. 1993) und eher negative Einstellungen zum Habitus rechtsextremer Cliquen (Birsl 1994a, Siller 1997) ist bereits häufiger festgestellt worden. Dies ist jedoch kaum darauf zurückzuführen, dass Frauen allgemein positiver gegenüber diskriminierten Gruppen der Gesellschaft eingestellt sind. Diskriminierende Aussagen finden sich in dieser Stichprobe bei dem überwiegenden Teil der Befragten, auch für rechtsextreme Gewalttaten äußert immerhin ein gutes Drittel Verständnis. Eher als auf geschlechtsspezifische Einstellungen ist die Nichtbeteiligung von Frauen an Gewalttaten auf situationale Faktoren zurückzuführen. Die Taten, auch wie sie in den Interviews dieser Stichprobe geschildert werden, sind fast immer Gemeinschaftstaten rechtsextremer Cliquen (vgl. Eckert u. a. 1996). Frauen und Mädchen sind jedoch eher Randfiguren in diesen Cliquen, in denen Männlichkeitsriten wie gemeinsame Besäufnisse, gepflegt werden (vgl. Kersten 1993). Einige der von uns befragten Frauen lebten in einer Beziehung zu einem Mitglied einer rechtsextremen Clique. Diese Frauen sahen sich eher in Konkurrenz zu der Clique, sie betrachteten es als ihre Aufgabe, den männlichen Partner von der Clique abzubringen, um die Freizeit mit ihm teilen zu können, aber auch um einen „anständigen" Partner für eine geplante Ehe und Familiengründung zu haben. Eine einzige Frau, Carola, berichtet davon, mit an Cliquenaktivitäten beteiligt gewesen zu sein, sie muss jedoch erfahren, dass sie als Frau nicht als volles Mitglied gezählt wird, als es zu einer Schlägerei kommt. In Gruppenschlägereien zwischen Männern sehen Männer es eher als Entwertung an, wenn sich Frauen mitbeteiligen, sie wollen sich in der Rolle des Beschützers der „schwächeren" Frau sehen (vgl. Burkert 2001, S.151f).

Die meisten der befragten Frauen betrachten es als zentrales Ziel, einen männlichen Partner fest an sich zu binden, um mit ihm eine Familie zu gründen, dies hat Vorrang vor Freundschaften und Cliquenbeziehungen. Hinzu kommt, dass die Frauen über sehr wenig Freizeit verfügen. So können eher Gruppennormen, Handlungsräume und Zeitstrukturen dafür verantwortlich gemacht werden, dass in Bezug auf Gewalttaten Frauen seltener auffallen, als tatsächlich unterschiedliche „geschlechtsspezifische" Einstellungen.

Ein weiterer Einfluss von „gender" auf das Verhältnis zum Rechtsextremismus ist in der Rolle der Institution Bundeswehr zu sehen. Bis vor kurzem war die Bundeswehr rein Männern vorbehalten, und auch heute ist sie überwiegend männlich geprägt. Vier Frauen der Stichprobe beziehen sich extrem negativ in ihren Interviews auf die Bundeswehr, drei dieser Frauen haben Freunde, die Mitglieder in rechtsextremen Cliquen sind, und gleichzeitig Zeitsoldaten bei der Bundeswehr. Sie berichten ausführlich über Beziehungskonflikte um das Thema „Bundeswehr", die sich zuspitzen, als die Freunde sich begeistert für Militäreinsätze im Ausland freiwillig melden. Für die Frauen tritt die Bundeswehr als Instanz auf, die ihnen den Freund wegnimmt – auch über Kasernierung und wenig Freizeit beschweren sich die Frauen heftig – und sogar sein Leben gefährdet. Eine Frau mutmaßt, dass die Soldaten im Ausland vor allem Frauen belästigen würden und sexuelle Beziehungen suchen würden. Aus den Interviews lässt sich dagegen lesen, dass die männlichen Freunde begeistert von der Bundeswehr sind, zum einen von der Möglichkeit für die Nation „zu kämpfen", auf der anderen Seite von der Bezahlung und den Aufstiegsmöglichkeiten. Die Bundeswehr steht auf der einen Seite für die Verteidigung der Nation nach außen, bietet aber auch „Kameradschaft" nach innen. Sie scheint gerade auch für junge Männer mit extremen rechten Ansichten attraktiv, schließt dagegen Frauen tendenziell aus.

7 Geschlechterkonstruktion und Ethnisierung

7.1 Konstruktion von Geschlecht im Forschungsprozess

Klischeebilder von Weiblichkeit wie Mütterlichkeit, Fürsorglichkeit oder Sehnsucht nach einem traditionellen Hausfrauendasein haben zunächst auch den Blick der Forschung auf rechtsextreme Frauen gelenkt. Häufig wurde "Weiblichkeit" in erster Linie als Persönlichkeitseigenschaft gefasst, die durch Sozialisation erworben wird und sich in einer nur mehr wenig veränderlichen Charakterstruktur verfestigt, und die gleichzeitig von allen Angehörigen eines Geschlechts geteilt wird – unabhängig von individueller Biographie, aber auch vom sozialen Hintergrund und Alter. In der Debatte um Geschlecht in der Frauenforschung wurde die Forderung aufgestellt, Geschlecht als Strukturkategorie ernster zu nehmen (Hagemann-White 1988, Bilden 1991, Gildemeister & Wetterer 1992, Lorber 1999). Es ist davon abzugehen, Frauen als Gruppe übergreifend Eigenschaften zuzuschreiben, sondern stattdessen ist Geschlecht auf der Ebene von Handlungsräumen und Verhaltensanforderungen zu begreifen, mit denen die und der Einzelne jeweils subjektiv umgehen. Dabei ist zu sehen, dass auch der Forschungsprozess ein Herstellungsprozess von Geschlecht ist. Auch in der Rede von „der" geschlechtsspezifischen Lebenslage von Frauen, geprägt durch den Vereinbarkeitskonflikt und durch Gewalterfahrungen, findet eine unzutreffende Verallgemeinerung statt. Neben Geschlecht sind andere Strukturkategorien wie z. B. Staatsangehörigkeit/ethnische Zuordnung, soziale Herkunft und sexuelle Orientierung miteinzubeziehen. Dies gilt auch für die Rechtsextremismusforschung, die nicht deutlich genug gemacht hat, inwieweit sie „Frauen" mit „deutschen Frauen" gleichgesetzt hat und damit Migrantinnen ausgeschlossen hat. Migrantinnen wurden zum verhandelten Gegenstand gemacht, deutsche Frauen dagegen zum interviewten Subjekt, deren Meinungen über die „anderen" gefragt waren.

Die „Frauen und Rechtsextremismus"-Forschung übernimmt ein eingeschränktes Modell zum Erwerb politischer Orientierungen und überträgt es auf Frauen. Während in der internationalen Debatte um Rassismus unterschiedliche Ebenen in ihrem Zusammenwirken betrachtet werden – gesellschaftliche Ebene, Intergruppen Ebene, individuelle Ebene – ist die deutsche Diskussion an vielen Stellen individualpsychologisch verkürzt. Die meisten Deutungen orientieren sich am Ansatz von Heitmeyer, der Rechtsextremismus als eine Form der Bewältigung von Modernisierungsrisiken betrachtet. Rechtsextreme Orientierungen werden dabei als Weg gesehen, mit Belastungen umzugehen, wie dem Abbau sozialer Sicherungssysteme oder dem Verlust traditioneller Beziehungsnetze. Die „Frauen und Rechtsextremismus"-Forschung hat eine Reihe belastender Situationen im Leben von Frauen zu Tage gefördert und besprochen, vor allem die Angst vor Männergewalt und Kriminalität und der Vereinbarkeitskonflikt zwischen Beruf und Familie. M. E. kann aber nicht schlüssig nachgewiesen werden, dass Rechtsextremismus in einem Zusammenhang mit diesen Belastungen steht, und damit eine Antwort auf „frauenspezifische Konfliktsituationen" ist, auch wenn sich auch in dieser Studie die überwiegende Mehrheit der Frauen diskriminierend gegen Menschen nichtdeutscher Herkunft äußert und die Lebenssituationen dieser Frauen gleichzeitig als konflikthaft gesehen werden können. Es ist ein gebräuchliches Argumentationsmuster, das als „moderner" oder „symbolischer" Rassismus (Dovidio & Gaertner 1986) beschrieben worden ist, die eigene Gruppe als benachteiligt gegenüber MigrantInnen darzustellen. Beschreibungen der eigenen Person als übervorteilt und unzufrieden mit der sozialen Situation können zwar als subjektive Begründungen für rassistisch diskriminierende Aussagen gedeutet werden. Das heißt aber noch nicht, dass in der sozialen Situation die Ursache für diese diskriminierenden Äußerungen tatsächlich zu sehen ist.

Scheinbare Bestätigung bekommt diese „Defizittheorie" (Eigene Defizite/ Diskriminierungserfahrungen führen zu diskriminierendem Verhalten) zusätzlich dadurch, dass solche Argumentationen aus der Sozialforschung medial vermittelt von vielen Interviewten als Erklärung für das eigene Verhalten aufgegriffen werden, und auf diesem Umweg wieder in die Argumentation der Sozialwissenschaften miteinfließen. So finden sich auch in der vorliegenden Studie eine Reihe von Interviewpassagen, die Rechtsextremismus auf „Frustrationen", „Arbeitslosigkeit" etc. und eigene „schlechte Erfahrungen" zurückführen.

Die Sicht von Rechtsextremismus als „Verarbeitung kritischer Lebenssituationen" hat praktische Konsequenzen auf die Entscheidung, für welche politischen Gegenstrategien plädiert wird. Das Problem wird in der schwierigen sozialen Situation deutscher Jugendlicher, bzw. deutscher Frauen gesehen und die Verbesserung dieser Situation – sei es Arbeitslosigkeit junger Männer oder sei es der Vereinbarungskonflikt junger Frauen – wird als Maßnahme gegen Rechtsextremismus gefordert. Die soziale Situation von MigrantInnen in Deutschland bleibt undiskutiert, ebenso wird die Rolle rechtsextremer Gewalt und alltäglicher Diskriminierung im konkreten Verhältnis zwischen „einheimischer" und zugewanderter Bevölkerung nicht reflektiert.

7.2 Zentrale Argumentationsmuster: Dichotomie und Alteroreferenzialität

Es ist in den Blick zu nehmen, inwieweit auf der Intergruppenebene Einstellungen von Gruppen geteilt werden und gesamtgesellschaftlich Bestandteil eines gemeinsamen Diskurses sind. Zu betrachten ist, ob andere Faktoren neben der klassischen Einstellung – wie Normen, Handlungsräume, Situationen – Verhalten bestimmen. Hier fehlt vor allem in der deutschen Diskussion häufig noch ein Anschluss an das Konzept des „strukturellen Rassismus": Die Diskriminierung von MigrantInnen ergibt sich nicht einfach aus einer Summe von individuellen Fehlverhaltensweisen, die auf individuellen negativen Einstellungen basieren. Ungleichbehandlung findet entlang staatlicher Ausgrenzungsstrukturen statt, auf dem Arbeitsmarkt und auf dem Bildungssektor haben Migranten und Migrantinnen weniger Chancen. Einstellungen können gerade auch dadurch gebildet werden, dass sich die Einzelnen in und zu den existierenden ausgrenzenden Strukturen verhalten, sich an der Ausgrenzung gewollt oder auch ungewollt beteiligen und davon profitieren – und ihre stark strukturell bestimmten Verhaltensweisen im nachhinein durch Einstellungen rechtfertigen.

Festzustellen ist, dass sich die geäußerten Einstellungen gegenüber Migranten und Migrantinnen in den Interviews in einem hohem Maß ähneln. Auch die Sozialforschung ist an Prozessen beteiligt, in denen zwischen Deutschen und Nichtdeutschen unterschieden wird, und der Gruppe der „anderen" Eigenschaften zugeschrieben werden. Die Fragen auch der Forscherinnen dieses Projekts haben ebenfalls die Unterscheidung zwischen der Gruppe der „Ausländer" und der „Deutschen" wiederholt nahegelegt, und bestimmte Topoi der Unterscheidung wie „Frauen mit Kopftüchern", wenn auch ungewollt, mehrmals in die Diskussion eingebracht.

Grundlage fast jeder Argumentation (und zu fragen ist, wieweit auch des Forschungsdesigns) ist also die dichotome Unterscheidung zwischen Deutschen und „Ausländern". „Ethnisierung", d. h. die Erklärung von Zusammenhänge durch ethnische Zuschreibungen zieht sich durch beinahe alle Interviews. Die moderne Vorurteilsforschung hat den Begriff des Vorurteiles immer stärker zugespitzt und kommt zu einer sehr sparsamen Definition: Während in der Tradition von Allport (1954) Vorurteile als falsche, negative Urteile über Personen wegen ihrer Gruppenzugehörigkeit betrachtet wurden, wird heute davon ausgegangen, dass Vorurteile immer dann vorliegen, wenn allein aufgrund der Gruppenzugehörigkeit Urteile über ein Individuum gefällt werden. Kern der Vorurteilsbildung ist die Zuschreibung von Eigenschaften an Gruppen verbunden mit der Deindividualisierung ihrer Angehörigen, dies lässt sich auch an den vorliegenden Interviews zeigen: Deutsche

werden eher als Individuen mit eigener Persönlichkeit und eigenen Motiven betrachtet, Migranten und Migrantinnen dagegen als (mehr oder weniger) typische
VertreterInnen ihrer Gruppe. Das Verhalten der migrierten Bevölkerung wird weniger als Ausdruck ihrer Persönlichkeit oder als Reaktion auf soziale Verhältnisse
gedeutet, sondern dient häufig als Beleg für ethnisierende Eigenschaftszuschreibungen an die gesamte Gruppe. Dabei wird die fremde „Kultur" als Hauptbegrün-
dung für Verhalten herangezogen. Was ein Migrant oder eine Migrantin tut, tut
er/sie aufgrund seiner/ihrer „Kultur". Kultur wird dabei als statisch und unveränderlich gedacht, die „Kultur" wird im Begründungszusammenhang an die Stelle
gesetzt, an der „Rasse" oder „Natur" im traditionell biologistisch-rassistischen Diskurs verwendet wurde. Manche Zuschreibungen können durchaus auch positiv
sein, wie beispielsweise ein besserer Familienzusammenhalt bei Türken oder der
größere Fleiß von Arbeitsmigranten – zentral ist die Deindividualisierung der Angehörigen der zu Fremden gemachten Gruppe. Gleichzeitig bleibt in den Interviews
der jungen Frauen die Eigengruppe der Deutschen relativ unbestimmt. Ein Gefühl
für die Eigengruppe entsteht weniger durch das Benennen gemeinsamer Eigenschaften oder Ziele, sondern in der Abgrenzung zu den „Anderen". Die Identität
der eigenen Gruppe – als fleißig, rechtschaffen, frauenfreundlich usw. – ergibt sich
unausgesprochen aus den Negativbildern derjenigen, die nicht dazu gehören.
Guillaumin nennt dies "Alteroreferenzialität" (1995). Bereits Hopf u. a. (1995) haben für ihre Studie männlicher Jugendlicher festgestellt, dass diese abwertend über
Migrantinnen und Migranten reden, aber kaum ihr eigenes "Deutschsein" postiv
hervorheben und mit Eigenschaften füllen.

Auch individuelle Begegnungen mit einzelnen MigrantInnen ändern häufig
nichts an den negativen Zuschreibungen an die Gesamtgruppe – es wird auf den
Eigenschaften der ganzen Gruppe beharrt, der/die Einzelne wird dann als Ausnahme wahrgenommen, die die Regel bestätigt. In den Interviews ist deutlich geworden, dass Einzelbeispiele, eigene Erlebnisse in der Erzählung, überwiegend dazu
dienen, allgemeine Thesen zu illustrieren. Es lässt sich zeigen, dass die Erzählungen nicht einfach Bericht individueller Erfahrung sind, sondern Versuche, allgemein verbreitete Stereotype auch in der eigenen Lebenswelt zu entdecken und festzumachen. Es wird kaum gefragt „wie kann ich diese Erfahrung deuten, welche
Deutungsangebote bieten sich an?", sondern es geht eher darum, allgemein geteilte
Sichtweisen mit der eigenen Lebenswelt zu verknüpfen und an der eigenen Erfahrung festzumachen „wo kann auch ich das sehen, was alle sagen?".

Inhaltlich stehen die negativen Zuschreibungen mit der rechtlichen und sozialen
Situation von MigrantInnen in Deutschland im Zusammenhang. Gleichzeitig spielen dabei medial verbreitete Themen und Motive eine Rolle, es handelt sich, wie an

vielen Stellen deutlich wird, nicht um einfach zufällige Vorurteile. Die Themen des Diskurses ergeben sich vor allem aus den politischen Fragen der Diskriminierung von MigrantInnen auf dem Arbeitsmarkt und dem Ausschluss, der sich aus dem Fehlen von Staatsbürgerrechten ergibt. Dabei ist interessant, dass in den „Vorurteilen" politische Fragen diskutiert werden. Es wird an tatsächliche gesellschaftliche Diskriminierungen angeknüpft – und diese werden als berechtigt gerechtfertigt, weil auf tatsächlichen Erfahrungen aufbauend:

a) Migranten und Migrantinnen werden nach wie vor auf dem Arbeitsmarkt benachteiligt und sind ökonomisch schlechter gestellt als die deutsche Bevölkerung.

Der Einwanderungsdiskurs kreist dementsprechend um die Themen Arbeit, ökonomische Privilegierung und Benachteiligung. Die ökonomische Schlechterstellung von MigrantInnen wird diesen selbst zugeschrieben – sie seien eben „fauler". Ebenso finden sich Argumente, dass MigrantInnen in Deutschland unverdient zu Geld und Reichtum kommen, es im Grunde die einheimische Bevölkerung sei, die benachteiligt werde. Einen Gegenpol, der jedoch im Rahmen des Diskurses bleibt, bildet die Argumentation, „Ausländer" seien nützlich für die Ökonomie und leisteten vor allem Drecksarbeit, die Deutsche scheuten. Alle Argumentationen in den Interviews verbinden jedoch die Frage des Bleiberechts von Migranten und Migrantinnen mit Erwägungen von „Nützlichkeit" oder „Schädlichkeit".

b) Migranten und Migrantinnen sind rechtlich benachteiligt. Sie haben in der Regel keine Staatbürgerrechte – ihr Aufenthaltsstatus ist grundsätzlich nicht sicher.

Daran knüpft in den Interviews die Diskussion an, ob Nichtdeutsche überhaupt in „unsere" Gesellschaft passen – Hauptbegriffe dieser Debatte sind „Integration" und „Kultur". Gerade der Topos „Frauenfeindlichkeit im Islam" ist ein Argument, das die Unvereinbarkeit zweier Kulturen, der deutschen und der „Fremden" nahelegen soll. Mit dem Thema „Ausländerkriminalität" wird in Frage gestellt, ob sich Nichtdeutsche überhaupt an herrschende Regeln und Gesetze halten und gleichzeitig die eigene Gruppe der Deutschen als Opfer und bedroht dargestellt.

Fast alle befragten Frauen haben Themen aus den Themenkomplexen „Arbeit" und „Kultur" aufgegriffen. Die dilemmatische Struktur der Aussagen, die sich überwiegend finden lässt „Ich bin nicht gegen Ausländer/ nicht rechtsextrem, aber ich habe ja mit meinen eigenen Augen gesehen, dass...", ist weder Zufall, noch einfach auf „soziale Erwünschtheit" in der Interviewsituation zurückzuführen, sondern fester

Bestandteil des Diskurses über MigrantInnen in Deutschland. Die Aussagen spiegeln den Widerspruch wider, dass auf der einen Seite offener Rassismus allgemein geteilten Werten widerspricht, auf der anderen Seite jedoch diskriminierende Strukturen weiterbestehen und in der Argumentation der einzelnen die bestehende Ungleichbehandlung gerechtfertigt wird. Wie die Theorie des „symbolic racism" (Dovidio & Gaertner 1986) für die USA beschreibt, wird dementsprechend die Gruppe der Deutschen als in Wirklichkeit benachteiligt, diskriminiert und von „Ausländern" bedroht dargestellt.

Insgesamt herrschen stark stereotypisierte Aussagen vor, verallgemeinernde Feindbilder der „anderen" prägen die Interviews. Dennoch entwickeln einzelne Befragte auch eigene abweichende Interpretationen. Diese können auf der einen Seite widersprüchlich und ambivalent sein, aber auch die verbreiteten Einstellungen direkt in Frage stellen – hierzu einige Beispiele aus der Studie: Das Prinzip der Staatsbürgerschaft und die sich daraus ergebenden Unterscheidungen werden für irrelevant erklärt, die eigene nationale „Identität" wird angezweifelt, bzw. gefragt, was „Deutschsein" eigentlich bedeute, Forderungen nach politischer und sozialer Gleichstellung von MigrantInnen werden erhoben. Erfahrungen werden als persönliche, individuelle Erfahrungen gedeutet und nicht als Beweise für Argumentationslinien im Anti-Migrationsdiskurs herangezogen.

Für diese „anderen" Argumentationsmuster, aber auch für Ambivalenzen und Widersprüche in den Interviews, spielt der engere Kontakt mit Migranten und Migrantinnen eine Rolle. Die Aussagen derjenigen Frauen, die nur oberflächlich mit MigrantInnen zu tun haben, erschienen um vieles bestimmter und widerspruchsloser als die derjenigen, die mit MigrantInnen näher bekannt oder befreundet waren. Persönliche Erfahrungen in Beziehungen können soziale Repräsentationen aufbrechen. Das direkte (Mit-)Erleben von Diskriminierungen kann dazu führen, dass vorherrschende Ansichten kritisch überdacht werden. Häufig stehen aber negative Zuschreibungen an die Gruppe der „Ausländer" relativ unverbunden und widersprüchlich neben persönlichen Erfahrungsberichten, die die Begegnung mit einzelnen Nichtdeutschen schildern.

7.3 Geschlecht, politische Orientierung und politisches Handeln

Geschlecht spielt eine Rolle, jedoch weniger auf der Einstellungsebene bzw. der Ebene individueller Äußerungen. Wie gezeigt werden konnte, werden hier überwiegend vorherrschende soziale Repräsentationen geteilt. In der Empirie habe ich meine Vermutung bestätigt gefunden, dass sich die geäußerten Einstellungen nicht direkt aus der „weiblichen" Lebenslage ableiten lassen. Dies habe ich an den in der Literatur verhandelten Themenbereichen „Kriminalitätsangst", *weibliche"* Moral, „indirekte Aggression" und „Vereinbarkeitskonflikt" zeigen können. In der Rede über „Ausländer" finden sich überwiegend persönlichkeitsferne, stark stereotypisierte, in der gesamten Gruppe geteilte Einstellungsmuster, die nicht im direkten Sinne auf eigener Erfahrung und damit auch nicht auf „geschlechtsspezifischer" Erfahrung basieren. „Erfahrung" wird sekundär dazu herangezogen, bestimmte diskriminierende Äußerungen zu unterfüttern. Dies geschieht in vergleichbarer Weise bei Frauen und Männer. Möglich ist dabei, dass allgemeine Topoi auf geschlechtsdifferente Lebenswelten heruntergebrochen werden, einmal also moniert wird, dass Nichtdeutsche teure Autos besitzen, ein andermal sich die Empörung an der neuen Waschmaschine einer Asylbewerberin festmacht.

Insgesamt wird deutlich, dass es weiterbringend ist, die Frage nach dem Geschlecht als eine Frage von unterschiedlichen Handlungsräumen und Gruppennormen zu stellen. Die in der Literatur gefundenen tendenziellen Unterschiede zwischen Männern und Frauen, die ich in meiner Untersuchung bestätigen konnte (Frauen sind im Schnitt weniger beteiligt am organisierten Rechtsextremismus und an Gewalttaten, sie schätzen Gewaltanwendung negativer ein), lassen sich besser deuten, wenn der Blick auf die jeweiligen Handlungsräume von Frauen und Männern gerichtet wird. In der befragten Altersgruppe sind Frauen weniger in Cliquen eingebunden, sie orientieren sich stark an ihren männlichen Partnern. Gleichzeitig haben die jungen Frauen im Vergleich zu ihren männlichen Altersgenossen weniger Freiräume in Bezug auf Freizeit und Mobilität. Sowohl Gewalthandeln, als auch die Auseinandersetzung mit Politik findet hier überwiegend in der rein männlichen oder männlich dominierten Clique statt. Der vermeintliche Widerspruch zwischen der Ähnlichkeit von Frauen und Männern auf der Einstellungsebene und den gefundenen Unterschieden im Wahlverhalten, im Organisierungsgrad und bei der Beteiligung an rechtsextremen Übergriffen, kann mit einer Vorstellung von „gender" als Handlungsraum eher begriffen werden. Interessant wäre weiterhin, den Hinweisen aus einigen Interviews nachzugehen, wie die Institution Bundeswehr dazu beitragen kann, dass sich Bezüge zur deutschen Nation bei den Geschlechtern unterschiedlich herausbilden. Neben der Frage nach den individuellen Einstellungen einzelner Frauen hat die Analyse der – nicht nur – nach Geschlecht differenten Wirkung von Strukturen wie Familie, heterosexuelle Partnerschaft, Gleichaltrigenclique, Arbeitswelt und Militär zu stehen.

8　Literaturverzeichnis

Adorno, Theodor W.: Studien zum autoritären Charakter. Suhrkamp, Frankfurt/Main 1973.

Adorno, Theodor W.; Bettelheim, Bruno; Frenkel-Brunswik, Else; Guterman, Norbert; Janowitz, Morris; Levinson, Daniel; Sanford, R. Nevitt: Der autoritäre Charakter. Studien über Autorität und Vorurteil. Band 1 und Band 2, gekürzte deutsche Fassung (1953) der Bände I - III und V der "Studies in prejudice". Übersetzt und herausgegeben vom Institut für Sozialforschung, Frankfurt/Main. Verlag de Munter, Amsterdam 1968 und 1969.

Ainsworth, Mary D. Salter; Belhar, Mary C.; Waters, Everett; Wall, Sally: Patterns of attachment. A psychological study of the strange situation. Erlbaum, Hillsdale, N.J. 1978.

Ajzen, Icek; Fishbein, Martin: Belief, attitude, intention and behavior. An introduction to theory and research. Addison-Wesley, Reading 1975.

Allport, Gordon W.: The Nature of Prejudice. Addison-Wesley, Reading 1954.

Altemeyer, Bob: Enemies of freedom. Understanding right-wing authoritarism. Jossey-Bass Publ., San Francisco und London 1988.

Amesberger, Helga; Halbmayr, Brigitte: Rassismus. Ausgewählte Analysen afrikanisch-amerikanischer Wissenschaftlerinnen. Wilhelm Braumüller Verlag, Wien 1998.

Backes, Uwe; Jesse, Eckhard: Politischer Extremismus in der Bundesrepublik Deutschland. Propyläen, Berlin 1993.

Baker, Carolyn: Membership Categorization and Interview Accounts. In: Silverman, David (Ed.): Qualitative Research. Theory, Method and Practice. Sage, London 1997, S.130-143.

Balibar, Étienne: Gibt es einen „neuen Rassismus"? In: Das Argument, 175 (1989), S.369-380.

Balibar, Étienne: „Es gibt keinen Staat in Europa." Rassismus und Politik im heutigen Europa. In: Institut für Migrations- und Rassismusforschung (Hrsg.): Rassismus und Migration in Europa: Beiträge des Kongresses „Migration und Rassismus in Europa." Hamburg 26. – 30. September 1990. Argument Sonderband 201. Argument, Hamburg und Berlin 1992, S.10-29.

Balibar, Étienne; Wallerstein, Immanuel: Rasse, Klasse, Nation: Ambivalente Identitäten. Argument, Hamburg und Berlin 1989.

Bauman, Zygmunt: Moderne und Ambivalenz. In: Bielefeld, Uli (Hrsg.): Das Eigene und das Fremde. Neuer Rassismus in der Alten Welt? Junius, Hamburg 1992, S.23-49.

Beck, Ulrich: Risikogesellschaft. Auf dem Weg in eine andere Moderne. Suhrkamp, Frankfurt/Main 1986.

Becker-Schmidt, Regina; Bilden, Helga: Impulse für die qualitative Sozialforschung aus der Frauenforschung. In: Flick, Uwe; Keupp, Heiner; von Rosenstiel, Lutz; Wolff, Stefan (Hrsg.): Handbuch qualitative Sozialforschung. Grundlagen, Konzepte, Methoden und Anwendungen. Psychologie Verlags Union, München 1991, S.23-30.

Benetka, Gerhard: „Im Gefolge der Katastrophe..." Psychologie im Nationalsozialismus. In: Mecheril, Paul; Teo, Thomas (Hrsg.): Psychologie und Rassismus. Rowohlt, Reinbek 1997, S.42-72.

Benz, Wolfgang (Hrsg.): Rechtsextremismus in der Bundesrepublik Deutschland. Voraussetzungen, Zusammenhänge, Wirkungen. Fischer, Frankfurt/Main 1989.

Berker, Thomas; Demirovic, Alex: Gefahren in der Demokratie gegen die Demokratie: Driftet die Studierendenschaft nach rechts? In: Schneider, Rainer (Hrsg.): Demokratie in Gefahr. Westfälisches Dampfboot, Münster 1997, S.485-498.

Berkowitz, Leonard: Aggression. A social psychological analysis. Mac Graw Hill, New York 1962.

Bielefeld, Ulrich: Die institutionalisierte Phobie. Einige soziologisch-sozialpsychologische Anmerkungen. In: Otto, Hans-Uwe; Merten, Roland (Hrsg.): Rechtsradikale Gewalt im vereinigten Deutschland. Jugend im gesellschaftlichen Umbruch. Leske und Budrich, Opladen 1993, S.34-42.

Bilden, Helga: Geschlechtsspezifische Sozialisation. In: Hurrelmann, Klaus; Ulrich, Dieter (Hrsg.): Neues Handbuch der Sozialisationsforschung. Beltz, Weinheim und Basel 1991, S.279-301.

Billig, Michael: Ideological Dilemmas. A social psychology of everyday thinking. Sage, London 1988.

Birsl, Ursula: Frauen und Rechtsextremismus. In: Aus Politik und Zeitgeschichte, Beilage zur Wochenzeitung „Das Parlament", B 3-4 (1992), S.22-30.

Birsl, Ursula: Rechtsextremismus: weiblich – männlich? Eine Fallstudie. Leske und Budrich, Opladen 1994a.

Birsl, Ursula: Rechtsextremismus: weiblich – männlich? Rechtsextremistische Orientierungen im Geschlechtervergleich. Ergebnisse einer Fallstudie und sozialisationstheoretische Erklärungsansätze. In: Zeitschrift für Frauenforschung, 1994b, S.42-63.

Birsl, Ursula: Rechtsextremismus und Fremdenfeindlichkeit: Reagieren Frauen anders? Zur theoretischen Verortung der Kategorie Geschlecht in der feministischen Rechtsextremismus-Forschung. In: Politische Vierteljahresschrift, Sonderheft 27 (1996), S.49-65.

Birsl, Ursula; Busche-Baumann, Maria; Bons, Joachim; Kurzer, Ulrich: Jugendlicher Rechtsextremismus und Gewerkschaften. Lebensverhältnisse und politische Orientierungen von Auszubildenden. Leske und Budrich, Opladen 1995.

Bitzan, Renate: Selbstbilder rechter Frauen zwischen Antisexismus und völkischem Denken. Edition Diskord, Tübingen 2000.

Bohnsack, Ralf: Rekonstruktive Sozialforschung. Einführung in die Methodologie und Praxis qualitativer Forschung. Leske und Budrich, Opladen 1991.

Bommes, Michael; Scherr, Albert: Multikulturalismus – Ein Ansatz für die Praxis der Jugendarbeit? In: deutsche jugend, 40 (1992), S.117-124.

Bowlby, John: Verlust. Trauer und Depression. Fischer, Frankfurt/Main 1983 (zuerst 1980).

Bowlby, John: Bindung. Eine Analyse der Mutter-Kind-Beziehung. Fischer, Frankfurt/Main 1984 (zuerst 1969).

Bowlby, John: Trennung. Psychische Schäden als Folge der Trennung von Mutter und Kind. Fischer, Frankfurt/Main 1986 (zuerst 1973).

Brown, Rupert: Prejudice. Its social psychology. Blackwell, Oxford 1995.

Büchner, Britta Ruth: Rechtsextreme Frauen als verfolgende Opfer. Über die Problematik einer Haltung. In: Das Argument 203, 1(1994), S.59-64

Büchner, Britta Ruth: Rechte Frauen, Frauenrechte und das Klischee von Normalität. Gespräche mit „Republikanerinnen". Centaurus, Pfaffenweiler 1995.

Burkert, Esther: Zur Entwicklung und Überarbeitung der Interviewleitfäden. In: Projektgruppe „Soziale Beziehungen in der Familie, geschlechtsspezifische Sozialisation und die Herausbildung rechtsextremer Orientierungen": Dokumentation und Erläuterung des methodischen Vorgehens. Institut für Sozialwissenschaften der Universität Hildesheim, Hildesheim 1996a, S.13-20.

Burkert, Esther: Zur Handhabung der Interviewleitfäden. In: Projektgruppe „Soziale Beziehungen in der Familie, geschlechtsspezifische Sozialisation und die Herausbildung rechtsextremer Orientierungen": Dokumentation und Erläuterung des methodischen Vorgehens. Institut für Sozialwissenschaften der Universität Hildesheim, Hildesheim 1996b, S.23-32.

Burkert, Esther: Sind Frauen „anders" – und anders rechtsextrem? Fallstricke eines Ansatzes frauenspezifischer Differenz. In: Wesely, Sabine (Hrsg.): Gender Studies in den Sozial- und Kulturwissenschaften. Kleine, Bielefeld 2000, S.134-159.

Burkert, Esther: „...daher kommt mir die Frage, Mary, ob Du jemals wirklich die Werke schwarzer Frauen liest?". In: beiträge zur feministischen theorie und praxis, 24. Jahrgang, Heft 56/57 (2001a), S.183-200.

Burkert, Esther: Paarbeziehungen, Konkurrenz und Aggression zwischen Frauen. In: Hopf, Christel; Hartwig; Myriam (Hrsg.): Liebe und Abhängigkeit. Partnerschaftsbeziehungen junger Frauen. Juventa, Weinheim und München 2001b, S.135-172.

Butterwegge, Christoph: Rechtsextremismus, Rassismus und Gewalt. Darmstadt 1996.

Campbell, Anne: Sex differences in aggression: Social representation and social roles. British Journal of Social Psychology, 33 (1994), S. 233-240.

Campbell, Donald T.: Factors relevant to the validity of experiments in social settings. Psychological Bulletin 54 (1957), S.297-312.

Carmichael, Stokely; Hamilton Charles V.: Black Power. The Politics of Liberation in America. Jonathan Cape, London 1967.

Cinar, Dilek: Alter Rassismus im neuen Europa? Anmerkungen zur Novität des Neo-Rassismus. In: Kossek, Brigitte (Hrsg.): Gegen-Rassismus. Konstruktionen. Interaktionen. Interventionen. Argument, Hamburg und Berlin 1999, S.55-72.

Cohen, Philip: Gefährliche Erbschaften: Studien zur Entstehung einer multirassistischen Kultur in Großbritannien. In: Kalpaka, Annita; Räthzel, Nora (Hrsg.): Die Schwierigkeit, nicht rassistisch zu sein. Dreisam, Köln 1994, S.81-146.

Coombes, Annie; Brah, Avtar (Eds.): Hybridity and Its Discontents: Politics, Science and Culture. Routledge, London 2000.

Crips, Liane: „National-feministische Utopien". Pia Sophie Rogge-Börner und „Die deutsche Kämpferin" 1933-1937. In: Feministische Studien, Heft 1 (1990), S.128-137.

Daniel, Norman: Islam and the West. The Making of an Image. Edinburgh University Press, Edinburgh 1960.

Däubler-Gmelin, Herta; Kießler, Kerstin: Die Rechtsaußen-Parteien und die Frauen. Warum die „Republikaner" eine Männerpartei sind. In: Seeliger, Rolf: Grauzone zwischen Union und der Neuen Rechten. Personen, Institutionen, Identifikationen. Verlag Rolf Seeliger, München 1990, S.122-134.

De Beauvoir, Simone: Das andere Geschlecht. Sitte und Sexus der Frau. Rowohlt, Reinbek 1992.

Devine, Patricia G.: Stereotypes and prejudice. Their automatic and controlled components. In: Journal of Personality and Social Psychology 56 (1989), S.5-18.

Die Sinus Studie 1981: 5 Millionen Deutsche. Wir sollten wieder einen Führer haben. Rowohlt, Reinbek 1981.

Döbert, Rainer; Nunner-Winkler, Gertrud: Abwehr- und Bewältigungsprozesse in normalen und kritischen Lebenssituationen. In: Olbrich, Erhard; Todt, Eberhard (Hrsg.): Probleme des Jugendalters. Neue Sichtweisen. Springer, Berlin 1984, S. 259-277.

Dollard, John: Frustration and Aggression. Yale University Press, New Haven 1964.

Dovidio, John F.; Gaertner Samuel L. (Eds.): Prejudice, Discrimination and Racism. Academic Press, Orlando 1986.

Duckitt, John: The Social Psychology of Prejudice. Praeger, New York 1992.
Duisburger Institut für Sprach- und Sozialforschung (DISS): Aus der Mitte der Gesellschaft. Zu den Ursachen von Rechtsextremismus und Rassismus in Europa. DISS-Veröffentlichungen, Duisburg 1991.

Dünkel, Frieder; Geng, Bernd: Rechtsextremismus und Fremdenfeindlichkeit. Bestandsaufnahme und Interventionsstrategien. Forum Verlag, Bad Godesberg 1999.

Eagly, Alice: Are People Prejudiced against Women? Some Answers from Research on Attitudes, Gender Stereotypes and Judgements of Competence. In: Stroebe Wolfgang; Hewstone Michael (Eds.): European Review of Social Psychology, Vol.5. John Wiley & Sons, London 1994, S.1-35.

Eckert, Roland; Willems, Helmut; Würtz, Stefanie: Erklärungsmuster fremdenfeindlicher Gewalt im empirischen Test. In: Falter, Jürgen W.; Jaschke, Hans-Gerd; Winkler, Jürgen: Rechtsextremismus. Ergebnisse und Perspektiven der Forschung. PVS Sonderheft 27, Westdeutscher Verlag, Opladen 1996, S.152-167.

Eichler, Margrit: Sieben Weisen, den Sexismus zu erkennen. Eine theoretische Überlegung zu einem praktischen Fragebogen. In: Das Argument 207 (1994), S.941-954.

Elias, Norbert; Scotson, John l.: Etablierte und Außenseiter. Suhrkamp, Frankfurt 1993.

Elliot, Michelle: Frauen als Täterinnen. Donna Vita, Ruhnmark 1995.

Essed, Philomena: Multikulturalismus und kultureller Rassismus in den Niederlanden. In: Institut für Migrations- und Rassismusforschung e. V. (Hrsg.): Rassismus und Migration in Europa. Argument, Hamburg und Berlin 1992, S. 373-387.

Essed, Philomena: Understanding Everyday Racism. An Interdisciplinary Theory. Sage, Newbury Park 1996.

Falter, Jürgen W.; Jaschke, Hans-Gerd; Winkler, Jürgen: Rechtsextremismus. Ergebnisse und Perspektiven der Forschung. PVS Sonderheft 27, Westdeutscher Verlag, Opladen 1996.

Fanon, Frantz: Peau noire, masques blancs. Seuil, Paris 1952. (Reprint: Black Skin, White Masks. Grove, New York 1967.)

Festinger, Leon: A Theory of Cognitive Dissonance. Harper and Row, Evanston 1957.

Fischer, Arthur; Fritzsche, Yvonne; Fuchs-Heinritz, Werner; Münchmeier, Richard: Jugend 2000. 13. Shell Jugendstudie. Leske und Budrich, Opladen 2000.

Flick, Uwe: Stationen des Qualitativen Forschungsprozesses. In: Flick, Uwe; Keupp, Heiner; von Rosenstiel, Lutz; Wolff, Stefan (Hrsg.): Handbuch Qualititative Sozialforschung. Psychologie Verlags Union, München 1991, S.147-173.

Flick, Uwe: Soziale Repräsentationen in Wissen und Sprache als Zugänge zur Psychologie des Sozialen. In: Flick, Uwe (Hrsg.): Psychologie des Sozialen. Repräsentationen in Wissen und Sprache. Rowohlt, Reinbek 1995, S.7-21.

Förster, Peter: Junge Ostdeutsche auf der Suche nach der Freiheit. Eine systemübergreifende Längsschnittstudie zum politischen Mentalitätswandel vor und nach der Wende. Leske und Budrich, Opladen 2002.

Frankenberg, Ruth: White women, race matters – The social construction of whiteness. University of Minnesota Press, Minneapolis 1993.

Frankenberg, Ruth. Weiße Frauen, Feminismus und die Herausforderungen des Antirassismus, in: Fuchs, Brigitte; Habinger, Gabriele (Hrsg.): Rassismen und Feminismen. Wien 1996.

Frenkel-Brunswik, Else: Parents and Childhood as Seen Through the Interviews. In: Adorno, Theodor W.; Frenkel-Brunswik, Else; Levinson, Daniel J.; Sanford, R. Nevitt: The Authoritarian Personality. Norton, New York 1969, S.337-389.

Frenkel-Brunswik, Else: Studien zur autoritären Persönlichkeit. Ausgewählte Schriften. Nausner und Nausner, Graz und Wien 1996.

Freud, Sigmund: Jenseits des Lustprinzips. Internationale Psychoanalytische Vereinigung. Leipzig 1921.

Friebertshäuser, Barbara: Interviewtechniken – ein Überblick. In: Friebertshäuser, Barbara; Prengel, Annedore (Hrsg.): Handbuch qualitative Forschungsmethoden in der Erziehungswissenschaft. Juventa, Weinheim und München 1997, S.371-395.

Friedrich, Walter: Einstellungen zu Ausländern bei ostdeutschen Jugendlichen. „Autoritäre Persönlichkeit" als Stereotyp. In: Otto, Hans-Uwe; Merten, Roland (Hrsg.): Rechtsradikale Gewalt im vereinigten Deutschland. Jugend im gesellschaftlichen Umbruch. Leske und Budrich, Opladen 1993, S.189-199.

Friedrich, Walter; Rothe, Claus (Hrsg.): Rechtsextremismus im Osten. Ein Ergebnis der DDR-Sozialisation. Gnn Verlag, Schkenditz 2002.

Frindte, Wolfgang: Rechtsextreme Gewalt – sozialpsychologische Erklärungen und Befunde. In: Bierhoff, Hans Werner; Wagner, Ulrich (Hrsg.): Aggression und Gewalt. Phänomene, Ursachen und Interventionen. Kohlhammer, Stuttgart 1998, S.145-164.

Gaertner, Samuel L.; Dovidio John F.: The aversive form of racism. In: Stangor, Charles (Ed.): Stereotypes and Prejudice: Essential Readings. Psychology Press, Philadelphia 2000, S.289-304.

George, Carol; Kaplan, Nancy; Main, Mary: The attachment interview for adults. Unpublished manuscript. Department of Psychology. University of California, Berkely 1996, 3rd Edition.

Gerlach, Christian: Vorbild Wehrmacht? Wehrmachtsverbrechen, Rechtsextremismus und Bundeswehr. Papyrossa, Köln 1998.

Gildemeister, Regine; Wetterer, Angelika: Wie Geschlechter gemacht werden. Die soziale Konstruktion der Zweigeschlechtlichkeit und ihre Reifizierung in der Frauenforschung. In: Wetterer, Angelika; Knapp, Gudrun-Axeli (Hrsg.): Traditionen – Brüche. Entwicklungen feministischer Theorie. Kore, Freiburg 1992, S.201-254.

Godenzi, Alberto: Gewalt im sozialen Nahraum. Helbig & Lichtenhahn, Basel und Frankfurt/Main 1993.

Gomolla, Mechtild; Radtke, Frank-Olaf: Institutionelle Diskriminierung. Die Herstellung ethnischer Differenz in der Schule. Leske und Budrich, Opladen 2002.

Gould, Stephen Jay: Der falsch vermessene Mensch. Campus, Frankfurt/Main und New York 1993.

Guillaumin, Colette: Racism, Sexism, Power and Ideology. Routledge, London 1995.

Hagemann-White, Carol: Die Konstrukteure des Geschlechts auf frischer Tat ertappen? Methodische Konsequenzen einer theoretischen Einsicht. In: Feministische Studien, 2 (1993), S.68-78.

Hagemann-White, Carol: Wir werden nicht zweigeschlechtlich geboren... In: Hagemann-White, Carol; Rerrich, Maria (Hrsg.): FrauenMännerBilder. Männer und Männlichkeit in der feministischen Diskussion. Band 2 der Reihe Forum Frauenforschung. AIZ-Verlag, Bielefeld 1988, S. 224-235.

Hampton, Robert L.: Family violence. Sage, Newbury 1993.

Hartwig, Myriam: Junge Frauen heute: Leben zwischen Tradition und Moderne. In: Hopf, Christel, Hartwig; Myriam (Hrsg.): Liebe und Abhängigkeit. Partnerschaftsbeziehungen junger Frauen. Juventa, Weinheim und München 2001a, S.13-30.

Hartwig, Myriam: Varianten von Abhängigkeit in den Partnerschaftsbeziehungen junger Frauen. In: Hopf, Christel; Hartwig, Myriam (Hrsg.): Liebe und Abhängigkeit. Partnerschaftsbeziehungen junger Frauen. Juventa, Weinheim und München 2001b, S.31-64.

Hausen, Karin: Die Polarisierung der „Geschlechtscharaktere". Eine Spiegelung der Dissoziation in Erwerbs- und Familienleben. In: Conze, Werner: Sozialgeschichte der Familie in der Neuzeit Europas. Klett, Stuttgart 1976, S.363-393.

Heider, Fritz: The psychology of interpersonal relations. Wiley, New York 1958.

Heinemann, Karl-Heinz; Schubarth, Wilfried: Der antifaschistische Staat entlässt seine Kinder. Jugend und Rechtsextremismus in Ostdeutschland. Papy-Rossa Verlag, Köln 1992.

Heitmeyer, Wilhelm: Rechtsextremistische Orientierungen bei Jugendlichen. Empirische Ergebnisse und Erklärungsmuster einer Untersuchung zur politischen Sozialisation. Juventa, Weinheim und München 1988 (zuerst 1987).

Heitmeyer, Wilhelm: Gesellschaftliche Desintegrationsprozesse als Ursache von fremdenfeindlicher Gewalt und politischer Paralysierung. In: Aus Politik und Zeitgeschichte, Beilage zur Wochenzeitung „Das Parlament", 2-3 (1993), S.3-13.

Heitmeyer, Wilhelm; Buhse, Heike; Liebe-Freund, Joachim; Möller, Kurt; Müller, Joachim; Ritz, Helmut; Siller, Gertrud; Vossen, Johannes: Die Bielefelder Rechtsextremismus-Studie. Erste Langzeituntersuchung zur politischen Sozialisation männlicher Jugendlicher. Juventa, Weinheim und München 1992.

Heitmeyer, Wilhelm; Möller, Kurt; Sünker, Heinz: Jugend – Staat – Gewalt. Politische Sozialisation von Jugendlichen, Jugendpolitik und politische Bildung. Juventa, Weinheim und München 1989.

Heitmeyer, Wilhelm; Müller, Joachim; Schröder, Helmut: Verlockender Fundamentalismus. Suhrkamp, Frankfurt/Main 1997.

Held, Josef; Horn, Hans; Leiprecht, Rudolf; Marvakis, Athanasios: „Du mußt so handeln, daß Du Gewinn machst ...". Diss Text Nr.18, Duisburg 1991.

Hennig, Eike: Politische Unzufriedenheit – ein Resonanzboden für Rechtsextremismus? In: Kowalsky, Wolfgang; Schroeder, Wolfgang: Rechtsextremismus. Einführung und Forschungsbilanz. Westdeutscher Verlag, Opladen 1994, S. 339-382.

Hennig, Werner: Jugend in der DDR. Daten und Ergebnisse der Jugendforschung vor der Wende. Juventa, Weinheim und München 1991.

Hentges, Gudrun: Die Verantwortung der Frauen. In: Wlecklik, Petra (Hrsg.): Frauen und Rechtsextremismus. Lamuv, Göttingen 1995, S.79-90.

Hess, Sabine; Linder, Andreas: Antirassistische Identitäten in Bewegung. edition diskord, Tübingen 1997.

Hewstone, Miles; Augoustinos, Martha: Soziale Attributionen und Soziale Repräsentationen. In: Flick, Uwe (Hrsg.): Psychologie des Sozialen. Repräsentationen in Wissen und Sprache. Rowohlt, Reinbek 1995. S.78-99.

Heyne, Claudia: Täterinnen. Offene und versteckte Aggression von Frauen. Kreuz, Zürich 1993. Hirschauer, Stefan: Dekonstruktion und Rekonstruktion. Plädoyer für die Erforschung des Bekannten. In: Feministische Studien, 2 (1993), S. 55-67.

Hirschfeld, Magnus: Racism. Gollanz, London 1938.

Hoffman, Martin L.; Saltzstein, Herbert D.: Parent discipline and the child's moral development. In: Journal of Personality and Social Psychology, 5(1967), S.45-57.

Hoffmann-Lange, Ursula: Das rechte Einstellungspotential in der deutschen Jugend. In: Falter, Jürgen W.; Jaschke, Hans-Gerd; Winkler, Jürgen (Hrsg.): Rechtsextremismus. Ergebnisse und Perspektiven der Forschung. PVS Sonderheft 27, Westdeutscher Verlag, Opladen 1996, S.121-137.

Hoffmann-Lange, Ursula: Politische Grundorientierungen. In: Diess. (Hrsg.): Jugend und Demokratie und Deutschland. DJI Jugendsurvey 1. Leske und Budrich, Opladen 1995, S.159-194.

Hofmann-Göttig, Joachim: Die Neue Rechte: Die Männerparteien. Aus Politik und Zeitgeschichte. Beilage zur Wochenzeitung „Das Parlament", B 41-42 (1989), S.21-31.

Hofstadter, Richard: The Pseudo-Conservative Revolt. In: Bell, Daniel: The Radical Right. Anchor Books, Garden City 1964, S. 75-95.

254

Holzkamp, Christine: Wir – nicht nur die anderen... Rassismus, Dominanzkultur, Geschlechterverhältnis. In: Tillner, Christiane (Hrsg.): Frauen – Rechtsextremismus, Rassismus, Gewalt: feministische Beiträge. Agenda, Münster 1994, S.37-48.

Holzkamp, Christine; Rommelspacher, Birgit: Frauen und Rechtsextremismus. Wie sind Frauen und Mädchen verstrickt? In: päd. extra & demokratische Erziehung, Januar 1991, S.33-39.

Honegger, Claudia: Die Ordnung der Geschlechter. Die Wissenschaft vom Menschen und das Weib 1750-1850. Campus, Frankfurt/Main 1991.

hooks, bell: Black Looks. Race and Representation, Boston 1992.

hooks, bell: Teaching to transgress. Education as the practice of freedom. Routledge, New York 1994.

hooks, bell: Sehnsucht und Widerstand. Kultur Ethnie Geschlecht, Orlanda, Berlin 1996.

Hopf, Christel: Die Pseudo-Exploration – Überlegungen zur Technik qualitativer Interviews in der Sozialforschung. In: Zeitschrift für Soziologie, 7/2 (1978), S.97-115.

Hopf, Christel: Zur Aktualität der Untersuchungen zur „ autoritären Persönlichkeit". In: Zeitschrift für Sozialisationsforschung und Erziehungssoziologie (ZSE), 7(1987), S.162-177.

Hopf, Christel: Autoritarismus und soziale Beziehungen in der Familie. Qualitative Studie zur Genese autoritärer Dispositionen. In: Zeitschrift für Pädagogik, 36(1990), S.371-391.

Hopf, Christel: Qualitative Interviews in der Sozialforschung. Ein Überblick. In: Flick, Uwe; Keupp, Heiner; von Rosenstiel, Lutz; Wolff, Stefan (Hrsg.): Handbuch qualitative Sozialforschung: Grundlagen, Konzepte, Methoden und Anwendungen. Psychologie Verlags Union, München 1991, S.177-182.

Hopf, Christel: Eltern-Idealisierung und Autoritarismus. Kritische Überlegungen zu einigen sozialpsychologischen Annahmen. In: Zeitschrift für Sozialisationsforschung und Erziehungssoziologie (ZSE), 12(1992), S.52-65.

Hopf, Christel: Autoritäres Verhalten, Ansätze zur Interpretation rechtsextremer Tendenzen. In:

Otto, Hans-Uwe; Merten, Roland (Hrsg.): Rechtsradikale Gewalt im vereinigten Deutschland. Jugend im gesellschaftlichen Umbruch. Leske und Budrich, Opladen 1993a, S.157-165.

Hopf, Christel: Rechtsextremismus und Beziehungserfahrungen. In: Zeitschrift für Soziologie, 22 (1993b), S. 449-463.

Hopf, Christel: Hypothesenprüfung und qualitative Sozialforschung. In: Strobl, Rainer; Böttger, Andreas (Hrsg.): Wahre Geschichten? Zu Theorie und Praxis qualitativer Interviews. Nomos, Baden-Baden, 1996. S.9-21.

Hopf, Christel: Beziehungserfahrungen und Aggressionen gegen Minderheiten. In: Hradil, Stefan (Hrsg.): Differenz und Integration. Die Zukunft moderner Gesellschaften. Verhandlungen des 28.Kongressesder Deutschen Gesellschaft für Soziologie in Dresden 1996. Campus, Frankfurt/ Main 1997, S.154-170.

Hopf, Christel: Familie und Autoritarismus – zur politischen Bedeutung sozialer Erfahrungen in der Familie. In: Rippl, Susanne; Seipel, Christian; Kindervater, Angela: Autoritarismus. Kontroversen und Ansätze der aktuellen Autoritarismusforschung. Leske und Budrich, Opladen 2000a, S.33-52.

Hopf, Christel: Muster der Repräsentation von Bindungserfahrungen und rechtsextreme Orientierungen. In Gloger–Tippelt, Gabriele (Hrsg.): Bindung im Erwachsenenalter. Huber, Bern 2000b, S.344-363.

Hopf, Christel; Hartwig, Myriam (Hrsg.): Liebe und Abhängigkeit. Partnerschaftsbeziehungen junger Frauen. Juventa, Weinheim und München 2001.

Hopf, Christel; Hopf, Wulf: Familie, Persönlichkeit, Politik. Eine Einführung in die politische Sozialisation. Juventa, Weinheim und München 1997.

Hopf, Christel; Rieker, Peter; Sanden-Marcus, Martina; Schmidt, Christiane: Familie und Rechtsextremismus. Familiale Sozialisation und rechtsextreme Orientierungen junger Männer. Juventa, Weinheim und München 1995.

Hopf, Christel; Schmidt, Christiane: Zum Verhältnis von innerfamilialen sozialen Erfahrungen, Persönlichkeitsentwicklung und politischen Orientierungen. Dokumentation und Erörterung des methodischen Vorgehens in einer Studie zu diesem Thema. Institut für Sozialwissenschaften der Universität Hildesheim, Hildesheim 1993.

Hopf, Christel; Weingarten, Elmar (Hrsg.): Qualitative Sozialforschung. Klett Cotta, Stuttgart 1979.

Hopf, Wulf: Familiale und schulische Bedingungen rechtsextremer Orientierungen von Jugendlichen. In: Zeitschrift für Sozialisationsforschung und Erziehungssoziologie (ZSE), 11(1991), S.43-59.

Hopf, Wulf: Rechtsextremismus von Jugendlichen: Kein Deprivationsproblem? In: Zeitschrift für Sozialisationsforschung und Erziehungssoziologie (ZSE), 14 (1994), S. 194-211.

Hopf, Wulf: Ethnozentrismus und Ökonomismus. Die "Leistungsgesellschaft" als Deutungsmuster für soziale Ausgrenzung. In: Prokla, Zeitschrift für kritische Sozialwissenschaft, 26 (1996) 1, S.107-130.

Horn-Metzger, Traudel; Riegel, Christine: Junge Frauen und politische Orientierungen – Zusammenfassung von Ergebnissen einer Studie mit Auszubildenden. In: Wlecklick, Petra: Frauen und Rechtsextremismus. Lamuv, Göttingen 1995, S. 91-111.

Jäger, Siegfried: BrandSätze. DISS, Duisburg 1992.

Jäger, Siegfried: Kritische Diskursanalyse. DISS, Duisburg 1999.

Jones, James M.: Prejudice and Racism. Mc Graw-Hill, New York 1997.

Joseph, Max: Performing hybridity. University of Minnesota Press, Minnesota 2000.

Kalpaka, Anita; Räthzel, Nora (Hrsg.): Die Schwierigkeit, nicht rassistisch zu sein. Dreisam, Köln 1994.

Keller, Kathrin: Zur Bedeutung der Sozialbeziehung im Interview. In: Projektgruppe „Soziale Beziehungen in der Familie, geschlechtsspezifische Sozialisation und die Herausbildung rechtsextremer Orientierungen": Dokumentation und Erläuterung des methodischen Vorgehens. Institut für Sozialwissenschaften der Universität Hildesheim, Hildesheim 1996, S.45-48

Keller, Kathrin: Zum Stellenwert der sozialen Beziehung „Freundinnenschaft" im Lebenszusammenhang junger Frauen. In: Hopf, Christel; Hartwig, Myriam (Hrsg.): Liebe und Abhängigkeit. Partnerschaftsbeziehungen junger Frauen. Juventa, Weinheim und München 2001, S.97-134.

Keller, Reiner; Hirseland, Andreas; Schneider, Werner: Handbuch sozialwissenschaftlicher Diskursanalyse. Bd. 1: Theorie und Methode. Leske und Budrich, Opladen 2001.

Kersten, Joachim: Männlichkeitsdarstellungen in Jugendgangs. Kulturvergleichende Betrachtungen zum Thema „Jugend und Gewalt". In: Otto, Hans-Uwe; Merten, Roland (Hrsg.): Rechtsradikale Gewalt im vereinigten Deutschland. Jugend im gesellschaftlichen Umbruch. Leske und Budrich, Opladen 1993, S.227-236.

Kinder, Donald R.; Sears, David O.: Prejudice and Politics: Symbolic Racism versus Racial Threats to the Good Life. Journal of Personality and Social Psychology, 40 (1981), S.414-431.

Klönne, Arno: Aufstand der Modernisierungsopfer. In: Blätter für deutsche und internationale Politik 34 (1989), S. 545-548.

Klönne, Arno: Jugend und Rechtsextremismus. In: Kowalsky, Wolfgang; Schroeder, Wolfgang (Hrsg.): Rechtsextremismus. Einführung und Forschungsbilanz. Westdeutscher Verlag, Opladen 1994, S.129-142.

Knapp, Gudrun-Axeli: Politik der Unterscheidung. In: Institut für Sozialforschung (Hrsg.): Geschlechterverhältnisse und Politik. Suhrkamp, Frankfurt/Main 1994, S.262-287.

Knorr, Lorenz: Rechtsextremismus in der Bundeswehr. Vas-Verlag für akademische Schriften, o. O. 1998.

Koonz, Claudia: Mothers in the fatherland. Women, the family and Nazi Politics. Cape, London 1987.

Kossek, Brigitte: Gegen-Rassismen. Ein Überblick über gegenwärtige Diskussionen. In: Diess. (Hrsg.): Gegen-Rassismus. Konstruktionen. Interaktionen. Interventionen. Argument, Hamburg und Berlin 1999, S.11-54.

Köttig, Michaela: Mädchen und junge Frauen aus dem rechtsextremen Milieu. Sozialwissenschaftliche Erklärungsansätze und Konzepte der sozialen Arbeit. In: beiträge zur feministischen theorie und praxis, Heft 56/57 (2001), S.103-116.

La Piere, Robert: Attitudes vs. Action. In: Social Forces, 13 (1934), S.230-237.

Lamnek, Siegfried: Qualitative Sozialfoschung. Band 2. Methoden und Technik. Beltz, Weinheim und Basel 1995, 3. Auflage.

Lederer, Gerda; Kindervater Angela: Internationale Vergleiche. In: Lederer, Gerda; Schmidt, Peter: Autoritarismus und Gesellschaft. Trendanalysen und vergleichende Jugenduntersuchungen 1945-1993. Leske und Budrich, Opladen 1995, S.167-188.

Leiprecht, Rudolf: „Da baut sich ja in uns ein Haß auf." Zur subjektiven Funktionalität von Rassismus und Ethnozentrismus bei abhängig beschäftigen Jugendlichen. Argument, Hamburg und Berlin 1992.

Lerner, Melvin J.: The belief in a just world. A fundamental delusion. Plenum, New York 1980.

Lillig, Thomas: Rechtsextremismus in den neuen Bundesländern. Erklärungsansätze, Einstellungspotentiale und organisatorische Strukturen. Schriftenreihe der Forschungsgruppe Deutschland. C.A.P., München 1994.

Lipset Seymour: The Sources of the Radical Right. In: Bell, Daniel: The Radical Right. Doubleday and Company, Garden City 1964, S.373-446.

Lipset, Seymour; Raab, Earl: The politics of unreason. Right Wing Extremism in America 1790-1970. Harper & Row, New York 1970.

Lorber, Judith: Gender-Paradoxien. Leske und Budrich, Opladen 1999.

Main, Mary, Solomon, Judith: Discovery of an insecure-disorganized/disoriented attachment pattern. Procedures, findings and implications for the classification of behavior. In: Yogman Michael W., Brazelton T. Berry (Eds.): Affective development in infancy. Ablex, Norwood, New York 1986.

Main, Mary; Goldwyn, Ruth: Adult attachment scoring and classification systems. Manual in draft: Version 6.0, 1994.

Malik, Kenan: The Meaning of Race. Race, History and Culture in Western Society. Basingstoke, London 1996.

McConahay, John B.: Modern Racism, Ambivalence, and the Modern Racism Scale. In: Dovidio, John F.; Gaertner Samuel L. (Eds.): Prejudice, Discrimination and Racism. Academic Press, Orlando 1986, S.91-126.

Meloen, Jos; Farnen, Russell: Democracy, Authoritarism and Education: A Cross – National Empirical Survey. Palgrave Macmillan, New York 2000.

Meyer, Birgit: Die „unpolitische" Frau - Politische Partizipation von Frauen oder: Haben Frauen ein anderes Verständnis von Politik? Aus Politik und Zeitgeschichte, Beilage zur Wochenzeitung „Das Parlament", B25-26 (1992), S.3-18.

Miles, Robert: Rassismus. Einführung in die Geschichte und Theorie eines Begriffs. Argument, Hamburg und Berlin 1991 (zuerst 1989).

Miller, Neal E.; Bugelski, B. Richard: Minor Studies of Aggression: The Influence of Frustration Imposed by the In-Group on Attitudes Expressed towards Out-Groups. Journal of Psychology, 25 (1948), S. 437-452.

Minard, Ralph D.: Race Relationships in the Pocahontas coal mines. Journal of Social Issues, 25 (1952), S.29-44.

Mitscherlich-Nielsen, Margarete: Antisemitismus - eine Männerkrankheit? In: Psyche, 37 (1988), S.41-54.

Möller, Kurt: Geschlechtsspezifische Aspekte der Anfälligkeit für Rechtsextremismus in der Bundesrepublik Deutschland. In: Institut Frau und Gesellschaft (Hrsg.): Frauenforschung, 3 (1991), S.27-49.

Möller, Kurt: „Fremdenfeindlichkeit". Übereinstimmungen und Unterschiede bei Jungen und Mädchen. In: Engel, Monika; Menke, Barbara (Hrsg.): Weibliche Lebenswelten - gewaltlos? Analysen und Praxisbeiträge für die Mädchen- und Frauenarbeit im Bereich Rechtsextremismus, Rassismus, Gewalt. Agenda, Münster 1995, S.64-86.

Möller, Kurt: Rechte Kids. Eine Langzeitstudie über Auf- und Abbau rechtsextremistischer Orientierungen bei 13- 15 jährigen. Juventa, Weinheim und München 2000.

Moraga, Cherríe; Anzaldúa, Gloria (Hrsg): This Bridge Called my Back. Writings by Radical Women of Color. Kitchen Table, New York 1983.

259

Müller, Jost: Rassismus und die Fallstricke des gewöhnlichen Antirassismus. In: redaktion diskus (Hrsg.): Die freundliche Zivilgesellschaft. Rassismus und Nationalismus in Deutschland. Berlin 1992, S.25-44.

Myers, David G.: Social Psychology. McGraw Hill, New York 1996.

Myrdal, Gunnar: An American Dilemma. The negro problem and modern democracy. Harper, New York 1944.

Nicholson, Linda: Was heißt „gender"? In: Institut für Sozialforschung (Hrsg.): Geschlechterverhältnisse und Politik. Suhrkamp, Frankfurt/Main 1994, S.188-220.

Oesterreich, Detlev: Autoritäre Persönlichkeit und Gesellschaftsordnung. Der Stellenwert psychischer Faktoren für politische Einstellungen - eine empirische Untersuchung von Jugendlichen in Ost und West. Juventa, Weinheim und München 1993.

Oltmanns, Hilke: Siegen, kämpfen, durchgreifen lassen. Rechtsextremismus bei Mädchen. In: Widersprüche, 35 (1990), S.41-46.

Osterkamp, Ute: Rassismus als Selbstentmächtigung. Argument, Hamburg und Berlin 1996.

Oswald, Hans: Was heißt qualitativ forschen? Eine Einführung in Zugänge und Verfahren. In: Friebertshäuser, Barbara; Prengel, Annedore (Hrsg.): Handbuch qualitative Forschungsmethoden in der Erziehungswissenschaft, Juventa, Weinheim und München 1997, S.71-87.

Ottens, Svenja: Eigene Motive, eigene Formen? In: Bitzan, Renate (Hrsg.): Rechte Frauen. Skingirls, Walküren und feine Damen. Elefanten Press, Berlin 1997, S.191-214.

Parsons, Talcott: Some Sociological Aspects of the Fascist Movements. In: Social Forces, 20 (1942), S.138-147.

Pettigrew Thomas, F., Meertens Roel W.: Subtle and blatant prejedice in western Europe. European Journal of Social Psychology, 25 (1995), S.57-75.

Pettigrew, Thomas F.: Personalitiy and Sociocultural Foctors in Intergroup Attitudes. A Cross-National Comparion. Journal of Conflict Resolution, 2 (1958), S.29-42.

Pfahl-Traughber, Armin: Rechtsextremismus in den neuen Bundesländern. Aus Politik und Zeitgeschichte, Beilage zur Wochenzeitung „Das Parlament", B 3-4 (1992), S.11-21.

Potter, Jonathan; Wetherell, Margaret: Soziale Repräsentationen, Diskursanalyse und Rassismus. In: Flick, Uwe (Hrsg.): Psychologie des Sozialen. Repräsentationen in Wissen und Sprache. Rowohlt, Reinbek 1995. S.177-199.

Projektgruppe „Soziale Beziehungen in der Familie, geschlechtsspezifische Sozialisation und die Herausbildung rechtsextremer Orientierungen": Dokumentation und Erläuterung des methodischen Vorgehens. Institut für Sozialwissenschaften der Universität Hildesheim, Hildesheim 1996.

Raab Earl; Lipset, Seymour M.: Prejudice and Society. Anti-Defanation League of B'nai B'rith, New York 1959.

Räthzel, Nora: Gegenbilder. Nationale Identität durch Konstruktion des Anderen. Leske und Budrich, Opladen 1997.

Rattansi, Ali; Westwood, Sally (Hrsg.): Racism, Modernity and Identity on the Western Front. Polity Press, Cambridge 1994.

Rausch, Thomas: Zwischen Selbstverwirklichungsstreben und Rassismus. Soziale Denkmuster ostdeutscher Jugendlicher. Leske und Budrich, Opladen 1999.

Reif, Karlheinz; Melich, Anna: Euro-Barometer 30: Immigrants and Out-Groups in Western Europe, October – November 1988. 2nd ICPSR ed. Inter-university Consortium for Political and Social Research, Ann Arber 1992.

Rieker, Peter: Ethnozentrismus bei jungen Männern. Fremdenfeindlichkeit und Nationalismus und die Bedingungen ihrer Sozialisation. Juventa, Weinheim und München 1997.

Rippl, Susanne; Seipel, Christian; Kindervater, Angela: Autoritarismus. Kontroversen und Ansätze der aktuellen Autoritarismusforschung. Leske und Budrich, Opladen 2000.

Rokeach, Milton: The open and the closed mind. Basic Books, New York 1960.

Rommelspacher, Birgit: Männliche Gewalt und gesellschaftliche Dominanz. In: Otto, Hans-Uwe; Merten, Roland (Hrsg.): Rechtsradikale Gewalt im vereinigten Deutschland. Jugend im gesellschaftlichen Umbruch. Leske und Budrich, Opladen 1993, S.200-211.

Rommelspacher, Birgit: Rassismus und Rechtsextremismus. Der Streit um die Ursachen. In: Tillner, Christiane (Hrsg.): Frauen - Rechtsextremismus, Rassismus, Gewalt: Feministische Beiträge. Agenda, Münster 1994, S.11-26.

Rommelspacher, Birgit: Warum Frauen rassistisch sind. In: Wlecklik, Petra (Hrsg.). Frauen und Rechtsextremismus. Lamuv, Göttingen 1995a, S.19-32.

Rommelspacher, Birgit. Dominanzkultur. Texte zu Fremdheit und Macht. Orlanda, Berlin 1995b.

Rommelspacher, Birgit: Schuldlos - schuldig? Wie sich junge Frauen mit Antisemitismus auseinandersetzen. Konkret, Hamburg 1995c.

Rosenthal, Robert: Experimenter effects in behavioral research. Irvington Publishers, New York 1976.

Ryan, William: Blaming the victim. Pantheon Books, New York 1971.

Schäfer, Bernd; Six, Bernd: Sozialpsychologie des Vorurteils. Kohlhammer, Stuttgart 1978.

Scheuch, Erwin K.; Klingemann Hans Dieter: Theorie des Rechtsradikalismus in westlichen Industriegesellschaften. In: Hamburger Jahrbuch für Wirtschafts- und Sozialpolitik, 12 (1967), S.11-19.

Schlegel, Uta; Förster, Peter: Vom DDR-Bürger zum Bundesbürger. Längsschnittanalyse des politischen Einstellungswandels bei ostdeutschen Jugendlichen vor und nach der Wende. Leske und Budrich, Opladen 1996.

Schmidt, Christiane: „Am Material": Auswertungstechniken für Leifadeninterviews. In: Friebertshäuser, Barbara; Prengel, Annedore (Hrsg.) Handbuch qualitative Forschungsmethoden in der Erziehungswissenschaft, Juventa, Weinheim und München 1997, S.544-568.

Sears, David O.: Symbolic Racism. In: Katz, Phyllis; Taylor, Dalmas A. (Hrsg.): Eliminating Racism. Profiles in Controversy. Plenum, New York 1988, S.53-84.

Selg, Herbert: Aggression. In: Asanger, Roland; Wenninger, Gerd (Hrsg.): Handwörterbuch der Psychologie. Psychologie Verlags Union, München 1988, S.1-4.

Sherif, Muzafer: Group conflict and co-operation. Their social psychology. Routledge, London 1967.

Siller, Gertrud: Junge Frauen und Rechtsextremismus - Zum Zusammenhang von weiblichen Lebenserfahrungen und rechtsextremistischem Gedankengut. In: Deutsche Jugend, 1 (1991), S.23-32.

Siller, Gertrud: Das Verhältnis von Frauen zu Rechtsextremismus und Gewalt. Theoretische Vorüberlegungen für eine weiterführende Analyse. In: Otto, Hans-Uwe; Merten, Roland (Hrsg.): Rechtsradikale Gewalt im vereinigten Deutschland. Jugend im gesellschaftlichen Umbruch. Leske und Budrich, Opladen 1993, S.219-226.

Siller, Gertrud: Frauen und Rechtsextremismus. In: Kowalsky, Wolfgang; Schroeder, Wolfgang (Hrsg.): Rechtsextremismus. Einführung und Forschungsbilanz. Westdeutscher Verlag, Opladen 1994a, S. 143-159.

Siller, Gertrud: Hindernisse und Zugangswege von jungen Frauen zu rechtsextremistischen Orientierungen. In: Institut für Sozialpädagogische Forschung Mainz e.V. (Hrsg.): Differenz und Differenzen. Zur Auseinandersetzung mit dem Eigenen und dem Fremden im Kontext von Macht und Rassismus bei Frauen. Böllert, Bielefeld 1994b, S.185-197.

Siller, Gertrud: Wie entwickeln Frauen rechtsextremistische Orientierungen? Ein theoretischer Ansatz und empirische Befunde. In: Engel, Monika; Menke, Barbara (Hrsg.): Weibliche Lebenswelten - gewaltlos? Analysen und Praxisbeiträge für die Mädchen- und Frauenarbeit im Bereich Rechtsextremismus, Rassismus, Gewalt. Agenda, Münster 1995, S.44-63.

Siller, Gertrud: Rechtsextremismus bei Frauen. Zusammenhang zwischen geschlechtsspezifischen Erfahrungen und politischen Orientierungen. Westdeutscher Verlag, Opladen 1997.

Silzer, Marlene: Feldzugang. In: Projektgruppe „Soziale Beziehungen in der Familie, geschlechtsspezifische Sozialisation und die Herausbildung rechtsextremer Orientierungen": Dokumentation und Erläuterung des methodischen Vorgehens. Institut für Sozialwissenschaften der Universität Hildesheim, Hildesheim 1996, S.3-12.

Silzer, Marlene: Machtungleichheit in Partnerschaftsbeziehungen. Strategien der Machtbehauptung, Balancierung und Konfliktvermeidung. In: Hopf, Christel; Hartwig, Myriam (Hrsg.): Liebe und Abhängigkeit. Partnerschaftsbeziehungen junger Frauen. Juventa, Weinheim und München 2001, S.65-96.

Singer, Mona: Fremd. Bestimmung. Zur kulturellen Verortung von Identität. Edition Diskord, Tübingen 1997.

Skrzydlo, Annette; Thiele, Barbara; Wohllaib, Nikola: Frauen in der Partei „Die Republikaner": Zum Verhältnis von Frauen und Rechtsextremismus. In: beiträge zur feministischen theorie und Praxis, 33 (1992), S.136-144.

Specht-Kittler, Thomas: Die Gewalt nimmt zu. Abhängigkeit und Gewalterfahrung von wohnungslosen Menschen. Gefährdetenhilfe 1 (1994), S.32 – 41.

Stenke, Dorit: Gleichheiten und Differenzen: Zur Konstruktion von (Fremdheit durch) Rasse und Geschlecht. In: Institut für Sozialpädagogische Forschung Mainz e.V. (Hrsg.): Differenz und Differenzen. Zur Auseinandersetzung mit dem Eigenen und dem Fremden im Kontext von Macht und Rassismus bei Frauen. Böllert, Bielefeld 1994, S. 114-135.

Stöss, Richard: Die extreme Rechte in der Bundesrepublik. Entwicklungen - Ursachen - Gegenmaßnahmen. Westdeutscher Verlag, Opladen 1989.

Stöss, Richard: Forschungs- und Erklärungsansätze - ein Überblick. In: Kowalsky, Wolfgang; Schroeder, Wolfgang (Hrsg.): Rechtsextremismus. Einführung und Forschungsbilanz. Westdeutscher Verlag, Opladen 1994, S.23-68.

Stöss, Richard: Rechtsextremismus im vereinten Deutschland. Friedrich Ebert Stiftung, Bonn 1999.

Strohmeier, Klaus-Peter: Pluralisierung und Polarisierung der Lebensformen in Deutschland. In: Aus Politik und Zeitgeschichte. Beilage zur Wochenzeitung „Das Parlament", 17 (1993), S.11-22.

Sturzbecher, Dietmar: Jugend und Gewalt in Ostdeutschland. Lebenserfahrungen in Schule, Freizeit und Familie. Verlag für Angewandte Psychologie, Göttingen 1997.

Sturzbecher, Dietmar: Jugend in Ostdeutschland. Lebenssituationen und Delinquenz. Leske und Budrich, Opladen 2001.

Sturzbecher, Dietmar; Dietrich, Peter: Jugendliche in Brandenburg – Signale einer unverstandenen Generation. Aus Politik und Zeitgeschichte, Beilage zur Wochenzeitung „Das Parlament", B 2-3 (1993), S.33-44.

Sumner William G.: Folkways. A study of the sociological importance of usages, manners, customs, mores and morals. Ginn und Company, Boston 1940 (zuerst 1906).

Tajfel, Henry: Cognitive Aspects of Prejudice. Journal of Social Issues 25 (1969), S.79-97.

Tajfel, Henry: Differentiation between social groups: Studies in the social psychology of intergroup relations. Academic Press, London 1978.

Tajfel, Henry; Forgas; Joseph P.: Social Categorization: Cognitions, Values and Groups. In: Stangor, Charles (Ed.): Stereotypes and Prejudice: Essential Readings. Psychology Press. Philadalphia 2000, S.49-63.

Terkessidis, Mark: Psychologie des Rassismus. Westdeutscher Verlag, Opladen 1998.

Terkessidis, Mark: Migranten. Rotbuch, Hamburg 2000.

Terkessidis, Mark: Die Banalität des Rassismus. Migranten zweiter Generation entwickeln eine neue Perspektive. Transkript, Bielefeld 2004.

Thürmer-Rohr, Christina: Der Chor der Opfer ist verstummt. In: Beiträge zur feministischen Theorie und Praxis, 1984, S.71-84.

Tillner, Christiane (Hrsg.): Frauen - Rechtsextremismus, Rassismus, Gewalt: feministische Beiträge. Agenda, Münster 1994.

Tonn, Michael: „Individualisierung" als Ursache rechtsradikaler Jugendgewalt? In: Friedrichs, Jürgen: Die Individualisierungs-These. Leske und Budrich, Opladen 1998, S.263-298.

Treibel, Annette: Engagement und Distanzierung in der westdeutschen Ausländerforschung. Eine Untersuchung ihrer soziologischen Beiträge. Enke, Stuttgart 1988.

Utzmann-Krombholz, Hilde: Rechtsextremismus und Gewalt: Affinitäten und Resistenzen von Mädchen und jungen Frauen. Ergebnisse einer empirischen Studie. In: Zeitschrift für Frauenforschung, 1994, S.6-31.

264

Van Dijk, Teun A.: Communicating Racism. Ethnic Prejudice in Thought and Talk. Sage, Newbury Park 1987.

Wagner, Ulrich; Zick, Andreas: Ausländerfeindlichkeit, Vorurteile und diskriminierendes Verhalten. In: Bierhoff, Hans Werner; Wagner, Ulrich (Hrsg.): Aggression und Gewalt. Phänomene, Ursachen und Interventionen. Kohlhammer, Stuttgart 1998, S.145-164.

Wahl, Klaus: Fremdenfeindlichkeit, Rechtsextremismus, Gewalt. Eine Synopse wissenschaftlicher Untersuchungen und Erklärungsansätze. In: Deutsches Jugendinstitut (Hrsg.): Gewalt gegen Fremde. Rechtsradikale, Skinheads und Mitläufer. DJI-Verlag, München 1993, S.11-68.

Wahl, Klaus; Tramitz, Christiane: New Look in der Sozialforschung. Fremdenfeindlichkeit: Die tiefen Wurzeln extremer Emotionen. In: DJI Bulletin Heft 51/52, Oktober 2000, S.9-14.

Wahl, Klaus; Tramitz, Christiane; Blumtirtt, Jörg: Fremdenfeindlichkeit. Auf den Spuren extremer Emotionen. Leske und Budrich, Opladen 2001.

Watzlawick, Paul; Beavin Janet H.; Jackson Don D.: Menschliche Kommunikationsformen. Störungen, Paradoxien. H. Huber, Stuttgart 1969.

Westle, Bettina: Nationale Identität und Nationalismus. In: Hoffmann-Lange, Ursula (Hrsg.): Jugend und Demokratie und Deutschland. DJI Jugendsurvey 1. Leske und Budrich, Opladen 1995, S. 195-243.

Wetherell, Margaret; Potter, Jonathan: Mapping the Language of Racism. Discourse and the Legitimation of Exploitation. Columbia University Press, New York 1992.

Willems, Helmut: Gewalt und Fremdenfeindlichkeit. Anmerkungen zum gegenwärtigen Gewaltdiskurs. In: Otto, Hans-Uwe; Merten, Roland (Hrsg.): Rechtsradikale Gewalt im vereinigten Deutschland. Jugend im gesellschaftlichen Umbruch. Leske und Budrich, Opladen 1993, S.88-108.

Willems, Helmut: Kollektive Gewalt gegen Fremde. Entwickelt sich eine soziale Bewegung von Rechts? In: Heiland, Hans-Günther; Lüdemann, Christian (Hrsg.): Soziologische Dimensionen des Rechtsextremismus. Westdeutscher Verlag, Opladen 1995, S.27-56.

Willems, Helmut; Würtz, Stefanie; Eckert, Roland: Fremdenfeindliche Gewalt, Einstellungen, Täter, Konflikteskalationen. Leske und Budrich, Opladen 1993.

Winkler, Jürgen R.: Bausteine einer allgemeinen Theorie des Rechtsextremismus. Zur Stellung und Integration von Persönlichkeits- und Umweltfaktoren. In: Falter, Jürgen W.; Jaschke, Hans-Gerd,

Winkler, Jürgen: Rechtsextremismus. Ergebnisse und Perspektiven der Forschung. PVS Sonderheft 27, Westdeutscher Verlag, Opladen 1996, S.25-48.

Wobbe, Theresa: Welten der Gewalt: Sexismus und Rassismus. In: Tillner, Christiane (Hrsg.): Frauen - Rechtsextremismus, Rassismus, Gewalt: feministische Beiträge. Agenda, Münster 1994, S.27-36.

Yildiz, Erol: Die halbierte Gesellschaft der Postmoderne. Probleme des Minderheitendiskurses unter Berücksichtigung alternativer Ansätze in den Niederlanden. Leske und Budrich, Opladen 1997.

Zick, Andreas: Vorurteile und Rassismus: eine sozialpsychologische Analyse. Waxmann, Münster 1997.

Zielke, Brigitte: „Fehlgeleitete Machos" und „Frühreife Lolitas". Geschlechtstypische Unterschiede in der Jugenddevianz. In: Tillmann, Klaus-Jürgen (Hrsg.): Jugend weiblich – Jugend männlich. Leske und Budrich, Opladen 1992, S.28-39.

9   Verzeichnis der Tabellen

MIX
Papier aus verantwortungsvollen Quellen
Paper from responsible sources
FSC® C105338

If you have any concerns about our products,
you can contact us on
ProductSafety@springernature.com

In case Publisher is established outside the EU,
the EU authorized representative is:
Springer Nature Customer Service Center GmbH
Europaplatz 3, 69115 Heidelberg, Germany

Printed by Libri Plureos GmbH
in Hamburg, Germany